真諦三藏譯

攝大乘論世親釋記要（上）

李森田 記要

蘭臺出版社

唯識學與《攝大乘論》

唯識之說在《解深密經》、《大乘阿毘達磨經》、《瑜伽師地論》、《大乘莊嚴經論》、《中邊分別論》都有敘述，但一直缺乏有組織地總括全部學說，有的只是片斷或一鱗半爪的散說。直到無著的《攝大乘論》，才彙集全體學說理論，並加以組織。《攝大乘論》因此是第一本總括唯識說的書，影響極大。不論從印度哲學史全盤或從佛教整體來看，對此論之根本而詳細的解明，都是不可或缺的；但遺憾的是《攝大乘論》之梵文本至今尚未發現。

現存漢譯本則有四：

(1)北魏佛陀扇多譯《論本》二卷。

(2)陳真諦譯《論本》三卷和《世親釋論》十五卷（或十二卷），另作《義疏》八卷。

(3)隋達摩笈多和行矩等譯《世親釋論》十卷。雖未譯出論本，但可從《釋論》中擷取論文，稱《大業論》。

(4)唐玄奘先譯《世親釋論》十卷和《無性釋論》十卷，後譯出《論本》三卷。

真諦以弘揚《俱舍論》、《攝大乘論》為生命，其學說保存了護法以前瑜伽行派之說，也包含安慧、難陀之想法。玄奘新譯則全是依據《成唯識論》所述護法之說，而以真諦譯為謬誤，尤其窺基等更是諸多駁斥。此種「非己即彼」的排他對立立場，在往後漢傳佛教產生諸多問題。要了解護法之說當依玄奘所傳，但若只以此為據而求回溯無著原意，恐易生偏頗。

我們探討唯識說的根本構造時，如果不借助《攝大乘論》和《世親釋》，很難獲得理解，甚至不可能理解。因為過去之理解都只依據《成唯識論》，或依據阿黎耶識說的如來藏緣起說，此等並不是唯識無境說。然而我們看到真諦譯諸書，尤其是《攝大乘論》中如何呈現根本思想時，才會理解這些並不是譯者真諦的說法，而是原著者無著、世親的說法。

真諦譯「能分別是識、是依他性，所分別是境、是分別性」的根本特色，在《轉識論》、《三無性論》中都有清楚的敘述。此二論雖佔有重要地位，但仍不及《攝大乘論》和《世親釋》重要。總之，真諦譯《攝大乘論》及《世親釋》才是教知我們古唯識說根本構造唯一無二的論著。

《攝大乘論》總攝大乘修行義，提出「十勝相」：

(1)由教由理安立阿黎耶識為一切染淨法之所依，由此有生死，由此有涅槃。廣明一切種子果報識（阿黎耶識）之種子義與熏習義。

(2)以依他性、分別性、真實性三性廣成唯識義，明辨三性非一非異、以三性成立分別所分別、以三性明三無性。

(3)以唯識無境及境無識亦無之二方便，以三相入觀法（入唯量、入唯二、入種種）證入分別性、依他性及真實性之唯識真觀，得無分別智、入見道。

(4)以勤修世間六度為因，圓滿出世清淨六度為果。

(5)由所入因果修差別立十地，除十種無明成就法界十種功德。

(6)於修差別中依戒學、心學、慧學圓滿大乘三學究竟。

(7)捨離惑與不捨離生死，二所依止轉依為相，即是菩薩無住處涅槃，此中生死是依他性不淨品一分為體，涅槃是依他性淨品一分為體。

(8)以十門廣分別法身體相，成就法身（從而是佛三身），知智果差別。

大乘佛法中，要能從唯識行證的實踐立場，統攝大乘法要者，莫如《攝大乘論》。而能闡明無著之本意，應以《世親釋》、真諦譯為主。此論安立阿黎耶識，以三性三無性為主軸，以唯識觀行成就能緣所緣平等平等之無分別智，入見道位，勤修六波羅蜜，斷除諸地障，依戒、定、慧、解脫、解脫

知見成就法身。此是完整的大乘修學體系。此論是早期瑜伽行派之核心傳承，與後期之《成唯識論》不同。

　　此書為《攝大乘論》之學習記要，所用之論文及《世親釋》以陳真諦譯本為主，多處引用《大乘莊嚴經論》、《中邊分別論》、《唯識三十頌》，以其傳承相同，時代相近、思想體系一致故。此等諸論雖然所重各有不同，但能互相補強闡釋。近代學者中，除了大量引用上田義文著述外，亦借助宇井伯壽之研究。

　　在我學習及整理記要四年多來，常常法喜充滿，總希望能與他人分享此法喜。願此記要能方便學者學習《攝大乘論》，願學者也能法喜充滿，早成無上道。

李森田

2021年3月于台北

目次

流通分　659

前 言

　　在展開研討之前，願將本書的重點，也是作者思考研習此主題的架構，先做扼要說明。

一、《攝大乘論》之組織

　　《攝大乘論》，從唯識行證實踐之立場，統攝大乘義，總為十勝相。

1. 應知依止勝相

   安立阿黎耶識，攝藏諸法種子，又為三界異熟果識。說一切法甚深緣起，諸法從種生故，各有自性，待緣起故，都無自我。

2. 應知勝相

   分別凡聖所知境界實相，含括於依他性、分別性、真實性中。

3. 應知入勝相

   於應知三自性，其能成入及所成入，即是唯識性。由唯識道得入三性願樂位（加行位）。由二方便入唯識真觀，得無分別智。

4. 入因果勝相

   六波羅蜜雖是世法，能引出世法，能生唯識道，是入三性因。菩薩已入地，出世清淨六波羅蜜，即是入三性果。

5. 入因果修差別勝相

   此明出世菩薩十地差別修殊勝相。對治十種無明，證入十相法界，五相善修，成辦五果，歷三大阿僧祇劫，修乃究竟。

6. 於修差別依戒學勝相

　　於入因果修差別諸地中，依四種差別明菩薩依戒修觀殊勝。

7. 此中依心學勝相

　　依六差別顯菩薩乘心學殊勝。

8. 此中依慧學勝相

　　依慧學以十九義分別無分別智，以唯識義成立無分別理。

9. 學果寂滅勝相（斷殊勝）

　　於地中有戒心慧學三種依學修觀，其學果即是煩惱所知障滅，菩薩之無住處涅槃。

　　無住處涅槃，轉捨雜染，不捨生死，廣大轉依，功德無盡。於生死涅槃起平等智，於生死非捨非不捨，於涅槃非得非不得。

10. 智差別勝相（無障智殊勝）

　　由佛三身（自性身、受用身、變化身）知智果差別，並以十門廣分別法身體相。

　　後五勝相即是顯菩薩在入地後，依戒、定、慧、解脫、解脫知見成就法身之勝相。

二、所依經論

〔所依經〕

1. 《大乘阿毗達磨經》

(1) 《攝大乘論》與《大乘阿毗達磨經》

　　自古以來，認為《攝大乘論》是解釋《大乘阿毗達磨經攝大乘品》。

　　①北魏佛陀扇多譯無法確定本論是解釋《大乘阿毗達磨經攝大乘品》。

　　②真諦譯中並不能顯示本論是解釋《大乘阿毗達磨經》或解釋其〈攝大乘品〉。

　　攝論宗只說《攝大乘論》是依據此經某些部份，總攝大乘義之論著。

③隋達摩笈多則明白指稱本論是解釋《大乘阿毗達磨經攝大乘品》。

④《無性釋》說法和攝論宗一致。

⑤玄奘譯後,漢地普遍認為《攝大乘論》是《大乘阿毗達磨經攝大乘品》之略釋。

但慈恩在〈大乘法苑義林章〉中引用《無性釋》之說法。慈恩以為本論並非解釋《大乘阿毗達磨經攝大乘品》,而是解釋《大乘阿毗達磨經》。

雖然說法不盡相同,但本論與《大乘阿毗達磨經》是有著深厚的關係。

(2)《阿毗達磨經》名

在《大乘阿毗達磨經》出現以前,三藏之區別已經普遍。

阿毗達磨abhidharma(或譯為阿毗曇、無比法、對法)是屬於小乘之論,內容是思索性、解釋性或組織性的論述。經是故事性、記述性、直覺性、包容性之內容,有待有組織性的解釋。屬於大乘論中,幾乎看不到類似小乘論藏之類的論述,有的都是論師各自完全獨立的典型著述,而小乘論藏中也看不到可以對比之大乘論藏。因此有一段時期,大乘方面出現以阿毗達磨為內容的經,如《無上依經》、《解深密經》、《佛地經》等,通稱為論經(阿毗達磨經)也無妨。

《大乘法苑義林章》引述印度說法,以《華嚴》和《般若》為經、《阿毗達磨經》和《解深密經》為論、《毗奈耶瞿沙經》為律。真諦譯的《世親釋》中,不把《大乘阿毗達磨經》視為經,而解釋為大乘論藏。

此經有《大乘阿毗達磨經》、《阿毗達磨大乘經》、《大乘阿毗曇經》、《阿毗達磨大乘修多羅》、《阿毗達磨大乘藏經》等眾多名稱。

(3)此經內容

此經無漢譯,梵文本也不存在,也沒有藏文譯本。其他論書屢屢引用其偈頌及長行,可推測此經應該曾經存在。

《攝大乘論》引自《大乘阿毗達磨經》之文

① 「依止勝相品第一」

此界無始時，一切法依止，若有諸道有，及有得涅槃（說明阿黎耶識識體）

諸法依藏住，一切種子識，故名阿黎耶，我為勝人說（最先指名此識是阿黎耶識）

諸法於識藏，識於法亦爾，此二互為因，亦恆互為果（阿黎耶識與諸法互為因果）

此三頌顯示緣起門唯識。

② 「應知勝相品第二」、「依慧學勝相品第八」

❶ 「應知勝相品」差別章

以四智明唯識（唯識無境說）：

1. 知相違識相之智（相違識相智）；2. 知有無境界識之智（無所緣識智）；3. 知由執成顛倒之智（自應無倒智）；4. 知義隨三慧之智（隨三慧轉智）。

此中引用「依慧學勝相品」為成立無分別智所說之六偈（引自大乘阿毗達磨經）。

餓鬼畜生人，諸天等如應，一境心異故，許彼境界成→此說第一智。

於過去未來，於夢二影中，智緣非有境，此無轉為境→此說第二智。

若塵成為境，無無分別智，若此無佛果，應得無是處→此說第三智。

得自在菩薩，由願樂力故，如意地等成，得定人亦爾→此說第四智入觀者。（隨自在者智轉）（願樂自在）

成就簡擇人，有智得定人，於內思諸法，如義顯現故→此說第四智修法觀加行者。（隨觀察者智轉）（得奢摩他）

無分別修時，諸義不顯現，應知無有塵，由此故無識→此說第四智修無分別修者。（隨無分別智轉）（得無分別智）

此四智是明唯識無境說之根本。第一智、第二智即是構成唯識二十論之理論，第三智是實踐之唯識義，第四智是影像門唯識。

❷ 「應知勝相品」分別章

> 幻等顯依他，說無顯分別，若說四清淨，此說屬真實
>
> 清淨由本性，無垢道緣緣，一切清淨法，四皆攝品類

此顯緣生虛妄之三性說。

❸ 「應知勝相品」分別章

《阿毗達磨修多羅》中，

「佛世尊說法有三種，一染汙分，二清淨分，三染汙清淨分。

譬如於金藏土中，見有三法，一地界二金三土。

於地界中，土非有而顯現，金實有不顯現。此土若以火燒鍊，土
則不見，金相自現。

此地界土顯現時，由虛妄相顯現，金顯現時由真實相顯現，是故
地界有二分。」

如此本識未為無分別智火所燒鍊時，此識由虛妄分別性顯現，不由真
實性顯現。若為無分別智火所燒鍊時，此識由成就真實性顯現，不由
虛妄分別性顯現。是故虛妄分別性識，即依他性有二分，譬如金藏土
中，所有地界。

《攝大乘論》以及《世親釋》以此三性門唯識為基礎，明顯是依據
《大乘阿毗達磨經》，此與《大乘莊嚴經論》、《中邊分別論》相
同。而護法《成唯識論》之唯識說，則以《解深密經》、《瑜伽師地
論》為主要依據，不重視三性門唯識。

(4) 《攝大乘論》並非清晰論述《大乘阿毗達磨經》整體，更不是清晰論
述其中之攝大乘品。整部《攝大乘論》是敘述應知依止等十勝相。此
十勝相列舉在《大乘阿毗達磨經》中，論主採用此十勝相做基礎，廣
泛參照援引其他經論，做組織性之論述，總攝大乘要義，並非一般之
註釋或釋論書。

2. 《解節經》（《解深密經》）

《攝大乘論》為證阿黎耶識名，引用此經心意識相品最後之偈，又為說
明唯識無塵的教證和理證，引用分別瑜伽品之文。

(1)引〈心意識相品〉（依止勝相第一）

執持識深細，法種子恆流，於凡我不說，彼勿執為我。

能執持一切有色諸根，一切受生取依止故。

何以故？

有色諸根此識所執持，不壞不失乃至相續後際，又正受生時由能生取陰故，故六道身皆如是取，是取事用識所攝持故，說名阿陀那。

由此說明緣起門唯識。

(2)引〈分別瑜伽品〉（應知勝相第二）

進而引用〈分別瑜伽品〉中說色相境界是識所顯現，以及「無有法能取餘法」之法說及「依面見面，謂我見影」之喻說，進而藉十遍處等之比量，說明唯識義。

(3)〈心意識相品〉的「緣起門唯識」是以俗諦「有」的立場說法。〈分別瑜伽品〉之「唯識無塵」觀念是基於禪定。《攝大乘論》藉由此經，獲得學說的重要基礎，連同《大乘阿毗達磨經》的基礎，由緣起門、影像門、三性門建立唯識之架構。

3.《十地經》

在〈應知勝相品〉中，說三無性本淨自性涅槃，闡明真實唯識，在〈依慧學勝相品〉中亦再次說明三界唯心的不相應心。而說明三性三無性下轉依佛身之部份，可以看作是說明不相應心方面。《攝大乘論》的唯識說中，方便唯識是手段而非目的，真實唯識說才是最終目的，因此是以三界唯心的真意為目的，在《十地經》中尋求根據。

4.《般若波羅蜜經》

護法依著《解深密經》〈心意識相品〉和《瑜伽師地論》阿賴耶識說創言「有論」，有別於龍樹、提婆主張依據《般若經》之「空論」。這是有別於無著、世親的唯識說，是一種全新變遷的學說，只說方便唯識不提真實唯識，這是立足於理世俗的唯識。如果是立足於勝義諦之說，達到真實唯識，就和《般若經》的空思想無異。

如同《般若經》所說，空思想最終是達到無分別智，實現自性清淨心，

真實唯識也是得無分別智，證轉依無垢真如。因此，在《攝大乘論》中，無分別智和般若波羅蜜是名異義同，如此，《攝大乘論》學說的基礎在於空思想無疑。空就是真如，是一心，《攝大乘論》的唯識說就是為證入這個一心，先說方便唯識，再說真實唯識。從外空內有進至內外俱空，再引用《般若經》來解釋十種分別中的第十散動分別。這十種散動分別是菩薩的十種分別，全文和《大乘莊嚴經論》述求品中的根本思想相同。

〈入因果勝相品〉主要詳說六波羅蜜，雖非直接依據《般若經》，但間接和般若思想有關。〈入因果修差別勝相品〉所說之十地，也和般若思想有密切關係。〈依慧學勝相品〉則視無分別智和般若波羅蜜相同。〈智差別勝相品〉也直接和《般若經》或般若思想有關。

上述四經是構成《攝大乘論》學說之基礎。《般若經》思想是普遍的根基，為了達到空思想歸結的無分別智自性清淨心，在心識方面發展空思想。以《十地經》的唯心說為目標和根據，組織《大乘阿毘達磨經》的十勝相，加上《解節經》的緣起門和影像門唯識、《大乘阿毘達磨經》的三性門唯識，作為此論之理論和終極目標。

〔依據之論〕

5. 《瑜伽師地論》

世親序頌只提《決定藏論》（攝決擇分），未提《瑜伽師地論》（本地分），故此不深入討論。

6. 《大乘莊嚴經論》

彌勒說頌，世親長行解釋。《攝大乘論》多處偈頌引用（取材）自《大乘莊嚴經論》，而長行也有多處共通一致。可見《大乘莊嚴經論》是構成《攝大乘論》學說不可或缺的要素。《大乘莊嚴經論》雖有與《瑜伽師地論》本地分菩薩地相同的品目，但其內容學說不同。《攝大乘論》與《大乘莊嚴經論》之關係密切，甚於《瑜伽師地論》。

7. 《中邊分別論》

《中邊分別論》之唯識說與《大乘莊嚴經論》相同，是以三性門唯識為

主，《攝大乘論》依此二論，即顯示是以彌勒學說為其基礎。

《瑜伽師地論》主要引用《解深密經》，討論阿賴耶識緣起，並摻雜幾分影像門唯識，不說三性門唯識。而《大乘莊嚴經論》和《中邊分別論》則是以三性門唯識為主，加入影像門唯識。《攝大乘論》可說是總括這二種系統之論述。

《攝大乘論》在〈依止勝相品〉引用《中邊分別論》有關緣識與受識之偈頌，說明三界身和六道四生都從阿黎耶識生。而於〈入因果修差別勝相品〉引用法界十相之偈頌，說明了斷十地修行時的十種無明障。

構成攝大乘論學說的十種勝相，取材自《大乘阿毘達磨經》，將此十勝相內容建立在三界唯心、自性清淨上。藉由《解節經》、《大乘阿毘達磨經》和《瑜伽師地論》組織緣起門唯識之理論架構，同時將一切法分為三性，說明三性門唯識，為了藉影像門唯識支撐此論，再以《大乘阿毘達磨經》、《解節經》、《般若經》、《大乘莊嚴經論》和《中邊分別論》為基礎，組織唯識說的全體。此即〈應知依止勝相〉和〈應知勝相〉之內容。〈應知入勝相〉則以《大乘莊嚴經論》為其目標典據，做為唯識觀行之實踐面。〈入因果勝相品〉在以未入見道前之六波羅蜜修行為因，入見道後清淨之六波羅蜜為果。〈入因果修差別勝相〉則是廣明了斷十地修行時各地之十種無明地障。依著五分法身之修行指南，從依戒學、心學、慧學、解脫（學果寂滅勝相）、解脫知見（智差別勝相），直到證得無分別智轉依之佛身。

三、廣說三性說

1. 不同的三性說

(1)舊譯之三性說

舊譯唯識根本思想具有相當深入之構造，廣涉唯識思想全體。

《轉識論》頌18釋

起種種分別等者，一一識中皆具能所。

能分別即是識，所分別是境；能即依他性，所即分別性。

故云起種種分別所分別也。

《轉識論》頌19釋

宿業熏習即是所分別，為分別性；宿業熏習執即是能分別，為依他性。

所即為境，能即為識。

《三無性論》卷下釋

①識似名言相起即是分別性；能分別識即依他性；所分別名言既無所有，能分別識亦無所有，即是真實性。

②但識有似物相起即是分別性；能分別識即是依他性；亦二俱無所有，即是真實性。

此等文所示即是三性之要點：

識＝能分別＝依他性

境＝所分別＝分別性（＝名言相＝物相）

此中能分別和所分別的對立，是區別依他性和分別性的規範標準。

(2)《成唯識論》等新譯

分別性是「全無」，依他性是因緣生「假有」，真實性是「實有」。

分別性和依他性的區別在於完全的無或假有（因緣有），不在於被分別或分別上。

故三性是存在性（有或無）的領域，不是認識論（分別或被分別）的領域。

(3)染淨二分依他之三性說

分別性是染汙，真實性是清淨，依他性具染汙與清淨二分。

三性之別是染汙法與清淨法、生死與涅槃、煩惱與菩提之區分，與認識無關。

2. 三無性觀

新譯只談分別之無性，不談依他無性。

舊譯認為三無性是同一無性。將無相性與無生性視為同一無性。此三無性同一無性想法，明顯與「能為依他性、所為分別性」、「唯識無境」之想法不同。此說未被人深入理解而被人忘記，主要是玄奘譯影響勢大，大部份人依玄奘譯，另有少部份人依《大乘起信論》染淨二分依他性說三性（真妄

和合）故。

3. 道奘之三門說

道奘之《三性義章》說有三門之三性說。

(i)情事理門：以妄情所執之人法為分別性，<u>因緣生識</u>為依他性。

(ii)塵事理門：以<u>所分別境</u>為分別性，<u>能分別識</u>為依他性。

(iii)染淨通門：<u>依染淨二分</u>所成之依他性而說。

過去人們理解的是第一門和第三門，總忽略第二門，不理解第一門實含有第二門義。

若依據《攝大乘論》，則認為三性說有二種，即第一門與第二門之合併，以及第三門。

(1)過去之理解

過去之理解，《攝大乘論》含有：

①依染淨二分依他性說三性，是性相融即。

②依種子緣生依他性說三性，是性相永別。（此說與《成唯識論》說法無異。）

而沒看到《攝大乘論》中，以種子所生識體（因緣生）為依他性之三性說中的性相融即義。

(2)現代之理解

現代學者不認同《攝大乘論》中，兼具有性相融即和性相永別，兩種相互矛盾之思想。

如果依二分依他性（第三門）是顯示性相融即，則因緣生識依他性（第一門）也應是同一立場的性相融即，而能夠清楚說明這關係的是第二門能所之說。認為種子所生識體是依他性（第一門），是相對於所分別之境，而所分別境不是識，因而不是依他性，而是被分別的分別性（第二門）。也就是第一門同時具有第二門之意義，此三性說即成性相融即（非《成唯識論》之性相永別）。

①在無著世親及以前之時代，識是依照本來字義，意味著<u>能分別</u>，如

果能說識作為種子生是依他性（第一門），那就同時意味著能分別
是依他性，所分別是分別性（第二門）。（《成唯識論》認為識
（依他性）顯示有的概念，甚於是<u>認識關係</u>上的主體（相對於<u>對象
之意識</u>）。）

②關於依他性，只說染淨二分所成和種子所生識體兩種意義即已足
夠。但依他性有緣生和能分別二義，道奘法師將它分成三門，有方
便解明之意義。在《成唯識論》壓制他說，迷失不少識本來意義的
新譯出現之後，此第二門在找回佛教思想中迷失已久的識上有其重
大意義。

4. 真諦譯之三性說

(1)真諦譯的三性說，是道奘法師所說之第二門。

①<u>識與境</u>作為<u>能分別與所分別</u>而能所對立。前者是依他性，後者是分
別性。

②<u>依他性和分別性</u>形成能 所分別對立。反之，在能所分別對立關係的
是依他性和分別性。

(2)能分別是識，是依他性，新舊譯皆同。

所分別境是分別性，只出現在真諦譯中，玄奘譯則無。玄奘譯中，相
分雖是所分別，但也是依他性。

①識

依他性意味著因緣生，而凡是有的皆依因緣得其有。

在唯識說中，有的只是識，因此識必須常是依他性，依他性必須常
是識。

有關此點新舊譯中無異。

②境

❶新譯

相分是1. 依他性，是識，是有。2. 是境，無能分別，是識所變，
非識本身，非離識而有，而借識名。（此說有違「唯識無境」之
說。）

❷真諦譯

能即是識，所即是境。能即依他性，所即分別性。

所分別境是分別性，不許是所分別境又同時是依他性。排除既是境又是有的矛盾觀念。（此是繼承無著世親的想法。）

四、三點重要論述

在理解初期瑜伽行派（彌勒、無著、世親）之學說，真諦譯《攝大乘論》及《世親釋》所具之意義特別重要。

在確定為世親所說中有下列三點重要的論述：

1. 依他性與分別性是能緣與所緣的關係。

　　此時的依他性，不是染淨二分所成，而是緣生（從而是有）的依他性。

　　分別性即是無（或說永無）。緣生（有）之意的依他性，意味著識（虛妄分別，能緣），以被視為「無」的分別性為其所緣。從而能緣（識）與所緣（境）的關係是有與無的關係。

2. 依他性是緣生（有），同時也是空。

　　作為「有」，意味著虛妄分別，亦即屬於三界的心心所，此乃有為法。

　　就空的意義說，依他性不異於真實性，在此意義上，依他性是「無為、真如」。

　　所謂「依他性以離一切分別之無分別為體」，即是此意，並非意味依他性是真妄和合。

　　此「無分別」，從所緣而言，是第一義（parama-artha, tathata）；從能緣而言，是無分別智，然而此能緣與所緣是平等平等，故境智不二。

3. 識變異是識在異剎那之差異。

　　世親在《唯識三十頌》所提出的vijñana parinama一語，並非如《成唯識論》護法所解，亦即不是於現在剎那識體轉為相分、見分之意，而是如安慧在《三十頌釋》所說，是能緣（識，虛妄分別）與

能緣（識，虛妄分別）綿互於異剎那的差異，亦即是時間性的差異。

1.（第一點）依他性的能緣與分別性的所緣

前述中，最重要的是第一點。此思想中所說的識都意味著<u>能緣</u>。這點與《成唯識論》唯識說是根本性的差異。又唯識說（初期與後期都相同）的根本主張，是「識外之境非有存在」。對此根本主張，世親《三十頌》與《成唯識論》有根本性的差異。

前述世親之說，是當言及「識之境不外於識」時，意味著識（能緣）所見之境（所緣），不外於此見境之識本身。但《成唯識論》所說，並非識之境不外於識本身，而是識之境不外於識轉變而現的識之相分，此相分仍不外於識。（世親說，在能緣識與所緣境之認識論關係中，不含識轉變之思想。）立基於《成唯識論》的玄奘唯識說，若不含識轉變則「識之境不外於識」之說不能成立。玄奘在詳釋相分時更區別出影像相分與本質相分。

(1)真諦譯《攝大乘論》及《世親釋》

立足於前述三論點上，在識（能緣、依他性）與境（所緣、分別性）的關係中，不含「識體轉似二分」的轉變思想。

①識之境不外於識

分別性（無）之境不外於識（能緣），其境以識（能緣）為體。

識與境（能緣與所緣）一體中，唯有識而無境。

②境無故識空

由於無境（分別性）而識（依他性）是空，故於此一體中，識是有（緣生）同時也是空。此之一體不只是識境一體，有無也是一體。

③識與境一體，能緣所緣平等

❶依他性有二義（真諦譯《世親釋》）

分別性是依他性，同時也是分別性。

此中分別性與依他性之同一性，是說能見識之外無被見的境，是說境以識為體。

❷依他是所分別（《攝大乘論》）

　　《攝大乘論》說「依他是所分別」與《世親釋》同義。

　　不是《成唯識論》所說識所變之相分，而是所分別的一切法無非分別此一切法的識本身（依他性），故言所分別是依他性，而「一切法」為分別性。此依《世親釋》所說「所分別之一切法離識無別體故，以依他為所分別」即可知之。「所分別之一切法」即是所緣之諸法，此為分別性。

　　由此可知是指識與境一體，能緣所緣平等。

❸依他性有二義，指1.作為緣生之識，是能緣是依他性；2.變異為色等相貌，是分別性。識（能緣）與境（所緣）一體，依他性與分別性同一性。（此即緣生依他之性相融即。）

④依他性與分別性之區別

❶依能緣與所緣而區別

　　若識與境為一體，則1、如何區別出識與境？2、如何區別出依他性與分別性？

　　依《世親釋》之解釋，種種我、法等一切塵（境）唯以識為體，一切法於識之外，無自體。

　　有的是緣生的識（能緣，依他性），而境（所緣）非實在。

　　此識（能緣）之所取（所緣），是依識而被得知（顯現）的，但此中又有能緣與所緣之差別。

　　由此可知依他性與分別性之區別，在於能緣與所緣（或能取與所取）。

❷能所關係成立

　　能緣所緣一體，但有能緣所緣之區別。

　　此中不單是作區別，而且成立能所對立之關係。

❸能識如何成為所識？

　　既然只有識（能緣）而境（所緣）非有，則此識（能緣）如何能作為所緣而被得知（顯現pratibhasa）？

　　《成唯識論》：

　　現在一剎那所產生的識轉變而現為相分與見分，識的見分見其

相分。

「世親、真諦」：

世親與真諦唯識說中，能緣所緣的認識論關係中，不含轉變
parinama的思想。

識（能緣）之外，無境（所緣），此識本身若被得知（所
緣），必是識本身見自己。此即真諦「唯識無境」之意。此非
論理之說，而是實觀之經驗，但非一般世間所能解。

(2)唯量、唯二、種種

如此的能緣（依他性）與所緣（分別性）的關係，可以唯量、唯二
和種種見之。

①唯量 tanmatra

唯量即是唯識（vijñaptimatra），只有識（能緣），沒有境（所
緣）。

②唯二

唯二（相與見）表示此識本身成為所緣，此中存在著能緣與所緣
之對立。

「見」意為能緣（依他性，識），「相」意味著所緣（分別性，
境），識（能緣）之外，相（所緣）是非有，是以識為體（與識
成為一體），因此被稱為識。此與前說「所分別是依他」同義。
相與見，或被稱為相識與見識，或稱為識之相分與見分，此見分
與相分不是識體轉變而現之見分相分之意。

❶《成唯識論》所說之見分、相分都是依他性，完全沒有分別性
之意。

❷《真諦譯》之「相識與見識」或「相分與見分」中之「相」，
具有二重意義，亦即識（依他性）與境（分別性）兩義。同於
「依他性有兩義」說中的分別性也是依他性。

依他性與分別性的關係，具有只是一（識），但又是二（相與
見）的矛盾構造。

〈應知勝相品〉第二的依他性與分別性形成的如此關係，如此
的三性說，從第二品開頭到《婆羅門所問經》引文前的相章第

一、差別章第二及分別章第三皆有說明。依此三性說可以了解《攝大乘論》唯識說的識與境的關係。若將此三性說理解為染淨二分所成之依他性，則所說的是妄與真及染與淨之關係，與境與識的認識論的關係無關。

2. （第二點）依他性是空

真實性是「由此二種塵無有體故，依他性不可得亦實有不無。」

《攝大乘論世親釋》及《三十頌安慧釋》都說依他性是空（不可得），可知其依他性是緣生之依他性，非是染淨二分之依他性。

(1)染淨二分依他性有二義：

①無二：如《婆羅門所問經》所說。

依他性常無常無二，乃至空不空無二。故此依他性不只是意味著空。

②轉依：如《阿毘達磨經》所說。

依他性是無常、虛妄、不空，而由轉依趨向常住、真實、空。故此依他性不只是意味著空。

(2)若如《攝大乘論世親釋》與《三十頌安慧釋》所說，依他性不可得、是空，則此依他性必須不是染淨二分之依他性。

3. （第三點）識轉變（識變異vijñana parinama）

在《攝大乘論》及之前彌勒之論書裡可見顯現（pratibhasa）一語，而不見識轉變vijñana parinama。在真諦譯《世親釋》中將《攝大乘論》中只說為顯現的，加上了變異parinama。

識體（能緣）作為塵（境）而被得知（顯現），是在現在之一剎那。

但現在的剎那是剎那即滅，從而於此剎那成為境。在時間之流中，境現為萬法。如是，諸法之差別不是因於識之外實在的諸法之不同，而是基於能緣之識剎那剎那滅的相異。

若只是一法（境），用顯現一語就已足夠，但若言及諸法之顯現，不言其所依止的種種識之差別則不足夠。在時間之流中，因識之變異生起，而有種種法被得知。因此《世親釋》中將《攝論》所說「顯現」，另外加上「變異」。世親《三十頌》第一頌，說「由假說我

法，有種種相轉，彼依識所變（vijñana parinama）」，不說只是在「識」，而說在「識變異」，種種的我與法之假說，不是在現在一剎那之識，而是在時間之流中的種種異識才有可能。

在初期瑜伽行派中，顯現與變異在梵文中有不同之意義。顯現是指現在一剎那的能緣與所緣的關係；變異指的是異剎那的能緣與所緣之差異，在《成唯識論》中，轉變包含顯現，而顯現也包含轉變，二語無明顯區別。

在初期瑜伽行派中，沒有從識體變現相分的轉變思想，在彌勒與無著之說中，顯現不是意指識現出境，只是被得知（所緣）。

此中之第三點是《攝大乘論》及《世親釋》中所說的唯識無境之說，指的是異剎那能緣與所緣之差異，不是於現在之剎那變現為現分相分。

五、結說

在二分依他性之三性說中，主要在說明轉依之論理結構。無住處涅槃與法身（從而三身）以轉依為相。此思想實際上是承繼自《般若經》以及龍樹有關色即是空、空即是色，乃至生死即涅槃的思想。

而緣生依他性之三性中，主要在說識（能緣）與境（所緣）相關對立的關係。以此為主軸而成立的諸法與法性的關係構造，則是開拓能緣所緣關係的新思想。此是初期瑜伽行派，因於唯識觀行所成之創見。

若全然無視於緣生依他性之三性說，僅嘗試以二分依他性之三性說，理解初期瑜伽行派唯識說，可以說對此派學說殊勝之特色，是完全不理解的。

世親序頌

1.頂禮三寶

(1)頂禮佛寶

智障極盲闇	謂真俗別執	由如理如量	無分別智光
破成無等覺	滅心惑無餘	常住德圓智	恒隨行大悲
如眾生根性	極解脫真道	於十方界說	能無功用心
由無分別智	不住於生死	常起大悲故	不入於涅槃
由攝智方便	至自他極利	我以身口意	頂禮佛世尊

偈1：初二句出所破障，後二句顯能破智。

今正明菩薩道，為勝者說故單說智障，不言惑障。登地菩薩數數修智，然有相有分別轉心障智令不明了，智不明了則不能真俗二智（即如理如量智）融即不二。及入第五地方得真俗融會，但尚有功用故或時間斷。第七地無相行成已，入第八地，從是已去，不二心品恒轉不由功用。但有極最微細法執，至佛究竟。無分別智光者，如下慧學勝相中辨。

偈2、3：初明障盡果滿，第二三句明斷智二德，末句及偈3明恩德。

理斷及恩德具如後二勝相中明。初一句明大悲，後四句明隨機說法無功用。

偈4：明不住處涅槃中，由智故不住生死與凡夫異，由悲故不入涅槃與二乘異。

偈5：前二句明二利究滿。由智故自利極，由方便故利他極，或可二利兩由般若方便而究竟。後二句明三業歸敬。

(2)頂禮法寶

是無上正法　如來自覺說　若人能正行　至甘露妙迹
若誹謗此法　沒無底枉坑　由智及信心　頂禮真實法

偈1：初二句正顯法寶（即教理），後二句明受行得勝果（即行、果）。
小乘或以見諦跡為甘露，或以滅理無為為甘露。大乘或以諸法實相為甘露，或以大般涅槃為甘露。今正指大乘甘露，兼通二乘甘露。

偈2：謗法罪入無底地獄。後二句明歸敬。

(3)頂禮僧寶

住道住果僧　普勝一切眾　智道浴清淨　世無上福田
片善投於中　廣大如空地　成就世間樂　及清涼涅槃
我一心頂禮　佛聖弟子眾

初二句正標僧寶，次六句顯僧寶德，後二句正明歸禮。

住道者謂有學無學道，或言見、修及究竟道。住果者即十地菩薩。

2.明制論由

(1)歎時人弊

聰明邪慢人　退阿含修得　行說隨自執　正理非所證

初二句明時人退失教證，後二句明教行殉執正理紊亂。

(2)本論興起

①正明論之興起

事彌勒菩薩　依止日光定　照了實法相　無動及出世
為我等宣說　正法真道理　如秋月日光　文詞遍於世
甚深大種種　句義依了經　能令聰慧人　下心起尊敬

偈1：初句舉所承師，第二句出所依定（大乘光三摩提），後二句明能證智。

實法相即所證理，無動及出世指無漏不退智。

偈2：前二句正彰論說，正法等者指所詮理。次二句明弘法通遍。

偈3：初句標深大多，後句述所依勝，此二句顯論勝妙。後二句敘他信服。

②論主之智辯

細密法難通	智無著無礙	利等八世法	心常無染著
無礙名稱義	通敏者恒誦	天人普識知	頂禮大師足
辯說常無盡	雨甘露文義		

1.初八句述論主之智德，

初句標所知法深玄，次四句明智無著無礙而稱其名。

再次一句敘智人稱讚，後二句述天人善識禮敬。

2.最後二句彰其辯說。

3.明制釋論由

依尊隨分聞	猶如乞雨鳥
批閱決定藏	以釋攝大乘	願此言利益	怖大文海人

初二句明有師承，次二句明依攝決擇意以作釋，後二句敘述意。

尊者指阿僧佉菩薩，隨分聞者釋者自謙詞。天將雨時雨鳩頻鳴宛似乞雨，顯所聞未滿猶渴望師教。決定藏者指瑜伽攝決擇也。怖畏大海人者指不堪廣聞者也。

甲一　總標綱要

乙一　成立大乘是佛說【眾名品第一】【無等聖教章第一】

攝大乘論即是阿毘達磨教及大乘修多羅。

釋 一、緣起

　　1.此言依何義，因何而起？

　　　依一切所知依（因）甚深廣大諸法實性。若離佛菩薩威力，何人有此功能能說此義？

　　2.云何造論由此相說？

　　　若離阿毘達磨名，則不知此論是聖教。為此義故又為顯經名故說。

　　3.造此論其用云何？

　　　欲令無知疑倒眾生得解。

二、釋名

　　1.云何立阿毘達磨大乘修多羅名？

　　　欲顯如來法門別類[1]（故言阿毘達磨）及顯此論別名[1]（故名大乘修多羅言）。

　　2.言大乘者，欲簡小乘阿毘達磨。

　　3.有阿毘達磨非是聖教故[2]，說阿毘達羅名復說修多羅名。

　　4.說阿毘達磨名者，顯此論是菩薩藏攝。

1　為顯法門別名故舉阿毘達磨，為顯通名故舉經言。
2　由今亦有非聖所說阿毘達磨：1. 如現有人自尋思慧謂是佛說阿毘達磨，2. 或聲聞說，3. 或世智造。

三、菩薩藏

1.立（菩薩）藏（攝）者欲何所為？

(1)（奘：入自宗素怛纜藏。）[3]

(2)為滅自惑（毘那耶藏）（及）大乘中菩薩煩惱。（諸菩薩以分別為煩惱）

(3)阿毘達磨（藏）。（甚深廣大法性為相）

2.種類

修多羅、阿毘達磨、毘那耶。（若由上下乘差別，成聲聞藏菩薩藏。）

3.立藏名

由能攝故，此攝（任）何法一切應知義，故名藏。

4.由九種因（緣）建立。

	安立三藏		
	修多羅	阿毘達磨	毘那耶
	sūtra	abhi-dharma	vinaya
為對治他疑惑。（令於義起疑者得決定智）	V		
為對治受用二邊。（遮有罪過受用，對治樂行邊。 隨喜無罪過受用，對治苦行邊。）			V
為對治自見取偏執。（能顯無倒實法相）		V	
為說三種修學故。	V		
為成依戒依心學故。（持戒則心無悔，由無悔等能次第得定。）			V
為成依慧學故。（能簡擇無倒義）		V	
為正說法及義。	V		
為成就法及義。（若修行惑毘那耶[4]得通達法及義）			V
為決定勝智。（玄奘：能於法義決擇善巧）		V	

四、此三藏通用云何？

為解脫生死是其通用。（能熏覺寂通故得解脫[5]。）

3　（玄奘）1. 入自宗，素怛纜藏。2. 現滅自惑，毘奈耶藏。（即大乘中菩薩煩惱，以諸菩薩種種分別為煩惱故。）；3. 不違最勝，阿毘達磨。（廣大甚深為其相故。）

4　調伏煩惱勤修行。

5　由聞熏習心故；由思覺悟故；由修奢摩他寂靜故；由證毘鉢舍那通達故。

（由聞思三藏故能熏（習），由熏故覺（悟），由覺故寂（靜），由寂故通（達），由通故得解脫。）

五、三藏各有四義

　　菩薩了別此義則具一切智，聲聞雖了一句偈義，亦至流盡（漏盡）。

1.修多羅四義

(1)依：佛於是處由此人為此（用）而有所說。

(2)相：真實世俗二諦相。

(3)法：（五）陰，（十八）界，（十二）入，（十二）緣生，（四）諦，（四）食，（四）靜慮（定），（四）無量，（四）無色（定），（八）解脫，（八）制入（勝處），（十）遍入（處），（卅七）助道（菩提分），（四）無礙，（四）無諍等。

(4)義：所作事（生道滅惑）。

2.阿毘達磨四義

(1)對：此法對向無住處涅槃[6]（能顯（四）諦，道（菩提分），（解脫）門故）。

(2)數：於一一法數數以名（言詞）或別相通相等顯（宣釋）。

(3)伏：能伏（勝）諸說（他論）（立破二能由正說依止等方便故）。

(4)解：易解修多羅義。

3.毘那耶四義

(1)由罪過：五篇七聚罪。

(2)由緣起：由或四（無知、放逸、煩惱熾盛、輕慢）或八[7]而犯諸罪。

(3)由還淨：由善心（意樂）不由治罰。（善心：如本受持對治（律

6　《成唯識論》無住處涅槃：不住生死，不住涅槃，窮未來際，利樂有情。
7　或八：

	1.	2.	3.	4.	5.	6.	7.	8.
身	X	O	X	O	O	X	O	X
口	X	X	O	X	O	O	O	X
心	O	X	X	O	X	O	O	X

儀））。

(4)由出離：

①各各發露遮相續；②受與學罰；③先制後開（先制戒，後由別意（異門）故開）；④更捨（若大眾同意，更捨先犯，人是時還淨）；⑤轉依（比丘比丘尼轉男女形，捨不共罪）；⑥如實觀（由四種法鬱陀那觀察諸法，如對治法相觀察自罪）；⑦法爾得（由見四諦，小隨小罪不更故犯，由法爾所得）。

復有四義：

(1)人故：世尊依此立戒。

(2)立制故：已說彼過失，復集眾立學處。

(3)分別故：立制已，更廣解釋。

(4)決判故：決判云何犯罪，云何不犯。

丙一　畧標

佛世尊前，善入大乘句義菩薩摩訶薩，欲顯大乘有勝功德（乃）依大乘教，說如是言：諸佛世尊有十勝相。所說無等過於餘教。

㉑ 一、菩薩說如是言於世尊前，顯佛許其所說無異（與佛同）。

二、諸菩薩摩訶薩眾已得陀羅尼[8]，於文句及義1、善能攝持2、如理顯說，故名善入。

三、依大乘教可顯大乘勝功德，餘乘中無。

四、為顯大乘有勝功德（為實有及利他故），佛世尊由十種殊勝（十勝相）有諸殊勝語（所（解）說無等過於餘教）。

五、由此十相異故勝。（由差別義，最上義故為勝。）

8　陀羅尼 dhāraṇī
　　總持（總攝憶持無量佛法不忘失之念慧力）。
　　1. 憶持一法一文一義，能持一切法一切文一切義。
　　2. 菩薩為利他，需得陀羅尼。以其能持諸善法遮諸惡法，不忘諸佛法自在說教。
　　3. 長句為陀羅尼，短為真言，一字二字為種子。
　　4. 《瑜伽論》45 卷：(1) 法陀羅尼（憶經不忘）；(2) 義陀羅尼（解經義）；(3) 咒陀羅尼（依定起咒術除他厄）；(4) 忍陀羅尼（通達離言法性不失）。

十義為因殊勝，故言說為果殊勝（無等）。（持業釋）（所詮法殊勝，能詮語亦殊勝。）

十勝相者	〔釋〕	標十勝相
1. 應知依止勝相	所應可知淨不淨諸法（即三性）之依止（即阿賴耶識）殊勝，如來言說亦勝。	阿賴耶識
2. 應知勝相	應知（三）自性，應知即是相。	三自性
3. 應知入勝相	於應知相（三自性）能成入及所成入，即是唯識（性）。	唯識性
4. 入因果勝相	（悟）入唯識因（願樂位（加行位）中世間六度），入唯識果（通達位中出世六波羅蜜）。	世出世六波羅蜜
5. 入因果修差別勝相	數習四德（常樂我淨，如來法身四德），於諸地差別展轉殊勝。	十地修差別
6. 於修差別依戒學勝相	十地中菩薩一切戒。修差別諸地中，菩薩依戒修觀，於諸惡法無復作心。	菩薩一切戒
7. 此中依心學勝相	一切菩薩定。心即定，定以一心為體，依一心修習。	一切菩薩定
8. 此中依慧學勝相	無分別智。以慧為依止，發修行心能得果。	無分別智
9. 學果寂滅勝相	二障（所知，煩惱）寂滅（即無住處涅槃）。	斷殊勝（二障寂滅）
10. 智差別勝相	離障智。如來智已離一切隨眠、障，此智勝於無分別智，無分別智有所對治故。	無障智殊勝

由此十義勝相，如來所說過於餘教，如此釋修多羅文句，顯於大乘真是佛說。（唯大乘說，小乘中無。）（《大乘莊嚴經論》成宗品，舉八因證大乘是佛說。）

丙二　顯大乘殊勝

復次，云何此中略釋能顯大乘勝於餘教？今此略釋顯斯十義，唯大乘有小乘中無。

何者為十？

9　《無性釋》三種佛身：
　　1. 自性身：即無垢無罣礙智，是法身義。此智及無分別智，二種所有分別（四倒，一切法分別）

㉑	大乘義	相名	〔釋〕
1.	阿黎耶識	應知依止相	
2.	三種自性	應知相	依他性、分別性、真實性。
3.	唯識教	應知入相	由唯識道得入三性願樂位（加行位）。
4.	六波羅蜜	入因果相	六波羅蜜雖是世法，能引出世法，能生唯識道故，說是入三性因。菩薩已入地，出世清淨六波羅蜜，即是入三性果。
5.	菩薩十地	入因果修差別相	出世十種菩薩地，是名入因果修差別相。
6.	菩薩禁戒	於修差別戒學相	依戒學。
7.	（首楞伽摩虛空器等）定	心學相	依心學。
8.	無分別智	慧學相	無分別智，若約聲聞無四倒分別，約菩薩無一切法分別。
9.	無住處涅槃	學果寂滅相	於地中有戒心慧學三種依學修觀，其學果即是（煩惱所知障）滅。
10.	三種佛身[9]	無分別智果相	自性身、應身、化身。 1.離自性身，法身不成：如眼根。 2.離法身，應身不成：如眼識離根不成。 （此二由能依所依故得相應。） 3.離應身，化身不成：(1)若離應身，已入大地菩薩無受用法樂，則菩提資糧不具足，譬如見色。(2)若無化身，（在願樂位中之）菩薩及（瘦澁願樂之）聲聞初發（趣）修行，皆不得成。→故決定應有三身。

如此十種處唯大乘中有，異於小乘故說第一。

㉑ 此十法是無上菩提因，次第相引乃至無上菩提。

俱不行。其差別為：(1) 無分別智：有對治，當有所作；(2) 此智：（無分別智）果，所作已辦。
2. 受用身：即後得智。此智殊勝力，受不共微妙法樂，成辦如是受用事故。（若無如是外清淨智，菩薩所作所餘資糧不圓滿。）
3. 變化身：後得智之差別。此增上力所顯即智差別，能摧伏他論，與菩薩共受法樂，成辦初業菩薩聲聞等所應作事。

丙三　大乘真是佛語

佛世尊但為菩薩說此十義。

故依大乘諸佛世尊有十勝相，所說無等過於餘教。

復次，云何此十勝相所說無等能顯大乘？

是如來正說遮小乘決非大乘。於小乘中未曾見此十義，隨釋一義但見大乘中釋。

釋　一、大乘但是佛說，二、小乘則共說，三、大乘但為菩薩說不為二乘說。

　　由此三義故勝小乘。

復次，此十義能引出無上菩提，成就隨順不相違，為諸眾生得一切智智。

釋　一、（釋1）

　　十義能引無上菩提，以是無上菩提因故。

　　1.成就：若約聖教及正理簡擇思惟此十義，成就不可破壞。（如已見導師所說道相）

　　2.隨順：若人觀行在修位中，此十義隨順修觀而住。（如導師所說道，隨順而住。）

　　3.不相違：於十地中無障因。（如導師所說道中無劫盜虎狼等障）地地中生死涅槃不相妨礙。

　　十義具足三德（無等境、無等行、無等果），若人聞、思、修此，必得無上菩提。故言為眾生（證）得一切智智[10]。

二、（別釋2）

　　十義能引無上菩提。

　　1.成就：生無虛（無戲論）無分別智故。

　　2.隨順：與四道理[11]及三量[11]不相違故。

　　3.不相違：非先隨順後相違故。（偈言：能持愛及悲，隨順於善故，非黑白我見，有益亦有損）

10　一切智：知一切境。一切智智：境智雙證。

11　1. 四道理：觀待道理；作用道理；證成道理；法爾道理。2. 三量：現量；比量；聖教量。

於一切法無間如理如量智[12]生，故言能生一切智智。

三、（別釋3）

云何成就？謂能隨順故。云何隨順？謂能不相違轉故。（以後釋前，成就隨順不相違展轉標釋。）

丙四　重頌

而說偈言：

應知依及相　入因果修異　三學及果滅　智無上乘攝

十義餘處無　見此菩提因　故大乘佛言　由說十義勝

12　如所有性，盡所有性。

乙二　攝大乘義究竟盡【十義次第章第二】

云何十義如此次第說？

一、觀諸法如實因緣（由此觀故於十二緣生應生聰慧（善巧））。

二、了別緣生法體相（由智能離增益損減二邊過失）。

三、通達應知實相，解脫諸障（正修應通達所緣如實諸相（應知唯識實相），解脫諸障）。

四、令六波羅蜜清淨無退失（先所行六波羅蜜通達應知實相。更應依意內清淨（清淨意）成就令清淨無復退失）。

五、依十地差別應修（依十地差別應修內清淨所攝諸波羅蜜。）（十地中隨一，各三阿僧祇劫）

六、七、八、菩薩三學應令圓滿。

九、學果涅槃。

十、無上菩提應得修（證）。

釋 此十義，境界有次第，正行有次第，果有次第。

一、若人已了別諸法因，於十二緣生則得聰慧。（果從因生，不從自在天等不平等因生，亦不無因生，是故立因果二智。）

二、法從因生，應識其相。（分別性實無有體，執有為增益。實有真實性，執無為減損。增無損有名二邊，聰慧能離此二邊。）

三、通達所執唯有識。（由此智故相應可通達唯識，由此通達無復障礙。）

四、隨順入唯識。（世間六波羅蜜依俗諦得，依真諦清淨意所攝出世六波羅蜜亦應學。）

五、於十地中隨差別應修習。（各三阿僧祇劫，不同聲聞修得。聲聞於三生中下對治種，成熟對治道，於第三生中解脫三界，得阿羅漢果。）

六、七、八、差別修中三學應令圓滿。

九、三學果涅槃。（煩惱障，智障等滅。）

十、無上菩提及三身此等應覺。

此次第說中一切大乘皆得圓滿。

釋 若立大乘不出此法：

一、緣生義：入阿黎耶識中釋。

二、法　相：入三性攝釋。

三、（證）得：入唯識中釋。

四、因　果：入唯識觀處釋。

五、地　　：入因果處釋。

六、三　學：入十地處釋。

七、滅　　：入三學處釋。

八、無上菩提及三身：入無住處涅槃攝釋。

若說佛體及因果，其數如此，故說次第。

甲二　應知依止勝相第一

乙一　從聖教安立阿梨耶識【眾名章第三】

丙一　釋名

丁一　阿梨耶教

戊一　引阿毘達磨

此初說應知依止，立名阿黎耶識。

世尊於何處說此識及說此識名阿黎耶？

如佛世尊《阿毘達磨（經）》略本偈中說：

此界無始時　一切法依止　若有諸道有　及有得涅槃[1]

㊛ 引阿含[2]證阿梨耶識體及名。

阿含謂《大乘阿毘達磨（經）》，此中佛世尊說偈。

一、此即此阿梨耶識，界以解為性。[3]

二、此界[4]：

　　1.體類義：一切眾生不出此體類，由此體類眾生不異。

1　《究竟一乘寶性論》（如來藏緣起）及《攝大乘論》（阿梨耶識緣起）同引此阿毗達磨經之偈作為一切法依止之教證。
2　一、阿含（āgama）：（阿笈摩），法藏教法，傳來被傳承之教說，諸契經三世諸佛輾轉傳來故。
　　二、㲉：鳥卵之通稱。三、泥黎耶（niraya）、那落迦（naraka）：地獄。恆伽（Gaṅgā）：恆河。
3　解性（詳見甲二附註一）。
4　界五義

《攝論釋》（卷1）9 釋依止勝相品	《攝論釋》（卷15）4 釋智差別勝相品	《佛性論》（卷2）自體相品（《勝鬘經》自性清淨章）
解性界五義	法界（法身）五義	如來藏五義

2.因義：一切聖人法，四念處等緣此界生故。

3.生義：一切聖人所得法身，由信樂此界法門成就。

4.真實義：在世間不破，出世間亦不盡。

5.藏義：若相應此法自性善故成內，若外此法雖復相應，則成觳[2]。

三、無始時：世尊說，眾生初際不可了達，無明為蓋，貪愛所縛或流或接，有時泥黎耶[2]、畜生、鬼道、阿修羅、人道、天道。比丘，汝等如此長時受苦，增益貪愛恆受血滴。（由此證，故知無始時）

四、一切法依止[5]：

1、此識界是依（止）是（任）持是（住）處，恆相應及不相離不捨智，無為恆伽[2]沙等數諸佛功德。

唯眾生	體類義 一切眾生不出此體類，由此體類眾生不異。	性義 以無二我為性，一切眾生不過此性故。	如來藏（自性） 一切諸法不出如來自性，無我為相故。	遍一切法
	因義 一切聖人法四念處等緣此界生故。	因義 一切聖人四念處等法緣此生長故。	正法藏（因） 一切聖人四念處等正法，皆取此性作境，未生得生，已生得滿。	
法身由無生有	生義 一切聖人所得法身，由信樂此界法門故得成就。	藏義 一切虛妄法所隱覆，非凡夫二乘所能緣故。	法身藏（至得） 一切聖人信樂正性，信樂願聞，由此信樂心故，令諸聖人得於四德及過恆沙數等一切如來功德。	如來清淨功德本具（至得）
通世出世間法	真實義 在世間不破，出世間亦不盡。	真實義 過世間法。世間法或自然壞或由對治壞，離此二壞故。	出世藏（真實） 世有三失：一、對治；二、不靜住；三、有倒見。此法翻此能出世間。	唯出世間法
與淨法（內）、染法（外）相應	藏義 若相應此法，自性善故成內。若外此法，雖復相應則成觳。	甚深義 若與此相應，自性成淨善故。若外不相應，自性成觳故。	自性清淨藏（秘密） 若一切法隨順此性名為內，是正非邪，則為清淨。若違逆此理名為外，是邪非正，名為染濁。	唯淨法能隨順

此中解性界義與法身義有明顯差異，而法身義則接近於如來藏五義。

5　《勝鬘師子吼一乘大方便方廣經》（自性清淨章十三）（T12，P.222b6）

經文	所顯義
「世尊，有如來藏故說生死，是名善說。」	此為善巧之說法。
「如來藏離有為相，如來藏常住不變。	無為法。
是故如來藏是依是持建立，世尊！不離不斷不脫不異不思議佛法。	依此有佛涅槃。
世尊！斷脫異外有為法，依持建立者，是如來藏。」	
「世尊！若無如來藏者，不得厭苦樂求涅槃。何以故？於此六識及心法智，此七法剎那不住，不種眾苦，不得厭苦樂求涅槃。」	依此有生死。

2、有為諸法是依是持是處故，非相應、相離、捨智。

五、若有諸道（趣）有：若如來藏有，（但）由不了故，可言生死是有。[5]

六、及有（證）得涅槃：若如來藏非有，（則）於苦無厭惡，於涅槃無欲樂願，故言有，得涅槃。[5]（如來藏為生死涅槃依。）

（真諦說明識之流轉相時，以阿梨耶識來解釋如來藏，說明識之還滅相時，以法身來解釋如來藏。）

復釋

一、此界無始時：即是顯因，若不立因可言有始。

二、一切法依止：此識為一切法因故。

三、若有諸道有，及有得涅槃：

　　一切法依止若有：

　　1.依止勝能者：是道（諸趣）有四種（異熟）果報差別[6]：

　　　(1)由此果報，眾生（種類）受生。

　　　(2)易可令解邪正兩說分別有異。

　　　(3)後後能得上品正行應得勝德。

　　　(4)（由煩惱依止故）生極重煩惱及常起煩惱。

　　2.依止下劣者：生死中不但道等（諸趣）非有，涅槃義亦非有。（何以故？若有煩惱則有解脫故。）[7]

《阿毘達磨》中復說偈言：

諸法依藏住[8]一切種子識 故名阿黎耶 我為勝人[9]說

釋 一、一切種子識由煩惱業故變。阿黎耶識相續，前果報後成因。

　　二、阿黎耶為(1)菩薩境界依止(2)能障菩薩道，故為菩薩說。

6　（玄奘譯）1. 或是頑愚瘖瘂種類；2. 或有勢力能了善說惡說法義；3. 或能證得上勝證得；4. 又為煩惱所依止性，由此故有猛利煩惱長時煩惱。

7　1.（印順依《世親釋》）涅槃為捨離染界而證得，非無始時來界所生。2.（玄奘譯《世親釋》）要由有雜染方得涅槃故。3.《無性釋》雜染畢竟止息名為涅槃。

8　依住：依止，住處。1.（印順）一切法依此藏識生起，依此藏識存在。2.（玄奘）：攝藏。

9　勝人：菩薩。

此阿含兩偈證識體及名。

戊二　釋名義

云何佛說此識名阿黎耶？

一切有生不淨品法，於中隱藏為果故。

此識於諸法中隱藏為因故。

復次，諸眾生藏此識中，由取我相故。

是故名阿黎耶識[10]。

（釋）一、三世（一切）中，取正生能生（有生）不淨品法，隱藏於阿黎耶識中為果。

二、諸法謂阿黎耶識果（即不淨品等），阿黎耶識藏住此果中為因。

三、眾生以無無我執故，以此識為執。（此藏者以執義，約阿陀那識及意識名眾生。）

四、我執若起緣何境？緣本識起，微細一類相續不斷故。

丁二　阿陀那教

戊一　引解節經

阿含云如《解節經》所說偈[11]：

執持識深細　法[12]種子恆流　於凡我不說　彼勿執為我

（釋）此證從《解節經》出。

佛告廣慧菩薩：

一、於六道生死，諸眾生隨在眾生聚，或卵胎濕化生，得身及成就。

10　1. 於中轉：(1) 果性（不淨品法）；(2) 因性（阿黎耶識）。
　　2. 執取：執此識為自我。
　　　(1) 世親：一重因果，種（所藏）即識（能藏）。
　　　(2) 無性：二重因果，種與識不一。
　　　　①能藏：此識含藏前七識一切雜染種（所藏）。②所藏：前七識（能藏）現行熏種於此識中。③執藏：有情末那識執此識為自我。
11　阿毗達磨以理為勝，經以教為勝。教必有理，理必順教，此二名證。若離此二證，立義不成。《世親釋》
12　「法」疑為「諸」之誤寫。

二、初受生時一切種識熟合大長圓，依二種取（執受）：

1.有依色根；2.相名分別言說習氣。（有色界有二取，無色界無二取。）

三、此識，

或名1.阿陀那（能執持身）。

或名2.阿梨耶識（於身常藏隱，同成壞）。

或名3.質多[13]（色聲香味觸諸塵所生長故）。

四、依緣此本識，識聚得生（眼識乃至意識）。

1.眼識等：依有識眼根，緣外色塵，生眼識。

2.分別意識：與眼識同一時共境，乃至與五識共境起。

（喻）

大水流：若有一或多能起浪因至，則一或多浪起，水常流不廢不斷。

圓鏡面：若有一或多能起影因至，則一或多影起，圓鏡面不轉成影，亦無損減。

→依本識若有一能起眼識緣至，則一眼識起，乃至若有五能起識因至，則五識起。

五、1.菩薩雖依法如智[14]能通達意心識秘密義，而諸佛不記說彼能通達意識心秘密義。

2.菩薩若如實(1)不見本識及阿陀那識等；

(2)於內於外，不見藏住（種子位），不見生及長等；

(3)不見眼色及眼識乃至不見身觸及身識[15]；

則菩薩依法如智能通達意心智秘密義。

由如此義，諸佛記說彼能通達意識心秘密義。

六、引偈重釋經義：

1.執持識深細[16]：能報持有依五根及相等習氣。（此識亦名阿陀那）

2.法[12]種子恆流：一切不淨品法能生熏習所依住。（如水流念念生滅

---

13 質多（citta）：心。《俱舍》4集起，前六識心王。《成唯識論述記》3積集，集起，指阿梨耶識。
14 法如智：法住智。
15 （玄奘）：不見意法及意識。
16 深細：難滅難解（難通達了知）。

相續不斷）

3. 於凡我不說：凡夫無甚深行，不求一切智，根鈍故不為凡夫二乘說。

4. 彼勿執為我：（阿黎耶）一相起相續長[17]，眾生起邪分別，執此識為我，恐起邪執故不為說。

戊二　釋名義

云何此識或說為阿陀那識？（前引理教證此識名阿梨耶，云何復說名阿陀那？）

能執持一切有色諸根，一切受生取依止故。

何以故？

有色諸根此識所執持，不壞不失乃至相續後際。

又正受生時由能生取陰故。

故六道身皆如是取，是取事用識所攝持故。

說名阿陀那。

釋　阿梨耶識亦名阿陀那之理：

一、能執持一切有色諸根

一期中由此識執持五根不壞。（至死位阿梨耶識捨離五根，黑脹壞相起。）

二、一切受生[18]取依止

(1)正受生時此識能生取陰，此取體性識所執持。（由此識是正受生識，故正受生時一切生類皆此識所攝。）

(2)一期受身亦為此識所攝（於阿黎耶識中身種子具足故）。

丁三　心教

或說名心。如佛世尊言心意識。

17　阿梨耶一類相續，恆常無間，故執我。餘識不常有間斷故，三性相違前後轉易，非一類故不可執我。

18　受生：（玄奘）結生（結謂相續，不斷義。）

釋 阿梨耶識及意，見此二義不同。心義亦應有異。

　　戊一　釋意
　　　己一　二種意

意有二種。

一、能與彼（將生識）生次第緣依（依止）故[19]先滅識為意，

又以識生依止為意[20]。

釋 （第一種）意：

　　為（意）識之（二種）生緣：

　　一、（若心前滅後生）無間能生後心，說此名意。（次第緣）

　　二、能作正生識（之）依止。（與現識不相妨）（正生者名識）（依止）

二、有染污意，與四煩惱恆相應。（一身見，二我慢，三我愛，四無明。）

此識（染污意）是餘煩惱識所依止。

釋 （第二種）意（此欲釋阿陀那識）

　　我見（執我心）→我慢（由我執起高心）→我愛（實無我起有我貪）。

　　此三惑通以無明為因。（無明：諦實因果心迷不解。）

此煩惱識由第一（意）依止生，由第二（意）染污。

釋 此染污識（即煩惱識）由依止第一識（意）生，由第二識（意）染污。

　　一、次第已滅（先滅識）說名為意（第一意），餘識欲生，（此意）能與
　　　　（作為）生依止。[21]

　　二、第二識（意）名染污識（意），煩惱[22]依止故。（若人正起善心亦有
　　　　此識）（（奘）以於善心中亦執有我故（有覆我執））。

19　次第緣：玄奘譯為等無間緣。
20　（無間滅識）意為先滅識，此能為（意）識生次第緣之依止。
21　（玄奘）無間滅識說名為意。與將生識容受處所故作生依。
22　染污唯通惡及有覆無記性，煩惱通有漏三性。（（玄奘）譯為雜染）

→由一、緣塵及二、次第三、能分別故[23]，此二名意。

釋　一、以能取塵故，名識。

二、能與他生依止故名（第一）意。（玄奘：由與處義[21]名第一義）（次第緣義）

三、第二識是我相等[24]或依止（而）能分別故，名意。（玄奘：由執我等成雜染意名第二意）

己二　染污意存在之理證

云何得知有染污心？（染污意）[25]

若無此心之過失：

一、獨行無明，則不可說有。

二、意識應無。

三、意名應無有義。

四、無想定，滅心定，應無有異。

五、於無想天一期，應成無流無失。

六、一切時中（遍善惡無記心中）我執[26]不遍起。

釋　染污心（意）若無，則有下列過失：

一、獨行無明不得有

獨行無明謂未生對治能障實慧愚[27]。

1.此無明於五識理不相應。

是處無容能為障故。（若是對治道生處，則是障處。）（對治道不

23　（玄奘譯）：1. 了別境義故；2. 等無間義故；3. 思量義故。

24　身見、我慢、我愛、無明。

25　次第緣（無間滅意）三乘共許，染污意唯大乘有，故須安立。

26　一切時中起我執為現量可得。

27　（印順）不共無明是小乘所共許的。世親說不共其餘的煩惱叫不共，是流轉生死的根本，是使諸法真理不能顯現的最大障礙。

（玄奘譯）不共無明者，謂於一切善不善無記煩惱隨煩惱位中，染污意相應俱生無明。彼若無者，成大過失，常於苦等障礙智生是其業用。

《成唯識論》5 謂第七識相應無明，無始恆行障真義智，如是勝用餘識所無。唯此識有，故名不共。

《無性釋》不共其餘諸識，唯在染污意中，所以叫不共。

由五識生，故五識不能為障。）

2.此無明不得在染污意識（第六意識）

（此約但（唯）由此無明，心（第六意識）應染污，若與餘惑相應共行，則不成獨行名。）

立此獨行無明染污（第六）意識，不應理：

(1)此第六意識應一向不清淨，不應理。

以此無明不暫息故。

(2)心（意識）與善（法）不得相應生（俱轉），不應理。

以第六意識恆與無明相應，不得引對治道生，而言此意識引生能治（善法）俱轉者，不應理。（不能起世間善法，更不能修出世聖道。）若然，則云何施等心成善？

若言別有染污心（意）有相應善心俱轉，此善心能引生對治道，故染污心即滅，此說則無過失。

二、意識應無

猶如眼等五識有眼等五根共一時為自依止。（第六）意識與五識相似，必應有同時之依止，若無依止則不得生。（若無染污心，意識無所依止則應無。）

註：與五識相似此法意識應無。何以故？此五識共一時有自依止，謂眼等諸根。（意識則無。）

三、意名不可得

若立前滅心（識）為意，則是識隨六識前已滅，以無體故不能了別（思量），則此意名不可得。（意以（取所緣相）了別為義故）

（非彼六識能與次第緣（無間識）作依止，故知了別（思量）有別（染污心）為依止，可得意名。）

四、無想定滅心定應無有異

若立有染污心，則可言無想定有染汙心，滅心定則無，此二定有別。

若但立（第六）意識，於此二定皆無，則此二定無別。

註：何以故？無想定有染污心所顯，滅心定不爾。若無此染污心，此二定應不異。

五、無想天應無流無失

於無想天生若無染汙心，一期生中無我執及我慢等，此生便無流失。

若爾，則不應為聖人所厭惡，既為聖人所厭惡，故知此定有染污識。

註：無染污故。（以無染污心故，於中無我見及我慢等。）

六、我執不恆隨

由我執恆相隨，故施等諸善亦常為我執相雜我執相隨。若離無明則無此我執恆隨，此無明若離依止則不得有，而此無明依止若離阿陀那識（染污意）無有別體。

註：一、若無此染污心（但立第六識相應行），則我執不遍三性中，成過失。（若但惡心與我執等相應，我及我所此惑得（現）行，於善無記中則不得行。）二、若立第六意識染污心二心同時生（俱有現行，非相應現行。），則無此過失。

無獨行無明　及相似五識　二定無差別　意名無有義
無想無我執　一期生無流　善惡無記中　我執不應起
離污心不有　二與三相違　無此一切處　我執不得生
證見真實義　惑障令不起　恆行一切處　名獨行無明

㊣ 一、若離（不安立）染污心，則：

二與三相違：二者無獨行無明與相似五識之意識。

三者二定無差別，意名無有義及無想天無流失。

我執不得生：於一切種善等位中，我執恆隨不應得有，則我執不遍善惡無記三性心中。

二、獨行無明恆行一切處，常能為障，令真實義不生。

己三　染污意之有覆無記性

此心染污故，無記性攝，恆與四惑相應。

譬如色無色界惑是有覆無記，

（由）此二界煩惱（為）奢摩他所（攝）藏故。

此心恆生不廢。

㊣ 一、此心於三性中屬何性？

　　屬有覆無記性，以有染污故。

二、云何有染污？

　　恆與四惑相應故：由不了無我境故起我執，由我執起我愛我慢。

三、有覆無記性，其相為何？

　　1.無記：此心染污故無記性攝。（性是無記，故能被染污。）

　　　有覆：此心成染污（恆與四惑相應故）故為有覆。

　　2.此心屬有覆無記

　　　此第二識（染污心）所起惑，由依止細故非不善，是生死因故亦非是善。（此心行相微細，隨逐之四惑亦微細故。）

　　　（註）譬如色無色界惑：[28]

　　　　(1)不失無記性

　　　　　色無色惑為奢摩他（四禪八定）所攝伏故，微細羸弱（不能造惡業感苦果等），雖與第六粗識相應，不失無記性。

　　　　(2)亦善亦不善

　　　　　在欲界

　　　　　若在欲界散心，由依止粗故應成不善。若與第二識相應，以依止細故，雖不在定中亦非不善。

　　　　　在色無色界

　　　　　若在色無色界，依止雖粗八定所攝，心軟滑故，亦非不善，能生生死亦非是善。

　　　　　故此二界惑屬有覆無記性。

　　3.此心恆生不廢

　　　此染汙心於三性中，和八定無想定無想天處，皆恆生不廢。

　戊二　釋心

一、尋第二（識）體離阿梨耶識不可得，是故阿梨耶識成就為意。

依此以為種子，餘識得生。

28　界以生性為義。色界：離婬欲及段食欲，而由色欲生。無色界：離下二界欲，而由無色欲生。

（釋）一、阿梨耶識為餘識因

　　　1.第二識緣第一識起我執，若離第一識此識不得起，故知有第一識。

　　　　今成就第二識為顯第一識故。

　　　2.離第一識無別識體為第二識因及生起識因。

　　二、阿梨耶識為餘識之依緣

　　　餘識（第二識及生起識）若前已滅後識欲生，

　　　必1.依第一識生。（第一識為此正生識之依止。）（記要）P.43

　　　2.能生自類。（第一識為自類相續之先滅識。）（記要）P.43

　　　故說名為意根。

　　　（佛說心名為第二識，識名為六識，意名為第一識。）

二、云何此意復說為心？

多種（法）熏習種子所聚故。

（釋）佛說第一識亦名質多（心）。

　　質多名有種種義及滋長義：

　　一、種種：有十義

　　　1.增上緣（因為他作而不障礙）；2.緣緣（為緣而緣）；

　　　3.解相（相識體之解性）；4.共作（能所共成因果）；

　　　5.染污（用持其他染法）；6.業熏習（因為持業）；

　　　7.因（為他而成依持因）；8.果（為他而成所生果）；

　　　9.道（五道）；10.地（三界九地）。

　　　此十義中各有多種義。

　　二、滋長：有三義

　　　1.由此十法聚集，令心相續久住。（十法為因之種子自相續。以能熏
　　　　法為體。）

　　　2.此心能攝持一切法種子。（以本識為體）

　　　3.是種種法熏習種子之所滋長。（以能熏法為體）

　　　　（種子：謂功能差別因。所滋長：謂變異為三界。）

三、云何（佛）於聲聞乘不說此心相及說阿梨耶、阿陀那名？

微細境界所攝故。

㊢ 一、微細：此識於所知中最為微細，非是二乘所緣。

二、境界：此識亦是境，若求佛果人必須通達此識。（最細微佛果者的境界。）

三、所攝：此識是應知等九勝相之所依藏。

此識難解，故屬微細境界藏所攝。（菩薩有微細境界藏）

何以故？

一、聲聞人無有勝位為得一切智智。

是故於聲聞人離此說，由成就智令本願圓滿。

故（佛）不為說。

㊢ 何故於聲聞乘不說微細境界？

一、聲聞人不求（如來）一切智智勝位。
不作正勤求知如來境界、不為解脫他障、不發願求如來法身而修行（界外）微細甚深道。

二、聲聞人由餘智滅惑得成本願
聲聞人修行唯為自利，少欲知足，但求除自惑障。
此障雖離此智（一切智智），由餘智（苦集滅道智）粗淺觀行，可得除滅。本願得成。
故佛不為聲聞乘說。（由苦集滅道人空智可盡三界惑，不須為說界外甚深微細道。）

二、諸菩薩應有勝位為得一切智智，故佛為說。

何以故？

若離此智得無上菩提，無有是處。

㊢ 諸菩薩求滅自他惑障及智障故，（為得一切智智，求證無上菩提之勝

位，）修行正勤故，（佛）為諸菩薩說。

何以故？

若離甚深微細境（即十勝相），十種次第修則不得成。

若離此修心，煩惱易除法身易得，無有此義。

丁四　聲聞異門教

此識於聲聞乘，由別名如來曾顯。

一、增一阿含經言：

於世間喜樂阿梨耶，愛阿梨耶，習阿梨耶，著阿梨耶。

釋　一、約三世釋

（一釋）

喜樂阿梨耶：略說為根本（總說）。

愛阿梨耶：約現在世說。

習阿梨耶：約過去世說。

著阿梨耶：約未來世說。

（二釋）

喜樂阿梨耶：略說為根本（總說）。

著阿梨耶：約現在世說。

習阿梨耶：約過去世說。

愛阿梨耶：約未來世說。

（三釋）

喜樂阿梨耶是現在世。

何以如此？

由過去著阿梨耶，由過去及現在習阿梨耶，而於未來愛阿梨耶故。

二、或執此四句義不異。

若不異云何有四句？

1.約有愛無愛釋

如決定藏論所明，有二種愛，謂有愛無有愛[29]。有愛即三界愛，無有愛謂愛三界斷。

喜樂者：若人生在欲界，緣已得塵生喜，緣未得塵生樂。

著者：若人生在色界，未離欲色界貪，著色界生及色界塵。

　　　由已得色界定，於定生染，不樂所未得定，於中執為解脫故說名著。

習者：若人生無色界，未離欲無色界，先且觀欲界過失，生色界欲。

　　　後觀色界過失捨色界欲，生無色界欲，此欲由習諸定所成，故說名習。

　　　（此三名有愛，依常見起。）

愛者：若人多行惡，畏受苦報，或執斷見求不更生故，說名愛。

　　　（此一即無有愛，依斷見起。）

2.或約四倒釋四句。

3.或約四愛釋四句。（即飲食愛，衣服愛，住處愛，有無有愛。）

4.或欲顯自法辯令弟子得法辯因。

5.或欲顯一義有多名。

6.或欲令鈍根人，若忘此義由別名還得憶。

7.或欲令鈍根人因重說名故得解。

8.或欲令別方弟子若不解一名，由餘名得解故說四句。

故名異義同。

為滅阿梨耶，如來說正法。

世間樂聽故屬耳作意欲知生起正勤。方得滅盡阿梨耶，乃至受行如來正法及似法。

釋　一、正法：1.如來所說名句味（文）；2.正法謂正說；3.以阿含為體。

　　　似法：1.名句味所目義（所詮義）；2.似法謂正行.正得；3.以所得為

29　《瑜伽》六十七

　　此愛略有二種，初是有愛後是受用愛。此復二種，謂於已得未得所受用處差別故，又即此愛界差別故。復有三種，謂欲愛色愛無色愛。……常見斷見為依止故，建立有愛及無有愛。

體。

二、樂聽：依信、智二根。（聞）

屬耳：即是定根，顯離散亂心。（聞）

作意欲知：即是念根，顯起恭敬不放逸。（思）

生起正勤：即是精進根，因此起勇猛捨惡取善。（修）

滅盡阿梨耶：即是盡智、無生智道果。

受行：如教而行。

由如來出世，是第一希有不可思議法於世間顯現，如本識。

此如來出世四種功德經[30]，由別義於聲聞乘此識已顯現。

30　《如來出世四種功德經》

1. 普寂：此經屬上座部受持之阿含。（現有漢譯屬大眾部傳承，無此經。）

2. 《巴利文增支部》四法第 128 經 （300/387）
   諸比丘！有情愛樂（阿賴耶）所執處，欣悅所執處，歡喜所執處。如來說示非所執處法時，彼進聽、傾耳、知喚起心。
   諸比丘！由於如來應供正自覺者之出現，此第一之希有未曾有法[**]出現。
   Tathāgatassa bhikkhave arahato sammāsambuddhassa pātubhāvā cattāro acchariyā abbhutā dhammā pātubhavanti . katame cattāro.
   Ālayarāmā bhikkhave pajā ālayaratā ālayasammuditā，sā
   Tathāgatana anālaye dhamme desiyamāne sussūyati sotaṁ odahati aññā cittaṁ upaṭṭhāpeti.
   Tathāgatassa bhikkhave arahato sammāsambuddhassa pātubhāvā ayaṁ paṭhamo accariyo abbhuto dhammo pātubhavati (Anguttara-Nikāya. IV, 128, 1, vol. II. P. 131)
   [**] 指 (1) 愛樂阿賴耶之有情，聽聞如來說非阿賴耶法，竟能信受而能聞思修。
   又由有情愛樂 (2) 慢 (3) 非寂靜（流轉）(4) 無明而於如來說法時，有情亦皆能信受而實踐，而有第一乃至第四希有未曾有法出現。
   （此說如來出現所具之四種功德及所能捨離之四種對象。）

3. 《巴利中部尼柯耶》26 經，聖尋求經。
   佛陀菩提樹下悟道後，思惟是否要宣說其所證得之法時，
   說：然世間有情愛阿賴耶，樂阿賴耶，欣阿賴耶，受阿賴耶。
   樂阿賴耶、欣阿賴耶的有情，難以理解此因緣生起的道理。

4. 漢譯
   (1)《增一阿含・四諦品》第三經
   　　此中「多有所著」可視為愛、樂、欣、熹阿賴耶之意譯。（染著即阿賴耶）
   　　「不染著法」即非阿賴耶法。
   (2)《佛本行集經》33 （T3，P. 805c）
   　　但眾生輩著阿羅耶（隋言所著處），樂阿羅耶，住阿羅耶，熹樂著處，心多貪故，此處難見。（佛所證法難見難知）

釋　別義有三種：

> 一、別意：如來欲說自出世功德（此為目的），非欲顯阿梨耶識。因此識與功德相應故（借）說此識。

> 二、別名：如來但說名不說義。

> 三、別義：微細境所攝於二乘不宜說。但由義相應故，（在相應微細境義上）只說名不釋義。

二、摩訶僧祇部阿含：（大眾部）

由根本識別名，此識顯現譬如樹依根。

釋　此識為一切識因，故是諸識根本。

> 譬如樹根，芽節枝葉等所依止說名樹根，若離此根芽等不成。此識為餘識根本亦爾。

三、彌沙塞部：（化地部）

亦以別名說此識，謂窮生死陰。

何以故？

或色及心有時見相續斷，於心中彼種子無有斷絕。

釋　云何說此識為窮生死陰？

> 一、生死陰不出色心。而（諸定中）色有時有相續斷絕（如無色界），心亦有時有相續斷絕（如無想天等）。

> 二、但於阿梨耶識中，色心種子無有斷絕。

> 何以故？

> 由此熏習種子於窮生死陰恆在不盡故，後時色心因此還生。

> 於無餘涅槃前（金剛喻定前）此陰不盡，故名窮生死陰。

丁五　總結成立

是應知依止阿陀那、阿梨耶、質多、根本識、窮生死陰等，由此名，小乘中

是阿梨耶識已成王路。

釋　一、大乘立阿陀那、阿梨耶、質多名。（質多通大小乘名）

　　　小乘亦立別名說本識：根本識（摩訶僧祇部）、窮生死陰（彌沙塞部）、果報識（正量部）、有分識（上座部）。

　　二、即使小乘中，由此眾名廣顯本識，易見猶如王路。

　　　（王路有三義：1.直無歧：譬定無疑；2.廣平熟：譬大小乘俱弘此義；3.光明無障：譬引無量道理以證此識。）

丙二　遮異執安立阿梨耶名

丁一　遮餘諸小乘異執

一、餘諸小乘異執

1. 執心意識名異義同

有餘師（小乘師）執心意識此三但名異義同。

是義不然。意及識已見義異，當知心義亦應有異。

釋　小乘云：阿梨耶識阿陀那識，由自僻執於同義異名中立為異義。

　　此說不然。何以故？

　　小乘中立意及識名義俱異：能了別名識，若了別已謝能為後識生之方便（依止），名為意故。識以了別為義，意以生方便為義。

　　當知心義亦應有異。若心識義無異，則應以心名識，否則心有名無義，識有義無名。

　　故小乘言心意識三但名異義同者不然。

　　（雖然大乘也承認心意識是異名同義，但同時也主張三名三義。約本識說，須排斥三名同義之說法。）

2. 約阿梨耶名之異執

如來說世間喜樂阿梨耶。

㊪ 小乘諸師約阿梨耶識名欲顯愛著之境界（愛著處）。

起執不同，此愛著境其義亦不同。

註：眾生愛著境說名阿梨耶，如佛說世間喜樂阿梨耶。

喜樂阿梨耶之諸異計：（諸愛著處）

(1)五取陰：計貪愛所緣之五取陰為阿梨耶。（取是貪愛別名，貪愛所緣自五陰名取陰。）

(2)樂受：計與欲相應之樂受（顛倒心之樂受）為阿梨耶。（無樂受五陰非愛著處。於樂受若無顛倒，於五陰不生愛著。）

(3)身見：計身見為阿梨耶。（樂受能安樂自我，愛自我故愛此樂受（自我身見之資糧），如人愛壽故愛壽資糧。故不說樂受是愛著處。）

(4)壽命

(5)道

(6)六塵

(7)見及塵

二、名義不相稱安立之過失

如此等諸師迷阿梨耶，由阿含及修得是故作如此執。

由隨小乘教及行，是師所立義不中道理。

㊪ 小乘師不了別阿梨耶識。依小乘教（小乘阿含不如理決判此識義）行粗淺道（無道理能證此識義），偏離阿梨耶識義但立別名。所立（推度）義（名）有違小乘自悉檀。

1. 立取陰名阿梨耶之過失

若執取陰名阿梨耶，於惡趣隨一道中，一向苦受處於彼受生，此取陰最可惡逆，是取陰一向非可愛，眾生喜樂不應道理。

何以故？

彼中眾生恆願取陰斷絕不生。

㊛ 一、於四惡趣隨入一道，定是純惡業果報，唯一向以苦受為果報果，無餘受相雜。（於彼中有時生樂受但名相似果，非果報果。）

二、於一向苦受處受生，生時住時皆不可忍（故名可惡），於此苦中恆起滅離貪欲意，謂我何時當死捨離此陰？（故名為逆）

三、此惡道陰一向是苦惱資糧，於中云何生愛？

眾生因此苦苦，願樂滅現在陰，願樂令後陰不更生。

故喜樂乖理，若說取陰名阿梨耶，此義不成。

2. 立樂受為愛著處之過失

若是樂受與欲相應，從第四定乃至上界皆無此受。若人已得此受，由求得上界則生厭惡。是故眾生於中喜樂不稱道理。

㊛ 一、此樂不遍三界

　　但生死一分中有此受。

二、受樂人求離此樂

　　此樂粗動是放逸處，難成易壞。起厭怖心求得上界寂靜，則厭惡此樂。（於樂處生離欲心，於不苦不樂中生喜樂心。）

立此樂為愛著處不稱道理。

3. 立身見為愛著處之過失

(1)身見非愛著處

正法內人信樂無我，非斯所愛，故於中不生喜樂。

㊛ 佛法內人，約聞思修慧，信無我及樂無我，發願修道為滅我見，我見非其所愛。由求得無生智，令我見我愛未來不更生，是故於中不生喜樂。

此身見為一分眾生所愛著，一分眾生不愛著故，不可說身見為愛著處。

(2)阿梨耶識自我愛隨逐

　　①約佛法外人

此阿梨耶識，眾生心執為自內我。

一、苦受處

若生一向苦受道中，

其願苦陰永滅不起， （身見非愛著處）

阿梨耶識我愛所縛故，不曾願樂滅除自我。（阿梨耶識是愛著處）

二、捨受處

從第四定以上受生眾生，

雖復不樂有欲樂受， （樂受非愛著處）

於阿梨耶識中，是自我愛隨逐不離。 （阿梨耶識是愛著處）

㊣ 六道眾生起執著心，謂此法（阿梨耶識）是我自內我，此內我自在清淨無
變異，能證為相，（但）依外具（身心）變異及染污而有或樂或苦。

一、由苦受處起無有愛

如人若有惡業因緣故，則墮一向苦受惡道。

由執1.內我自在清淨及2.計內我清淨無變異

起無有愛，願我與外具（苦陰）永絕相離。

何以故？

由不了別此識，緣此識起我執，由我執起我愛，由此我愛不求滅我，
欲安樂此我故，（但）求滅離外具。

→身見非愛著處，但執內我（清淨無變異）起我愛。

二、於捨受處阿梨耶識是愛著處

眾生在捨受處（第四定以上），（雖）無（欲俱）樂受可愛樂，厭惡
樂受如惡道人厭惡苦受，（但）無因緣於阿梨耶識中欲捨我愛故，阿
梨耶識是愛著處。

→樂受非愛著處，但阿梨耶識中自我愛隨逐。

②約佛法內人

正法內人雖復願樂無我違逆身見， （身見非愛著處）

然於阿梨耶識中亦有自我愛。 （阿梨耶識是愛著處）

㊝ 佛法內人一、在正思二、在正修者比知無我，能伏我見。三、在有學者，證知無我，能滅我見。（但）於阿梨耶識中，長時數習我愛，雖復違逆身見，於本識中我愛猶恆隨逐。

而身見由能伏能滅故，非是愛著處，不應名阿梨耶。

→身見非愛著處，但阿梨耶識中自我愛隨逐。

丁二　顯阿梨耶名最勝

若有人不迷阿梨耶識，約小乘名成立此識，其義最勝。

㊝ 菩薩不迷此識

由教：諸佛觀人根性，依根性立阿含，於下品者（小乘）有秘密說，於上品者（大乘）無秘密說，是故具明諸識。由此阿含菩薩不迷此識。（由教不迷識理）

由行：行者修行能破欲界惑，則見自身為色惑所縛，乃至無色界亦爾。若修行出無色界，見身被縛在阿梨耶識中，為滅此縛故修十地。菩薩由甚深行故不迷此識。（由行能出三界）

若人能了別此識（體），以小乘名（即阿梨耶）目此（本）識，名義相稱故，成立名義則為最勝。云何最勝？以小乘義過失於大乘義中則無過失，是故大乘安立最勝。

以阿梨耶名安立此識（本識）則為最勝，是名成立阿梨耶名。

㊝ 由此愛著處名，比度諸師執名義不相稱。

若取阿梨耶名則名義相稱，故引彼名成立本識為最勝。

此品中總攝諸名引道理顯本識故，稱眾名品。

乙二 理論上成立阿梨耶識

丙一 安立阿梨耶相【相品第二】

丁一 三相【相章第一】

復次成立此識相，云何可見？

此相略說有三種[31]，一立自相，二立因相，三立果相。

立自相者，依一切不淨品法習氣[32]，為彼得生、攝持種子作器[33]是名自相。

立因相者，此一切種子識，為生不淨品法，恆起為因，是名因相。

立果相者，此識因種種不淨品法無始習氣方乃得生，是名果相。

釋 已依眾名成立阿梨耶識，次應示其體相。

決定藏論中，明本識有八相，異彼廣說，略說有三種。

一、自相：依一切不淨品法，熏習此識最勝，為彼得生功能。此功能相謂攝持種子。（熏習成一故言攝持）[33]（習氣種子直接成為阿梨耶識）[33]

二、因相：八識中隨一識不淨品法所熏習，已得功能勝異為生彼法，後轉成因。

三、果相：依止三種不淨品法熏習，後時此識得生，為攝藏無始熏習[34]故。

丁二 熏習【熏習章第二】

何法名習氣[35]？此習氣名欲顯何義？

此法與彼相應，共生共滅，後變為彼生因。

此即所顯之義。

---

31 三相之說明，只是從三方面看同一物之各別說法，種子現行種子絕非互異之物。做為一個整體之阿黎耶識，也和一切法無異，因為是從內容面思考種子識，因此是一切法之中心。

32 此處熏習（過程）與習氣（結果）同義（同為 vāsanā）。

33 習氣指熏習的結果，對所生諸法而言，此為能生之種子。只看內容各別物時為種子，作為全體而看時（不看內容）是阿梨耶識。就性質言，種子和阿黎耶識並非相異之物。就阿梨耶識言，它是攝持種子之器。習氣種子直接成為阿黎耶識，故言攝持為熏習成一，為作器。

34 以種種不淨品法為因，受彼等熏習，而有無始以來之習氣。

35 abhyāsa 熏習。

釋 一、此：能受熏習法。彼：能熏習法。共：一時一處同生同滅。

二、若法有生滅，則有能熏所熏，若異此則不然。

　　能熏者相續短，所熏者相續長，是故能熏已謝所熏恆在。

三、後變為彼生因：變即當彼如彼生功能，此亦復爾。

　　（此所熏與彼能熏共生共滅後，此所熏中有能生彼能熏之因性。）

譬如於麻以花熏習，麻與花同時生滅，彼數數生，為麻香生因。

若人有欲等行，有欲等習氣，是心與欲等同生同滅，彼數數生，為心變異生因。

若多聞人有多聞習氣，數思所聞共心生滅，彼數數生，為心明了生因。

釋 一、若人有欲等（諸煩惱）行，則有欲等習氣。欲等行為心變異生因，能變異心是名熏習。由數數（或約一生或約一時）生（欲等行之熏習）而有習氣。

二、多聞人或在思位或在修位，由所聞名句味引多道理恆思量，思量中正思與意識共生共滅。

　　此正思所聞於意識中數數生滅。意識於聞中明了，而熏習阿梨耶識。此意識若滅，後更欲起，次第轉勝。由此熏習成，是故聰明事不失。

	能熏	所熏	熏習	習氣（所熏中有能生彼能熏之因性）
1	花	麻	能熏與所熏同生同滅（共一時一處），能熏數數生（約一生或一時）	後生之麻帶有麻香生因
2	欲等（煩惱）行	心		後生之心（變異）帶有欲等（煩惱）行因
3	正思多聞	心（意識）		後生之心（意識）帶有多聞明了因

由此熏習得堅住故，故說此人為能持法。

於阿梨耶識，應知如此道理。

釋 一、由思慧得堅，於修慧得住。

由此熏習能不忘失，若人別緣餘事，亦得說名能持法人。

二、阿梨耶識之善惡熏習，生起道理應如此知。

（阿梨耶識有能生彼善惡法之因性，是名熏習。）

丁三　本識與種子之異同【不一異章第三】

此染污種子與阿梨耶識同異云何？

不由別物體故異。

如此和合雖難分別，而非不異。

阿梨耶識如此而生，熏習生時有功能勝異，說名一切種子。

(釋) 一、以別體辨同異之過失

在阿梨耶識中之不淨品法種子，

為有別體故與識異？為無別體故與識不異？

1.若異

若言種子以有別體，故與阿梨耶識異，

則(1)諸種子以各有別體故應有分分差別，故攝持種子之阿梨耶識亦應如是成無量分。(2)若言種子自（變）異，本識不（變）異，則種子與識同生同滅義不成。（阿梨耶識剎那剎那滅義不成）(3)於識中由善惡業之熏習，而隨業起種子，若許種子是無記，則本識與種子皆為無記，云何得異？

2.若不異

若言種無別體，故與識不異，

則種為多，識為一，云何不異？

此難顯以種子有無別體，而言與識為異為不異皆有過失。

二、明不一不異義

阿梨耶識與種子共生（不可說異），但有能依所依差別（不可說不異）。

1.不可說異

識與種無異體，不可說異。（不同於眼根以色為體，眼識以無色為

體，由別體而異。）

2.不可說不異

(1)不由和合難別而不異

識與種和合難以分別，但不可說不異。

①和合難分別

種為能依是假無體，識為所依是實有體[36]，假實和合，以無二體故異相難可分別。

（喻）譬如苦諦實有果報五陰為體，集諦是假名，依苦諦得顯，無有別體，假說為因。

（識與種和合雖無二體，但能所依別，假實義殊故，非不異。）

②不可說不異

識與種雖難分別而非不異。（如五陰難可分別，但非不異。）

若言識與種不異：

則❶未熏種時：識但是果報，不能為他作因。

（識雖與種不異，但無種為他作因。）

❷已熏種時：識與本無異，如此相同而生。

（識雖熏有種，然與本無異。但為果報，不能為他作因。）

識如此相同而生，熏習未熏習皆無異，此義不然。

故識與合雖無二體種不可說不異。

(2)正顯非不異義

①識受熏前

先未有為他生因之功能，故此識但是果報，但生自相續，故不名一切種子。

②識受熏後（成種）

36　此非如米麥置於囊中，此二為別體，然識與種非別體。
　　雖然種子為因，識為果，然不同於一般之因果律。此中種於識乃假說為因，因是假無體，果是實有體。果在因前，因乃於果上之假安立。

受熏後方有為他生因之功能（故異於前），能生自他相續（故勝於前），說名一切種子。

（喻）譬如麥種子，於生自芽有功能故，說麥是芽種子。麥若陳久（老化）或為火所損，則失功能。麥相雖不異，以功能壞故不名種子。

識受熏後有生一切法功能，由與功能相應，說名一切種子，此功能若謝無餘（或未熏前），但說名果報識，非一切種子。故識與種子非不異。

→是故阿梨耶識與種子，不可說異，不可說不異。

丁四　本識與染法互為緣【更互為因果章第四】

云何阿梨耶識與染污（法），一時更互為因？

譬如燈光與燈炷生及燒然，一時更互為因。

又如蘆束一時相依持故得住立。

應知本識與能熏習，更互為因，其義亦爾。

如識為染污法因，染污法為識因。

何以故？

離此二法，異因不可得故。

（釋）一、阿梨耶識或為一切法因或為一切法果。一切法於阿梨耶識亦爾。

二、燈炷喻

炷為光焰生因：由炷體作依止，能生光焰故。

光焰為炷燒然因：光焰生剎那中能燒然炷故。

（此識與彼法為共有生因，此因現在住，未壞果生亦可見。）

束蘆喻

如二蘆束相依持而立。（一一剎那中識法亦互相依互相持。）

三、阿梨耶識為種子生因，若無此識三業生滅無可依處。

（體謝滅功能亦滅，故由此識諸法體生功能亦立。）

若彼法無，此識起在現在無有道理。（識之變異是彼法之果故）

四、離此二法，異因不可得。

　　外道二乘問：

　　何故不說別餘法而唯明識與染汙法互為因果？

　　答：

　　1.於世間（有為法）離分別依他二法更無餘法。

　　　阿梨耶識是依他性，餘一切法是分別性。[37]

　　　以盡三界唯有識故，此二法攝一切法盡[37]，是故離此二法，異因不可得。

　　　（二法所攝一切法為虛妄分別，此虛妄分別若滅，阿梨耶識依他性亦滅，只剩真實性。二法之互為因果完全在分別性上。）

　　2.此二法為共有因（俱有因）是功力果（士用果），隨因品類，其果亦爾。

　　　（此因果同時之關係，即是阿梨耶識與法之關係。俱時有之法，因果同時，相對為共有因，相望互為功力果。）

丁五　本識與雜異諸法為因【因果別不別章第五】

云何熏習不異不多種，而能為有異多種諸法作生因？

（釋）（此明因果之有差別及無差別相）

　　一、若就俱有因問難則不成。

　　　以一時（同一剎那）無有因果異相可得故。

　　二、若就果報因（異熟因）問難則可成立。

　　　以果報因，其因必是有記（一相）[38]，而其果報果必與因不同時（現種種別異相）。

　　譬如多縷結衣。衣無多色，若入染器，後於衣上種種相貌方得顯現。

37　普寂《攝大乘論略疏》二

　　1. 今此說（阿梨耶識為依他性，餘一切法為分別性。）即大乘終門之義，率合於《楞伽》《起信》等說，賢首宗所謂終教與此類似。（此論含容從始入終之趣者，即此等也。）

　　2. 若依此義則一切法虛妄分別。此妄分別息則依他阿梨耶識亦止，唯有如如及如如智獨存。

38　有記：有漏法中，以能招果報果者為有記法。

（釋）此譬欲明果報因（無異雜種），果報果（有異多種）皆得成立。

如人欲於衣上作諸相貌，先以縷結衣，此衣當結時相貌無異。入染器後若解先結，則有多種相現。

如此阿梨耶識，種種諸法所熏，熏時一性無有多種。

若生果染器現前，則有不可數種類相貌，於阿梨耶識顯現。

（釋）一、受熏

    1.阿梨耶識為善惡不動三業所熏，如衣被結。

    2.受熏時

      有三種：方便時（加行）、正作時（根本）、作後時（後起）。

      復有三種：自作時、教他作時、隨喜他作時。

    3.諸業種子在阿梨耶識，同為無記性，離此識無各各異體。（無差別異相）

  二、生果

    若眾緣已具（如衣正入染器），作為順現業、順生業、順後業隨一生果，於阿梨耶識顯現時，則有不可數種果報相貌。

    是故熏時雖復不異，果報熟時則有無量差別。

  三、釋妨難

    汝意謂果報定以有記為因，云何（此）以無記為因？

    答：此二義無異。

    彼人言：果報因必有記者，以於果說因故。（種（果）之能熏因必有記故）[38]

    今言：阿梨耶識及所持種同為無記，以於果說果故。

    （能熏現行之果為種，此種為無記。）

丁六　甚深緣生【緣生章第六】

此緣生於大乘最微細甚深。

（釋）此緣生廣說有三種：

分別自性緣生、分別愛非愛緣生、受用緣生。

此第一緣生大乘有小乘無（不立本識故），最細微（凡夫智不能通達）甚深（二乘智不能窮其底）。

戊一　廣明二種緣生（就生起說）

己一　正釋二緣生

若略說有二種緣生，一分別自性緣生，二分別愛非愛。[39]

一、依止阿黎耶識諸法生起，是名分別自性緣生。

由分別種種法因緣自性故。

㊟ 諸法種子依阿黎耶識。當諸法欲生時，若外緣具，則依阿黎耶識得生。

一、諸法生以阿黎耶識為通因，是名分別自性。

以種種諸法體性生起、分別差別皆同以阿黎耶識為因故。

二、若分別諸法緣生自性，此唯阿黎耶識。

遍三界諸法品類，

分別

1.生起因：唯是一識。

2.諸法（體）性：即是此識。

3.諸法差別：皆從此識生。

故諸法由此識悉同一性。

二、復有十二分緣生[40]，是名分別愛非愛。

39　二緣生與等流因果、異熟因果（詳見甲二附註二）。

40　十二分緣生

				現行
能引	一、無明	分別所起之煩惱障。	異熟種子 （業種子）	
	二、行	無明發業。（善惡思心所種子，即業種）		
所引	三、識	使阿黎耶識現行之種子。	等流種子 （名言種子）	
	四、名色	能生五蘊之種子。		
	五、六入	能生六根之種子。（不含染污意根）		
	六、觸	能生未來觸心所之種子。		
	七、受	能生未來受心所之種子。		

於善惡道分別愛非愛生種種異因故。

㊐ 一、約三世立十二分。

為顯因（前際唯說無明、行因），顯果（後際唯顯生、老死果），及顯因果故（中際具顯根本八分：五果（識、名色、六入、觸、受）及三因（愛、取、有））。

二、根本八分不出三法。

1.煩惱：

(1)從煩惱生煩惱、業果、果報。（如從種子生芽）

(2)煩惱若在生續無窮。（如龍在池、水恆不竭。）

(3)未除煩惱六道報恆走。（如樹根未拔，時至則生。）

2.業：

(1)業若有流則能感報。（如米有糠則能生芽）

(2)業若已熟不更生果。（如烏沙絺，謂芭蕉竹等果熟則死。）

(3)業近能生果。（如樹花是生果近因。）

3.果報：果報若熟不更結後果報，若重結果報則不得解脫。（如成熟飲食，若已成熟但應受用不更成熟。）

十二緣生亦不出此三法。

三、由十二緣生分別有無窮差別之愛非愛生身

由無明緣生有福非福不動三種業行。由此三品行故，識等或生可愛之隨福行及隨不動行，或生不可愛之隨非福行。

四、以十二緣生為差別因故，愛之善道、非愛之惡道中有無量種差別分別。

能生	八、愛	下品（粗）貪愛心所		現行（特別指臨命終時的一切煩惱）
	九、取	上品（細）貪愛心所		
	十、有	行之異熟種子和識等五支等流種子，為愛取所潤後，所成之特殊狀態，隨時可感果。	前九支所形成之種子位	
所生	十一、生	識等五支之等流種子所生之異熟無記果（即識、名色、六入、觸、受。）		現行
	十二、老死			

阿黎耶識中無始時來之等流種子（為有情流轉三界六趣之質料因），由於異熟種子（業種）之資助增上而不斷增長。在臨命終時由於現行煩惱之滋潤，而有現行之本識及名色、六入、觸、受之異熟無記果生起。

己二　迷二緣生

一、迷第一緣生

若人於阿黎耶識迷第一緣生，

（1）執不平等因

　執自性是生死因；　執宿作；　執自在變化；　執八自在我。

(釋)　迷有三惑，一無知、二疑知、三顛倒知。

　　若起此三惑則生二種見，或執不平等因，或執無因。

一、執不平等因

　　1.執自性是生死因[41]

　　　僧佉[42]引五義，證立自性是實有。

　　　(1)由別必有總知有自性

　　　　由見變異別有數量，則知自性總亦有數量。（如鐶釧等別有數量，則知金總亦有數量。）

　　　(2)由末似本知有自性

　　　　變異別中悉有憂喜闇三德，則知自性總中亦有三德。（如片片白檀分片中香皆似本。）

　　　(3)由事有能知有自性

　　　　由自性於變異中有體故能作萬物，此能若無依，能則不成。（如鍛師於鍛中有能故能作器。）

　　　(4)由因果差別知有自性

　　　　以自性為因，變異為果。（如土聚為因，瓶為果。）

　　　(5)由三有無分別故知有自性

　　　　世間壞時：十一根壞變五大，五大壞變五唯量，五唯量壞變我慢，我慢壞變成智，智壞變為自性。三有於自性無復分別。

　　　　世間起時：從自性起智，智起我慢，乃至從五大起十一根。

41　此生死與（世間）起壞同義。

42　僧佉 sāṃkhya

　　數論派為印度六派哲學中最早者，相傳迦毘羅仙人以分別智慧計度諸法，並以此數為基礎立論說，稱數論派。神我觀照自性，自性開展為二十五諦。傳有《僧佉頌》及其釋《金七十論》（真諦譯）。

若無自性，壞時應盡無更起義，若更起無本無次第生義。

2. 執宿作

路柯耶眠柯[43]說：

世間一切因唯有宿作，現在功力（士用）不能感果，現在非因。

（如世間二人同事一主，俱有功力，一被禮遇，一則不爾。）

3. 執自在變化

如前所立皆不成因，唯有自在天一因[44]，使我等生善惡輪轉生死，後令起厭離求得解脫。（自在因論生於智慧，解諸繫縛會自在體。）

4. 執八自在我

如鞞世師[45]那耶修摩[46]執我者何相何德？

智性為相（本質），八自在為德[47]（屬性作用）。

我以智性為相，以若獨存及雜住智性皆無改故。（如火以熱為相）

（八自在：一、於細最細（極小）；二、於大最大（極大）；三、遍至；四、隨意；五、無繫屬；六、變化；七、常無變異；八、清淨無憂。）

（2）執無因

釋 二、執無因

由不了別世間果因，一分以例餘果，謂皆無因。

（外人見世間現事一分有法爾自有不由因。由不了因果理，比度例餘

43　路柯耶眠柯 lokāyatika
即順世派，主張隨順世俗，倡導唯物論之快樂主義，世間及人之身心皆由四大合成。（此釋文內容與順世派說不甚相同，與宿作論師所言相同。）

44　此為濕婆派（siva）中的摩醯首羅派（māheśvara 大自在天派）之說。

45　鞞世師 vaiśeṣika
勝論派：一切萬有之生成壞滅，由十要素集合離散而成。立十句義說。

46　那耶修摩 nyāya-sauma
正理派：以因明論理學及自然哲學（此部份融和勝論派學說）為主。

47　宇井伯壽
此說之內容與所列派名不一致。此說多半是數論派非勝論派之說。
1. 智性為相：與勝論、正理所說不同。
2. 八自在為德：勝論、正理派沒說。
數論派前者後者都承認。

果，謂皆無因。）

二、迷第二緣生
若迷第二緣生，執我作者受者。

㊞ 由三惑於因果及事上起增減執，是名不了別第二緣生。

一、增因：除無明等因，立不平等因為因。

二、減因：謂行等無因。

三、增果：謂行等本自有體，後緣無明生。

四、減果：謂無行等為無明果。

五、增事：謂無明等生行等，離唯眾緣和合有無明等別事，能作行等別事。

六、減事：執無明等無有功能生行等事，無明等無動無作故。

若離此三處增減名分別第二緣生。若不能如此分別，即迷緣生起我執作者受者執。

先約本識起我執，後約因果起作者受者執。

（若我作因名為作者，本識變造諸法；若我受報名為受者，本識所執取。）

譬如眾多生盲人不曾見象，有人示之令彼觸證。
有諸盲人或觸其鼻，或觸其牙，或觸其耳，或觸其腳，或觸其尾，或觸其脊等。
有人問之：象為何相？盲人答云：象如黎柄，或說如杵，或說如箕，或說如臼，或說如箒，或說如山石。

㊞ 一、眾多生盲人不曾見象
喻：一闡提及外道從無始生死來，未曾了別阿黎耶識三相（體相，因相，果相）。

二、有人示之令彼觸證

喻：邪師為說邪法，令彼生不正思惟及偏見。

三、六觸譬六偏執：1.自性；2.宿作；3.自在；4.我；5.無因；6.作者受者。（等者等六十二見等）[48]

三、結

若人不了二種緣生無明生盲，或說自性為因，或說宿作，或說自在變化，或說八自在我，或說無因，或說作者受者。

由不了阿黎耶識體相及因果相，如彼生盲不識象體相，作種種異說。

㉑ 一、相品初立自體為顯自相，立因為顯因相，立果為顯果相。

二、此二種人，由無明不能了別本識三相故，不能通達分別自性緣生，起自性等五執。不能通達愛非愛緣生，起第六作者受者執。

　　己三　明本識攝一切法盡

一、本識體相

若略說阿黎耶識體相，是果報識，是一切種子。

由此識攝一切三界身，一切六道四生皆盡。

㉑ 一、本識三相

　　　　因相：一切法熏習於本識中有，故名為因。

　　　　果相：此識餘法所熏故成諸果。

　　　　體相：謂果報識，一切種子是其體相。

　　　　（約受熏名果報識，約生果名一切種子，種現一體。）

二、攝一切法盡

　　　　此識若成熟能成六道體，以三業所熏是諸道種子故。

　　　　三界一切生一切道皆入此識攝。

　　　　（三界身謂於六道四生中，等類不等類差別。）（此識攝雜染一切諸法。）

48　參考《瑜伽師地論》6，7，51，52，87；《大毗婆沙論》199，200；《顯揚聖教論》9，10，14；《梵動經》（長阿含14）；《梵網六十二見經》。

二、以偈顯

為顯此義故說偈言，

1.略顯外內別

外內不明了　於二，但假名

及真實

㊇ 已說阿黎耶識為一切法種子，今更顯種子義故說斯偈。

種子有二種。

一、外種子：外穀麥等種，不明了善惡（或染淨）二性為有記。（穀麥等本身是無記）唯是假名，以一切法唯有識故。

二、內種子：內阿黎耶識，明了善惡（或染淨）二性。是真實，一切法以（內）識為本故。

2.種子六義

　　　一切　種子有六種

念念滅俱有　隨逐至治際

決定觀因緣　如引顯自果

㊇ 內外種子不過六種。

何者為六？

一、念念生滅

此二種子剎那剎那滅，先生後滅無有間故，此法得成種子。（常住法不成種子，以一切時無差別故。）

二、與生起識俱有

俱有則成種子，是時種子有即此時果生。（非是過去未來，亦非相離。）

三、隨逐治際（窮於生死）

阿黎耶識隨逐乃至治際（金剛心道時）功能方盡。（外種子至果熟及根壞時功能則盡。）

四、決定為善惡因

（正）決定若是此果種子，此果得生。

（反）決定不「從一切一切得生」因果。

五、觀（待）因緣

1.由此種子觀（待）別因緣，方復生果。

觀福非福不動行為因，於愛憎二道成熟為道體。

2.是時若有因，是時因得生，是故不恆生。（非一切時，非一切生。）

若不觀（待）因而成因者，則一因為一切果因。以觀因緣成故，不漫為因。

六、能引顯同類果

自種子能引生自果（同類果）。（如阿黎耶識能引生阿黎耶識果，穀等種子能引生穀等果。）

如此六義是因果生義。

3. 熏習四義

堅無記可熏　與能熏相應

㊢ 熏義有四種。

一、堅住

若相續堅住難壞，則能受熏，若踈動則不然，如風不能受熏。（如風由散動踈故，在相續一由旬內，熏習亦不能隨逐。瞻波花所熏油，以堅住故，百由旬內熏習能隨逐。）

二、無記

若物不為香臭所記能受熏，猶如衣等。（蒜不受熏，以其臭故。沉麝等亦不受熏，以其香故。）

三、可熏

能受熏故名可熏，如衣油等。（金銀石等皆不可熏，以不能受熏故。）

四、與能熏相應

若能所相應則能受熏。若生無間是名相應，故得受熏。若不相應，則不能受熏。

若異此四義，則不可熏。

4. 本識受熏義

若異不可熏　說是熏體相

㊐ 阿黎耶識具種子六義及熏習四義故，能受熏習轉為種子。

（阿黎耶識異不可熏，即為其熏習相。）

5. 餘識不受熏

六識無相應　三差別相違

二念不俱有　餘生例應爾

㊐ 離阿黎耶識餘法不能受熏。

一切生起識，雖具六義得為種子，但與熏習四義相反，故不能受熏習轉成種子。

何以故？

一、無前後相應

六識無前後相應義，以易動壞故。（不堅住）

二、三差別相違

六識差別故相違。

1. 差別：隨一一識有不同依止（所依），不同境界（所緣），不同覺觀思惟（作意）。

相違：各有不同想（行相）。

2. 六識更互不相通故差別，由差別故相違。

三、二念不俱有

1. 破經部

經部不許一剎那二識同時並起，故主張熏習為前念熏後念。

然由一念能熏所熏二不俱，故此熏習義不成。

2.熏習正義

能熏所熏若在一時，同生同滅，熏習義得成。

若不同時熏義不成。

3.六識無熏習

六識不並起，

或能熏在所熏未生，或所熏生能熏已謝，前後剎那（二念）非一時並起（不俱有）。

由能熏所熏不並起，故六識無相互熏習義。

四、餘生例應爾

1.外執：

識雖非相應（前後識非同時並起），但是有識生（同）類，其相類（同），亦得相熏。

2.破：

(1)眼等諸根與識不同類故名餘，但諸根同為清淨色應屬同類。應更互相熏，但諸根雖為同類，由不相應（不生無間）故，實不能互熏。

(2)若汝不許此諸淨色根相熏，以此例餘六識：

六識雖為同類但不相應，故亦不能互熏。

6.外內種生引二因

此外內種子　能生及引因

枯喪猶相續　然後方滅盡

㊤ 外內二種子各有生引二因。

一、外生因：能生芽等乃至果熟。

內生因：能生果報乃至命終。

二、外引因：外種子若穀已陳，由引因故猶相續住。

內引因：內種子若身已死，由引因故猶相續住。

（證有引因）

1. 若此外內種子但有生因，生因已謝，果即應滅，不得相續住，此不應理。（如人射，彎弓放箭，但有放箭為生因，不以彎弓為引因，則箭離弦不遠至。）

2. 若汝說由剎那轉轉相生，前剎那為後剎那作因故，猶相續住。若爾則最後不應都盡，此不應理。

（如不需彎弓為引因，前剎那箭生後剎那箭故箭得遠，則箭無落義。）

（內種子轉轉相生相續完全是本識種子的力用，非前後相熏所致。）

→由此故知別有引因。

三、生引因盡

外內二種子，因生因盡故枯喪，由引因盡故滅盡。

7. 外內種子差別義

譬如外種子，內種子不爾。

釋 外內種子都有種子六義，都有生因引因，看似相同，但實有三義相異。只有阿黎耶識具備熏習四義。只有內種子依熏習而生，外種子則無。（眼等根同是清淨四大，以是外故不互相熏。）

此義以二偈顯之：

於外無熏習　種子內不然
聞等無熏習　果生非道理
已作及未作　失得并相違
由內外得成　是故內有熏

釋 外種子（如穀麥等）由功能故成，不由熏習故成。

內種子則不爾，必由熏習故成。

云何知內種由熏習？

一、約聞等明

若於內無熏習：

昔未學聞慧思慧不生，今雖從學聞慧思慧亦不生，以同無熏習故。此義不然。

→故知內由熏習種子得成。

二、約二過失明

若內無熏習有二過失：

1. 未作而得：若相續中無熏習為因，所得苦樂果即非因所作，即是不作而得。
2. 已作而失：雖已作功用，但於心無熏習可成為因，則無因可得果，即是已作而失。

是故，若內無熏習種子，未作應得已作應失。

此義於世間中相違，與道理亦相違，成二過失。

→故知有本識為三業熏習得成種子為因。

三、約外種必由內種成

云何（穀麥等）外種無熏習得成種子？

外若成種子不由自能，必由內熏習感外故成種子，以一切外法離內則不成故。

→故知外種由內得成，故內（異外，外不成熏習）必有熏習。

戊二　更明第三受用緣生（就已生說）

所餘識異阿黎耶識謂生起識。一切生處及道應知是名受用識。[49]

㊗ 前已說分別自性緣生，愛非愛緣生，今當更說受用緣生。

六識名生起識，亦名受用識。

49　普寂
1. 大乘始門說：諸識各別體，從各種（子），是依他性。
2. 終門說：（七）轉識全攬本識生，猶如水波，唯是一體之義分而已。故三界六道四生等執為我、法。
虛妄分別境為生起識，虛妄分別所遍計依他離言實體名為本識。然則本識與諸識但有二義，而無二體。

一、生起識（宿因所生起）

有二義，

1.能熏本識令成種子

種子自有二能：能生，能引。由此二能六識名生起。

2.六識是煩惱業緣起

本識中因（種子）熟時，六識隨因生起。

二、受用識（令受用果報）

六識生起，為受用愛憎等報故，名受用識。

（生起識於一切受身，四生六道處能受果報，故亦名受用識。）

一、如中邊論偈說：

一說名緣識　二說名受識

了受名分別　起行等心法

釋 此受用識相貌云何？

一、引中邊論[50]

1.一說名緣識

阿黎耶識是生起識因緣故，說名緣識。

2.二說名受識

其餘諸識名受識（即生起識）。能緣塵起，於一一塵中能受用苦樂等故名受識。（即是受陰）

3.了受名分別[50]

有別心（此識名分別識）能了別謂此受苦，此受樂，此受不苦不樂，即是想識（想陰）。（另解：了（了別）受（受陰）分別（想陰）起行（行陰）等名心法。）

---

50 《中邊分別論・辯相品》（真諦譯）
次顯生起相。
「第一名緣識　第二是用識
於塵受分別　引行謂心法」
緣識者，謂阿黎耶識，餘識生緣故。用識者，謂因黎耶識於塵中起，名為用識。於塵受者，謂領塵苦等說名受陰。分別者，謂選擇塵差別是名想陰。引行者，能令心捨此取彼，謂欲思惟及作意等名為行陰。如是受等名為心法。

4.起行等心法

　　起行能令心捨此受彼。此謂欲思惟及作意（此好彼惡等）等名為行陰。

　　（受想行陰）此三心法存於識上，從（作為心的）六識而生。

　　（六識從阿黎耶識起，受用緣生行於六識。）

二、此二識更互為因，如大乘阿毗達磨偈說：

諸法於識藏　識於法亦爾

此二互為因　亦恆互為果

㉘ 二、引《大乘阿毗達磨》偈

　　此言欲顯本識及受用識（六識）互為因果，以阿含為證。

　　1.諸法於識藏：本識作為諸法（六識）因，諸法為果，必依藏本識中。

　　　識於法亦爾：諸法（六識）作本識因，本識為果，必依藏諸法中。

　　2.此二互為因果：本識為彼因彼為本識果，若彼為本識因，本識為彼果。

　　　如此因果理[51]，有佛無佛法爾常住。

　　戊三　三種緣生具有四緣【四緣章第七】

若於第一緣生中，諸法與識更互為因緣。

於第二緣生中，諸法是何緣？是增上緣。

復次幾緣能生六識？有三緣，謂增上緣緣緣次第緣。

51　宇井伯壽

此明存在有種子熏習之關係，以及阿黎耶識之生起顯現需有受用緣生。此受用緣生與前二緣生實際上還是在說阿黎耶識之轉變。若阿黎耶識轉變為諸法而出，會以善惡兩道之一顯現，其顯現其實是受用識之功能。亦即，受用識起作用，阿黎耶識即以諸法顯現。

前二緣生是就「實際生存」之生起說，受用緣生是就已生起後而說。因此，如以受用緣生為主，可說阿黎耶識與受用識並存，但此時之阿黎耶識必須以染污意為主，同時也必須以作為所受用的諸法顯現。

阿黎耶識統攝一切剎那變化但有序（非混亂）之法，種子生現行、現行熏種子等現行諸法之自性及差別都是阿黎耶識之果，以阿黎耶識為性。而現行之我執阿黎耶識、六識和諸法都實際在作用，剎那中流轉不斷而連續。同一個整體，從一方面看稱為阿黎耶識，另一方面看則是差別顯現之染污意、六識及諸法。

釋 如此三種緣生：一、窮生死緣生；二、愛非愛道緣生；三、受用緣生。

此三緣生有四種緣。

一、第一緣生（窮生死緣生，即分別自性緣生）

諸法與阿黎耶識更互為（親）因緣。（即種子生法，法熏種子，種種相續。諸法熏習在阿黎耶識中得互為因果。）

二、第二緣生

諸法為增上緣。（在第一緣生為因緣之諸法，在第二緣生可為增上緣。）

由無明等增上故行等得生。

1.增上有二種：

(1)不相離：如眼根為眼識作增上緣。

(2)但有：如白等能顯黑等。

2.若無明等於行等具有二種增上緣，

(1)若無若下無明諸行不生，如須陀洹人已斷見所斷惑，不造感生報業。（但如無見所斷分別起之無明，即無不相離之增上緣，則諸行不生。）

(2)若行已生，無修道無明，諸行不熟，如阿那含人已離欲惑，不受下（欲）界生報。

（即使行生，但如無修所斷俱生起之無明，即無但有之增上緣，則諸行不熟。）

三、第三緣生（受用緣生）

約六識言，

1.增上緣：從根生。

2.緣緣：緣塵。

3.次第緣：前識滅後識生。（前識能與後識生時，中間無隔故名次第。）

（種子生六識為第一緣生所攝。）

如此三緣生，一窮生死緣生，二愛憎道緣生，三受用緣生，具足四緣。

㊌ 以四緣約三種緣生，有具不具。

若就顯了義皆不具四，若就隱密義皆具四緣。[52]

丙二　抉擇阿梨耶為染淨依【釋引證品第三（卷三）】【煩惱不淨章第一】

丁一　總標

云何得知阿梨耶識以如是等眾名故，如來說體相亦爾？不說生起識？

若離此名相所立阿梨耶識，不淨品淨品等皆不成就。

（煩惱不淨品，業不淨品，生不淨品，世間淨品，出世淨品等皆不成就。）

㊌ 本識眾名已說，體相已成立。

一、此二義但於本識如理得成，非於餘識。

二、他難：

雖無阿梨耶識，於我法中亦有如是等眾名及體相。

云何眾名及體相，定屬阿梨耶識不屬餘識？

答：若離本識安立此名及體相於餘識，此安立不成。

以有違如來正法悉檀所立1.不淨品；2.淨品；3.正道理三義故。

此三義由本識得安立，若撥無本識，則不成此義。

如來所立堅實成就違汝所執，汝執則壞。

丁二　離本識煩惱染污不成

云何煩惱不淨品不成就？（此顯受用緣生）

戊一　六識非熏種之依止

根本煩惱及少分煩惱[53]所作熏習種子，於六識不得成就。

---

[52]　1. 普寂《攝大乘論略疏》

　　所謂隱密義者即大乘終門之緣起也。《華嚴五教章》，六義為因緣中明，從始教緣起向終教秘密緣起。從終教緣起入圓宗十玄緣起之義趣。若約大乘秘密則一切法但一如來藏心回轉，故曰因曰緣曰果只是義門差別而已，是故三種緣生皆悉具四緣。可知今譯有從始入終之旨。

　　2. 若以萬法唯心義，三緣生皆是心法，心法依四緣而在。（色法依因緣增上緣而起。）

[53]　根本煩惱（大）：貪、瞋、癡、慢、疑、惡見（身見，邊見，邪見，見取見，戒禁取見。）

一、眼等非欲等熏習依止

何以故？

眼識與欲等大小二惑俱起俱滅。

1.此眼識是惑所熏成立種子，餘識不爾。

2.是眼識已滅或餘識間起，熏習及熏習依止，皆不可得。

（眼識前時已謝現無有體，或由餘識所間。從已滅無法而有欲俱生，應不得成就。譬如從過去已滅盡業，果報不得生。）

釋 一、欲（貪）依心起故隨心世俱起俱滅。（為顯欲等熏習心故）

　　二、以眼識為例，眼識與欲等俱起俱滅，數數被熏故成種子。

　　　　（耳識等則不被熏，為餘識所遮故。）

　　三、（若爾，眼識持有其種子嗎？）

　　　　1.若在無識地中，如同無想定等故，言眼識已滅。

　　　　2.或在有識地中，（在下一眼識起之前）有耳識等間起，故眼識滅。

　　　　　於此二滅（眼識有中斷）中，熏習所生種子及所依止眼識皆不可得。

　　　　　（眼識不可能受熏，成為熏習的依止，而持有種子，故在眼識外必有本識。）

　　四、若眼識前時已（一度）二種謝滅，現在無復眼識及欲體，則是已滅無法。眼識後若與欲俱生，（而言）用前時已滅眼識及欲為種子，再生現起眼識及欲，此義不得成就。何以故？因為已謝滅故。（如已過去滅盡之業不能生果報）

　　　　（註）

　　　　　過去業有二種，謂有功能及無功能。

　　　　　若果報已熟則此業無復功能（有二義：已過去、已滅盡）。

　　　　　果報果（異熟果）無有從此無功能業生義，以熏習無故。

　　　　　有欲眼識亦應如此，不可說從已滅種子生。

　　　　　（毗婆沙師執前已滅識是有（功能），以過去法是有故。此執但有語無義，以若法是有云何言過去諸法？）

少分煩惱（小）：忿等隨煩惱。

二、眼俱欲種不住欲中

眼識與欲等或俱時生起，熏習不成。

何以故？

此種子不得住於欲中，以一、欲依止識故。又二、欲相續不堅住故。

㉑ 一、眼識前時未入滅心定，又未為餘識所間，則（可）與欲俱生。後入滅
心定及為餘識所間，熏習不得成。

二、種子若住必依自在法（不依止繫屬於他物），及相續堅住法。於欲中
無此二義，故欲非種子所依處。

三、眼俱欲於餘識無熏習

此欲於餘識亦無熏習：一、依止別異故，二、所餘諸識無俱起俱滅故。

㉑ 種子亦不住餘諸識中。

一、依止別異：於諸識依止各別，彼此不相應故。

二、生滅不俱：諸識根塵作意悉不同故，無俱生滅義。生滅既不同時，云
何得以此識熏於彼識？

是故諸熏習義皆不得成。

四、同類無熏習

同類與同類不得相熏，以無一時共生滅故。

㉑ 眼識不得熏習眼識。

何以故？

一時中二眼識不得並生，若不並生則無俱滅，故熏習不成。

五、結顯

是故眼識不為欲等大小諸惑所熏，亦不為同類識所熏。如此思量眼識，所餘
諸識亦應如此思量。

㉑ 眼識不為別類或同類所熏，不起眼識及欲等大小諸惑的熏習。以眼識例餘

諸識，故熏習種子於六識不成就。（必須有本識為其依止。）

戊二　初識惑熏習不成

若眾生從無想天以上退墮，受下界生大小惑所染初識，此識生時應無種子。何以故？

此惑熏習與依止並已過去滅無餘故。

（釋）從上界墮受下界生，初受生識必為惑所染。

此識及惑從何種子生？

一、若言從上界生：其義不然，以上下二界相違不俱起故，不得相熏。

二、若言從定前心生：從未得上界定前心生下界初生心，亦不然，以此熏習及依止久已滅盡故。

此二皆不然，而言此初識應但生無因者亦不應理。（應有本識持種子而生受生識。）

戊三　有學人之惑無依止

惑對治識已生，所餘世間諸識皆已盡滅。

若無阿梨耶識，此對治識共小大惑種子俱在，此義不成。

何以故？

一、自性解脫故，無流心與惑不得俱起俱滅故。

二、後時出觀正起世間心（時），諸惑熏習久已謝滅，有流意識（雖）無有種子生（亦）應得成（故）。

（釋）一、若撥無本識，則有二過失：

1. （向中人）聖道與餘煩惱俱在不成

   若然，無餘煩惱則無修餘道因（何用修道？），則但有無學人（阿羅漢），無四道三果人，此與正教相違過失不得離。（四道：須陀洹向乃至阿羅漢向。三果：須陀洹乃至阿那含果。）

2. 世間有流心無因起

   無流識已滅，世間有流心無因（惑種無依止故）自然生，則無無學

人，此過失亦不得離。

二、明無流心與惑不俱起之過失

如須陀洹向人，正生見諦對治道時，世間六識由與（對治）道相違故不得俱生。由世間諸識已滅盡，則餘煩惱功能亦滅（以無依止故），若無本識為小大惑種之依止，則此等惑種與對治識俱在，此義不成。若無惑種，則何用修道？

此中意識有煩惱，無流識無煩惱，雖同為識類，但有惑無惑異。無流識起時餘識必不得生，故此時必有本識執持有流識種。

（無流識與煩惱識不相應不俱起，以其不相離不俱起，故名解脫。）

三、明有流心無因起之過失

有學須陀洹等已得道竟，後時出觀當起出世心？當起世間心？

若起出世心：則無出觀義。

若起世間心：此心因何得生？

1.不由無流識生，以無流識不生世間有流心故。

2.不由入觀前世間心生，以彼諸惑熏習久已謝滅，不能成其因故。

3.不無因生，若對治後，惑心無因可再起，則無學阿羅漢亦應無因起惑心，則無得解脫義。

此等皆不應理，故應有本識能執持有流熏習種子（以為其因）。

故若無本識持惑種，有學人之對治識與惑種俱在義不成。

戊四　結釋

是故離阿梨耶識，煩惱染污則不得成。

釋 若六識之外撥無阿梨耶識，則煩惱染污義即不成立。

丁三　離本識業染污不成【業不淨章第二】

業染污云何不得成？（此顯分別愛非愛緣生）

緣行生識分無得成義。

若無此義，緣取生有亦無成義。

故業染污不成。

釋 若撥無本識，成立業染污義無道理。

十二分緣生中之識分，指的是受生初剎那之五陰，此生時要有業。

此業1.與煩惱相應故名染污，2.又從染污生故名染污，3.更以感六道生死染污果報而名染污。

一、行緣識不成

業之功能為行。行有三品，謂福非福及不動，念念生滅。

若無本識，無處可持此生果功能（六識不能攝持諸業功能），則不得以行為依緣而識生。

（識分若生，此識即受生之五陰，即俗說之生存，此時以識為中心而名。若不以識為中心，只以生存看待，則名有。）

二、取緣有不成

若以行為緣，識生不成立，沒有攝持業功能的識（無行緣識），則以取為緣，有生亦不成立。

何以故？

隨福非福不動三行熏習之四取力[54]熏習此識圓滿而成有。

若此識滅或為餘識所間（隔絕），識體即滅，功能亦滅，業功能的依止也不存續。

既許業種之圓滿，則必有本識作為依止。

若離本識，無處安此行取二業功能，則業染污不得成。

丁四　離本識生染污不成【生不淨章第三】

云何生染污？

此義不成，結生不成故。

釋 若離本識生染污無有道理。

云何生染污不成？

此生若謝，由業功能結後報接前報（名結生）。55

若離本識，結生不成，則生染污不成。

戊一　約生位辨
己一　約不靜地辨（欲界）

一、離本識結生不成

1.顯受生識

若人於不靜地[56]退墮，心正在中陰起染污意識，方得受生。

此有染污識於中陰[57]中滅。是識託柯羅邏，於母胎中變合受生[58]。

（釋）一、於不靜地退墮（退前生，墮後生），心正在中陰（中陰末心）將欲
　　　受生，必先起染污識，方得受生。（受生有二種，或有中陰或無中
　　　陰。）

　　　二、此中陰染污識，緣生有為境。而此識於中陰中滅。

　　　何以故？

　　　生陰（生有）無染污故。（染污識緣無染污生有為境，不相應故於中
　　　陰中滅。）

55　結前報接後報（詳見甲二附註三）。
56　不靜地：欲界地。靜地：色界、無色界。
　　今此約欲界胎生，以明結生中陰末心起染污意識。此識無間受生，生異熟無記心。
57　中陰（中有）（詳見甲二附註四）。
58　受生（結生）prati-saṃdhi
　1.《俱舍論》九 186
　　中有為至所生，先起倒心，馳趣欲境。……彼由起此二種倒心，便謂己身與所愛合，所憎不
　　淨泄至胎時，謂是己有，便生喜慰，從茲蘊厚，中有便沒，生有起已，名已結生。（通大小乘）
　2.普寂
　　結生之言凡有四釋：
　　(1)結生即潤生。若生無色命終三位 ** 名為結生，若生欲色界中有末心名為結生。
　　(2)正受生時名為結生。
　　(3)合前二義名為結生。
　　(4)命終心及中有末心俱名結生。
　　今云染污識者即當於第一，第四義。託柯羅邏即當第二義結生。
　　** 命終三位：
　　(1)明了心位：六識心識明了。
　　(2)自體愛位：前五識不起，不能緣境。只有第六識能緣自體愛。
　　(3)不明了心位：第六識不起，只有阿梨耶識浮現種種業
　3.生有：今生託胎受生（結生）時之剎那生存。胎生者稱託胎、託生。

三、正受生時受生識應是（無記之）果報識，直接託於柯羅邏，於母胎中
變合受生。

1.是識：即是意識。（即是果報識）

2.託：相應。是識於一時中與柯羅邏相應，成為一相，同安共危。

3.變：此果報識異前（中陰時之）染污識，故言變。

4.合：由宿業功能起風，和合赤白（母血父精）令與識同，故言合，
即名此為受生。

2.遮異執

(1)意識入柯羅邏不應理

若但意識變成柯羅邏等，

依止此意識於母胎中有別意識起，

無如此義。

①於母胎中二種意識一時俱起，無此義故。

②已變異意識不可成立為意識。

依止不清淨故，長時緣境故，所緣境不可知故。

㊣ 異執

一、將受生時，必先起染污識（與命終時俱生起之貪愛有關），於結
生時（中陰末心後）但是意識入柯羅邏。

二、以此意識為依止，於母胎中另有別意識一時俱起。

理破

一、此識非意識

1.此意識與別意識為同？為異？

(1)此二意識非同

①（若此意識同於別意識，則時有間斷。）

則當此識謝時，柯羅邏即應壞滅。此不應理。

②於無識地中

此識與別識，同為無。

a.則不應言入無心定時，識不離身。

b.識無則身應壞。

此等皆不應理，故不可說此識與別意識同。

(2)此二意識相異

此意識	別意識
但以染汙識為根	通以三性識為根
此識境不可知	緣三世為境
恆有，無廢	有時興，有時廢

此識不同別意識，應不名意識。

2.不可立為意識

（若立此識託柯羅邏與赤白和合同依止，則此初受生識已變異為柯羅邏。）

此柯羅邏識不成為意識。

何以故？

(1)依止不清淨故

意識從三性心生。

初受生識必從染污識生。

（此識恆以染污識為依止，此所依止識為欲等所染，緣生有境而起。柯羅邏識為能依止識，此為（異熟）果報，但無記性。）

(2)長時緣境故

意識緣境易脫不定。

初受生識，從始至終緣境無廢。

(3)所緣境不可知故

意識緣三世境及非三世境可知。

初受生識所緣境不可知。

故不可立此識為意識。

二、此二識不並起

即使立此識為意識，此二意識亦不並起。

此二意識同性必不俱生，無並作意故。若有並起，則應同了別（作

　意），應同滅無。

　　①同了別

　　　若同了別，則無滅心定，以一了別心滅，一了別心在故。

　　②同滅無

　　　若同滅無，則無功用自然涅槃，以心不更起故。

　　以不同了別，不同滅無故，二識不並起。

(2)此識為一切種子識

若此意識已變異，是時意識成柯羅邏。

為此識是一切法種子？

為依止此識生餘識為一切法種子？

①若汝執已變異識名一切種子識，即是阿梨耶識。

（汝自以別名成立，謂為意識。）

　若汝執能依止識是一切種子識，是故此識由依止成他因。

此所依止識若非一切種子識，（而）能依止名一切種子識，是義不成。

㊢ 已受生意識與赤白和合，變異前識（受生意識）作後識（初受生識，柯羅
　邏），後識異前識。

　（此時必有識攝一切法種子）

　（反詰）

　　　為當以受生識為一切法種子？

　　　為當依止受生識別生餘識為一切法種子？

　（正破）

　　一、汝執受生識為種子識

　　　　此與我說義同，即是阿梨耶識為種子識。（汝但別立名為意識）

　　二、汝執餘識為種子識

　　　　依止受生識，更生餘識名能依止識。餘識既從他生，則不能自為
　　　　種子，但由依他得成種子。（此識得為他因）

故言「所依止識（受生識）非一切種子識，能依止（別識）名一切種子識」，是義不成。

3.顯正義

是故此識託生變異成柯羅邏，

非是意識，

但是果報，

亦是一切種子，

此義得成。

㊣ 此識即是阿梨耶識，不得名此為意識，

從種子生故稱果報識，

能攝持種子故，亦名種子識。

若作此說，義乃得成。（生不淨義藉此成立）[59]

二、離本識執持色根不成

若眾生已託生，

能執持所餘色根，離果報識則不可得。

何以故？

所餘諸識定別有依止，不久堅住。

若此色根無執持識，亦不得成。

㊣ （前明正受生及在胎中義。今明受生後及出胎外後義。）

眾生若已託生，定有三義：

一、執持無廢；二、通攝持諸根：三、體是果報無記。

若離阿梨耶識，（餘識）此三義不可得。（能執持所餘色根亦不可得）

何以故？

---

59 可參考：

1.《解深密經》心意識相品，有關「身分生起」；

2.《瑜伽論》51八相證阿賴耶識中之「最初生起不應道理」。

一、餘識非色根之執持識

　　1.不能遍執持故

　　　　六識中諸識各有別根為依止，不能通執持。

　　2.不久堅住故

　　　　五識中隨自所依根若能執持，但不久堅住，以相續易壞故。

　　　　(1)或於無識地中故壞。（此時第六識亦無）

　　　　(2)或餘識間起故壞。

二、色根無執持識不應理

　　　　眾生雖已託生，若無執持識執持所餘色根，亦不應理。

　　　　以無執持識諸根便應爛壞，如死後之色根。

　　故離果報識（阿梨耶識），執持色根不可得。

三、離本識識名色互依不成

此識及名色更互相依，譬如蘆束相依俱起[60]，此識[61]不成。

釋 世尊說：識依名色生，名色依識生。

　　一、識依名色生（以名色為依緣，而生識。）

　　　　以名色為依止，識剎那傳傳生，相續流不斷。

　　二、名色依識生（以識為依緣，而生名色。）

　　　　識能攝名（非色四陰）色（柯羅邏）令成就不壞。[62]

　　若撥無本識，以六識為識，此義不成。

　　（此識依止名色剎那生起相續不斷，又能攝持名色不壞。此義阿黎耶識能
　　成，非六識能成。）

60　此言識與名色相依同起而存在。

61　此文或為「此義不成」之誤。

62　此識指十二緣生中之識支，為結生剎那之五陰，於中識為勝，故名識。從此剎那至託胎後，最
　　初七天稱柯羅邏，乃胎內五位之第一位。胎內第一至第四位為名色支，此名色即指五陰。

四、離本識識食不成

若離果報識，一切求生已生眾生識食不成。

何以故？

若離果報識，眼識等中隨有一識，於三界中受生眾生，為作食事不見有能故。

釋 此欲顯本識能為名色作識食。

世尊說：食有四種，為求生已生眾生，相續得住故。

一、段食（屬色不關心）

以變成為相。此段若變異，能作身利益事。

二、觸食（屬六識）

以依塵為相。由緣色等諸塵，能作利益身事。

三、思食（屬意望得）

以望得為相。此望得意能作身利益事。（如人飢渴至飲食處，望得飲食令身不死。）

四、識食

以執持為相。由此識執持身故住不壞。（若無識執持身即爛壞如死人）

1.依阿梨耶識為識食。

2.人於無夢之眠，心悶絕及入滅心定等，六識已滅，則無段思觸三食。若無阿黎耶識執持，此身則壞。

若離本識，於六識中隨一識，於三界中已受生眾生，不見有功能能作食事。故知餘識為識食，此義不成。

己二　約靜地辨（上二界）

一、離本識受生不成

若人從此生捨命生上靜地，由散動染污意識於彼受生。

是染污散動識，於靜地中離果報識有餘種子，此義不成。

釋 於靜地中離本識受生，此義不成。

若人受生必由染污心，於靜地受生，必由靜地惑所染之散動心。（不由下
散動地心而能受生上靜地）

一、中陰心成正受生識

若（離欲）人從散地（欲界）死，於靜地（上二界）受生，必由染污
散動心起。

（欲界捨命後中陰生，）中陰心[57]起上地惑（此惑定在靜地，以湌定
味[63]等為相。）。

此中陰之染污識緣生有而滅，成為散動識（上界之正受生識），而於
上二界正生。此時若離本識，此受生識不成。

二、受正生

受正生必具四義：以染污為根，散動為位，果報為體，有餘（煩惱）
種子為功能。若離本識，此四義不可得。

應信有阿黎耶識，於此識中由靜地心熏習，無始以來有餘（煩惱）未盡成
為種子，由此得以作為散動的果報識，於靜地受生。

二、離本識無色界染善心無依止

若眾生生無色界離一切種子果報識，

若生染污心及善心，則無種子并依止，染污及善二識皆不得成。

㊣ 若眾生已解脫色界生無色界。

於無色界定中起（湌定味之）染污心或起（有流）善心。

若無本識，則無起此二心之種子，即是無因，由無因故無依止。

若無因，此心從何而生？若無依止，此心云何相續得住？

何以故？

此二心由本識所攝，從自種子生，依止本識故得相續住。

三、離本識起無流心應捨果報

於無色界若起無流心，所餘世間心已滅盡，便應棄於此道。

63　湌定味：餐食其地之定味，即著於定味。（湌同餐）

釋 若人已於無色界受生起出世心，世間心必滅盡。

若離本識，則應捨無色界報，不由功用，即入無餘涅槃。（以無本識為果報識體故。）

然實無此義，故不可撥無此識。

四、離本識無流心無依止

於眾生生非想非非想中，起不用處心及無流心，即捨二處。

何以故？

無流心是出世心故。

非想非非想道非其依止，

不用處道亦非依止，

直趣涅槃亦非依止。

釋 一、若聖人（眾生）生非想非非想處地，其心闇昧（不能起該處煩惱對治道）。

為對治其煩惱，於該處依不用處地起無流心。

因不用處心明了（明晰銳利），於起不用處心及無流心時，即捨離非想非非想及不用處二處。

（於非想非非想處，依不用處地，依止本識起無流心，離非想非非想處及不用處）

二、非想非非想道（第一道）及不用處道（第二道）皆世間法，不得為無流心（出世心）作依止。是人若（類此）於餘地生，別取餘地心，此二道亦非此心依止。

何以故？

以此心明了故不依止第一道，而在起無流心時已捨第二道，故第二道亦不得為此心作依止。

三、然可否直趣涅槃[64]，而以涅槃為無流心之依止？

64　涅槃 nirvāṇa
　　不同時期有不同說法：

即使於非想非非想處起無流心，其煩惱有餘仍在，故不能直趣無餘涅槃以為依止。

此中若有阿梨耶識以為無流心之依止，而於二處起無流心時，同時捨離二處，此二處亦不壞滅。

然因有阿梨耶識（其煩惱有餘仍在）故，亦不能成為無餘涅槃。

（阿梨耶識既是煩惱之依止，同時亦是出世間無流心之依止。）

戊二　約死位辨

（離本識捨命時次第起冷觸不成）
若人已作善業及以惡業，正捨壽命，
離阿梨耶識，或上或下次第依止冷觸，不應得成。

釋　一、若人於世間中，作不殺生等十善業，決定應得人天生報，若做殺生等十惡業，決定應得四趣[65]生報。

二、是人於死時中，若有善業，定應向上。若有惡業定應生下[66]。死時之依止身，若有善業者，其冷觸從足部起漸次及於頭部。若有惡業者，其冷觸從頭部起，漸次及於足部。

三、若無本識，而言於依止身一處有餘識可執持，而於他處無餘識可執持者不應理。

四、本識能遍執根身。本識若捨，依止身隨所捨處，冷觸次第起，所捨之處則成死身。

故若離阿梨耶識之執持，次第依止冷觸，不應得成。

---

1. 只說無餘涅槃（完全的涅槃）。
2. 有未證得完全涅槃而死之有餘涅槃（有煩惱餘）；完全涅槃生前可得。
3. 有餘涅槃生前得（即使煩惱全斷，有漏業果猶存。）；無餘涅槃死後達到。
（有餘可指有依身或有煩惱餘，此文指有煩惱餘。）

65　1. 說一切有部五道說：善道，人，天；惡道，餓鬼、畜生、地獄。
　　2. 大乘一般為六道說：善道，人，天、阿修羅；惡道，餓鬼、畜生、地獄。
　　亦有三惡道加上阿修羅成為四趣者。
66　此為通說，亦有惡道生向上，如天上之金翅鳥等。

戊三　結釋

是故生染污，離一切種子果報識，不可得立。

釋 一、生染污即是1.受生；2.得生；3.依止；4.執持等之染污因果，通名染污。又生死相對於涅槃故名染污。

　　二、本識是集諦故名種子，是苦諦故名果報。是他因故名種子，是他果故名果報。

　　三、若離阿梨耶識，生染污義不成。

丁五　離本識世間淨品不成【世間淨章第四】

云何世間淨品[67]不成？

戊一　欲界心非色界心種

若眾生未離欲欲界，未得色界心。

先起欲界善心，求離欲欲界，修行觀心。

此欲界加行心與色界心不俱起俱滅，故非所熏。

是故欲界善心，非是色界善心種子。

釋 一、有二種修行人，為離欲欲界得色界心（非至定）[68]，故修加行[69]。

　　　　1.在觀行人（聞思）

　　　　　在聞慧中[69]先起欲界善心，求離欲欲界加行觀心。

　　　　2.初修聞慧者（起修）

　　　　　為離欲欲界故，初發修行思修慧。

　　　　此二人悉未離欲欲界，未得非至定（色界心）。

　　二、欲界心非色界心種

67　世間淨品，此文指色無色界善品。

68　非至定亦稱未到定，為入初禪前之定。於非至定，定心若不壞，即入初禪，故稱為色界心。（初禪前之修行有粗住、細住、欲界定及非至定。或有立欲界定不立非至定，或有不立欲界定，而含攝於非至定中。）

69　1. 加行：聞思慧各有三品，漸次修習使其增長，名為加行。
　　2. 在觀行人是聞思慧中，但以聞為主，聞必伴隨著思，故說聞思。

1.欲界心與色界心不俱有

由(1)粗細相異；(2)動（散心）靜（定心）相異；(3)自性（生得）修（修得）相異；(4)繫縛出離相異故，欲界加行心與色界心不得俱起俱滅。

2.欲界心非色界心種

若欲界心與色界心不俱有，則色界心不得熏欲界心。

欲界心非所熏，故非色界心種子。

戊二　過去色界心非因緣

過去色界心無量，餘生及別心所隔，後時不可立為靜識（色界心）種子，已無有故。

㊐（他難）

若汝言無始生死中，已生色界心，然果報未熟，此種未滅，能為今色界心作因。（非無因生）

（破）

無始生死中先所生色界心，若以此為種子，以無法攝持故，生即謝滅。於六道中雖有無量生，一一生中有無量心，（問）隔先所起心，此種子久已滅盡，不得立為色界心因。

戊三　一切種子果報識為因緣

是故此義得成：

謂色界靜心一切種子果報識，次第傳來，立為因緣，此加行善心立為增上緣。

如此於一切離欲地中，是義應知。

㊐一、無始生死中所得非至定及四定，熏習本識以為種子，為本識所攝持，次第相續傳來，于今不滅故。

得立此為色界靜心因緣。

色界靜心若生，即從此自種子生。（非無有因緣）

二、現在所修聞思慧加行心，不無功用。由此增上力故，色界心生。加行但得為色界心作增上緣，不得為因緣。

（若無此欲界加行善心，則不得破欲界欲，若欲界欲不滅，前宿世色界種子，不得生現在色界心故。）

戊四　結釋

如此世間清淨品義，離一切種子果報識，則不可立。

釋 若約四定離欲欲界，若約四空離欲色界，色界心因緣增上緣，無色界心因緣增上緣，悉應如此了別（一切種子果報識之存在）。

丁六　離本識出世淨品不成【世間淨章第五】

云何出世間淨品離阿梨耶不可得立？

戊一　明出世淨因

佛世尊說，從聞他音及自正思惟，由此二因正見得生。

釋 （清淨品即出世間無漏心品，以正見為上首。無漏心品最初生起的是未知欲知根，藉此根起聞他音，起正思惟，為正見生起之增上緣。）

清淨品以正見為上首。

此正見以何法為增上緣？

謂從他聞音及正思惟，此二因即是正見增上緣。

（此為通說，說增上緣為因。）

一、聞慧攝正見：以聞他音為因

　　思慧攝正見：以正思惟為因

二、聲聞正見：以聞他音為因

　　獨覺菩薩正見：以正思惟為因

三、約鈍根者正見：以聞他音為因

　　約利根者正見：以正思惟為因

四、約思慧者正見：以聞他音為因

　　約修慧者正見：以正思惟為因

　　戊二　餘識非出世淨熏習處

一、聞思種不熏耳意識

1.聞思慧與耳意識非前後相熏

此聞他音及正思惟，不能熏耳識及意識，或耳意二識。

何以故？

若人如聞而解及正思惟法，

爾時(1)耳識不得生。(2)意識亦不得生。

①以餘散動分別識所間故。

②若與正思惟相應生，此意識久已謝滅，聞所熏共熏習已無，云何後時以前識為種子，後識得生？

釋　一、聞他音：如所聞（佛、菩薩所立法門）而解，即是聞慧。

　　　正思惟：如所聞簡擇是非，即是思慧。

　　　　（聞他音時起耳識。聞他音時必定思惟所聞，思惟是聞思慧，是意識之作用。）

　　二、此二慧不單熏耳意二識，亦不雙熏。

　　　　1.不熏耳識：若人已聞他音，後生聞思慧中（此時為意識），爾時耳識不得生故（已謝落故），聞思慧不得熏耳識。

　　　　2.不熏意識

　　　　　將生正見時，與思慧相應之（定中）意識亦不得生，聞思慧不得熏意識。

　　　　　(1)有散動識間起

　　　　　　由中間有散動分別識間起故，與思慧相應之意識不起，此思慧不得即生。

(2)前思慧已謝無體

即使於生未知欲知根時有與正思惟相應之思慧意識生，然此思慧意識久已謝滅。設若有所熏習和熏習俱謝過去無體，不得度前思慧意識為種子因緣起後無漏心品意識。若後思慧薄弱，正見終不能起。

→故聞思慧與耳意識等無前後相熏義。

2. 世出世心不同時相熏

世間心與正思惟相應，出世淨心與正見相應，

無時得共生共滅，是故此世間心，非關淨心所熏。

既無熏習，不應得成出世種子。

㊣ 一、世間心：由聞他音正思惟成正修慧，從四念處經煖頂忍至世第一法是其位，此心未證見四諦故名世間心。

出世淨心：已證見四諦故，名出世離自性法，是修得法故名淨心。

正見：八聖道中第一分，與三十七品不相離。由修得淨心故三十七品生，故得出世。

二、從無始以來，世出世心無有俱生俱滅義，以性相違故。既不俱生滅故無相熏義。

思慧（世間心）不為出世心所熏，故出世種子義不成。

二、離本識出世淨心無熏習依止

是故若離一切種子果報識，出世淨心亦不得成。

何以故？

此中聞思熏習，無有義能攝出世熏習種子。

㊣ 若離本識出世心既無因緣故不得成。（聞他音正思惟只為出世淨心正見之增上緣，故必須有一切種子果報識之本識為因緣。）

聞思慧中若起出世心，則應有多聞熏習，若無本識此不可得。（即使說是熏習，其實只是作為思慧，以無所熏處故。）

若本來未曾起出世心熏習此思慧，則無道理得說思慧攝持出世心熏習為種子。（若有本識，出世淨心起時，可攝持其熏習成種子。）

戊三　本識中淨心種能對治本識
　　己一　（他難）本識持染淨種不應理

一、若一切種子果報識，能作染濁對治出世淨心因，
云何能成不淨品因？
二、此出世心昔來未曾生習，是故定無熏習，
若無熏習，此出世心從何因生？

㊣（難1）本識不應得作不淨品因
　　　若立本識是染濁對治及出世心因，則不應復說為不淨品因，以相違故。
　　　（不淨品即集諦及苦諦。是業煩惱種子故是集諦，能生生死即是苦諦，染濁對治即除。或可為出世心因，即生道滅惑。此生道與不淨品相違。）

　（難2）無因能生出世心
　　　無始來未曾生出世心，既不生何況修習？
　　　是故出世心決定無疑不得熏於本識。既無熏習（種子），出世心則無因而生。

　　己二　（正解）出世淨心種熏本識而能對治本識

一、顯出世心種
最清淨法界所流正聞熏習為種子故，出世心得生。

㊣一、最清淨：此法界惑障及智障滅盡無餘。（異於二乘所得）。
　　　法　界：如理如量通三無性，以其為體。
　　　所　流：正說正法，謂十二部經。
　　　正　聞：一心恭敬無倒聽聞。
　　二、從此正聞六種熏習義，於本識中起。出世心若生，必因此得生。

二、出世心種能滅本識

（他難）

此聞慧熏習，為與阿梨耶識同性？為不同性？

1. 若是阿梨耶識（同）性，云何能成此識對治種子？

2. 若不同性，此聞慧種子，以何法為依止？

（答）

至諸佛無上菩提位，是聞慧熏習生，隨在一依止處，此中共果報識俱生，譬如水乳。

此聞熏習即非本識，已成此識對治種子故。

（釋）（他難）

一、若聞慧熏習為本識性，則云何自性能作對治而滅於自性？

二、若不同性，此聞慧熏習應別有依止。則此聞功能從何而生？相續至何位？

（答）

一、諸菩薩從十信以上乃至無上菩提位，此聞功德相續住不失。

此生（未有初有）及住（已有未滅），於六道中隨依止一道五陰身處，於六道身中與本識俱生相續不盡。

雖與本識不同性而與本識俱生。（如水與乳雖復和合，其性不同，而得俱生。）

二、此聞功德是本識對治故，與本識不同性，雖不同性，以不相離故恆俱起。

三、聞熏習為法身種非本識

此中依下品熏習中品熏習生，依中品熏習上品熏習生。

何以故？

數數加行聞思修故。

（釋）一、此依止處中及本識中，聞熏習功能有三品：

1. 下品聞慧，中品思慧，上品修慧。此三慧復各開為三品。

2. 復有三品：解脫分品，通達分品，通達品。

（聞有三義：一、聞資糧（音聲所詮名句味），二、聞體（耳識），三、聞果（聞慧及聞慧所了法門））

二、此三品聞熏習，隨一品生隨能對治本識一品。

（若下品生能對治上品本識，乃至若上品生能對治下品本識。）

三、由數數（恆行無間）加行（作功用）聞思修，故有三品及得相生。

是聞熏習若下中上品，應知是法身種子。[70]

由對治阿梨耶識生，是故不入阿梨耶識性攝。

㊢ 云何由數數加行得成本識對治？

一、由聞熏習四法得成：
　　1.大淨種子：信樂大乘。
　　2.大我種子：般若波羅蜜。
　　3.大樂種子：虛空器三昧。
　　4.大常種子：大悲。

二、法身：轉依名法身。成熟修習十地及波羅蜜，出離轉依功德為相。
　　法身四德：常樂我淨。
　　四德圓時本識都盡。

三、此聞熏習及四法為四德種子，故能對治本識。

（聞熏習是行法未有而有，而由此五分法身[70]亦未有而有，正是五分法身種子。聞熏習為四德道種子，四德道能成顯四德。四德本來是有，不從種子生，此中以從因作名故稱種子。）

四、此聞熏習非為增益本識故生，為欲減損本識力勢故生，故能對治本識。與本識性相違故，不為本識性所攝，此顯法身為聞熏習果。

出世最清淨法界流出故，雖復世間法，成出世心。

70　雖說聞熏習是法身種子，但此法身是五分法身，指戒、定、慧、解脫、解脫知見。修行者在佛身邊，聆聽聖教、守戒、修定、得慧，以達解脫而自覺得到解脫。為行者修行入悟之過程，真正行之，佛陀之教顯揚，法身現前。此悟入之過程非是始有，而是未有而有，但法身非是未有而有。作為法身因之聞熏習即使是未有而有，法身也經常是有，因此法身四德也是本來有，未從種子生。只是從因作名，故稱種子。

釋 一、出世：出七種苦諦，滅三種集諦。[71]

最清淨：三無性真如本無染污，後離三障垢故名。[72]

界：三乘道從此法生故名。

二、是聞熏習從最清淨法界流出故，不入本識性攝，此顯法身為聞熏習因。

三、聞熏習雖是世間法，以因果皆是出世法故，亦成出世心。

（如意識雖是世間法，能通達四諦真如，對治四諦障，故成出世心。）

（聞熏習因異本識，聞熏習果異本識，聞熏習體亦異本識。）

四、出世心種有四種對治功能

何以故？

1. 此種子出世淨心未起時，一切上心惑對治。

2. 一切惡道生對治。

3. 一切惡行朽壞對治。

4. 能引相續，令生是處，隨順逢事諸佛菩薩。

釋 何以故此法但是出世，非世間法？（不以世間法，但以出世心顯現）

（聞熏習種子）有四種對治故，

一、厭惡對治

由聞熏習明了正理，能知諸塵過患，於非理及諸塵生厭惡，此厭惡心能對治上心惑，此聞熏習名厭惡對治種子。

菩薩未知欲知根名出世淨心，此心未起前，聞熏習屬聞思位。

此位中未得聞思慧時，由見倒想倒及見修所破煩惱，恆起上心惑，生四惡業感四惡道報。

由得此法，未生煩惱及業果報悉不得起。

二、除滅對治

---

71 七種苦諦：七有（七種生死）。地獄有，畜生有，餓鬼有，人有，天有，業有，中有。

三種集諦：見惑，思惑，所知障。（離滅苦集諦，以解脫分段變異生死及一切障。）

72 三障：惑、業、苦。煩惱、業、生。見惑、思惑、所知障。

由聞熏習起附相續，令相續入正定聚。聞熏習隨生隨滅惡法，能斷塞四惡道生。昔曾起惡業（順次生受業），應引四惡道生，（更）由此法故滅不復受。

三、遠離對治

無始生死中所造後報惡業，能令於後報中墮四惡趣。此法能轉令後報無報，即是朽壞義。

四、依攝對治

此能引五陰相續，令生有佛菩薩處，為隨順逢事。[73]

1. 是人依善知識，修布施及愛語攝（為生善根故），修利行攝（為令成熟善根故），修同利攝（令得解脫善根故）。

2. 此四依攝為顯多聞四義：多聞依止（善知識），多聞因（菩提心），多聞清淨（如教修行），多聞果（自利利他）。（前一為逢，後三為事）

前三對治依第四對治，以無善知識前三不得成故。第四對治攝前三對治，以前三即善知識功能故，為第四所攝。[74]

五、聞熏習為法身解脫身攝

此聞熏習雖是世間法，初修觀菩薩所得，應知此法屬法身攝。

若聲聞緣覺所得，屬解脫身攝。

釋 一、聞熏習為世間法：由耳識聞聲引意識起，依文句了別其義，數數習之生功能，執持不忘名聞熏習，此皆為世間法。

二、法身攝聞熏習：初修觀之凡夫菩薩所得聞熏習，說名世間法。雖是世間法，而為法身至得因故，屬法身攝。

（從初發心訖十信以還為凡夫菩薩，從十解以上屬聖位菩薩。）

三、解脫身攝聞熏習：聲聞緣覺菩薩（含已得二乘究竟果者）所有聞熏習屬解脫身攝，此解脫身與如來等，但不得如來法身。如來由得法身故，於一切眾生中無等。

---

73 非意相遇名逢，始終承奉不相離名事。
74 此四種對治，依次亦可說為加行道，無間道，解脫道與勝進道。

六、聞熏習與本識漸增漸減轉依相

1. 正明增減轉依相

此聞熏習非阿梨耶識，屬法身及解脫身攝，

如是如是，從下中上次第漸增。

如是如是，果報識次第漸減。

依止即轉。

㊟ 一、聞熏習：體是出世法，因果屬法身及解脫身攝。

　　本識：體是世間法，因是集諦，法是苦諦。

二、此二法自性相違，由此義故聞熏習漸增，本識漸減。聞熏習下品生，
本識上品減。聞熏習增至中品，本識中品減。聞熏習增至上品，本識
下品減。

三、由道諦（福德智慧）增，集諦（即本識中種子）減。

　　由福慧漸增，種子漸減故得轉依。

若依止一向轉是有種子，果報識即無種子，一切皆盡。

㊟ 一、一向轉：依止（被轉後）即如來法身。次第漸增生道（諦），次第漸
減集諦是名一向。捨初地至二地乃至得佛，故名為轉。

二、無種子：煩惱業滅故言即無種子，此顯有餘涅槃。

三、一切皆盡：果報悉滅故言一切皆盡，此顯無餘涅槃。

　　由此義故，本識與道雖復俱生，而有增減之異。

2. 本識與非本識和合一滅一在

若本識與非本識共起共滅，猶如水乳和合，

云何本識滅非本識不滅？

譬如於水鵝所飲乳。

猶如世間離欲時，不靜地熏習滅，靜地熏習增，世間轉依義得成。

出世轉依亦爾。

㊣（難）

　　　水乳和合，既生滅必俱，無有水乳偏滅盡義，

　　　本識非本識和合亦應爾。

　　　云何一滅一在？

（解）

　　一、水乳雖和合，鵝飲之時唯飲乳不飲水，故乳雖盡而水不竭。

　　　　本識與非本識亦爾，雖復和合而一滅一在。

　　二、如世間離欲人，於本識中不靜地煩惱及業種子滅，靜地功德善根

　　　　熏習圓滿，轉下界依成上界依。

　　三、出世轉依亦爾。

　　　　由本識功能漸減，聞熏習等次第漸增，捨凡夫依作聖人依。

　　　　聖人依者，聞熏習與解性和合，以此為依，一切聖道皆依此生。

丁七　離本識滅心定不成【順道理章第六（卷四）】

戊一　定中有本識

若人入滅心定，由說識不離身，

是故果報識於定中應成不離身。

何以故？

滅心定非此識對治故。

㊣ 一、修滅心定

　　　有謂第三第四果、緣覺、菩薩等，為得寂靜住及離退失過，故聖人修

　　　滅心定。

　　　（非滅心體稱滅心，滅心法故名滅心。以能依從所依故立心名。）

　　二、定中識不離身

　　　佛世尊說：是於入定時識不離身。

　　三、餘識不離身義不成

　　　生起識有不寂靜過失：

　　　1.六識緣外塵有起不正思惟義，由此不正思惟退失定。

2.由生起識在散動位中障，不得最細寂靜處。

為對治此過失故修滅心定。若言六識中隨一不離身，此義不成。

四、本識不離身義成

若人欲得寂靜住，不為觀果報識過失，不為對治此識故，而修滅心定。正入滅心定時不滅此識，即說識不離身。

→故若立識不離身，應知即是本識（果報識）。

云何知然？

若從此定出，識不應更生。

何以故？

此果報識相續已斷，若離託生時不復得生。

㊣ 一、（他難）

  1.何故不言「入滅心定時，實無復心，心非永滅後時（後出定時）更生故。」？

    何故不由此義說識不離身？

  2.世尊說：若人入第四定身行[75]則斷，若入第二定等言行則斷，若入滅心定心行則斷。

    如此身行斷身不滅，心亦應爾，但心行滅心不滅，故說識不離身。

    何故不作如此說？

二、（正解）

此義不然。

若在此定，識相續斷無復所餘故。無復從此定出及識更生義。

如人一期報已盡，果報識相續永斷，無還生義。

識若更生必託餘生身，若離此託餘身，果報識還於本身中生，無有是處。

故知入滅心定時，說識不離身唯是本識。

75　行 Saṃskāra：因，1. 功能根本；2. 作用後餘力

戊二　定中無餘識

若人說滅心定有心，此人所說則不成心。

何以故？

一、定義不成故，

二、解相及境不可得故，

三、與善根相應過故，

四、與惡及無記不相應故，

五、想及受生起過故，

六、於三和合必有觸故，於餘定有功能故，

七、但滅想是過患故，

八、作意信等善根生起過故，

九、拔除能依，離所依不可得故，

十、有譬喻故。如非一切行，一切行不如是故。

釋　若約滅心定有心（識不離身），而言此有心為第六心，此心不成。

以離本識，於生起識中隨執一識，而言滅心定中有，是義不然。

何以故？

滅心定中立有心義，有十過失：

一、定之義不成

　　1.心心法不相離

　　　　心與心法未曾見其相離，如餘心法與餘心法。

　　　　如想無時離受，受亦無時離想，心與心法亦爾，無時得相離。

　　2.二定義

　　　　滅受想定：受、想俱滅之定。

　　　　滅心定：心，心法俱滅之定。

　　3.有餘識此定不成

若許定中有心，則有心法，有心法則得有受、想。此三法不滅則此定不成，滅三法此定方成。

4.有本識此定得成

若執有本識言識不離身，無有定不成之過。

修滅心定者，為求得寂靜住。

滅心定生為對治能障寂靜住之心及心法，非為對治不明了之本識。

故於此定中餘識滅而本識不滅。

二、解相及境不可得

1.解相：能緣行相有二種，前五識無分別唯證知（現量知），第六識若是無分別則現量知，若是有分別為比知（比量知）。

境界：所緣境為六塵及六塵真如（本質）。

2.若有心（第六意識）及心所，則有分別之行相和境可了別。

然於滅心定中無此解相（能緣）及境界（所緣），故知此定中決無餘識。

3.此定中唯有本識，以此識為能生依止（攝持身）所顯故。

三、四、三性不可得

若執此定有餘識生，則此識不出善惡無記三性之一。

1.此心不可立為善

此心若善必有與善根相應之過失，與滅心定義相違。

(1)若言此心是自性善但不與善根相應，此義不成。

以心若善，決定與善根相應。

(2)若言由此心是善，唯成滅心定是善（不必然與善根相應）。此義不成。

若許心是善，必與無貪等善根相應，則滅心定義不成。

何以故？

善心共通無有分別，與一切心法皆不相離。若有無貪等善根則應有受想，此滅心定義不成。

故不可立此心為善。

2.此心不可立為惡及無記

不可立此心為惡及無記性，以此二性不成就[76]故。

離欲欲界時一切惡法皆滅，故非惡性，由此定是（等起）善故，不可立此心為無記性。

此餘識三性不可得，故不得言滅心定中有此餘識可得。

五、能所對治俱有過

滅心定（能對治）中，若許有善心，則有想受（所對治）生之過失。

1.若有善心必有想受

善心必與善根相應，亦應必與受想相應。

（若離善根善性不成故，一切心法不相離故。）

2.能所對治不俱有

若所對治是有，能對治亦有，能所對治無異故，此義不成。

（如欲等（所對治）正生，不淨觀等（能對治）則不得有。）

3.善心不成

故滅心定（能對治）中不應有受想（所對治）。

若無受想則知應無善心與善根相應。

六、生觸之過

若有善心，則有三和合觸生受，與滅心定相違。

1.有心則有觸

若滅心定中異本識有別善心生，此心必不離觸。

(1)（輕）安觸：定以生（身心輕）安為相，而有（輕）安觸。

(2)樂觸捨觸：由此安觸而有樂觸，不苦不樂觸。

2.有觸則有受

若定中有觸則必應生輕安或生樂受或生捨受。

何以故？

於餘定皆有此功能生樂捨二受。此滅心定亦爾，以無遮障故。

是故滅心定亦應依觸生受。

此義不然，以與滅心定相違，故定中有善心義不成。

76　滅心定為九次第定之最上者，已遠離欲欲界不應為惡性。大小乘皆判此定為善，為等起善，不應是無記性。

若信受本識則無有如餘定觸生之過患。

七、唯滅想之過

若有心則有觸，有觸則生受。則此定成唯滅想定。

此義不然。

以有違佛世尊說受想俱無故。

八、與觸俱有相應之過

佛世尊說：作意受等必與觸俱生。

此定中若有餘識（心），必與其觸俱有相應轉，必有與此俱生作意現行造作善心，必有信等善根現行，則有前所說過失。

九、從所依拔除能依不可得

1.他難一

為離上述過失及無違背佛說，滅心定（在定方便中）厭惡心法而拔除之（但不拔除心），因此有心而無心法。

（遮破）

此說不然。

所依是心，能依是心法，兩者從無始生死來更互恆不相離。

拔除能依而不拔除所依不可得。（有心而無觸等心法者，其義不然。）

在定方便中（即定前加行）即使厭惡觸受想等，欲拔除彼等心法，但若有心亦應成就與無貪等善根相應。

2.他難二

定及定方便起必與無貪等善根相違，故善根不生，但善心生。

（遮破）

此執不然。

此義於餘處未曾見，且諸法若因有相應，其相似果（善根）亦有相應故。

故從所依拔除能依，此義不成。

十、心行滅心不滅不應理

若言於無心定，但有心而無心法，是義不然。

1.語言行喻

(1)引經釋

佛說於滅心定，身行語言行心行皆滅不起。

（身行是出入息，語言行是覺觀思惟（即尋伺），心行是作意想受等。）

(2)引喻釋

如同覺觀思惟若滅語言即不生一樣，心行若滅心也應滅。

(3)遮他言

若汝言，如同滅心定中身行雖滅身不壞滅一樣，故定中心行雖滅心仍不滅。此義不然。

何以故？

身行滅時有別住因能持令此身不壞滅。

佛說即使離出入兩息，飲食壽命識等能執持此身而住。即身行雖滅，仍有他法持身而住。

但是心行滅時無他法可持心不滅，故汝所立並此義不齊。

是故心行滅時心亦滅。（定無有心）

(4)顯正義

（他難）

若無有心，云何佛世尊說識不離身？

（正義）

佛世尊說果報心為識。

若將此識作果報識解，則出觀時意識從此一切種子識生。

此後意識即有因，滅心定中身也有識食，故身不壞滅。

由此故知滅心定中有本識。

2.四大喻

於世間中，有從本以來乃至盡際，互不相離恆共生起者，即使施加大功用加行，也不能拔除能依令離所依。

如四大及四大所造色之能造與所造之關係，不能令所造離能造。心法亦爾，不可令離依止之心。

是故於無心定，但有心無心法，是義不然。

3.心隨一切行心法滅

（他難）

於定前深深厭惡受及想，故唯此二法滅，於此定中二法不得行，餘法不爾。

（遮破）

是義不然。

以非一切行心法（別境心法）可如此滅，一切行心法（遍行心法）不會有如此滅。

受想為一切行心法，此遍行心法滅，心必隨滅。則佛世尊應不說識不離身。

由有此識故，知如來成立於此定中本識是有。

釋 結釋（解他難，顯正義）

一、正義：經言識不離身。此識定是本識，非是餘識。

二、他難

1.滅心定時，餘識不離身。

（遮破）

餘識不成。

此滅心定為對治生起識之不寂靜而生故。

2.出定時心則還生，約此言識不離身。

（遮破）

此義不然。

以果報識若相續斷，必託餘後生而生。若離託後生時無還生義。

3.由意識計滅心定有心。

（遮破）

(1)此所執心，不成心。

以此心不成就善惡無記性故。（此定是善為性，非是惡非是無記。）

①非是無記

定中無威儀工巧及變化心，若言有果報無記心，即是本識。

（以唯是四無記，無第五無記故。）

②非是惡

以染污心已滅，善心正起故。

(2)此心可生受，滅心定義不成。

以意根有境亦有三法和合生觸，由觸生受。

則心及心法不滅，故滅心定義不得成。

4.此定心不與善根相應。

此定是善。於定前方便（加行），由引因故有善心功用，能引此定心。

方便善心有三善根相應，而定心不與善根相應。

故滅心定義得成。（依根緣塵生識，由三有能和合故觸生受。此定雖是善，不能作有能和合，故無受想。）

（遮破）

是義不然。

以從所依（心）拔除能依（心法）不可得故，如前說。

丁八　非由因緣前後色心相應

若有人執色心次第生，是諸法種子。

此執不然。

何以故？

已有前過，復有別失。

釋　若執前剎那色是後剎那色因，能為後色作種子故[77]，

前剎那識是後剎那識因，能為後識作種子故[77]，

此執不然。

77　「色法有次第緣」

　　普寂以此為上座部和經部等之說。《無性釋》以此為經部之說。

　　說一切有部《大毗婆沙》及《瑜伽論》不許此說。

何以故？

一、前述之過失

　　1.若識相續斷，後識無因，應不得生。

　　2.一期報盡，離託後胎無更生義。

　　3.若人從無色界退，還生下有色界，後色若應生，即無因生。

　　　以前種子久滅，此色從何因生？（無色界無前色，後入有色界有後色）

別失者，

若人從無想天退及出滅心定，此中所執不成。

阿羅漢最後心亦不得成。

若離次第緣，此執不成。

㊉ 二、別的過失

　　1.從無想天退而生時，以及從滅心定出定時，無生心之因。

　　　以生無想天及入滅心定，心已久滅，不得為後當生心之因故。

　　　（無想天、滅心定無前心，後入有心定、出定有後心）

　　2.阿羅漢無入無餘涅槃義。

　　　以前色前心為後色後心之因，則因不斷，無餘涅槃不可得。（有違解脫義）

　　　（未入無餘涅槃有前色心，入無餘涅槃無後色心）

三、非由因緣色心次第生

　　前剎那色由次第緣與後色相應，識亦如此，不由因緣故前後相應。[77]

　　是故此執色心次第生是諸法種子者，若離次第緣立因緣義，則此執不成，以違解脫故。（後色心起不可盡，故解脫不應成。）

丁九　結成阿梨耶識

如此若離一切種子果報識，淨不淨品皆不得成。

㊉ 若人但在生起識不在本識，轉依義則不成。

依前所說相，今當更作偈：

菩薩於善識　則離餘五識

無餘心轉依　以何方便作

若對治轉依　非滅故不成

果因無差別　於滅則有過

無種子無法　若許為轉依

於無二無故　轉依義不成

釋　今欲明轉凡夫依作聖人依（聞熏習與解性和合），此轉依但於本識中成，若無本識於餘識不得成。

一、菩薩之善識

　　1.菩薩：十信以還是凡夫菩薩，十解以上是聖人菩薩。

　　2.善識：此言菩薩之第六識離惡無記唯善。此善是出世心，與三十七品等助道法（出世之對治）相應。

　　此善識：

　　(1)離餘五識

　　　　離五種散動，法爾與五識恆不相應，故言「則離餘五識」。

　　　　云何此得相離生？

　　　　以一切時如此生故。

　　(2)離染污意識

　　(3)離有流善識

　　　　故言「無餘心」。

　　　　（若不說無餘心，則此善識應含有流善識。）

二、轉依以何方便作？

　　一切染濁種子滅離故，唯本識在，是名轉依相。

　　（善識為能依，本識為所轉依，無本識轉依不成。）

　　1.（別執1）

　　　　由對治生故依止轉異，說對治為轉依。

　　　　（正解）

　　　　此義不然。

(1)若不以滅為轉依（而以對治為轉依），有二義不成。

①若對治生而種子不滅，依義如本，非謂轉依。

②對治是轉依了因，非轉依體。

(2)對治是道諦，轉依是解脫及法身，即是滅諦，應以種子滅為轉依。

2.（別執2）

對治生染濁種子滅，一時中有此二義。

何故以滅為轉依，不取道為轉依？

（正解）

此執有過。

果是滅諦說名涅槃，因是道諦說名對治。

此對治非滅諦，故非轉依。

若說對治是滅諦，則因果成一，則有若得對治即般涅槃之過。

3.（別執3）

若立滅諦為轉依，為當以種子滅或當以識滅為轉依？

若言以能依所依滅為轉依，則意識中能依種子滅（無種），此種既滅，所依意識亦滅（無法），故名轉依。

（正解）

若許此二義為轉依，是則不然。

第六生起識於定位中若不在時，

既無1.種子之無，亦無2.無作（令生起識無之作）。

由此二無，故轉依義不成。

三、離本識轉依義不成

若有本識，生起識熏習所生種子，住於本識中。

生起識雖復不在，亦可令1、種子成無，2、生起識成無，故說為轉依。

若離本識則無二無故，轉依義不得成。

以是故定應信有本識。

（註）

轉依方便：二無。

1.令種子成無。（無種故不能種生法）

2.令生起識成無。（無法故不能法熏種）

丙三 阿梨耶識品類差別【釋差別品第四】

丁一 總標

此阿梨耶識差別云何？

若略說或三種或四種差別。

釋 此問本識，為性有差別？為事有差別？

唯一本識其性不異，若就事明或三種，或四種，或七種差別。

丁二 三種差別（熏習差別）【言說章第一】

三種者，由三種熏習異故，

謂言說我見有分熏習差別。

戊一 由言說熏習差別

釋唯一本識由熏習差別故有三種。

一、言說熏習差別（本識第一差別）

1.言說：以名為體。（名言）

名有二種：言說名（依名呼物），思惟名（依名思物）。

此二名以音聲為本。（思比擬呼名故亦說以音聲為本）

約能見色根有聲說謂眼（根）（附以眼根之名）

2.熏習：數習此言說，於中起愛熏習本識。

此熏習為眼根生因。

3.生眼根：後果報眼根應生時，從此本識中言說愛熏習生。

4.例餘根：於耳等根一切言說熏習生應作如此知。

戊二　由我見熏習差別【我見章第二】

釋 二、我見熏習差別（本識第二差別）

　　有染汙識由我見等（四煩惱之身見等）依止故，於本識起我我所等熏習。

　　由此熏習故起分別，謂自為我異我為他。

戊三　由有分熏習差別【有分章第三】

釋 三、有分熏習差別（本識第三差別）

　　由隨善惡不動業，於六道中所受六根有差別，

　　是故本識之受熏有三有六道差別。

丁三　四種差別（事用差別）

四種者，謂引生、果報、緣相、相貌差別。

戊一　引生差別【引生章第四】

引生差別者，是熏習新生。

若無此，緣行生識緣取生有，是義不成。

釋 一、引生相：熏習（牽引本識受依持生種）（起無明行熏習本識）

　　　　　　　　新生（本識中種子引生果報）（業猶有力尚未受用）

　　二、本識引生差別

　　　　1.緣行生識[78]

　　　　　由行之生滅無常熏習本識，引生本識。

　　　　2.緣取生有[78]

　　　　　以本識為依，從無明行所熏習種子生現在之取。

　　　　　本識成為取之所攝，因此生有。（或以取為有因，生當來之有。）

　　　　　（從此有生起，故說此為有法。）

　　　　　若無本識，緣行生識緣取生有，皆不得成。

78　此中緣行生識之行為業，為果報因果報果之增上緣關係，非同類因果之因緣關係，因此必須有
　　言說熏習所生之本識。而緣取生有，亦是本識之增上緣關係。

三、取及善惡等是宿世所數習果。（果報有異，故有種類差別。）

戊二　果報差別【果報章第五】

果報差別者，依行於六道中此法（果報果）成熟。

若無此，後時受生所有諸法生起，此義不成。

釋 行有為引因，本識於六道中成熟說名為引。

　　若無此本識果報差別更生諸法，眼等諸根色等諸塵更生不得成。

　　（行是以過去之業因緣現在之識，有是以現在之業因緣未來之生。）

戊三　緣相差別【緣相章第六】

緣相差別者，於此心中有相能起我執。

若無此，於餘心中執我相境，此義不成。

釋 本識成為第二識（染污意）我執及餘心（第六識）我見之所緣相。

　　本識中有緣相差別，能起我執（指第二識之我執），若無此我執，則餘心中無以身見為因之我執（即執我見之相境），是名相似果。

　　（染污意緣本識起我執（阿陀那識之我執），第六識以此我執（五陰相）為所緣境起我見執我我所（以身見為因）。）

戊四　相貌差別【相貌章第七】
己一　共不共相，有受生無受生相

相貌差別者，此識有共相，有不共相，

無受生種子相，有受生種子相。（本識種子生果顯現種種相貌）
一、二種種子
共相者，是器世界種子。不共相者，是各別內入種子。
復次共相者，是無受生種子。不共相者，是有受生種子。

釋 一、共相
　　　1.器世界種子

一切眾生其本識同功能，為眾生共用器世界之生因。

2.無受生種子

生無覺受之器世界。

本識為無受生種子，為外四大五塵等無覺受法之生因。

若無如此相貌之本識，眾生同用因之器世界不得成。

二、不共相

1.各別內入種子

是內根塵等（內入）生因。

約自他立，境界、種類、取相不同，又約自為內他為外，故言各別。

2.有受生種子

生有覺受之眾生世界。

本識為有受生種子，為有覺受法之生因。

若無第二相貌（不共相），眾生世界不得成。（若由別因得成，則如木石等無覺無受。）

二、所對治差別

1.二種種子之所對治差別

若對治起時，不共所對治滅。

於共種子識，他分別所持正見清淨。

譬如修觀行人，於一類物種種願樂，種種觀察隨心成立。

釋 一、何種子為聖道所破？

若對治道起時，不共種子與道相違，必為道所破。

（若對治起而道明，此道是無漏智，是明。而眾生因無明妄倒之熏習而起之染污種子，其性與道相違，故此不共種子因道之對治而滅。）

而無一人因他人得道而得解脫，故其共種子不滅。

二、道於共種子有何功用？

道於共種子無功用，亦有功用。

1.無功用

於共種子中無如同於不共種子相同之功用，就此點而言是無功用。

2.有功用

得道後所見清淨與前所見不同，就此點而言是有功用。

三、云何道於共種子功用不同於不共種子？

由他分別（識）所持故。[79]

四、若爾，道於共種子有何功用？

1.若對治道生，變異之本識種子即滅。此時雖以他人之所變異為境，然境無體非有，而見清淨。但由此除去分別，於境界中起無分別智。此即道於共種子之功用。得法眼，但緣境界之無性，故境界清淨。

2.若約慈悲般若（即此無分別智）更起分別，即是後得智。

此分別由依止真如故，則其所分別即成淨土。

（淨土即是以唯識智，由此菩薩斷無明即見淨土，三無性真如後見真淨土，凡夫由心分別，故只見穢土。）

五、境界唯一，云何眾生所見不同？

如修觀行（瑜伽行）人以神通變化，於同一類物令眾生所見不同。如此境界為眾生各自之分別，以持各自所見之境。

（此為觀行人，見眾生種種願樂種種觀察，而隨眾生各自心願，使之顯現。然外境非實有，若實有則觀行人不得現此變化。）

由外境本無體，為分別之所作，見外境不同乃因能見分別不同而已，因此觀行人於中得見清淨。

2.以偈重顯

難滅及難解　說名為共結

觀心人心異　由相大成外

釋 一、結有二種：[80]

79　《攝大乘論疏》T85P988

由眾多識變異作境界，自識雖不復變異作本境，他未得無分別智識猶變異作此境界，為此人分別識所持故，猶有穢境界。

80　結有兩種：

相結：難解，由心分別諸塵而起。若得無分別智相結即解。

粗重結：難滅，由分別諸塵而起之欲瞋等惑。相結不起粗重結即滅。

（又約無間道說難滅，以難得故。約解脫道說難解，由無間道難得故解脫道亦難得。若惑於無間道滅，解脫道即自起。）

二、共結：於共境中起結故名共結，若約自相續則不名為共。

（此共結即共相境，為眾多識變異以為境，因此對治起時，不能如同不共內種子般除滅，為難滅難解。）

三、云何此惑（共結）難滅難解？

此共結（即外結）以下述三義故難滅難解：

1.心異

觀行人但觀內法是無，不觀外法，故言心異。

2.相大

分別相通此十方世界，故言相大。

3.成外

觀心與內種子正相違，與外不相關（不受對治影響），故言成外。

（心異是觀行人之內證，相大是眾生之所見，此二不一致，故外境存在。）

（觀行內證與眾生所見共結不一致，故外境存在，難解難滅。）

清淨人未滅　此中見清淨

成就淨佛土　由佛見清淨

---

1. 《攝大乘論疏》T85P988，圓測《解深密經疏》8

分別煩惱有二種，謂共與不共，似外塵而起為共，緣內識而起為不共，除共結難，除不共結易。相結即是分別執相，謂一切六識心識所緣外境是有，未達此並是自心分別所作故。若見相並是識分別所作，欲瞋等則無從即生。

2. 圓測《解深密經疏》8

依《解節經》云：眾相繫縛，粗重繫縛。

又後下云：相結，粗重惑。

真諦記云：

五識境名相繫縛，意識境名粗重繫縛。又眾相繫縛即分別性，粗重繫縛謂依他性。又解，一切苦諦名眾相繫縛，由解脫得離故。一切集諦名粗重繫縛，由道所滅故。

3. 《攝大乘論抄》T85P1008

一粗重結，惑體妄心而起，名之為粗，結縛為義，從過受名。二相結，所取名相，繫縛名結。從境義及過為名。

㉑ 一、觀行修道於此共結有何功能？

對治道生時，於觀行人不共種子雖滅，外境未滅，於中得見清淨，法眼慧眼清淨無執。（對治道生但未圓滿具足為分分清淨，道圓滿具足時為具分清淨，此為漸進道。）

若有智慧慈悲，則起分別利他，成就淨佛土，即是觀行修道之功能。

二、淨佛土何因緣得成？

由佛見清淨故成就淨佛土。[81]

佛見五義：

1.初地見道清淨

初地是菩薩見道位，初地中清淨為見道清淨，名為佛見清淨。由此清淨能得佛土清淨，更何況修位及究竟位。

2.以真如觀為佛見

何以故？若至究竟位，所得真如觀與此無異故。

3.依佛正教修可得

依佛正教修行可得此見，故名佛見。

4.菩薩亦得名佛

以菩薩定應得佛故，因受果名故名佛見。

5.緣佛起見

菩薩對治道生不共種子滅，則具法眼清淨，佛土清淨和見佛清淨（見佛三身），是菩薩緣佛起見故名佛見。

復有別偈，種種願及見觀行人能成。

於一類物中　隨彼意成故

種種見成故　所取唯有識

㉑ 一、此偈為顯二義：

1.菩薩於內修觀不依外，

2.由此觀唯有識無有外塵。

81　淨土體雖是唯識智，實際上是根本智之後的後得智，因此這五義說根本智之清淨，當然也即是後得智之清淨。

此二義互相顯。

二、種種願及見皆得成

觀行人1.願皆得成：或為成自之自在，或為引他令受正教，皆得成。

2.見皆得成：若願已成，自見及他見亦皆得成。

三、此願為有別境，為是一境？

諸多觀行人之別別願，皆同能變異一境。

四、此變異何故得成？

以實無外境唯有識故，是故各隨彼意變異得成。

（若實有外境則觀行人之願不得成。以不成故，自他所見變異亦不得成。）

由觀行人之識為增上緣，餘人之識變異，如觀行人所願而顯現。

故知定無外塵唯有本識。

三、共不共因同生一果

是不共本識差別，有覺受生種子，若無此，眾生世界生緣不成。

是共阿梨耶識無受生種子，若無此，器世界生緣不成。

釋 前已明覺受因定是不共種子，不覺受因定是共種子。

今當更說共不共因同生一果。

共不共二因同生內五根及內五塵，

1.由不共因所感，以為自六識作依止。

2.由共因所感，以為他六識境界。

若不同時為此二因所感，則無色陰及互相見。

己二　粗重細輕相

復次粗重相識，細輕相識。

粗重相識者，謂大小二惑種子。

細輕相識者，謂一切有流善法種子。

若無此，由前業果，有勝能無勝能依止差別，不得成。

釋　此文顯本識是善惡二業所熏之相似果，亦是果報種子轉成善惡二業（起善惡二道）之生因。

一、本識二相分

粗重相識

謂大小二惑種子，於理及事，心無功能[82]，故稱粗重，一切未來惑及業皆從此識生故稱種子。

細輕相識

一切有流善法種子[83]，於理及事心有勝功能故稱細輕，一切未來信等五根之善，皆從此識生故稱種子。

二、無本識二相因果義不成

若無本識之粗重相及細輕相二分，則習果（相似果）及果報果（六道本識）皆不得成。

1.依止是果報果

善道中有人天異，惡道中有地獄畜生等異，故言依止（身）差別。

2.勝能是相似果

善道依止有勝能（形色微妙為細，有勝力能為輕），惡道依止無勝能（形色醜陋為粗，無力能為重）。

（身（依止）有勝能是善道，身無勝能是惡道。）

若本識無此二相，則由前（善惡）業（善惡道）果，而有有勝能之依止及無勝能之依止差別，因果義皆不得成[84]。

己三　有受無受相

復次有受不受相二種本識。

有受相者，果報已熟善惡種子識。

82　因有大小惑，在心是粗散，不通達事理為粗。又因此惑，心沉溺不能勤策為重。心失功能故說粗重。

83　此論生死種子之習果與果報果。而無流善能滅生死種子，故不論。

84　由善惡業得果報，其果又成為習因，生出世之善業（信等根）及煩惱之惡業。若本識無此二相，善惡之二因果相及習報之二因果皆不成立。

不受相者，名言熏習種子，無量時戲論生起種子故。

若無此識，

有作不作善惡二業，由與果報故，受用盡義不成。

始生名言熏習生起亦不得成。

㊣ 此欲顯本識中功能有盡不盡。

一、有受（盡）相

此本識昔有善惡種子，果報若皆熟用，種子盡只有本識在，說此本識為有受相。

二、不受（盡）相

此本識在生死中受用無盡之同業種子，由是有相續不斷因故，名不受相。

1.體為名言熏習種子

先以音聲目一切法為言，後不發言直以心緣先音聲為名。

此名以分別為性：

(1)分別內法：或增或減，壞正理立非理，名肉煩惱。

(2)分別外塵：起欲瞋等，名皮煩惱。

(3)分別一切世出世法差別：離前二分別，名心煩惱。

一切煩惱皆以分別為體，障無分別境及無分別智。

2.無量時戲論生起

以名言分別，有世間四種言說（見聞覺知），不緣實義，故名戲論。

由名言熏習，於前後際無量時，此戲論若生若起不窮。

三、無有受相本識之過失

善惡二業數數有作及不作，由有施與果報，則功能滅盡不更受報（此名受用盡）。若無有受（盡）相之本識，則此義不成。此義不成則失解脫義。

四、無不受相本識之過失

若無不受相本識（無先名言熏習），而今時未來時又未曾有，而有此

新（始生）名言熏習生起，則（本無今有）不得成。

何以故？

若無同類因（先名言熏習種子）則等流果（新名言熏習）不得生。

1.若許得生，

　則阿羅漢緣覺雖已斷煩惱盡，則應更生煩惱，則無解脫。

2.若許不生，

　則應無根本煩惱，若無根本煩惱則無業，若無煩惱業，則無有及差
　別，則集苦二諦自然滅盡，即入涅槃不勞修道。則自然解脫。

此二義皆無。

故知定有受不受二相本識。

己四　譬喻相

復次有譬喻相識。

如幻事鹿渴夢相瞖闇等，譬第一識似如此事。

若無此虛妄分別種子故，此識不成顛倒因緣。

（釋）譬相本識是虛妄分別種子，為一切顛倒亂心因。（如幻事為象馬等為亂心
因）

阿陀那識若未滅，能變異本識生六識，起四種上心顛倒。

有四譬同譬本識，本識即似此四事，

一、幻事譬我執：能生眾生邪執。

二、鹿渴譬我愛：能生眾生貪愛。

三、夢相譬我慢：能生眾生亂心。

四、瞖闇譬無明：能障眾生明了見境。

若無本識一分與阿陀那識相應，則本識不成四顛倒因緣。

何以故？

如此本識是虛妄分別種子因緣故，一切虛妄分別皆從此本識生。

己五　具不具相

復有具不具相。

若具縛眾生有具相。

若得世間離欲，有損害相。

若有學聲聞及諸菩薩，有一分滅離相。

若阿羅漢緣覺如來，有具分滅離相。

何以故？

阿羅漢獨覺單滅惑障，如來雙滅惑智二障，

若無此，煩惱次第滅盡則不得成。

㊝ 約此譬喻相識，本識更成二相，一具縛相，二不具縛相。

一、具相：未離欲欲界眾生，具三煩惱故名。

二、損害相：約凡夫離欲欲色界，肉心煩惱具足，皮煩惱有漸被損害義。

三、一分滅離相：有學聲聞及諸菩薩，肉煩惱一分盡，皮煩惱或被損或未被損。

四、具分滅離相：阿羅漢獨覺但滅離見修二道所破惑盡，故無解脫障。如來具滅離三煩惱盡，故如來本識永離一切解脫障及智障。

此識或名無分別智，或名無分別後智。

若於眾生起利益事，一分名俗智；若緣一切法無性起，一分名真如智。

此二合名應身。

若無此具相不具相，凡夫有學聖人無學聖人次第滅，此義不成。

丙四　果報識為無覆無記性

何因緣善惡二法果報唯是無覆無記？

此無記性與善惡二法俱生不相違，善惡二法自互相違。

若果報成善惡性，

無方便得解脫煩惱，又無方便得起善及煩惱。

故無解脫及縛繫。

無此二義故，是故果報識定是無覆無記性。

（釋）一、果報唯是無覆無記，因是善惡而果是無記，以非煩惱染污故。
（不同於上界煩惱是有覆無記）

二、與善惡性不相違而非善惡性

1、與善惡性不相違

此無覆無記性與善惡二性不相違故，於無記果報中善惡二業得生，由業生故有善惡二道。

2.非是善惡性

(1)善惡道隨一無，不應理

以善惡性互相違故，若是善則惡不得生，應無惡道。

若是惡則善不得生，應無善道。

善惡二道隨一無道，不應理。

(2)無生死解脫義

若果報是善惡性，從善更生善果報，從惡更生惡果報。

由報更有報，則生死不斷，故無得解脫義。

(3)解脫及繫縛義不成

若定是善，煩惱不得起。若定是惡，善不得起。

若無善則無解脫，若無煩惱則無繫縛。

三、本識定是無記性

以無無解脫義，無無繫縛義，定有解脫及繫縛，故知本識定是無記性。

〔附註一〕解性

1.界（法之所依），有三說：(1)雜染識種（阿梨耶識）（印順：建立在有漏雜染種子隨逐的無常生滅心上。）(2)清淨心界（無為常住，清淨的如來藏（真如））(3)解性賴耶（統合染淨於阿梨耶識。）（印順：〈論真諦三藏所傳的阿摩羅識〉。）對同一界字，而作雜染識種，清淨心界二說，把二說統一於阿梨耶識

是真諦學的獨到立場，這應該是《阿毗達磨大乘經》的深義。從依他起識的有二分，說無始時來的識界有二分是毫無不合的。界的通二分不妨看作雜染識界清淨心界的同時存在。

2.此界：(1)依主釋：此之界，阿梨耶識之界。(2)持業釋：此即界，阿梨耶識即是界，而以解為性。（阿梨耶識無始來本有之界，以解為性。若解釋界為如來藏，則阿梨耶識是如來藏，此如來藏以解為性，與一般如來藏論典所指不同。）

3.解性

  (1)是無漏出世間法

    《本論》卷三17，18

    ①聞熏習是出世法，聞熏習因，果屬法身及解脫身攝，本識體是世間法，因是集諦，果是苦諦。故此兩法自性相違，由此義故聞熏習漸增，本識漸減。（無漏種本無，從最清淨法界等流聞熏習而生。）

    （《瑜伽》本地分：本有無漏種寄在阿梨耶識中。）

    ②由本識功能漸減，聞熏習等次第漸增，捨凡夫依（本識雜染阿梨耶）作聖人依。聖人依者，聞熏習與解性和合，以此為依，一切聖道皆依此生。（入見道位成轉依時，本識之雜染阿梨耶滅，聞熏習與通二性之解性和合之清淨識界起。成就智如不二。）

  (2)是有漏世間法

    《攝大乘論疏》卷五T2805（T85P982b27-29）

    ①聖人依……聞思慧熏本識無常解性時，猶是凡夫。熏習增多後，更上第六意識成無流道即修慧，方是聖人。（解性於凡夫位為無常性，為有漏世間法。）

    ②問：聞思種子所熏解性，有解言是真淨法身，云何言是無常法耶？
    答：（此）者是自歸識心分別闇心漫語耳，此解非義也。常住法無無常之義受熏。（解性為無常有為法，非法身，以無為法不能受熏故。）

  (3)是依他性，是轉依緣因

    （T2805）T85，P982b29-c3

    ①聞思慧能熏後，上第六意識成修慧始為無流道。此聞思種子生唯識

無境及觀智，爾時並是諸法因義是依他性（指解性），後斷煩惱盡轉依成解脫果。（依他之解性並聞熏習為因為道諦，轉依成解脫果為滅諦。）

②（解脫）身方得轉依真淨心為法身義並果德，（那）復得聞思種子和合生聖人依（作）聖道因？法身相應時唯果德依法身也，無復種子因義也。（依他解性並聞思種為因，真實無漏法身為果。）

（T2805）T85，P999b14-17

③又論緣因解性生，亦名有根，能生後智及進後加行智故。亦名有根，有當體名有根。何以然？得此智故餘智滅，智依此智故，更生上地功德智慧，故是根也，餘可見。（以解性與聞熏習其識界當體（根）作為緣因，轉依成就無分別智。進而能生後智與進後加行智，一切聖道依此而生。由無常解性至緣因解性乃轉染成淨之修行過程。）（解性為緣因非生因，無分別智為無為法無生滅，無生因。）

4.依他性

(1)以二性為性

《本論》卷六6

依他性由具二分（煩惱，清淨品）以二性為性故。（以金藏土為喻）本識未為無分別智火所燒鍊時，此識由虛妄分別性顯現，不由真實性顯現。若為無分別智火所燒鍊時，此識由成就真實性顯現，不由虛妄分別性顯現。是故虛妄分別性識，即依他性，有二分。（依他性雖攝二性，但凡夫位上非言二性俱存。在因上雜染中不說真如，非既染且淨和合二相。此由染還淨過程不同於如來藏說之雜染本具清淨之說。）

(2)體類與義

1.體類： （繫屬熏習之種子）	果報識（世間、染）， 聞熏習（出世間、淨）	本識	亂識（分別）	（卷五）
2.義： （繫屬淨不淨品）	不淨品（世間），淨品 （出世間）	諸識差別	亂識變異（虛妄）	1，2，17

《本論》卷五6無別色塵，唯是本識。

《本論》卷五15唯是一識，識即依他性，於依他性中以別道理成立三性。作為義的分別性消融於體類的依他性。將諸識差別泯除（超越）後，能分別與所分別收攝統一於唯一本識（能所合一的種子識界），成為一切法的通因，由此開出三性，成立雜染清淨。本識與解性為體類（因），非法身（真實性）與十八界（分別性）之義（果）。→此依他性便是「此界無始時」的此界，為一切法之因，即解性之內涵。

5.別釋

《起信論》：真妄和合。（真如具智，始終皆隨緣起用。）

法相宗：性相永別，智如二分。（真如永為頑物，至果位亦不與智相融。）

吉藏：解性為正聞熏習之無漏聞思修慧。

印順：解性非凡夫心中與如來同之清淨功德。阿摩羅識是聖道依因，非聖道生因。

上田義文：(1)解性（阿摩羅識）必須滅除阿賴耶識得無分別智才得。（凡夫位與真如有隔，轉識成智後始智如合一。）上田引前田慧雲：《攝論》真如非有隨緣用者，於因位，真理與智慧未相融合，要至果位，智慧始融合於真理，以起化用。若然，則不同於法相宗，真如永為頑物，至果位亦不與智相融。亦不同起信論，真如具智，始終皆隨緣起用。(2)真諦所傳才是彌勒、無著、世親唯識之原意。

6.結

(1)解性為阿梨耶識本有之性，指一能通染淨之種子識界，為一切法之通因。

(2)外來之聞熏習與內在之解性和合成為聖人依。此解性為有為法能受熏，不同於法相宗的如來藏真如（無分別智所緣，自性本寂不動），亦不同《起信論》的如來藏本覺（從凡夫因位起，即不斷起現。）

(3)解性指真如性起解（即智）之作用，能成就性智不二之法身。此作用於凡夫因位不存在（不可視為在纏真如），當它發揮作用時又是智如不二。不同於法相宗之性相永別，亦不同於起信論式的體用交徹性相融通。

(4)界即是如來藏，如來藏等同真如，但必須靠滅除阿梨耶識才能證得，必須是轉捨阿梨耶識才能出現的智如合一之境界。

〔附註二〕二緣生與等流因果、異熟因果

分別自性緣生在明阿黎耶識之轉變因果。分別愛非愛在明與業有關之善惡道因果。兩者實為一體，前者為親因緣及等流果，是因果同性。後者因是善惡，果是無記，為因果異性之異熟因與異熟果。異熟因果之因亦成為等流因果之因的增上緣。由等流因果之作用生出總別報之果體。

1.說一切有部

(1)主張三世實有，法體恆存。但一切法剎那生滅。

(2)安立二種因果關係（有六因四緣，但無種子）

①同類因果：同類因引等流果。（因果同性，亦名等流因果。）

（現在貪現行引生後時貪。前前剎那引後後剎那，雖剎那生滅，但貪之法體恆存，同一法體在不同剎那之分位顯現。）

②異熟因果：因是有漏善惡法（業因），果唯無記之樂苦果（業果）。

2.瑜伽行派

(1)種子說

瑜伽行派引經量部種子說解釋一切法之等流因果與異熟因果之關係。

（阿黎耶識含藏以前一切法留下之影響力，也含藏未來一切法生起之可能性。此等影響力及可能性稱為種子。）

①等流種子：本識中潛藏能親生自果之功能差別。在同類因果中每一剎那法（如貪等）之現起，都有特定之功能作為它生起之因（親因緣）。

②異熟種子：在異熟因果中，連結異熟因與異熟果之潛在力。

(2)等流種子

每一現行之法（心，心所）在阿黎耶識中必有種子作為它生起之因緣。

（此因果不亂顯諸法緣生自性之依他性非無）

①種子念念生滅：但由於本識之相續**1而有種子之相續**2。

（法相宗立種生種以說明種子之相續。認為前一剎那種子（為親因）生後一剎那種子。此二種在不同剎那不符果俱有之種子義，但法相宗認為種子六義不須同時俱有。）。

②種生現現熏種：現在種子成熟時（過未種無體不生果）生起現行，此時種現俱時而有。而現行生起同時，能熏種於阿黎耶識中。

種現種三法因果同時俱轉。

上述二種構成等流因果（同類因果）。從種子親生自果，又再熏同類種子。所有種子都必然是等流種子，在無分別火燒前恆有現行之可能性，此即分別自性緣生關係。

**1識之相續

　1.從識到識（從有到有）生果功能未消逝之連續而成立。

　2.作為（與所分別（無境）之能所對立）之能分別而成立。

　3.作為境之否定性，對立但同時之一體。

　4.作為分別依他二性不相離而成立。

**2種子之相續

　1.種子之相續是藉（阿賴耶識之相續）而成立。（非種生種）

　2.種不生種

　　(1)剎那滅：生不能跨二剎那，種生種不成立。

　　(2)種為諸法因，非其他種之因，不能種生種。

(3)異熟種子

但有一類等流種子同時兼有異熟種子功能。此等種子體與等流無異，但有別勝功能，能有餘緣助感後異熟者名異熟種子。（等流種子中之無記種及不招果之善惡種不名異熟種）

①業之因果

業因體性之善惡思心所種子為未來思心所生起之因緣。當現行之思心所熏習成思心所種子之同一剎那，亦為受心所種子之增上緣，能令無

記之受心所（業果）現起，此即謂異熟種子。

②異熟因果

　　a.因為善惡，果唯無記。

　　b.異熟種有受盡相，在果報成熟時即受盡。

　　　（等流名言種子可無量時戲論生起種子，無受盡相。）《本論》卷
　　　四13

　　c.異熟因果可以分別愛及非愛自體，是眾生流轉善惡趣之增上緣性。
　　　若只有識名色等五支無記等流種子，而沒有異熟種子則三界六趣之
　　　果報無法生起。

(4)惑業果

　　①起惑：種生現，現熏種即顯種子之改變，種雖變但相續直至對治道
　　　生，此種即是煩惱現起之可能性。

　　②造業：當有情因有煩惱而造業，即是思心所（業之體）由思種子現
　　　起，現起同時必回熏成一思心所種子，展轉增上。

　　③受果：❶業行影響現世樂苦受種子，令樂苦受心所現行，同時回熏
　　　成樂苦受種子，直至對治道生起。❷又由善惡業令有情往生善惡
　　　趣，並於一期生死中有樂苦受之現起。

　　此等惑業果三雜染之生起皆有其自身之種子（即因緣）。

(5)結顯

　　等流種串起之同類因果強調的是因緣，即是分別自性緣生。由異熟種子
　　所串起之異類因果為增上緣，即是分別愛非愛緣生。（印順法師將等流
　　種子（名言種子）當為諸法生起之質料因，說明蘊界處之流轉。異熟種
　　子（業種子）為組合因說明有支熏習。）

〔附註三〕結前報接後報

1.惑的二種作用：由惑起業，由惑潤業引生未來果。

　　(1)發業：以分別起之惑為主。（又以與第六識相應分別無明所發業
　　　為主）

(2)潤生：以俱生惑為主。（又以與第六識相應之貪惑為主）

（如臨命終貪愛惑，顧戀自我及境界，遂增上潤中有。相當於愛取潤五法種子，令生現行。）

此潤生惑於凡夫必有現行，聖者則不然。三果無現行貪，僅為種子之潤生。七地前菩薩為利他之行故起惑，是為現行之潤生。

2.死的生起：由於(1)壽盡：(2)業盡；(3)兩者俱盡；(4)斷業而死。

3.臨終時由於業力，於六門（眼乃至意）之任一門，

有三相(1)能得結生後有之業相；(2)過去之業相；(3)於後有當得苦樂受之趣相；

三者中任一相現起為所緣，住於所緣，生起死心而後滅。

死心滅後以相同所緣，或有所依（如欲色界中有）或無所依（無色界），生起結生之意識，而住於後有。

（此意識為無明隨眠之纏縛，為渴愛隨眠之行業所生，為相應諸法所執取，為俱生諸法之住處，為諸法之先行者，是前有與後有的連接，故名結生之意識。）

4.結生、有分、死心位於同一生中，同境同一性。

從結生滅了之後，獲得同樣的所緣，轉起一相似心，猶如河流不斷地（生起）直至死心生起。……它是生命的（主要）部分，名為有分相續的意（識），最後由於死心生起而後滅。而後再結生等，猶如車輪次第展轉轉起。

《攝阿毗達摩義論》5攝離路分別品

〔附註四〕中陰（中有）

1.《瑜伽》（一）27

(1)云何生？

①由我愛無間已生故，（先命終時，我愛不捨，中有生時，我愛續生，於中無剎那斷。）

②無始樂著戲論因已熏習故，（此因無受盡相）

③淨不淨業因已熏習故，（此因有受盡相）

(2)中有、異熟生

　　彼（我愛）所依體，由二種因增上力故，

　　①從自種子②即於是處，中有、異熟無間得生。

　　　　死生同時，如稱兩頭，低昂時等。

　　　　（釋）

　　　　我愛所依，體即五蘊，五蘊有二位別1.中有位2.異熟位。

　　　　於此二位，體若生時，要以戲論自種為親因，及業自種為其勝緣，由是說從自種生。

　　　　又所依體於當生處，方可得生。（隨所當生，即彼形類中有而生。）

　　　　前所依沒，此中有生，中有滅時，異熟果生。

(3)中有必具諸根。（中有為化生，身分頓起，非漸圓滿，由是必具諸根。）

(4)此中有七日死已，或即於此類生，若由餘業可轉中有種子轉者，便於餘類中生。（阿毗達磨師言中有於界趣處皆不可轉。）

(5)當知中有，除無色界一切生處。（以中有有色，無色界無色故除之。）

2.《菩提道次第廣論》（卷六，共中士道，思惟集諦）

從無色沒生下二界則有中有。若從下二生無色者則無中有，於何處沒，即於其處成無色蘊，堪為根據諸教典中除此而外，未說餘無中有之例。

3.《大毗婆沙論》（69）

欲色界生，定有中有，連續處別，死有生有令不斷故。

無色界生，定無中有。（何故無色界定無中有？論中有十二項說明。）

無色界歿生欲色界者，隨當生處中有現前。（以彼先已造感中有業故）

甲三　應知勝相第二

乙一　略釋三性【相章第一】

云何應知應知勝相？

此應知相[1]略說有三種：

一依他性相，二分別性相，三真實性相。

（註）一、應知相：以應該被知道為特質之事物（即三性），此為所知。

　　　二、能知：真實性為出世智無分別現觀[2]。（見真實性的是無分別的出世智）

　　　依他性[3]為由此後得世出世智所取。[2]（見依他性的是清淨有分別的世間智）

　　　應知三性時，知此三性者即無分別智（此中含後得智，此因根本智作為後得智而展開時即是究竟。）

　　　三、依序明三性

　　　三性之說明依循依他性、分別性與真實性之順序進行。

1　應知相 jñeyalakṣaṇa
　jñeya（fpp）應該被知道。lakṣaṇa 特徵形相。
　以應知為特質之事物。
2　見安慧《三十唯識釋》（二十二頌）。〔故此與依他　非異非不異　如無常等性　此隱時彼隱〕（霍韜晦譯）
3　（同上）（二十一頌）。〔依他起自性　分別緣所生　圓成性即彼　常遠離前性〕（霍韜晦譯）
　依他性意指緣生之事物，此是虛妄分別，亦即阿黎耶識，染污意及六識。唯識說中的識即意指此虛妄分別，因此是依他性。從而此識依後得智而被知道。（指無分別智之分別（識））
　唯識之唯意指境無（分別性），同時意為依他性（識）之空，從而是真實性（無分別真如）。

因於唯識觀行（入應知勝相品第三）上成立唯識，此觀行以有識（依他性）而無境（分別性）為中心故。

丙一　依他性

一、依他性相者，本識為種子，虛妄分別所攝諸識差別。

1. 何者為差別？

謂身識、身者識、受者識、應受識、正受識、世識、數識、處識、言說識、自他差別識、善惡兩道生死識。

2. 生因

（1）身識、身者識、受者識、應受識、正受識、世識、數識、處識、言說識，如此等識因言說熏習種子生。

（2）自他差別識，因我見熏習種子生。

（3）善惡兩道生死識，因有分熏習種子生。

3. 由如此等識，一切界道煩惱所攝，依他性為相，虛妄分別即得顯現。

二、如此等識，虛妄分別所攝唯識為體，非有虛妄塵顯現依止，是名依他性相。

⊕釋 依他性[4]相者，

4　依他性《本論》五 16

（三性說以依他性為中心。）

依他性有二種：（paratantra）

1. 緣生之依他性　（闡明唯識無境）

繫屬熏習之種子。（三性同時成立）

（1）依業煩惱之熏習而生：（屬不淨品，虛妄緣生之依他姓）

即果報識之體類，攝於虛妄分別（abhūtaparikalpa）之諸識。

能分別之虛妄識（vijñāna）與依此識而被認知（vijñeya）之對象（境），為依他性與分別性之關係，能識為緣生有，所識為無（依虛妄分別之顛倒被視為有）。

依此二性明唯識無境。

（應知勝相品第二）

（2）依聞熏習而生：（屬淨品，真實緣生之依他性）

出世間思修慧體類，依三種無分別智（加行根本後得）之意言分別（manojalpa）。

以蛇藤四塵譬喻說明唯識觀行。

首先藉由觀虛妄分別境之無而遣虛妄分別，次觀意言分別境之無而遣分別，最後達無分別智、真如。

（入應知勝相品第三）

2. 染淨二分所成之依他性　（闡明轉依）

繫屬淨品不淨品性不成就。（三性異時成立）（淨品一分成立，另一分不淨品不成立。）

無分別智之對治生起時，改依他之不淨品分（生死）為淨品分（涅槃），以轉依為相。成立

1.以本識為種子，2.虛妄分別所攝之諸識差別。

（藏譯：以ālaya-vijñāna為種子，虛妄分別所攝之識（vijñapti）。

（以本識為種子（因緣）變異作十一識。此等諸識為本識所生之果，為種子所生故為緣生。諸識是依他性，本識是依他性之因。）

3.此等虛妄分別所攝諸識，唯識為體，為非有之虛妄塵（境）顯現（被得知）[5]之依止，是名依他性。

（藏譯：此等諸識之唯識（vijñaptimātratā）虛妄分別所攝，非有，係虛妄（bhrānta）之境（artha）被得知（顯現）之所依，此為依他性。）

（依他性之特性：(1)種子生（緣生）(2)是虛妄(3)唯識（無塵），作為塵顯現之依止。

諸識為依他性，是虛妄分別，則依他性也是虛妄。）

（註）

　1.虛妄分別

　　分別是識性，分別無為有故言虛妄。

　　以分別為因，虛妄為果（由虛妄果得顯分別因）。

　　以此分別之性，攝一切諸識皆盡。

　2.虛妄分別所攝諸識

　　亂識為分別，虛妄為亂識之變異。

　　虛妄分別廣說有十一種識，略說有四種識。

不住生死不住涅槃之無住處涅槃及法身。此染淨二分依他之三性說，不在於揭示能識所識之關係，不能闡明唯識無境。

（學果寂滅勝相品第九，智差別勝相品第十）

此中之三性說，其依他性，以本識為種子，即是緣生法（非染淨二分之依他性，亦非如來藏緣起說。）虛妄分別所攝，即是不淨品法（非意言分別之淨品）。

5　生與顯現

1. 生（prajāyate）

　識（因緣生法）得自體。一法（緣生之識）於現在之一剎那得其存在性，說為生，是存在論之概念。

2. 顯現（pratibhāsa）

　是表現塵與識之關係，即所緣與能緣之關係，是認識論之概念。

　（顯現最早出現在中邊分別論相品第三偈。此偈分別使用顯現及生。顯現用於境（所緣）與識（能緣）有關是認識論之概念。生用於諸法有無，是存在論之概念。）

一切三界中所有虛妄分別，不出此義，由如此等識即得顯現[6]。

(1)十一識[7]

此等識攝一切界（三界，十八界）一切道（六道）及於此界此道中之三煩惱（惑、業、果報），以同為依他性故。

①因言說熏習種子生者

一、身識：眼等五界；二、身者識：染污識[8]；三、受者識：意界；四、應受識：色等六外界；五、正受識：六識界；六、世識：生死相續不斷識；七、數識：從一乃至阿僧祇數識；八、處識：器世界識；九、言說識：見聞覺知識。

②因我見熏習種子生者

十、自他差別識：自他依止差別識。

③因有分熏習種子生者

十一、善惡兩道生死識：生死道多種差別識。

前五種識為本攝一切法，即六內界（六根）、六外界（六境），與六識界，其餘諸識為此等識之差別。

(2)四種識

①似塵識：（應受識）arthapratibhāsaṃ vijñānam

②似根識：（身識、受者識）sattvapratibhāsaṃ vijñānam

③似我識：（身者識）tmapratibhāsaṃ vijñānam

④似識識：（正受識）vijñaptipratibhāsaṃ vijñānam

3.此等識之依他性相

(1)虛妄分別所攝

此性非實有實非無故，不免虛妄，此虛妄是其性故，說虛妄分別

6　顯現

做為塵根我識而顯現（被得知）的識生起。此塵根我識意指屬於三界之一切法，亦即六境六根染污意與六識。識於現在一剎那生起時，即緣此等之諸法，然其所緣諸法無非是其剎那之識。如此表現識與境（諸法）的能緣所緣之關係的，就是顯現。

7　十一識與阿梨耶識（詳見甲三附註一）。

8　身者識

1. 身識、受者識、身者識等三識與六根相當。

2. 廣義說，意（manas）與識（vijñāna）同義，也與了別（vijñapti），心（citta）同義。若作區別，則先滅之識為意，此識為現在正生之識之依止。

3. 染污意恆與四煩惱相應，為一切煩惱識之所依，是意根，非正生之識（稱 manas，非 vijñapti），從而是六內界之所攝，非六識界所攝。但作為身者識，又列為十一識之中。

所攝。

(2)唯識為體[9]

一切法中唯有識（無塵），更無餘法故唯識為體。<u>此體由有，故異分別性，由虛妄分別性攝，故異真實性。</u>

(3)非有虛妄塵顯現之依止

①非有：定無所有，故言非有。（畢竟無有）

②虛妄塵：非有物而為六識緣緣，故言虛妄塵[10]。

③顯現[11]：似[11]根塵我識，生住滅等心變異明了，故言顯現。

④依止：此顯現以依他性為因，故言依止。

（譬）執我為塵

此塵實無所有，以我非有故，由心變異[12]顯現似我故，說非

9　唯識為體（一本識）

肯定唯有識（有）而遮境（境無）。

1. 不只說無境，而是說在無境之上，（識）作為境，事物被得知。（諸法為六識緣緣（境））
被得知之境（諸法）於識之外非有，此即境以識為體。
說為唯識為體時之識體，表現出境之否定（無）與識之肯定（有）。透過境之否定，顯現識與境之一體性（無二性）。此時被說為無之境是分別性，被視為有之識體是依他性。

2. 分別性與依他性之關係，一方面是所緣（所識）與能緣（能識）一體（能緣與所緣平等）的關係。另一方面是無（境）與有（識）一體之複雜關係。
此分別性與依他性之一體性（無二性），同時表現其與真實性之關係，因此分別性與依他性所具前揭二重之義，若離真實性，只以分別與依他兩性之關係，不能完全闡明。

3. 唯識體是依他性，雖有十一識之差別，而其「通性」為識，此即為唯識體。作為此通性之識體，藏譯以單數之識表示，真諦譯為一本識。漢譯以複數說諸識者，乃因唯識體通常是作為諸法而顯現，唯識體常不離諸法之差別。
通性之識（或藏譯單數之識）所表示之依他性，為虛妄之識體，只是妄，不含真之意。

10　虛妄：實是非有，卻作為有，藉由識而被得知。（「有」實無，卻似有而顯現。）

緣緣：所緣境。

11　顯現 pratibhāsa

顯現是指事物因識而顯現，即藉由識，事物被見聞覺知。其主語不限於塵，亦可為心或識。
若顯現之主語為識時，被見聞覺知之事物（塵）無非是識，此即說為「識為塵」。塵非於識外獨立存在，不外於識之本身。此塵非實在之塵，是識作為塵而顯現（被得知）。

似 pratibhāsa

識顯現（被得知）時，其識必含似塵之意，因此顯現又稱似現。塵以識為體（識外無獨立之塵），故其塵是識作為塵而顯現。此顯現含有「似」之意。
（顯現與似是規範識與塵之關係（認識論），同時亦表現塵與識之有無（存有論）。）

12　變異 pariṇāma

此明識在時間上前後之不同。
現在剎那生起之識以一切法（六根、六塵、染污意、六識，或言四種識）中之任一法為塵而緣之，似一切法中之任一法而顯現。次剎那生起之識又似別法而顯現。

1. 似同法而顯現時，識是剎那滅，但同識於次剎那接續生起，此稱為住。

有虛妄塵。（無而似有之顯現，即藉由識而被見，被執為實有。）

顯現此事因依他性起故，依他性為虛妄塵顯現之依止。說此為依他性相。

丙二　分別性

分別性相者，實無有塵，唯有識體顯現為塵，是名分別性相。

（藏譯：何謂分別相（parikalpita-lakṣaṇa），無境唯識，作為境而被得知（顯現）。）

㊋ 如無我等塵，無有別體唯識為體。

不以識為分別性。

識所變異，顯現為我等塵，無而似有，為識所取，名分別性。

（註）
　一、無境唯識
　　　1.如無我等，表無我無法，即人法二空。
　　　我與法表一切法，一切法為識之塵（境），故無一切法（我，法）即無一切塵。
　　　2.非實有境以識為體
　　　無境（所緣）而只有識（能緣）是實有。
　　　一切境非實有，以識為體。
　二、識所取者為分別性
　　　識非分別性。
　　　依識而被認知（顯現），為識所取者為分別性。

---

2. 似異法而顯現時，現在剎那之識滅，次剎那之識生起明顯可知，時間之流中的識之變異很清楚。

一切法以識為體，種種法是識之塵（亦即識似一切法而顯現），這不外是識在不同時間之差異。此即似根塵我識（一切法）而生住滅等心識之變異。

略言之，種種塵之不同，不外於識之不同。識之不同成立於時間前後之不同。

三、分別性與依他性

1.依他性

識是依他性，是能識（vijñāna）是妄分別（vikalpa）。

2.分別性

依識而被取（grahya）而被認知（vijñeya），是被妄分別（vikalpita）。

3.一體

依他性是緣生，是有。

分別性是此依他性識外無別體（自體），而以識為體，此顯識境之一體性（無二性）。

4.差異

此二性雖為一體，但有能識與所識，以及有與無之差別。（以此而言，非同一性。）

丙三　真實性

真實性相者，是依他性由此塵相永無所有，此實不無，是名真實性相。
（藏譯：何謂真實相，於彼依他相中，此塵相（artha-lakṣaṇa）無所依。）

㊀ 一、「人法二無我」實有不無

虛妄義永不有顯現因，由無顯現體故。雖如我等塵顯現似實有，然此顯現依證比聖言三量，尋求其體實不可得。

如我塵，法塵亦爾，永無有體故人法皆無我。

如此（二）無我實有不無。

（註）

1.真實性相者

(1)「人法二無我」實有不無

「塵相永無所有」與藏譯「塵相無（其自身之）所依」（以識為所依）同義，其義如同說無其自身之自性。

真實性之成立，是在分別性與依他性結合之處。

何以故？

塵是所取之境，若此境是無，則緣（得知）此境的能緣之識也不能是有，故境與識同時是無，此稱為無心（acitta）。

無心指沒有心（識），同時也表示出境無，故亦可說為無得（anupalambha）。

安慧《三十頌釋》：

（二十九頌）無能取之心，故無所取之境，故言無心無得。

（此無心意指無以分別性（無塵）為依據的依他性之識。）

（二十二頌）若真實性與依他性有異，則依他性不能因離分別（性）而空。

（真實性之所以無異於依他性，是因為依他性是空。就空而言，依他性與真實性無異。依他性之空不外於真實性。）[13]

二、「依他性不可得」實有不無

由此二種塵（我塵及法塵）無有體故（此為分別性），依他性不可得。

如此不可得（此分別性之無與依他性之無）亦實有不無，是名真實性相。

（註）

(2)「依他性不可得」實有不無

①我與法（即一切法）是依識而得之塵（境），故稱我塵、法塵。

13　1. 依他性畢竟與分別性遠離，為真實性。

　　2. 真實性與依他性非異非不異

　　(1) 若異：若依他性不能因離分別性而空則異。

　　(2) 若不異：

　　　①則真實性應不成為清淨所緣。（以依他以雜染為體故）

　　　②依他性當不成為以雜染為體。（由與真實性不異故）

此一切塵非有，故能取之識（即依他性）亦無，此即
「依他性亦不可得。」

②如此之境與識兩方之無，即是一切存在之事物（有，緣
生）之無，是真實性。（安慧《三十頌釋》：真實性以
無為自性。（二十五頌））

③依他性及真實性是無，而分別性是恆無（nityam asat），
因此三性全是無，都是空。三性同一無性。（如三無性
論及其他論所說）

此三無性之同一無性是真實性。（此同一無性與般若經
及龍樹所說一切法空無別。）

2.真實性與依他性

(1)依他性之無與有

真實性不只是依他性分別性等一切事物之無，也含依他性
之有。（玄奘譯不許依他性是無。藏譯及達摩笈多譯，雖
說塵相之無，但不說依他性無。真諦譯以塵及依他性皆不
可得。）

①真實性之無（空），非排除一切有（緣生）之無
（空），而是即有之無（空）。

②境識兩空名無心，而一切事物之無的真實性也是無心。
此無心不外於無分別智。（無分別智見真實性）
於此不僅說無心，而是說真實之見聞覺知。
（心雖是虛妄分別，亦能見聞覺知，但不能如實見聞覺
知真實之境。）

③虛妄識滅去之無心，方能見如實之境。
真實性中之依他性（識）意指如此無心（一切法空）之
見聞覺知。
此即所謂的無分別之分別。（後得智見依他性）
（三種無分別智（加行，根本，後得）中最究竟的是後
得智。）

④三性乃在揭示如此無分別智見「如實境」時，見與被見

之關係。

❶分別性是塵相之無，此所取塵無，同時伴隨能取識
（依他性）之無。

因此塵之無（分別性）同時是境識雙泯之無心，即是
真實性。

❷此無心（即無分別智），不只是無分別，而是作為分
別而開展（後得智）。換言之，此無心是見聞覺知，
此見聞覺知（分別）是依他性（緣生）之識。

（三十頌）第二十二頌，即是此意：

若無見真如的根本智之後生起的後得智，則不能見依
他性（緣生識）。

(2)依他性與真實性之異不異

此依他性在「因分別性而空」這點上與真實性不異。但同
時在緣生上則異於真實性。

①相異處

	依他性	真實性
❶	虛妄（緣生，由染污種子生之虛妄法）	真實
❷	有為	空、真如、無為
❸	假有（緣生）	實有

②二性之不異

即是有相異之不異

❶真與妄之不異（性相之融即）

❷無為與有為之不異

❸無（空）與有之不異

（此不異同1.般若經「色（有）即是空，空即是色
（有）」之即。2.《中論》：「眾因緣生法，我說即
是空。」的緣生法與空之不異。）

3.唯識義

(1)唯識之「唯」

依境無（分別性）與以此為依據的識（依他性）之無，表

現境識俱泯之空與真如。

（「識」意為緣生之有，故唯識表現此空與有之不異，同時也表現真與妄以及無為與有為之不異。）

(2)唯識之「識」

指的是能識。（非般若經所說色受想行識等諸法）

唯識於空與有之不異外，進而表現所緣與能緣之異不異。

①所緣能緣不異

所緣能緣不異是境識俱泯，意指無分別智及真如。

此無分別智是所緣能緣平等平等。（不分為二）

②所緣能緣差異

所緣能緣之差異，是指於此無分別之分別。

（指後得智，無心之見聞覺知。）

❶就能分別，所分別言

能分別（vikalpa）是依他性，所分別（yad vikalpyate）是分別性。

❷就能識所識言

所識（vijñeyam）是非有，以能識（vijñāna）為體。

（能識外無所識，所識與能識為一體（無二）。）

(3)能識與所識一體

能識與所識一體，亦是無與有之一體。

此一體不外是所緣能緣之平等性的無分別智真如（真實性）。此一體中境無識有，故能緣所緣之平等性又具有與無一體之意，也是真實性之意。

此識不只是能識，也作為所識（境）而顯現，亦即作為能識的識本身成為所識，因此諸法被見聞覺知。

（所謂識的見聞覺知諸法，意謂著識見聞覺知自己。）

(4)唯識無境

此唯識無境，意含：

①能緣與所緣（或能識與所識）之同一性（平等性）。

②能識與所識之相反性，以及有（能識）與無（所識）之相反性。

進而所識與能識雙無（境識俱泯）。從而能識不只是有，而是無且又是有。所識不只是無，就識作為境被得知而言，它是有。

(5)能識與所識之關係

①境之否定

諸法（境）非有，指識作為境而顯現（被得知）時，其境（所識）無非是識（能識），境被否定（無），識（能識）被肯定（有）。

②識之否定

同時，被視為有之識，既然是作為境（所識）而被得知，此即不是能識而是所識，此即否定能識。

此依他性的識無，即顯能識之否定義。（此能識作為境而顯現）

《成唯識論》

否定依他性無之思想，主張識顯現為塵時，識轉變變現為相分見分，由此識之見分見相分，雖說依他性之識（能識）成為被見（所識），但不是建立在否定能識本身基礎上。

③初期瑜伽行派

無識體轉變成相見二分之說，因此能識成為所識，即是能識自身之否定。識所見之山川草木（所識）有與識之同一性（平等性），換言之，識在山川草木中見自己，同時山川草木因識而被視為有。其中有能識之肯定與所識之否定，以及所識之肯定與能識之否定。山不在見山的我（能識）之外，山之外無我。

此即古說唯識意。

乙二　廣成唯識

丙一　依十一識明唯識

丁一　真諦與俗諦

由身識、身者識、受者識，應知攝眼等六內界。

以應受識，應知攝色等六外界。

以正受識應知攝眼等六識界。

由如此等識為本，其餘諸識是此識差別。

㊞ 前五識盡攝十八界，又另就十八界立後六識。此言欲顯何義？

欲顯真實性義。

若不定明一切法唯有識，真實性則不得顯現。

若不具說十一識，說俗諦不盡。

若止說前五識，唯得俗諦根本，不得俗諦差別義。

若說俗諦不遍，真諦則不明，真（諦）不明了，則遣俗不盡。

是故具說十一識，通攝俗諦。

（註）

　　1.顯真實性

　　　（1）明一切法唯有識

　　　　明：明指聞慧與思慧之生起，但聞思慧常以修慧（行）為前提。慧（prajñā）要作為三慧才能成立。不只是知（理論）上之闡明了解，而是行的了解。廣言之，是行的一部份，故若說唯識說則必然是指唯識觀。

　　　　唯識：就一切法而言，在闡明一一法皆唯有識（能識）無境（所緣）時，真實性方得以顯現成立。此顯現指的是觀行上的完成。

　　　（2）以十一識遍說俗諦（顯真諦）

　　　　單說五識，不說六識不足以盡說俗諦中之差別。

　　　　盡說俗諦中之差別，是為了無所遺漏的觀一切境無（分別性）及

空去妄分別之識（依他性）。若說俗諦不遍，則真諦不明。不明真諦則遣俗不盡。

(3)以唯識觀遣俗盡

這是以行為依據完成的，藉由觀境無而不外於識（虛妄分別）的唯識觀行，空去虛妄分別之境，同時能緣之虛妄分別（識）本身也成為空，因此真實性得以顯現。

此即分別性（被稱為無之境）與依他性（妄分別，被稱為無之境的能緣之識（此為緣生））等兩性之無為真實性。

2.真諦與俗諦

俗諦：

妄分別之識是分別無為有（無中執有）及被執為有（被妄分別）之境，此識及境（即依他及分別性）二者構成俗諦。

真諦：

遣此俗諦即是境無識亦無（因所取無，故能取亦無），真實性因此顯現成立。此真實性是真諦。此真實性之內容，概念上分為真如與無分別智，但作為實在，境之真如與能緣之智並無區別，故境智不二。

（如安慧說：真實性以無為自性。此無是指分別性與依他性等兩性之無，這是妄分別的識（依他性）與因此識而被執為有的境（萬物）等，一切俗諦的世界全體於空中沒去。）

(1)境與智

此時，無執著之無分別智於無之中現成，同時依此智而實在的諸物如實被見。此實在的諸物中，也包含見本身。從此點說，無分別智可說是主體如實覺知自己之覺智。同時他人之存在，自然界之事物，皆平等見之（亦即脫離以自我為中心）。

依此智而被見之物被稱為境（artha），它不只是作為對象，而是以境智不二為本質（或稱所緣能緣平等）。為有別於一般之對象（artha），而稱為第一義或勝義（parama-artha）。此境與見境之最勝智是境智不二，智與境不分。此境是如實的實在於其自體（真如tathatā）。有智者、他人或自然界之事物都包含在內。如

此之境，任何一種皆與知此境之智無分別（所緣與能緣平等）。

知此境者為最勝智。（即龍樹所說之般若波羅蜜，彌勒無著世親等所說之無分別智）

(2)勝義諦（第一義諦）

就最勝智為主體而言，①主體知主體本身②他人及事物為客體，而他人與智（主體）不二，事物與自己（主體）也是不二。此自己、他人、事物與智都是不二的真實稱為真實（satya），此即勝義諦（第一義諦）。

(3)俗諦

勝義即諦，而勝義諦（真如正智，真實性）於俗中顯現，故將俗亦稱諦。

①俗與俗諦

俗（saṁvṛti）指妄分別識與作為其境之一切法所成之世界（依他性與分別性）。

意識於其中被意識，被思惟，進而以語言表現。（此俗又稱言說vyavahāra）

俗諦即以被意識的語言所表現的真實性（真諦，即真如與正智），亦即作為聖教的語言與文字。

②俗諦與三性

真實性於十一識之聖教中顯現。（若意識與語言非聖教，則為世間語言，為俗非俗諦，只是識與境，非依他性與分別性。）

依他性與分別性是在真實性上成立，三性說為聖教，於正智立場上成立。

本來是以虛妄為自性，從而覆蓋真實性的俗，卻於表現真實時，成立「俗諦」。

(4)俗之轉換（遣俗與生俗）

因為轉換俗，俗完全被空掉（盡遣俗），真諦不得不現成。於其上俗諦成立。

在此轉換中，俗被絕對空掉（被否定）而出生於真之中。行此轉

換是般若波羅蜜，即是空觀之行，亦是無分別智，亦即唯識觀行。

俗被否定、被肯定的轉換是「色即是空（遣俗）」「空即是色（生俗）」。

就行空的般若波羅蜜而言，依虛妄分別而被分別被執著，以色受想行識之聖教語言所說之俗，完全被空去。甚至連依聖教之語的聞熏習也被空去時，實在的色受想行識顯現。如此之色即空，空即色之空觀之行，在瑜伽行派是唯識（無分別智）之行。

3.三性與三無性

(1)三性

作為分別性、依他性與真實性等三性而說色即空，空即色。

色即空，空即色具有空去與生起二義，空去之色是分別性之境，是依他性之識（虛妄分別）之境，與依他性之識相關，俗界於此成立。

色（境）被空去的同時，依他性之識也被空去，作為分別依他兩性之無的真實性於此成立，此即是空（śunyatā）。

(2)三無性

此空不只是空或無，在言及三無性時，具有異於中觀派之特色。

①相無性

分別性之境（此成種種相）不是實在，是依虛妄分別而妄分別，而執為實有。因此作為實在是無，此稱相無性。

②生無性

依他性之識是虛妄是緣生，如分別性之境，不只是無，但由於是虛妄有，故作為有實在是無，此稱生無性。

③真實無性

此二種無性，不外是前文所述的俗之空，此空亦即無性，無非是真實性。亦即真實性是以無為自性。在此意義上，真實性被稱為無性。由於無本身就是真實性，故稱為真實無性。

此真實無性與相無性、生無性等二種無性是同一的無性，歸根到底，三無性是同一無性。（就般若經及龍樹而言，這只

是空。）

將三無性之同一無性的真實性（真實在）視為無非是空（諸法實相），此即表示被稱為般若波羅蜜之智不外於是無分別智（三無性之智）。

（《攝大乘論》依慧學差別勝相第八：此無分別智即是般若波羅蜜。名異義同。）

4.結釋

藉由詳述俗諦，遣俗之唯識觀得以完全進行，真諦（真實性）因此得以顯現。

真實性之顯現不外於遣俗。唯識觀是從聽聞俗諦（真實性（真諦）所出言說）之詳說（大乘之正教）開始，從信樂思惟一切法唯有識之道理的願樂行地，到達如理通達此道理之見道，進而趨向修道、究竟道而至佛位，遣俗是經由如此漫長之過程而行進。

丁二　唯一識

如此眾識唯識，以無塵等故。

釋　為如十八界具有根塵識？為不爾？

識所變異雖有內（六根）外（六境）事相不同，實唯一識[14]，無有塵根識別體，故皆以識為名。

（註）

1.被對象化之識

如十八界中的六識六根與六境形成一切法，此等為被對象化之識，

14　唯一識

1. 十一識包括三界、十八界、六道等一切法。皆為染污識。
   (1) 有差別：一切法有諸識之差別。
   (2) 無差別：有超越此等差別之通性。（真諦譯為唯一識，一識識，本識識，一本識。）
2. 唯一識
   (1) 一：以一切法為境之識的主體之統一。此主體之一識知種種境（一切法）。
   (2) 唯：指「一識」之外，境非實在（境之否定，無境）。
   前偈之唯量即此唯一識。唯一識即唯識（vijñaptimātratā）。（此識為 vijñapti，非 vijñāna。）

為說明其通性稱為vijñapti（非vijñāna）。故將被對象化之六識稱為正受識（upabhoga-vijñapti）等，所有之十一識皆稱為vijñapti。

2.當為主體之識（不被對象化）

此識不被對象化（作為諸法之一部份），而是以諸法為對象而認識之主體。如此之識不外於阿梨耶識。此即唯識無境之識（唯一識），不能對象化之主體。

3.阿梨耶識之二種意義

(1)一切種子果報識（依止勝相品述明）

為一切染污法之因（一切種子識），為一切染污法之果（果報識）。此為顯示染污法更互為因果之關係。

(2)能緣之主體識（應知勝相品述明）

此為闡明阿梨耶識在所緣（境）與能緣（識）之關係。在任何情況不被對象化之主體是阿梨耶識，而以諸法（十一識）為對象。

丁三　依譬喻明唯識

若無塵，此識離塵，愛憎等受用云何得成？

譬如夢等，於夢中離諸外塵，一向唯識。種種色聲香味觸，舍林地山等諸塵，如實顯現，此中無一塵是實有。

由如此譬，一切處應知唯有識。由此等言應知幻事鹿渴翳闇等譬。

釋　夢中所見有種種差別，並無實塵，悉是識之所作，愛憎等受用此義亦成。

一、八譬（可參考《大乘莊嚴經論・述求品》）、《本論》六4

幻事　　Māyā

鹿渴　　mṛga-tṛṣṇā（或㷊marīci）

夢相　　Svapna

影　　　pratibimba

光影　　pratibhāsa

谷響　　pratiśrutka

水月　　udakacandrabimba

變化　　nirmāṇa

二、瞖闇timira不在八譬內。

若覺人所見塵，一切處唯有識，譬如夢塵。如人夢覺，了別夢塵但唯有識，於覺時何故不爾？

不無此義。若人已得真如智覺，不無此覺。

譬如人正在夢中未覺，此覺不生。若人已覺方有此覺。

如此，若人未得真如智覺，亦無此覺。若人已得真如智覺，必有此覺（知唯識無塵等）。

釋 由此夢譬於十八界等處，應知唯識無塵等。

一、若人未得真如智覺（猶是凡夫）時，未得無分別智，只有虛妄分別。

二、若從聽聞教法，依意言分別即能覺知（有如此之覺產生）：

被思為實在的世間種種之人及法，不是如此的實在，實是非有虛妄，無非是識。

（就意言分別的是聖教（śāstra），而虛妄分別所分別的是世間（loka）所說種種的我及法。）[15]

丁四　依教理比度明唯識

若人未得真如智覺，於唯識中云何得起比智？

由聖教及真理可得比度。[15]

15　意言分別（應知入勝相第三）七 3

1. 此中虛妄分別（vikalpa）是煩惱心。

2. 而意言分別（manojalpa）不是煩惱，而是對治虛妄分別之智慧（prajñā）。指的是從初發心聞唯識教，以至於佛果位的過程，攝於聞思修三慧，此三慧又稱意言分別。

3. 其過程分四段，即意言分別之四位：願樂行地、見道、修道、究竟道。

4. 在意言分別第二位之見道，始得證知（非比知）真如智覺（無分別智）。此為修慧是無分別。

5. 未得此覺者依聖教與道理亦可比知唯識理。行此比的在願樂行地。

6. 修道即一再重覆與見道相同之證知真如。（亦非比知）

7. 「有諸菩薩由但聽聞一切法唯有識。依此教隨聞起信樂心。於一切法唯有識理中，意言分別（聞慧思慧修慧）生。由此願樂意言分別故，說菩薩已入唯識觀，作如此知名入唯識願樂位。」聞一切法唯有識，聞慧生。隨此所聞思惟其道理，依此理解而思慧生。進而體驗其理而得修慧。聞思二慧屬散心，修慧屬定心。意言分別四位，經常入觀出觀，聞思二位，一在入觀前，一在出觀後。

釋 未得真如智覺者，係依聖教與真理推度而知，諸法無非是識。

戊一　依教證

己一　《十地經》

佛世尊言：佛子，三界者唯有識。

己二　《解節經》

是時彌勒菩薩摩訶薩問佛世尊：

世尊！此色相是定心所緣境，為與（定）心異？與（定）心不異？

釋 一、「是時」有三義，（傳如來之法（真實）之時）

　　1.平等時：謂無沉浮顛倒。（生死中不斷的沉浮顛倒時不傳）

　　2.和合時：謂令聞能聞正聞。（佛陀宣說，彌勒聽聞，所聞教法，三者和合為一時傳。）

　　3.轉法輪時：謂正說正受。（佛陀正說，彌勒正受入為法輪正轉時。）

　　二、色相：nimitta謂十一切入（一切處），前八入[16]等。

　　此色相是定心所緣境，為心別境別，為是心是境（心即境，心境同一。）。

佛世尊言：彌勒！與心不異。何以故？我說唯有識。

此色相境界，識所顯現（被得知）。（識境之色相不外於識本身之顯現）

釋 佛說唯有識，無塵（境）故。

若爾，此色是觀行人所見，為是何法？

如經言：此色相境界識所顯現，實無境界，是識變異所作。

（此處）先說唯識，後說境界識，此二識有何異？

欲顯有兩分，前識是定（心）體，後識是定（心）境。

16　前八一切入為地、水、火、風、青、黃、赤、白。

此體及境本是一識。一似能分別起，一似所分別起。

一、唯有識

此識境不外於此識。

二、此二識本是一識

由一識現為定心之體（能見）與定心之境（所見）。

（作為定心之境的識是能緣，故見其定心之境時，心見心自己本身，所見與能見的同一性成立。）

彌勒菩薩言：世尊！若定境界色相與定心不異。

云何此識（得）取此識（自身）為境？

釋 若有別識為識境，則唯識義不成。

（又）若緣自體為境，事亦不成，以世間無此類故。

（註）

1.若言能見識外，另有他識為境，則此時能見與所見皆是識，皆是有。

若以此為唯識義，其義不然。

以能見識外，另有他識為境，則非「境無」。

能見識外，另有所見之識，則非「識一」。

必須是任何意義之境皆無，方成無境義，

必須只有能見之識，方為唯識義。

2.若唯識指識緣（見聞覺知）自體為境，則有違世間經驗。（如同指頭指自己）

（1.對於識，任何意義之境皆不存在；2.不能緣自體為境。若以此二條件同時成立以成唯識說，則有論理上之矛盾。）

佛世尊言：彌勒！無有法能取餘法。雖不能取此識，如此變生顯現如塵。

釋 此識如此相貌生：

於定中起二種相，一由能取相起不同，二所取相起不同。

此二相從一識俱時顯現。

（註）

　1.一識二相俱起

　　有二不同的能取相與所取相從一識俱時顯現。

　　剎那滅之一識生起時，是以能取相與所取相兩種不同之相生起。

　　(1)此時唯有識，無任何意義之境（境是分別性，是無）。在此意義
　　　上說一識，只有見（能緣）無所見（境）。

　　(2)若由此識似現（顯現）為境（所見），則有見（識，能取相）與
　　　所見（境，所取相）之不同。

　　(3)此識似現（pratibhāsa）[17]為境，即是能見成為所見。因此，識不
　　　外於非識。識（能緣）若成為所緣，則不能說為識。此識以非識
　　　為自性。[18]

　2.能識所識一體（有無一體）

　　識是能識（vijñāna），同時也是所識（vijñeya），既是有同時也是
　　無。一識同時具有能取與所取二相。（能識與所識合而為一）

　　識若作為依他性而因緣生，此為有，但意味著同時也是空。

釋 結釋

由上之教證彰顯唯識義及塵無所有義得成。

17　現即顯現，變為主體所見之意。似即所見為無，不像它所被看到那般實在。實在的不外就是識
　　（能識）。
　　似現即識成為諸法（六根六境六識）之一形貌而被看見。此即意味識（能識）與諸法（境，所識）
　　合而為一，但又是相互否定之關係。

18　1. （《中邊分別論》，相品）P. 13
　　　「是故識成就，非識為自性。」（得 upalabdhi ＝ 識 vijñapti，無得 anupalabdhi ＝ 非識
　　　avijñapti。）
　　2. 做為能識而緣生的（依他性）識以此非識為自性，即識以其全體似現為境，識成為境而認識
　　　境。
　　　識雖為境，不失作為能識之功用。識要成為境，才能如實地認識境。
　　　成為境表示識以非識為自性，成為境而認識境，則表示它是識。
　　　境不再是主觀之外的對象，即不再被主觀對象化及主觀化，才能依其原有相貌被認識。
　　　識與境合而為一。

戊二　依理證

己一　依面見面

譬如依面見面，謂我見影，此影顯現相似異面。

㊑ 此譬為顯但有自面無有別影。

何以故？

諸法和合道理難可思議，不可見法而令得見，猶如水鏡等影實無別法，還見自面謂有別影。

一、面影譬[19]

鏡面喻定心，影像喻定心所緣之境。鏡面映出影像，譬如定心緣所緣境。

1.但有自面實無別法

譬人依鏡面而見鏡面，實際見到的是鏡面，鏡面中之影像非實在。

（除去鏡面無影像，影像於鏡面外非實在。）

2.還見自面謂有別影

但此影像被顯現（被見）於鏡面中，故不認為是見到鏡面，而是見到影像，此影像有別於鏡面。

二、識緣境

識緣諸法時，非緣識外實境，但緣自身。

識與境作為能緣（能識）與所緣（所識）是互相對立，但又二者合一，識緣境即為可能。此即有別而一，一而有別之關係。

三、和合道理難可思議

諸法指一切有為法（因緣生法），不外為能識與所識。

19　面影譬有二說：

1. 真諦譯（達摩笈多譯）：

鏡面與影像喻定心與所緣境。此明能緣與所緣之關係。（識之境無非是識，此明識與境是能緣與所緣之關係。）此譬以識為能緣。

2. 玄奘譯（佛陀扇多譯，藏譯）：

原像與鏡中影像喻定心與境之關係。定心之境的實在非在定心外，而是在其內。（識之境無非是識，此識未必指能緣亦包含所緣（相分）。此中識體或所變之相分，都是依他性，都是有。）此譬以識為有。

此二和合指識境合為一體之意。不可見法而令得見，如鏡影喻。

己二　定心見自心

定心亦爾，顯現似塵謂異定心。

云何如此？

是時觀行人心正在觀中，若見青黃等遍入色相，即見自心，不見餘境青黃等色。

釋　定心有二分，一分似識，二分似塵，此二種實唯是識。

云何如此？

若在散心，

五識可言緣現在外塵起，若散心意識（則）緣過去塵起。

若在觀中，

必不得緣外色為境，（又）色在現前，非緣過去境，

當知定心所緣色即見自心，不見別境。

（註）

　1.定心依心見心

　　如面影譬依面見面，定心亦依心而見心，不見心外之物（諸法）。依定心而見之心，由於有似塵（作為境之諸法）之形而被見（心之所緣），故與定心有別。

　　一個定心分成識（能緣）與境（所緣），但又不失為一（唯此識）。

　2.識與非識平等（samatā）

　　當識顯現為塵（成為所見），識已不是識而是境，稱為非識。此非識之境不外於識，此即唯識（一識）。

　　識與非識平等，識以非識為自性。識是因緣有（依他性），同時也是空（不可得，分別性之境無故識無），故是非有。識與非識之同一性（平等）也是有與無之同一性。

3. 定心見自心

入定時，觀行者之定心不緣心外境色，也不緣過去境，但緣（前八）遍入色等現前於定心之境，即是見自心。

若在散心，五識緣心外現在境而起，（有分別）意識則緣過去境而起。（此處不說與五識俱起緣現境之無分別意識。）

戊三　以比度明唯識

由此道理一切識中，菩薩於唯識應作如此比知：

一、於青黃等識非憶持識，以見境在現前故。（定心位）

二、於聞思兩位[20]憶持意識，此識緣過去境，似過去境起。

是故得成唯識義。（散心位）

由此比知，菩薩若未得真如智覺，於唯識義得生比智。

㊣ 此明在願樂行地，未得真如智覺者，以比知明唯識理。[21]

（此中一切識指前所明十一識，通說十八界，十八界中有根有塵有識，通指一切法之識vijñapti。）

一、比知定中境唯識

此青（黃赤白）等色相是定境（不外於現在之定心），非所憶持識。

20　聞思二（慧）位屬散心，修慧屬定心。
　　聞思二位為憶持意識，此乃就比知而說，在願樂行地。（參考註15）

21　比知唯識理
　　在願樂行地比知唯識理，不外是引用定的經驗。
　　推知心之境不是心外之實在。（定中色非心外有別境，由此類推，定外色亦心外無別境。）亦不外是證知無分別智之方便。
　　真的唯識（vijñaptimātratā）不是以願樂行階段所說，或成立於其上的定的經驗為基礎，而是以第二位以後見真如的經驗為基礎。
　　見真如畢竟在定心，而不是在散心，但非如定中見青黃等色相，而是任何境任何相都不見，在任何意義的境皆無（真無境）時見真如。
　　唯識的經驗，雖是定心所見那樣的境，但不只是境完全不見（真正無相、不可得），而是任何意義之境都消失，識（心）亦不得作為識，而成為非識（無心acitta）。（即使修到非想非非想處已幾近於無心，但與唯識徹底的無心不同。）
　　為達到真的無心（無境），定為必須之要件，但定心並非就是無心。就定心而言，唯識（無境）不一定成立。（參考安慧釋唯識三十頌28，29頌）
　　唯識是通於定心與散心，如（卷五）5「若在散心五識，緣現在外塵起」，唯識亦通於五塵（五識之境）。
　　夢喻在於明夢中境非實。但無「不見一切境」與「無心」之唯識義。

非此色不在定處，非如前所證後更憶持：

1.此色非不在定處

觀中不得緣外色為境，但青等色相為定境，故此境不外於現在之定
心。

2.非所憶持識

由塵起現前所見分明清淨故。

(1)現前分明顯現

此為現量現前分明顯現，憶持過去所見者非現量不分明。

(2)現前所見清淨

此不由任何分別意識，故言清淨。過去所見依分別意識憶持，故
說為有染污。

由此知定心所緣色即見自心。

二、比知散心聞思境唯識

若汝言聞思二境數數所習，今時已過追更思惟，如昔所見今時重見。
是義不然。

何以故？

此聞思二境，由過去故今則非有。此非有時，若似昔起，非昔所見，
唯由憶持識起。

由此唯識義及塵無所有義得成，唯識之旨於此彌彰。

菩薩於唯識義中應觀：定中色既無別境（定中色，心外無別境），以定中
色比知定外色，應知亦無別境。（定外色，心外無別境）

戊四　結釋

由此阿含及所成道理，唯識義顯現。

釋 阿含即前二經，道理謂憶持識過去色，及面影譬等道理，顯唯識義。

丁五　釋妨難

一、有色云何是識？

是種種識前已說，譬如幻事夢等。

於中眼識等識，唯識義可成。

眼色等識有色，唯識義云何可見？

釋 （前舉幻等以譬無別根塵，今欲難唯識有成不成故，須引前所舉譬。）

於十一識具十八界，前明正受識（即六識界）可說唯識義。

今約十界（五根五塵）無非是色，故難唯識義應不成。

一、身識（即五根，眼識乃至身識）及應受識（即五塵，色識乃至觸識）有色，唯識義云何可見？

（此中）有色有三義：1、眼識未生時先已有色。2、識變異為色亦是有色。3、由有色（為）境，眼識似色起，名（眼識）了別色。（或言似境而起識或言識為似色之識，故言有色。）

二、若無色境，（識）何所了別？

（答1）此等識由阿含及道理，如前應知。

釋 由前二經及前所引譬等道理，（依十一識明唯識義）應作如此知。

二、云何顯現似色？

若色是識（vijñapti），云何顯現似色？

釋 若言別無色塵（作為境），唯是本識（作為依他性的唯一識，一本識。）。[22]

何故識（能識）顯現似色等？（何以其（能）識作為境，而現於識自身之前？）

三、云何相續堅住？

云何相續堅住，前後相似？

釋 若（識之外，色非實在）色是識變異所作（見之似色），則應乍起乍滅改

---

22 此本識為 vijñapti，不是 ālaya-vijñāna。指的是於任何的現在剎那作為能緣而作用的識，即現在的識，為作為依他性的唯一識。（即藏譯作為十一識共同特質，單數之 vijñapti）
本識一語也被當作阿黎耶識，表阿黎耶識中有作為依他性的唯一識。

轉不定。

云何一色於多時中相續久住，前後一類無有改變（如山川木石等）？

故知（識外）應有別色（為實在）。

（答2，3）**由顛倒等煩惱依止故。**

釋　顛倒是煩惱之根本。由識變異起諸分別，分別即是顛倒，顛倒故生諸煩惱。（識變異、分別性之塵顯現（似色）相續堅住，顛倒以此非義為義。）

依他性與分別性相應（識之變異），即是顛倒煩惱所依止處。

由顛倒煩惱令依他性與分別性相應，顛倒煩惱又是識變異所依止處。

顛倒：viparyāsa，指的是於無執有。[23]

分別：vikalpa，作出「於無執有」顛倒的是分別[23]。故說分別即顛倒。（分別與廣義之識vijñāna同義異語。）

　　識若生起，則有分別，故顛倒生起。分別之心其本性為顛倒，於無執有。如此之顛倒為根本，於分別起諸煩惱。

識之變異pariṇāma

　　識剎那滅，只生起存在於現在剎那，次剎那別識生起。前後剎那綿互異識生起，此時間性之差異稱為識之變異。

一、識之變異為顛倒煩惱之依止

　　識之變異即現在剎那剎那生起諸分別（即諸識），以此為依止生諸煩惱。如此顛倒煩惱，即是因依他性的能緣識分別分別性之境（非實有），於無執為有而起。（此言依他性與分別性相應（結合））

二、顛倒煩惱為識變異之依止

　　而此顛倒煩惱，又能令依他性之識與分別性之境結合（相應），於無分別為有而起執著。諸分別（識）因之而起，（即是識之變異）。

23　顛倒指的是如上下倒裝之顛倒，非指反常、異常等。分別即是顛倒，顛倒為煩惱根本，故分別亦是煩惱之根本。如言「分別是三界所屬之心心所」指的是生死煩惱中有情之全體。

因此，識之變異與顛倒煩惱互為依止。

若不爾，於非義義顛倒不得成。

㉡ 若無互為依止義，則識無變異。於非物（非義）中分別為物（義），不應有此顛倒。

顛倒是與分別性（境）相結合（相應）的依他性（識，分別）之特性。

若無此互為依止義，執無為有，則無顛倒。

若無義顛倒，惑障及智障二種煩惱則不成。
若無二障，清淨品亦不得成。是故諸識如此生起，可信是實。

㉡ 若識不變異分別非義為義，豈有顛倒？

若無顛倒則不生煩惱。若無煩惱聲聞無解脫障，菩薩無一切智障。

若無煩惱豈有聖道？故此義（因識不變異而無義之顛倒）亦不成。

是故應信離識無別法。

（註）

　1.唯識教認為因識之變異（現在各各剎那生種種識）而分別非義為義（於無執有）。

　　如果此說不成立，則無顛倒。（世間以所見皆為識外之實在，認為並無執無為有之顛倒。）

　　無顛倒則無煩惱。

　　無煩惱，則聲聞無解脫障（惑障Kleśa-āvaraṇa），菩薩無一切智障（智障jñeya-āvaraṇa）。

　2.若無此等煩惱成立，則清淨品（聖道）[24]亦不能成立，此義不然。[25]

24　清淨品《本論》六 3
　　1. 自性清淨；2. 無垢清淨；3. 至得道清淨；4. 道生境界清淨。
　　由說四種清淨法，應知真實性。
25　清淨品之不成立，簡言之為佛說之不成立。然從過去經驗，佛說是成立的。從現在事實看，對境之顛倒觀（以非義為義）也是存在的。（唯識觀不能只是論理性的揭示，必須是經驗性的證知。）

故應信識外無別境，由識之變異，而有似境顯現。

四、引偈釋

此中說偈：

亂因及亂體　色識無色識

若前識不有　後識不得生

㊣ 一、亂因及亂體

　　1.亂因

　　　　亂識因何法生？

　　　　因色識生。

　　　　此色識能生眼等識識（vijñāna-vijñapti），此色識即是亂因。若此識不起，不得於無中執有。（色識非能識外之實有，但眼識執之為有。無中執有名亂。此中色識，若約五識即是五根、五塵。）

　　2.亂體

　　　　何法名亂體？

　　　　謂無色識。

　　　　若約五根即是五識，若約意根但是意識。

　　3.非法識、法識及色識、無色識悉是亂因。（非法識：色識乃至觸識）

　二、前識是亂因，若本不有。亂體是果，即是後識，無因則不得生。

　　1.此偈引自大乘莊嚴經論[26]，以明唯識理。

　　　(1)能分別之識必從所分別之境生起。

　　　(2)色（山川木石等）等之境，非識外獨立之實在，而是識變異而顯現。

　　　　但色（境）又非是以識為本由識所顯現而在於識內，反而是以所分別之境為因，而能分別之識為由因而成立之果。

　　2.(1)前識：指所識（vijñeya），色識。後識：指能識（vijñāna），

26　《大乘莊嚴經論・述求品》（四）9

　　色識為迷因，識識為迷體。

　　色識因無故，識識體亦無。

無色識。

(2)亂識：後識是能識，是分別（vikalpa），故於無中執有。分別都是亂識。[27]

(3)亂體與亂因

亂識與作為其境的色，為能識與所識之關係，分別稱為無色識與色識。此二種皆是vijñapti（非vijñāna）也都是亂。

能識能分別，必然是由所識由所分別而起。前者為亂體，後者為亂因（bhrānter nimittam）。（nimita指相狀。境之相狀是識生起之緣（所緣緣））

亂體：指五識與意識，為能識。

亂因：就五識言為五根五塵，就意識言為法識色識與無色識。

（意識能以一切事物（含意識自身）為境。）

三、諸法唯識，亦即唯識無境。

三界一切法分為所識與能識。

1.所識不是能識之外的實在。

2.此能識係以所識為因而生起，因此若無所識，能識亦不能說有。

（註）

(1)唯識無境，又不外於無心（acitta），此言依他性之無乃至空之意。

(2)此所識與能識為一而又有別之關係，不僅是由論理上之推知，而應是依唯識觀行之智而證知。

丁六　明生死界差別【差別章第二】

一、依前五識明

云何身識身者識受者識應受識正受識，於一切生處更互密合生？

具足受生所顯故。

27　若從煩惱脫離的清淨識（無分別智）不是亂識。非清淨識之識，被視為虛妄分別的三界（生死界）之心心所的識，都是亂識。

㊣ 此五識即十八界。

於三界六道四生一切生處，此十八種云何得更互密合生？

於一切生處一剎那中具足有十八界。

十八界既不相離能為顯因，顯更互密合生。

又根塵識必不相離。

無有受生有根而無塵及識受。餘二亦爾，受一必具餘二，用餘二以顯此一。為不相離故得更互密合生。

（註）

 1.三界（生死界）一切有情存在之各種相狀，盡攝於前五識（十八界）。

  此十八界更互密合而生，顯有情於一切生處受生之具足，又顯根塵識之更互不相離。

 2.有情於一切生處一剎那中具足有十八界。此顯唯識說所揭示，依無分別智（特別是後得智）而得之唯識實相。

二、依後六識明

云何世識等，如前說有種種差別生？

1.無始生死相續不斷絕故。（世識）

2.無量眾生界所攝故。（數識）

3.無量器世界所攝故。（處識）

4.無量作事，更互顯示所攝故。（言說識）

5.無量攝及受用差別所攝故。（自他差別識）

6.無量受用，愛憎業果報所攝故。（善惡道生死識）

無量生及死，證得差別所攝故。

㊣ 此更問：前五識即十八界，攝法已盡，何用更說生後六識？[28]

28　前五識攝盡三界十八界六道等生死界所屬一切法。

 從三性釋乃至「亂因亂體」偈止，雖說十一識明唯識無境，實則以前五識為主。亂識為眼等前五識及意識，其亂因即作為其境之一切法。（相章第一）

 前五識是根本，後六識亦包含於其中，依前五識明唯識無境，如同以十一識明唯識無境。

一、為明眾生果報，無始以來三世生死相續不斷故，須立世識。

二、為明眾生果報，有諸界多少不同，如四界（地水火風）、六界、十八界等故，須立數識攝一切數。

三、為明眾生所居處，如人天惡道有無量差別故，須立處識攝一切處。

四、為明見聞覺知，各有多種因。此有無量言說作事言說，與見聞等更互相顯示故，須立言說識攝一切言說。

五、攝約自他攝受用自他所受用，為明眾生各各計我有多種，我所亦然。故須立自他差別識攝一切自他差別。

六、善業果為愛，惡業果為憎，眾生受用此二業果有無量種。此二果中有生有死，初受為生，生後相續為得，將死為證，命斷為死。

（註）

1. 見聞覺知等心之作用是伴隨著語言，藉由語言而表現，同時藉由語言又生起心之作用。因此言說與見聞覺知心之作用有互顯之關係。故應立言說識含攝有情在此一方面之存在，而此無非是識（vijñapti）。

2. 眾生受用善惡二業之果，有無量種差別，且都有生有死，故為攝一切善惡兩道生死之差別，須立善惡兩道生死識。

3. 有情之生死世界呈現種種相狀，雖有無量差別，然其全體無非是識（vijñapti），故以世識等六識示之。因此，一切法先歸納為五識，進而又綜合為六識，合以十一識攝。

4. 十一識稱為識（vijñapti），是在表現識（了別）以及所識（顯現），即是前述亂識體（能識）與亂識因（所識）之關係。

（識（vijñapti），有二義：(1)了別：指認識；(2)表、顯現：即現為對象而可被認識的。）

但未知唯識無境者，僅從前五識尚無法了解，故必要再提六識，雙重詳明諸法唯識無境義。（此即差別章第二）

丙二　依三相成唯識

云何正辯如此等識，令成唯識義？

若略說有三相諸識，則成唯識。

㊐ 前說五識義已成唯識。

後說六識[29]云何亦令成唯識？

此六識若安立[29]使成唯識，有三種道理。

道理即是三相，

一入唯量，二入唯二，三入種種類。入者通達義。[29]

丁一　何謂三相？

一、入唯量 tan-mātra（唯彼）

唯有識量，外塵無所有故。

㊐ 於六識中，若如理研尋，但唯見識，不見餘法。

所識諸法離識實無所有故，說六識唯有識量。

一、唯有識量

唯有識。於六識中依無分別後智所分別之理，只見識，此外再無其他。

二、外塵無所有

所識（vijñeya）諸法離識實無所有。

（在能分別（依他性）與所分別（分別性）的基礎上成立識有境無。）

29　1. 六識顯示眾生之三世相續、種種界、六道、言說、自他差別及善惡兩道之成立。六識可說是客觀之存在，無如前五識所識與能識之關係，其唯識理更難理解。故藉由三相闡明此等亦無非是識。（此三相所明之唯識亦是十一識全體。）
　　2. 安立乃依語言而以思想形態表現。安立唯識是為體驗根本之無分別智。
　　3. 入者通達義，非知性上之理解，為瑜伽行中之體驗，相當於證或悟。（唯量或唯二或種種都是依無分別智而通達）

二、入唯二

唯有二，謂相及見識所攝故。

㊉ 若能通達世等六識，一分成相，一分成見。名入唯二。

此義云何？

諸識中隨一識一分變異成色等相，一分變異成見，故名唯二。由世等六識不出此二識性故，說唯二所攝。（六識以相見二識為本性）

（註）

    1.相：指所識之相狀nimitta。（所取相）

      見：指見相darśana。（能取相）

      此二皆是識（vijñapti）。雖稱為相識、見識，但並非有二識存在，而是世識等六識任一識，都有相與見。

    2.六識之任一識被區分（非指部份之意）為相（所見）與見（能見），雖分之為二，但依然是唯一之識（唯量）。

      說有能見（見，識）時，但能見外無所見（相，所識）之唯量義並沒有失去。

    3.唯二與唯量同時成立，此無非是同一唯識（無分別智，真如）所含的二個面向。

      所見與見是一而又是二，此即唯識說之構造。

三、入種種

由種種相生所攝故。

此義云何？

此一切識（vijñapti）無塵故成唯識。

有相有見，

眼等諸識（vijñapti），以色等為相故，眼等諸識（vijñapti）以諸識（vijñāna）為見故。

意識（vijñapti）以一切眼識（vijñāna）及至法識為相故，意識（vijñapti）以意識（vijñāna）為見故。

云何如此？

意識（vijñāna）能分別故，似一切識（vijñapti）塵分生故。

㉛ 是一眼識（vijñapti），如所應成一分能起種種相，一分能取種種相，能取者即名見。若意識取意識一切眼等識及法識為相，意識為能見。

復次種種相生者，但意識是種種相生，以緣境不定故，其餘諸識定緣一類塵，（此等塵境）不能分別。能分別則成見，不能分別則成相。

由此三相成立，世等六識為唯識，此義顯現。

（註）

　　1.種種相生所攝

　　　入種種類乃依據種種相（nimitta），此種種相不外於唯二中之相。依現在剎那剎那不同的識生起（即識變異）而生種種相（藉能見識而被見的一切法）。如此之相與相對之見都是一識（vijñapti）之二分。具種種相的一切法以一切之識（vijñapti）（歸納為十一識）表示。

　　　又此唯二與唯量不可分，故如此一切之識具有此三相。

　　2.唯量

　　　無塵故成唯識。

　　3.唯二

　　　相（所見）是識（vijñapti），見（能見）之識（眼識乃至意識）為vijñāna。

　　　但見又無非是識（vijñapti），此中之vijñapti與vijñāna重疊，也具有能見義。（vijñapti具有所見（顯現）與能見（了別）二義。）

　　　(1)眼等諸識（vijñapti）

　　　　①其相：色、聲、香、味、觸等五境。

　　　　②其見：眼、耳、鼻、舌、身等五識（vijñāna）。五根為五識之所依，故含於見。

　　　　　此五境五根五識皆分為相與見，此中相也是識（唯量），故

此等皆稱為識（vijñapti）。

(2)意識（vijñapti）

　①其相：眼識乃至意識之六識。（vijñāna）

　　眼根乃至意根之六根。

　　色乃至法之六境。

　　含此等六識六根六境之一切法。

　②其見：意識（vijñapti）

　　❶以一切之識（vijñāna）（一切法）為塵（含六識六根六境）。

　　　（眼等前五識緣一定之境，意識緣任何境（含自身）。）

　　❷意識能分別。

　　　與五識俱時為現量為無分別，但分別分別性以及似一切塵分而意識生起時為有分別。

丁二　通達三相

此中說偈：

入唯量唯二　種種觀人說

通達唯識時　及伏離識位

㊣ 此偈顯三種通達唯識義。

　一通達唯量，外塵實無所有故。

　二通達唯二，相及見唯識故。

　三通達種種色生，但有種種相貌而無體異故。

一、如此三相何人能通達？

　　但觀行人。（瑜伽行者）

　　觀行人自有二種，一入見（道）位菩薩，二得四空定等。

　　觀行人先已通達後為他說。（通達者能說唯識，未至者但能比知唯識。）

二、此通達及說何位得成？

從初位乃至正覺地，為通達唯識位。

從空處乃至非想非非想、無想定、滅心定為伏離識位。

（未滅識（分別vikalpa）故言伏離。即未達無分別智，未完全住於唯識。）

三、他問：所取塵若無，云何說識為能取？則此唯量義不成。

答：是義不然。

何以故？

唯識義不失，亦不無能取所取義，為立此義故顯三相入。

1.唯量者，為顯唯識無塵。

2.所識既無，云何成唯識？

為立此義，故說唯二及種種。

唯二謂相及見，相是所取，見是能取。

種種亦爾。

是故唯識及能取所取，此義悉成。

（註）

1.先通達後為他人說（根本智，後得智）

通達：是無分別，為離言絕想。

為他說：是有言有分別，但不離離言絕想之無分別。

2.真諦與俗諦

此通達之離言無分別是真諦，而藉由語言表示此真諦的是俗締。

為能理解俗諦之語言，必常能見離言無分別之通達。

3.以「亂因亂體」偈及「唯量唯二種種」偈等三相，即能闡明唯識之義。[30]

30　1. 所謂唯識：

　　(1) 唯識無塵（所識境無，唯有能緣識。）

　　(2) 唯二謂相與見。

　　此二同時又是一，又一同時又是二。

　　2. 初期瑜伽行派之唯識說主張萬法唯識、唯識無境。

　　(1) 並非主張一切事物，無非是阿黎耶識之根本識所展開的。

丙三　約一意識明唯識

丁一　一意識說

諸師說此意識，隨種種依止生起，得種種名。

㊁ 諸師謂諸菩薩，成立一意識次第生起。

意識雖一，若依止眼根生得眼識名，乃至依止身根生得身識名。此中更無餘識異於意識。

離阿黎耶識（一切種子果報識）此本識入意識攝，以同類故，此意識由依止得別名。

譬如作意業得身口等業名。

㊁ 此作意業雖復是一，若依身門起名身業，若依口門起名口業，意識亦爾，隨依止得別名。

若有人說眼等五根無有分別，若意識依止此生亦無分別，譬如依止意根惑所染污，由所依止有染污，能依止識生時亦有染污。意識亦爾。

（註）

　　1.此中本識是指「唯一識」、「本識識」等之識（vijñapti），是十一識之通性。一切種子果報識之阿黎耶識亦包含於中。

　　2.此唯一識除一切種子果報識外，又有現在剎那能緣境之識（vijñapti）義。

　　亦即就能緣境（義artha）而言，本識與意識相同，而本識涵蓋一切種子果報識與意識二方面。

此識於一切依止生。

㊁ 謂依止眼等諸根生。

---

(2) 也並非作為識之對象之一切事物，為由識之轉變而在於識內。

(3) 認為能分別之識（非色識）由所分別之境（色識）生起。唯識無塵亦同時含有能識之識之空義（無心）。

種種相貌似二種法顯現，一似塵顯現，二似分別顯現。

（釋）意識依六根生，顯現似二種法，一多類法，二一類法。

多類法此分屬塵，一類法是分別屬見。由此兩句識，雖一法一分似塵顯現，一分似分別顯現，是故前說無失。

一切處似觸顯現。

若在有色界，意識依身故生。

（釋）一切處謂有色處，有色處必有身，若有身必似觸顯現。

何故有身處必似觸？

以意識必依身生故，似觸顯現。由此意識依身似觸生故，觀行人正入觀時，五識雖復不起，中間於色身有喜樂受生。

譬如有色諸根，依止身生。

（釋）有色諸根，即眼等根。（如此諸根）異於色身，依止於身。

由諸根依止身故，因此諸根於身或損或益。意識亦爾，依止身故，似觸顯現，於身亦有損益。

復次譬如身根，依止於身，若有外觸緣，身根似觸而起，若似觸起，於自依止中或損或益。意識亦爾，依止身故，似觸而起。

丁二　引經證

諸菩薩說但有意識無別五識故。引法足經（dhammapada）偈以成立此義。

一、《法足經》偈（心品第37偈）

遠行及獨行　無身住空窟
調伏難調伏　則解脫魔縛

（釋）durangamam ekacaram asariram guhasayam

ye cittam sannamesanti mokkhanti marabandhana

〔遠行及獨行 無身住空窟 能制此心人 自魔縛解脫〕

一、遠行：能緣一切境界故名。

　　獨行：無第二識故名。

　　無身：有二義，一無色身，二無生身。

二、住空窟：1.身內名空窟，識在身內，故名住空窟。

　　2.五藏中心藏其中有孔，意識在此孔中，故名住空窟。

　　3.諸法實無所有，而執為有。識在此無所有中，故名住空窟。

三、本來鄙惡煩惱為因[31]（難調狀），若人能調伏此識，令不隨順惑業而得自在（調伏），則三界惑障（魔縛）即得解脫。（參考（記要）P.168）

二、《引他經》（中阿含58，晡利多品「大拘絺羅經第十」）（T01P. 7916）
復有別聖言以證此義。
如經言此眼等五根所緣境界，一一境界意識能取分別，意識為彼生因。
（「五根異行異境界，各各受自境界，意為彼盡受境界，意為彼依。」）

釋 此五根所緣色等境，若識能緣色則立為眼識。

　　（如）一一境意識既悉能取，又能分別，是故五識無用。

　　又意識若亂，眼等識則不生。由意識變異，生眼等根及識（五根與五識）。是故意識為彼生因。

復有別說，分別說十二入中，是六識聚說名意入。

釋 此更引聖言證唯有意識，無別有餘識。如來於經中分別十二，合六識聚以為意入。

　　以此三義故知，唯有意識無別餘識。（三證「一意識說」）

31　《本論》五6
「分別即是顛倒，顛倒故生諸煩惱。」
由虛妄分別，此識於無中執有，故稱顛倒。顛倒是煩惱之根本。故說本識本來鄙惡煩惱為因。

釋 結釋

以一意識依止種種根而成六識之說以及所引教證，無異於依他性的「唯一識」說。

一意識說的是作為識境主體之識的統一，而諸法（種種境）無非是此識。故此一識被稱為唯一識，唯一識之唯，指的是境之否定。此主體為統一體，此統一體的識之外，無第二識（無另一主體）。此識能緣（能識，主體）。此識無境，依此而被緣的不外是此識似塵（境）而顯現。

（除法足經外所引二聖教所示「但有意識，別無五識」，與十一識之「唯一識」亦有相同之思想。）

前說「亂因及亂體」偈，不依阿黎耶識，但以六識顯唯識無境，此一意識說亦如是。

　　（註）

　　其次，若於六識之外更立阿黎耶識又是如何？

　　由於阿黎耶識（ālaya-vijñāna）也是識（vijñapti），是能識（亂體），若除去其一切種子果報識，則與意識同類，因此阿黎耶識識如同意識識，以一切法（十一識）為相，以意識及其依止為見。

丙四　約本識為義識明唯識

是處安立本識（ālaya-vijñāna-vijñapti）為義識（artha-vijñapti）。
此中一切識（vijñapti）說名相識，意識（mano-vijñāna-vijñapti）及依止識（vijñapti）應知名見識。
何以故？
此相識由是見生因，顯現似塵，故作見生依止事。

釋 是本識於二識中，可得安立為相識及見識，不是安立本識為塵識。

此中一切識（vijñapti）說名相識，本識可得安立於相見二識處。

此本識以意識及依止識為見識。

以眼識等識及一切法為相識。

（相識）為此（見識）生因：由緣緣故，於彼處中是見生因故。

於彼法為見顯現似塵故，意識見相續住不斷因故，作此識依止事。

（註）

  1.義識（artha-vijñapti）

    (1)安立本識為義識時，

      ①作為相識與見識二識被安立。

        非作為塵識被安立，此因本識是指不能對象化的主體之識。如此主體之識為能見，然識之境於識之外非有。因此依此識被見的（相），不外乎此識。故本識必須作為相見二識而安立。

      ②除去作為一切種子果報識部份，只就現在剎那能緣部份說。

    (2)（本識）見識：意識及其依止（意根）。

      （本識）相識：一切識（vijñapti）（眼識等識及一切法）。

    (3)意識（vijñapti）《本論》五8

      意識能分別故似一切識（vijñapti）塵分生故。

      ①見識：以意識（vijñāna）為見。

      ②相識：以一切識為相。（緣境不定，能緣一切識。）

      故立本識為義識時（除去一切種子果報識部份）與意識（在見識相識上）無異。

  2.阿黎耶識識

    作為義識而安立之本識，稱為阿黎耶識識（ālaya-vijñāna-vijñapti）。

    作為一切種子果報識之本識為阿黎耶識（ālaya-vijñāna）。

    所謂阿黎耶識識，表示此識既是能識之阿黎耶識（vijñāna）[32]，同時也是境之識（vijñapti）。（指阿黎耶識作為境還未作用時，就是本識，以此為義或義識。）

---

32 vijñāna：能識、能緣。
    vijñapti：有二義，
    1. 表：所識對識而表現（顯現），藉識而被認識。（與表業之表同）
    2. 了別：能識。

能識之阿黎耶識是見識，所識之阿黎耶識是相識。相識與見識是一識（vijñapti），因此稱為唯識（vijñaptimātratā）。（見識能取，相識所取，與其說是實體，不如說是功能（性質）。）

表示如此之一識之本識，同時也是二識（能識與所識）。

此所識之識（vijñapti），同時也是能識之識（了別），

因此阿黎耶識識（vijñāna-vijñapti）是本識（vijñapti）。

3.相識

相識為見識生之因，是識之緣緣。

（此因同於亂因之因，與「亂因亂體」偈中「因及其所生」之說同。）

「非有物而為六識緣緣，故言虛妄塵。」《本論》五2

非有物即是識（vijñapti），為分別性，以此為所緣生起能分別之識。

（「識以能分別為性，能分別必從所分別生。」）《本論》五15

相識為見相續住不斷之依止事。（相非識所變現，而是以相為因而生見。）

丙五　以四智明唯識

如此諸識成立唯識，云何諸塵現前顯現知其非有？

如佛世尊說，若菩薩與四法相應，能尋能入一切識無塵。

何者為四？

一、知相違識相，譬如餓鬼畜生人天，於同境界由見識有異。

二、由見無境界識，譬如於過去未來夢影塵中。

三、由知（若塵實有則）離功用無顛倒應成，譬如實有塵中緣塵起識，不成顛倒，不由功用如實知故。

四、由知義隨順三慧。

云何如此？

1. 一切聖人入觀，得心自在，

由願樂自在故，如願樂塵種種顯現故。

2. 若觀行人已得奢摩他，修法觀加行，

隨唯思惟義顯現故。

3. 若人得無分別智，未出無分別觀，

一切塵不顯現故。

由境界等義隨順三慧，由前引證成就唯識義，故知唯識無塵。

此中有六偈[33]重顯前義，此偈後依智學中當廣分別說，謂餓鬼畜生人天如是等。（引《大乘阿毗達摩經》）

（釋）四法是智，菩薩若與四智相應，在方便中能尋理得正解能入理，故知一切唯識無塵。

一、知相違識相之智

於一境界分別不同故名相違，此相違識之境名相。

餓鬼見江河充滿膿血，魚見江河為住處道路，天見江河為藏寶莊嚴地，人見江河為清涼水處，入空無邊處定但見虛空。

此境實無所有，但隨識變異故分別不同。

菩薩若通達此理則解唯識，故名為智。

二、知有無境界識之智

有時見離境界識得生，譬如識過去（未來、夢、影）等境。

三、知由執成顛倒之智

菩薩作如此解：若塵如所顯實有，故緣塵而起識事非顛倒，（若此為正確）則離修對治（無功用）自然應成無顛倒智（如實智）。

由如實知無此義，故知實無有塵，但於無中執有故成顛倒。

（此依具無分別智菩薩之實證而知，非論理而知。）

四、知義隨順三慧智

一切塵義悉隨逐三慧，菩薩能如此知。

云何一切義隨逐三慧？

1. 聖人入觀（定中）者

聲聞緣覺菩薩等聖人入觀，已得心隨事成（心自在），謂入住出位

---

33 《本論》（十二）13

為成立無分別智，復說別偈（六偈）

第一偈說第一智，第二偈說第二智，第三偈說第三智，第四偈說第四智入觀者，第五偈說第四智修法觀加行者，第六偈說第四智修無分別修者。

中。

如所願樂，諸塵皆隨願樂變異。若欲令地界成水界，如意即成，火等界亦爾。故知唯識。

2.修法觀加行者

已得奢摩他正修之觀行人，依修多羅等十二部經所顯法相，熟修行毗婆舍那，於一五陰中隨心思惟。

或顯現如不淨苦無常空無我等乃至十六諦相，悉隨思惟顯現，及餘一切法相亦爾。故知唯識。

（觀行人有二種，一得正思，二得正修，今明得正修人。）

3.得無分別智者

若菩薩已得無分別智，正在觀中，一切塵不顯現。若塵如所顯現實有，無分別智則不得成。既實有無分別智，故知（塵實有）道理實無所有。故知唯識。

由前引證及境隨順三慧義，唯識無塵義成。

乙三　釋三性名與義【分別章第三】

丙一　正釋三性

丁一　依他性

若唯識似塵顯現依止說名依他性，

云何成依他？

何因緣說名依他？

一、從自熏習種子生故，繫屬因緣不得自在。

二、若生無有功能過一剎那得自住故，說明依他。

㊾ 離塵唯有識，此識能生變異[34]，顯現[35]似塵，如此體相及功能亂識，說名依他性。

唯見亂識有自體，不見有他，云何成立此識為依他性？

若言能生變異，變異依此識，乃是為他所依，云何說此識為依他性？

一、由自因（緣）生故。

二、生已無有自能停住，過一剎那自所取故。（為下一剎那識之所取）由約他說故名依他。

（註）

1.虛妄分別所攝十一識，塵無而唯有識，此識卻似塵而顯現（被見聞覺知），而為其顯現之依止，名為依他性。

（如此唯識無境之識稱為亂識，於無中執有名亂，也即是虛妄。亂識與十一識之虛妄分別相同。）[36]

2.此唯識體（亂識）既為非有之塵顯現之所依，何以稱之為「依他」？

原因有二：

34　識變異（vijñanapariṇāma）最早使用於唯識說的是世親，彌勒及無著不用。

35　參考註11、12有關顯現與變異之說明。

36　此中所言依他，指由不淨品種子所生，緣生之虛妄分別（能緣），非是意言分別之依他性，亦非繫屬於染淨二分之依他性。（與《唯識三十頌》、《中邊分別論》及《大乘莊嚴經論》所言之依他性義相同。）

(1)自依熏習種子生起，此識為因緣所縛不得自在，故名依他。

(2)亂識於現在一剎那生起，因無法自住而滅去，但藉由次剎那的能緣（能取）而被取（對象化而被執取），如此之被取（所取），雖名為識，但非能緣其自體故稱為他。（作為能緣（能取）而住之識，名為依他。）

丁二　分別性

若分別性依依他（性），實無所有，（依他性）似塵顯現[37]，
云何成分別（性）？（parikalpita）
何因緣說名分別（性）？（parikalpita）

㊕ 此問有三，

一問依止，此分別性既依止於他，應成依他性，云何名分別（性）？

次問無所有，此分別（性）既實無所有，無所有中有何分別？

後問似塵，此分別既似塵顯現，云何稱分別？

何因緣故，說明分別性？

（註）

1.非有虛妄之塵，其顯現（藉由識而被見聞覺知）之依止，是依他性的唯識體，故此分別性之塵是依他，亦即依識，則應成依他性，云何名分別性？

2.又，若說分別性之我法（一切法）是非有，則云何作為塵而能被分別？

3.別性的我法若是識（能緣）似塵所顯現，則是塵（所緣），云何稱分別（能緣）？

何因緣說名分別性？

無量相貌意識分別（parikalpa）顛倒生因（nimitta）故，（彼）成分別（性）（parikalpita）。

37　藏譯：以彼為所依，被視為無之塵者，為分別性。

無有自相（svalakṣaṇa）唯見分別（parikalpa）故，說名分別（性）
（parikalpita）。

㉘ 一切塵相貌，是分別說名意識，意識顛倒生境界，故名生因。[38]

由此道理故成分別（性）。

自體既無唯見亂識，故說名分別（性）。

（註）

1. 一切塵相貌由意識之分別（parikalpa），此意識為顛倒之生因，故此分別（parikalpa）成分別性（parikalpita）。

2. 塵非有自相，其體不外識之分別。諸法自體既無，云何能被見聞覺知？此因其中有識的作用（分別）。

3. 相貌為識之分別，此相貌具所識與能識二義，亦即是分別性與依他性合一。此相貌是塵（所識，分別性），但不外是識或分別（能識，依他性）。（同時具所識及能識即是vijñapti）。

   (1) 依他之能識與分別之所識不一

   唯識為vijñapti-mātratā，此中vijñapti（非vijñāna）即含能識與所識二義。但是能識與所識相對，一物為能識不能同時是所識，為所識時不能同時是能識，此能識與所識非一。若成為所識之識其能識已消失，被對象化之識與作為主體之識應有所區別。

   依他性之識是主體（能緣）之識。十一識（或四識）中任一識是被對象化（分別性）的。

   (2) 依他之能識與分別之所識不二

   「唯見分別，故說名分別（性）。」

   被稱為分別性（parikalpita-svabhāva）的，雖是所識，然其中只有能識（能分別，parikalpa），「相貌不外是分別（識）」。此即分別性之所識（塵，相貌）與依他性[39]之能識（分別）之同一性。（不二）

38　藏譯：無量相貌之意識分別（是）顛倒之生因，故彼（意識分別）成分別（性）。
39　玄奘譯之依他性之識不限定是能識，亦包含所識之相分。

丁三　真實性

若真實性分別性永無所有為相，

云何成真實？

何因緣說名真實？

㊣ 分別性於依他性一分永無。

若以無所有為相，何故立為真實？

不立為非真實說亦如此？

（註）

　　1.「分別性於依他性一分永無」

　　　依他性有二義：（五）16

　　　若談識體從種子生（緣生）自屬依他性。若談變異為色等相貌，此屬分別性。（能識與所識不二）

　　　此中所言即指依他性中之相貌（塵相）為分別性，由於虛妄分別，於無之中被執為有，故為永無。

　　2.「真實性分別性永無所有為相」

　　　指的是依他性識（能識）塵相之無（為分別性）為真實性相。

　　　「人法皆無我，如此無我（分別性）實有不無。由此二種塵無有體故，依他性不可得，亦實有不無。是名真實性相。」（五）3

　　　分別性之無（相無性）與依他性之無（生無性），此二同一無性即是真實性相。此同一無性為超越有無相對對立之絕對無。

　　　故真實性之絕對無包含：

　　　(1)依他性（能緣識）之有，（相對有）

　　　(2)分別性（塵相）之無（為1.之相對無），

　　　(3)所取塵無（分別性）為依據的依他性（能取識）之空（無）。

由如，無不如，

由成就清淨境界，

由一切善法中最勝，

於勝義成就，故說名真實。

㊣ 此下三義答兩問。

第一以不相違義顯真實，如世間說真實友，

第二以無顛倒義顯真實，由境界無顛倒故，得四種清淨，如世間說真實物。

第三以無分別義顯真實，即五種無分別，謂五種真實，如世間說真實行。

於前三勝無有壞失，故說成就，由成就故真實。

（註）

    1.依不相違義顯

        真實性是「依他性塵相永無」，塵相無，緣生識亦無。此無（絕對無）不外於真如。

        「真如對一切事物而言是無差別aviśiṣṭa」[40]，不顛倒即是不相違，即是平等。

        （眾生佛，生死涅槃，煩惱菩提，色心，染淨，常無常，我無我，有無，生滅，一異，善惡，苦樂等一切，是實是真，是如。）

        一切法雖有種種差別，但不是不同，如真實友任何情況下都不改變。

    2.依無顛倒義顯

        虛妄分別之境執無為有，故為顛倒，而無分別智之境為無顛倒。無顛倒故得四種清淨（本來自性清淨、無垢清淨、至得道清淨、道生境界清淨，見《本論》（六）3）。此無顛倒之清淨法皆攝入於真實性中。

40　無差別 aviśiṣṭa《大乘莊嚴經論》菩提品 bodhyadhikāraḥ（卷三）6
〔一切無別故　得如清淨故　故說諸眾生　名為如來藏〕（頌33）
sarveṣāṃ aviśiṣṭâpi tathatā śuddhim āgatā ǀ
tathāgatatvaṃ tasmāc ca tad-garbhāḥ sarva-dehinaḥ ǁ（尼泊爾本，頌37）
此偈顯示法界是如來藏。
一切眾生一切諸佛等無差別，故名為如。得清淨如以為自性，故名如來。以是義故可說一切眾生名為如來藏。

3.依無分別義顯

以五種無分別顯五種真實，此五無分別即無分別智所具五種特質。

具離此五相緣真實義（真如）者，即是無分別智：（見《本論》

（十二）2）

1.離非思惟故，	（熟眠狂醉等無思惟）
2.離非覺觀地故，	（第二靜慮以上無覺觀）
3.離滅想受定寂靜故，	（滅心定等無心及心法）
4.離色之自性故，	（色等無分別）（無見聞覺知等識之作用）
5.於真實義，離異分別故，	（虛妄分別於事物之差別相中分別，而無分別智於真實義（真如）之平等相中分別，後得智雖也於差別相異相中分別但不執著。）

如是：如而無非如，清淨境成就，最勝善法成就。此等皆於勝義中成就，故名真實。

丙二　別辨分別性

若有分別（parikalpa）及所分別（parikalpya），分別性（parikalpita-svabhāva）成。

此中何法名分別？何法所分別？何法名分別性？

釋 欲問此三種分別義，故先列出此三分別者，一一別問，求其異相。

（註）

分別、所分別與分別性三者為分別之三種義，但非指三種各別的存在，而是三者同一性。（此為性相融通）

1.分別（parikalpa，能緣）為依他性。（緣生有）

2.所分別（parikalpya，所緣）為分別性。（無）

　(1)能緣的分別（parikalpa，依他性）成為所分別（parikalpya）而被分別時，其中被分別的是分別性（parikalpita-svabhāva）。

　(2)所分別之一切法離識無別體。

　　此即表分別（能緣）與所分別（所緣）實為一體，在分別與所分別之關係中成立分別性。

　　①能緣識外，無有實法存在。（一切法為分別性，實無。心內心

外諸法無別。）

②此一體中能分別（能緣）與所分別（所緣）不二。此即識境無分別（無分別智與無分別境（真如）），即是真實性。

3.分別與所分別為依他性與分別性之關係。[41]

4.分別性與依他性非一非異

分別性依他性同一，又非同一。

(1)非一

依他性指有為諸法之有（緣生有，相對有。）。

分別性為與此有相對之無。

此有與無之間，絕對的同一性不可得。

(2)非異

若分別性之無也成為否定依他性有之無，則此分別依他兩性無所有之無為絕對無，故稱為真實性。

此否定依他性有之絕對無與分別依他兩性之無，同一無性。

（三性同一無性）

因此，之所以說分別性無異於依他性，是因為分別性之無，其根底為具有如此絕對無之真實性。

5.三性之性相融通

(1)性相對立

相：依他性（諸法因緣有）
性：真實性（絕對無） 　　　　　此性相對立。

(2)性相融通

依他性（有）融沒於絕對無之中，成為同一之無（三無性，即一無性，即真如），依他性與真實性不異。

此三無性即是真實性之無（絕對無）（依他性融沒於其中），以及與依他性（相對有）相對之分別性之無（相對無）。

一方面是有（染）與相對之無（淨），另一方面是同一之絕對

---

41 玄奘譯：以第六、第七識之自體分及見分為能遍計，為依他起性。而所遍計為此二識之相分，亦是依他起性。（此心內所緣諸法為有，而心外所緣諸法為無。）故此能遍計與所遍計為依他起性與依他起性之關係。

無（三無性）與絕對有（真如），成立絕對無（性）與相對有（相）之融通關係。

(3)此分別（能緣）與所分別（所緣）之關係為無為法與有為法合為一，同時又對立之關係，顯示此分別之作用，不只是分別（識）之作用，而是從無分別（真如）所出的分別之作用（無分別之分別）。

6.能緣與所緣之關係是依他性與分別性之關係，而此兩性與真實性之關係是妄與真，不淨品與淨品之關係。

丁一　分別parikalpa

意識是（能）分別（parikalpa），具三種分別（vikalpa）故。

何以故？

此識（vijñāna），自言熏習為種子及一切識（vijñapti）言熏習為種子，是故此生。（此識變異）由無邊分別一切處分別，但（意識）名分別（vikalpa），說名分別（parikalpa）。

釋　六識之中但以意識為（能）分別（parikalpa）[42]，以意識具自性憶持顯示三分別（vikalpa）[43]故，五識則不爾。

何以故？意識具三分別。

一、意識由二種子生

42　此中分別但言意識，不言阿黎耶識及染污意，乃因：
　1. 阿黎耶識
　　(1) 作為一切種子果報識時，有關熏習種子等於意識中已說。
　　(2) 作為義識（artha-vijñapti）時，有關相識見識等，亦已於意識中說。
　2. 染污意已含於廣意之意識中。
43　三分別
　分別 vikalpa 為思考識別：
　1. 自性分別 svabhāva-vikalpa：對現在所緣境任運覺知（較少推量）。
　2. 憶持分別 anusmarana-vikalpa：與意識結合，對過去事追念，隨事臆想或隨境追念。（或名隨念分別）
　3. 顯示分別 abhinirūpanā-vikalpa：對不現前事相計量推度。（或名計度分別）
　　（二禪以上無尋伺故無自性分別，初禪以上為定地故無計度分別。隨念為三界俱有。）《大毘婆沙論》42

1.自（名）言熏習為種子[44]

如說根塵名，數習此名熏習於本識以為種子。由此種子，後時意識似根似塵（所取）而起，名為色識（vijñapti）。

自有二義

(1)如眼名熏習，唯生眼不生餘法，餘熏習亦爾，故稱自。

(2)本無法體，言語是自（己）分別所作，故名自。

2.一切識（名）言熏習為種子[44]

如說六識名，數習此名熏習本識為種子。由此種子，意識後時似六識（能取）而起，名為識識（vijñāna-vijñapti）。

由二種熏習種子故，此意識得生。

二、意識具三分別

意識為此二種種子所變，（由變異而）分別功能（無量）無邊故，似一切境界起（於一切處分別）。由此義故，但意識名分別（vikalpa）故，（於此）三種分別中說意識名分別（parikalpa）。

（註）

意識依一切法（六根六境合為色識，六識為識識）之言熏習種子，於各各現在之剎那生起。此識變異（於剎那相續中現相違），故此識一再分別（vikalpa）一切事物，取所有對境之相而生。因此只有意識名為分別（parikalpa）。

丁二　所分別parikalpya

此依他但是所分別。是因（nimitta）能成依他性為所分別。

此中名分別性。

釋 所分別一切法，離識無別體，故以依他為所分別。

若不藉因依他性不成，若無依他性，則無所分別。（記要）P.198

由六種因成依他性，故得以依他性為所分別。

44　另解：《無性釋》

1. 自言熏習為種子：指的是無始生死所有意識戲論的名言熏習種子為因。

2. 一切識言熏習為種子：指的是以無邊色等識的名言熏習種子為因。

此中成依他性因，說此因為分別性。

（註）

  1. 依他性是所分別

    所分別包括依他性與分別性。

    所分別與分別性不可分離，依他性是所分別，其中含分別性。

    〔藏譯〕「依他性是所分別（被分別的，parikalpya）。於任何形相，依他性是所分別（parikalpita），其（形相nimitta）是其（依他性）中之分別性。」

    依他性是所分別（被分別），被分別的不在依他性之外。依他性被分別時，其中被分別的法（萬法）是分別性。

    依他性被分別時，必然作為任何之法，換言之，必然於任何形相中被分別。此形相是指分別性。（藏譯與真諦譯同）

    （而此形相於玄奘譯為依他性（識）之形相，即相分（依他性）。）

    依他性是所分別時，此時之所分別之中自然而然納入分別性，故依他性中含分別性。

    真諦譯：依他性有二義：《本論》五15

    一方面，依他性是種子所生之識體，分別性為（識）變異之相貌，就這一點，依他性與分別性不同。

    另一方面，如此之分別性亦不外於依他性（色等相貌離識無別體），就這一點，依他性與分別性無異。

  2. 「所分別一切法離識無別體故，以依他為所分別。」[45]

    (1)所分別離識無別體

      依分別（意識，依他性，能緣）而被分別（parikalpya）的（所分別），於此能分別之依他性外，並不存在。此因依此能分別而被分別的一切法（parikalpita）無非是識（能分別，依他性）（以識為體）。

      分別的識與被分別的一切法成為一體。有的只是識（依他性，能分別），識之外並無諸法。是故識之分別諸法，其實是識分別自

己。能明此理的是所緣能緣平等的無分別智，而識只能將識外諸法執為實有。

所識不在能識之外，而是同一識（依他性，能分別）可分為能分別與所分別。故能分別與所分別非一（分別與所分別是能所相反之關係，全然不同），又非異（有的只是識（能分別））。

此能分別是依他性，而在所分別中含有分別性，故此能分別與所分別不一不異，依他性與分別性亦是不一不異。（故言依他性有二義）

(2)此依他性但是所分別

此依他即指意識，是能分別。而所分別但是此能分別識，識外無所分別，此意識所分別的色等一切法，不外於此識。

《唯識三十頌》

（第十七頌）此識轉變為分別（vikalpa），依此（分別）而被分別的事物非實有，故一切唯識。

（第二十頌）任何事物依任何分別而被分別，此皆為分別性，非有。

（此分別同此中離識無別體之識，被分別的事非實有為分別性，

45 真諦譯與玄奘譯之差異

	真諦譯	玄奘譯
（所分別）一切法	是分別性。 1. 所分別的是依他性本身（非其一分）。此依他性被分別時，必然是於任何法形相中被分別，此被分別的形相是分別性。（若無此分別性則能分別與所分別之關係不成立。） 2. 依他性有二義，此中「色等變異之相貌」即是此處所說之形相。此形相為分別性，故實為無。此處色等相貌藉由識之分別而成為識之境，但此相貌之體無非是識（依他性全體），色等諸法其體於此識之外非有。「所分別一切法離識無別體」。	為依他起性之相分。 1. 此非依他起性本身，非其全分，只是相分。 2. 此為識所變異之心內法。（心內諸法皆有，心外諸法皆無。） 3. 另有依他起性之見分與自體分，相分與見分自體分為所分別與能分別之關係。 4. 此所分別與能分別之關係為依他起性與依他起性之關係。（不含遍計所執性）
（離）識（無別體）	能緣之識	（識所變之）相分。（作為所緣）
（以）依他（為所分別）	能緣之識	相分。（所緣之依他）

同此中「所分別之一切法」。）

（第二十一頌）此中所分別是分別性，不能說是有，能分別是依他性。

（玄奘譯之相分雖是所分別，但是依他性。）

故知世親唯識三十頌與此真諦譯所說同。

此依他但是所分別，是因能成依他性為所分別，此中名分別性。

此之依他性（能分別）是所分別（被分別之事物，於依他性之能分別外非有），從而，被分別之一切法是分別性（為無）。

3.以「依他性是所分別」中的依他性為能分別時，其中可以說為有的（緣生依他性）只是能分別之識，而依此能分別而被分別的一切事物為無（分別性）。

能分別既是能分別同時又是所分別。換言之，一個能分別二分為能分別與所分別。雖是被分為二，但能分別之外，並無能說為有的（緣生依他性）。故能分別與所分別之關係是一（不異），同時又是二（異）。

丁三　分別性

戊一　總問

云何（意識）分別能計度此依他性，但如萬物相？

釋 云何意識由分別故，能計度此依他性，但如萬物相貌，不但如一物相貌？

意識名分別，依他是所分別，由六因故，意識能分別依他性。

（註）

1.意識名分別，依他是所分別

意識是依其分別而計度此依他性，非識外有萬物，而識予而分別。

能說有的只有識（能分別），此外無萬物，但由於此識之分別，將萬法視為實有而分別而執著。

唯識教證引解節經：《本論》五4

定體及其境本為一識，此識生起時，分為能分別與所分別。

此識雖不能取其自身為境，然能顯現為境。

2.何以萬物呈現種種差別相貌？

雖識外無有萬物，但由六種因而有種種相貌顯現。

3.意識是能分別。其作為所取能取顯現時是分別性。

4.依他性（指本識）本為離言無分別之法性，因下述六因而成為依他性，若不依此等因，依他性即不成，依他性若無，所分別亦無。（記要）P.194

（本識依因而動成本識識，似根塵識一切法顯現，此一切法是分別性。）

5.此六因與大乘起信論所述三細六粗相中之六粗相相當。

戊二　別問六因

一、緣何境界？

由名等境界。（藏：緣名）

㊞（緣名）

緣何法為境界，計度依他性？

由依他性離一切分別，無分別為體故，立名等為境界，分別計度此性。

於如此無分別處之所以生起分別，乃因名（名言，觀念，唯識為自性之似義意言）而起，非緣實境（yathābhūta-artha）而起。

（若緣實境則無分別性，從而依他性亦不成立，一切無分別。）

二、執何相貌？

於依他性中，由執著相。（藏：於依他性，以彼（名）為相而執之。）

㊞（取相）

執何相貌，計度依他性？

先約名分別，串習此名故，執著此名以為相貌。（與名相應似義顯現之義相）

後時分別此相，謂為眼等諸根色等諸塵識等諸心。

先依所立名而認識境（物），反覆此名而起執，形成名言（觀念性，概念性）之相狀。（非緣實境）

三、云何觀見？

由決判起見（darśana）。（藏：依見而執著之。）

（釋）（起見）

先以何方便推尋，後決斷計度依他性？

執相貌已，先思量是非，後時決判，眼等諸根乃至識等諸心悉是實有，所餘妄言。由此見故，意識計度依他堅實。

僅以此概念性之相狀作種種判斷而產生見（darśana），認為此等為真實。（以所見為實）

四、云何緣起？

由覺觀言說緣起。（藏：依諸覺觀（vitarka）而起語。）

（釋）（起語）

藉何緣發起，計度依他性？

起執已，如自所執起覺觀，思惟為自計度，或如自所執起覺觀，（起）言說令他計度。

進而以語言表現對此境（物）之種種想法。不僅自己藉此更深入於觀念（概念）之世界，他人亦藉由此語言而入相同之概念世界。

五、云何言說？

由見等四種言說。（藏：依見等四種言說而假說言說。）

（釋）（起言說）

以何言說，計度依他性？

如所言說不出見等四種，此四種約根塵識（十八界）成就故，攝一切所說

分別品類皆盡。

在見聞覺知等四種言說（vyavahāra）中構成眾生之世間（根塵識十八界）。

六、云何增益？

實無有塵，計實有為增益。（藏：藉由（無之）塵之有與增益而分別（parikalpa）。）

㊣（起增益）

云何於無中執有，計度依他性？

約此言說起顛倒，如四種言說實無有法，此中起執謂為實有，此名增益執。

將只是言說之事（似義假無體），隨名起想視為實在，自己如此，他人亦如此。

由此因故能分別。

㊣ 由此六因，意識能分別依他性，令成所分別故，故以此因為分別性。

（註）
1. 在依他性（種子生之識體）有分別性（於無處被分別為有）時，此依他性（識體）離如此之分別性，則不能分別，即成無分別。而此依分別性而區別之依他性，其自體為無分別。

（依他性之識之所以分別而起作用，是因於所分別（境，分別性）。所分別境若無則成無分別。）

2. 此無分別即真如智，即真實性。

（真如與空同義，都是自性清淨。所言無分別乃就認識論說，若以存在論說為緣生體（依他性）之空。）

3. 依他性與真實性之融通

緣生之識（有為法，依他性）與空、真如、法界（無為法、真實

性），一方面為妄與真，有為與無為之對立，一方面又是不二，依
他性（分別）以無分別（真實性）為體。（境智不二）
此等關係不外於諸法與法性之關係。

4. 由此知分別、所分別與分別性，形成微妙的相攝關係，非單純的依
他性與分別性之關係，亦不能簡單地切割為三部份。（若不明依他
性、分別性與真實性互攝之關係，則不明此三分別之關係。）

丙三　辨三性非一非異

此三種性云何？與他為異為不異？

不異非不異，應如此說。

有別義依他性名依他，有別義此成分別，有別義此成真實。[46]

釋　問：三性一異義云何？

如依他性與餘二性為一為異？餘二性互論亦爾。

答：亦一亦異應依此說。

唯是一識識即依他性。

於依他性中以別道理成立為三性，三性互不相是，即是不異非不異義。

有別道理，此依他性成，分別性真實性亦爾。

依據依他性的道理而稱依他，同樣的依其他道理稱為分別（性），又同樣
的依其他道理而稱為真實（性）。此三性，一方面是同（非異），另一方
面是異（非不異）[47]。同一的是依他性（一識識），而於此中成立相異的

46　真諦譯與藏譯相同（與玄奘譯有差異）。
　　〔藏譯〕就此三性的關係（互）異或非異而言，不得不說是非異，非不異。
　　依他性若依別義（異門），為依他。若依據別義，其相同者，為所分別（parikalpita）。若據別義，
　　其相同者為真實（pariniṣpanna）。
　　依他性稱為依他（其）別義如何？
　　依他為熏習之種子所生，「依於他」故。
　　其相同者稱為被分別其別義如何？
　　是分別（parikalpa）之因（nimitta），依它（分別）而被分別故。
　　其相同者被稱為真實（其）別義如何？
　　如被分別，彼非實有故。
47　「非異非不異」不在於否定，而在於肯定它是「亦一亦異。」
　　別義或別道理 rnam-graṅs（paryāya）（玄奘譯為異門）具「同一」與「相異」如此相反之意。

三性。（以不淨品法為分別性，淨品法為真實性，以及合併此二者之依他性。即以依他性為中心，三性被納入於其中。）

三性同一又有別，其同一是如何的同一？相異又是如何的相異？

丁一　三性非不異

一、云何名依他？

何者別義說名依他？從熏習種子生繫屬他故。

㊞ 熏習有三種，

一、名言熏習，識熏習，

二、色識熏習，識識熏習，見識熏習，

三、煩惱熏習，業熏習，果報熏習。

從此三種種子生，繫屬於因故成依他，非餘二性。

（註）

從依熏習種子生，從而繫屬於他（種子，因緣）者，為依他性。此為緣生之依他，此中種子非由聞熏習，而是業煩惱等之熏習。緣生之識非意言分別，而是虛幻分別。（此依他性是作為不淨品而成就，非繫屬於淨品不淨品雙方性不成就之依他性。此說與唯識三十頌同。）

二、云何名分別？

何義此成分別（parikalpita）？此依他性為分別因，是所分別故，成分別（性）。

㊞ 識以能分別為性，能分別必從所分別生。依他性即是所分別，為分別生因。即是分別緣緣。

依他性有二義，若談識體從種子生，自屬依他性。若談變異為色等相貌，此屬分別性，色等相貌離識無別體。

表同一中有多種差別義，著眼於其「相異」。（同義語 synouym 著眼於二個以上語之「同一」義。）此中在於表示其同一的是什麼？又其同一又是基於什麼原因而成為不同的二種？

今言依他性為分別因，取依他變異義為分別因，不取識體從種子生義為分別因。變異相貌是識所分別，以此義故，成立所分別，為分別性。

（註）

1.依他性為所分別（為分別之因）

當相同的依他性（緣生識，虛妄分別）是分別（parikalpa）之因，亦即是所分別（parikalpya被分別的）時，即稱為分別性。[48]

（此指能分別（識，依他性）成為所分別，非指能分別之識外，另有所分別之依他性。（成唯識論之相分為依他性，但只是所分別，無能分別義。））

2.能分別從所分別生

此中之因（nimitta）與亂因亂體偈相同，被稱為亂體的虛妄分別（識）是能分別，而能分別必由所分別生起，故稱之為因。

（分別性之境為識之緣緣，故稱之為因，識作為識而成立，必依緣緣。）

3.分別性亦是依他性

此所分別之因，於依他性之識外非實有，故言其無非依他性。

（以依他性之識為體）。在此意義上，分別性也是依他性。

4.依他性有二義[48]

(1)指緣生之識體，（能分別）

(2)此識（能分別）所分別之境（此為分別性）。（所分別）

5.能緣所緣平等

色等萬法以識（能分別）為體，萬法之差別為識之相貌。

能分別與所分別一體，即能緣與所緣平等無分別。

48　被說為有的（緣生）只是能分別（識，依他性），但它分為依他性（能分別）與分別性（所分別）。在同樣的依他性（能分別）之識，分為依他性與分別性之基準，在於（相對於能分別之）所分別（或相對於能取之所取）。「所分別是依他性」之依他性是指能分別（能緣），此時分別性也是依他性。（《成唯識論》所說之相分是依他性（緣生），但完全是所緣（所分別），不是能緣（能分別）。）

「如無我等塵，無有別體唯識為體，不以識為分別性。識所變異顯現為我等塵，無而似有，為識所取，名分別性。」《本論》五2

如此之「一而二，二而一。」義，即是此中所說「依他性有兩義」，亦如《解節經》中所說。《本論》五4。

此中被視為實在的是識，所言識中有體，即顯示其實在性。

以相貌之概念表現為境的是分別性，非實在，只具有被見之相狀，此相貌即是體之相貌。

此即顯示依他性（能分別）與分別性（所分別）一體。

三、云何名真實？

復有何義，此成真實？此依他性或成真實，如所分別實不如是有故。

釋 依他性變異為色等所分別塵，此塵實不如所分別是有。

約依他性，明塵無所有，即以依他性成真實性。

為存有道故，不明依他性是無為真實性。

（註）

1.約依他性明塵無所有，以依他性成真實性。（約三性唯識理言）

真實性異於依他性，但其中已含真實性與依他性不異之義。

(1)真實性與依他性之異

色等所分別之塵（諸法），是依能分別（識）而被分別，非為實有。此即約依他性而揭示塵之非有。換言之，係以依他性成真實性。

①此中之依他性為緣生之依他性（非染淨二分和合之依他性。）

②分別性的「塵之非有」（相對無），具有真實性（絕對無）義。

此非有（asat）同時也是能分別識（依他性）之非有（空）。

所取境之無同時成為能取識之無，此時，此無脫離相對無而成為絕對無，此即真實性。（若不言約依他性，僅就塵之無所有言，是分別性，非真實性。）

識無任何所緣時，亦即相對於識無任何境，取境之識也不能生起，故為境識俱泯。這是分別性（境之非有）與識之非有為一之無，此無非相對無，而是所緣與能緣平等平等的無分別智。

③依此智而被知的是如實境（yathābhūtārtha），為真實有。但從緣生（依他性）的有（相對有）而言，此為無。[49]

④真實性與依他性之差異：

❶前者為真實之智；後者為虛妄之識。（約認識論言）

❷前者為絕對無，為真實有（真如）；後者是相對有。（約存在論言）

(2)真實性與依他性之不異

依他性是緣生，故其自身是空。藉由空而與緣生兩立。

空為絕對無，緣生之相對有融沒於絕對無的空之中，又從絕對無之中而緣生。

（依他性與真實性之不異，不外於般若思想中有與空之即，或如來藏緣起說之相性之融通。）[49]

2.為存有道故，不明依他性是無為真實性。（約唯識觀行言）

以即或融通所表現的有為與無為（或法與法性）不二之思想，離唯識觀行不能成立。

(1)依他性為緣生，同時也是空（能取所取之無），依他性的有與空之即（或融通）[50]，即是應知勝相品第二所說三性（應知）之構造。

(2)唯識觀係立於識有而遣境（我法，一切法），識有若不成立，則不能遣（空）諸法。（參考中邊分別論相品第六偈）

此行即入應知勝相品第三所說的入應知，唯識觀行即是「入三性」。（三性說中不說般若經與龍樹所揭之有即空，係因唯識觀行與空觀之行的差別。）

49　安慧《三十頌釋》說真實（性）以無為自性 pariniṣpannasya-abhāvasvabhāvatvād，即是此意義之無。

一方面是與依他性（緣生）之相對有對立之無（相對無），另一方面是將此有包融於自己的絕對無。

此有與無之關係，同於「般若經」色（有）即空（無）、空即色。具有如此有與無構造之有，是依他性，故約依他性（緣生，有）明塵之非有，同時明識之空。

《唯識三十頌》「於彼（依他），常遠離前性（所分別，境，境非有）為真實性。」與此相同。

50　此中所言相（有為）與性（無為）之融通，雖與真如緣起說相通，但此處所說依他性為種子生（緣生）之依他性，非指真妄（染淨）二分和合之依他性。緣生之識體之生滅法（有為法），完全是虛妄不淨，非是真實清淨。本識為一切法之因，一切法（即十一識）以本識為種子（因緣）而生。本識（或一識）之所以是依他性，是指其種子生之識體，從而是妄，非真妄和合。

(3)唯識無境之三性說，入於唯識無境（非僅為知性唯識無境，而是依行而真知）的是入應知，三性（應知）思想之成立係以此行（入應知）為基礎。應知與入應知有互不可分之關係，在應知（三性說）中含入應知（入三性之行），在入應知中含應知（三性思想）。

(4)依他性是有（緣生），同時是空（不能謂此為緣生即空）。

①從應知而言，依他性即真實性（有為即無為），（滅諦）

②從入應知而言，依他性空去而至真實性。（道諦）

至真實性時，真實性與依他性不二（法性常即於法）。

此應知與入應知之關係，同於「般若經」與龍樹所說之空，是具①色本來空非破色令空（第二品唯識理）及②破色令空（第三品唯識觀）兩種意義。

(5)「為存有道故，不明依他性是無為真實性」。

此即就此入應知（唯識觀行）而言，也包含於應知（三性）之中。

（著重在行，道諦。）

3.在應知理上，雖然依他性可以是真實性（不異），但在說明此二性之異，且在實踐上（入應知之唯識觀行）應明白滅道二諦有別。為存有道故依他性不能直接是無為的真實性。但在根本上，依他性即真實性，有不異之義，這同時是三性之不異。在觀行上係先立於（依他）識有而遣境（我、法，一切法），再進而境無識亦無，依他性才是真實性。（識有若不先成立，則不能遣諸法。）

丁二　三性非異

復有何義，由此一識成一切種種識相貌？

本識識。所餘生起識種種相貌故，復因此相貌生故。

㊉ 此更問復以何道理，唯是一識或成八識或成十一識，故言一切？

於一一識中，如眼識分別青黃等差別，有種種識相貌，唯是一識復是何識？

所以更為此問者，前已釋異義，此下釋不異義，欲顯依他性具有三性。

一識從種子生是依他有。種種識相貌是分別。分別實無所有是真實性。

一識謂一本識。本識變異為諸識故言識識。

今不論變異為根塵故，但言識識，所餘即阿陀那識，生起即六識，本識變異為七識，即是本識相貌。

以七識熏習本識為種子，此種子復變異本識為七識。後七識即從前相貌種子生。

（註）

　1.一識

　　一識即唯一識（五）3，為十一識（一切法）之通性（五）1，此為依他性，是虛妄分別，故完全是妄，非真。

　　而四識、八識、十一識等（一切法）是相對於此通性之差別。

　　通性為識體，差別為相貌。

　2.識體是種子生，為依他性，差別相貌為分別性（實非有）。

　　識體為能分別（能緣），差別相貌是境（所分別）。

　　能分別由所分別生，故言「復因此相貌生」。

　3.依他性具有三性，於依他之中分別實無所有。於依他性中明塵無所有是真實性。

乙四　辨三性品類

丙一　三性各有二種

丁一　依他性

依他性有幾種？

若略說有二種，

一、繫屬熏習種子。

二、繫屬淨品不淨品性不成就。

是故由此二種繫屬，說名依他性。

㊟ 此問體類及義，並有幾種？

一、約依他體類言

（從依他體類）有二種熏習生，

1.從業煩惱熏習生

2.從聞熏習生

由體類繫屬此二熏習故，稱依他性。

若果報識體類為依他性，從業煩惱熏習生。

若出世間思修慧體類，從聞熏習生。

二、約依他義言

若識分別此性，或成煩惱，或成業，或成果報，則屬不淨品。

若般若緣此性無所分別，則成淨品，謂境界清淨、道清淨、果清淨。

若有自性不依他，則應定屬一品。

既無定性，或屬淨品或屬不淨品，由此二分，隨一分不成就故名依他。[51]

51　學果寂滅勝相第九《本論》十三 1
諸菩薩惑滅，即是無住處涅槃。
此相云何？
捨離惑與不捨離生死，二所依死，轉依為相。
（凡夫著生死，二乘著涅槃。菩薩得無分別智，不見生死涅槃有差別，雖滅惑不住涅槃，雖起分別不住生死。故此涅槃以轉依為相，此轉依即依止依他性。）
此中生死是依他性，不淨品一分為體。涅槃是依他性，淨品一分為體。本依者，是具淨不淨品二分依他性。
（分別性是生死，真實性是涅槃，從本以來此二品以依他性為依止。）

（註）

1.約體言

繫屬於熏習種子之依他性有二：

(1)從業煩惱熏習生。（果報識體類）

(2)從聞熏習生。（出世間思修慧體類）

2.約義言

(1)不依他：自性定屬淨品或不淨品。

(2)依他：無定性。由淨品不淨品二分，隨一分性不成就。[51]

不淨品：由識分別此依他性，成惑業果報。（虛妄分別）

淨品：由般若緣此依他性無所分別，境道果清淨。

（意言分別，得無分別智。）

(3)轉依[51]

生死是依他性，不淨品一分為體。

（無住處）涅槃是依他性，淨品一分為體。

轉依亦屬依他性，於對治起時，此依他性由不淨品分永改本性，由淨品分永成本性。（以此二分性不成就故）

丁二　分別性

分別性亦有二種，

一、由分別自性（parikalpita被分別）；二、由分別差別。

釋　如眼等諸界中分別一界，或眼或耳等，名分別自性。

約無常等，更分別此眼等，名分別差別。

（註）

1.自性分別：十八界中任一界，分別其為眼或耳等。

差別分別：分別此自性上所具種種特性。

2.就入唯識觀時，區別自性與差別有其特別意義。但在論述虛妄分別之十一識時，此等區別不顯著。

轉依者（轉依亦屬依他性），對治起時，此依他性，由不淨品分永改本性，由淨品分永成本性。

丁三　真實性

真實性亦有二種，

一、自性成就；二、清淨成就。

㉑　一、謂有垢真如，（在纏位，與煩惱俱）

二、謂無垢真如。（離障清淨）

（註）

此指四種清淨（六）3前二清淨。

1.有垢真如：指與煩惱俱之真如，由是法自性清淨，於一切（在纏位）眾生平等有，說為如來藏。

2.無垢真如：如來藏離惑智二障，由此永清淨故，諸佛如來得顯現。

丙二　四種分別

復有分別（parikalpa）更成四種，

一、分別自性；二、分別差別；三、有覺；四、無覺。

有覺者，能了別名言眾生分別，

無覺者，不能了別名言眾生分別。

㉑　若眾生先了別見聞等四種言說，因名言起分別故名有覺。

若眾生如牛羊等，先不能了別見聞等四種言說，由彼如所分別，不能由言語成立，故知無覺。

（註）

1.前述二種分別性是指被分別之自性與差別，此中所說的是分別的心與心所。

2.有覺：指能理解語言（見聞覺知四種言說）的眾生（人）之分別（parikalpa）。

如此之眾生雖無見觸實物，但依語言所得有關此物之知識而起分

別。

3.無覺：指不能理解語言的眾生（牛羊）之分別。

此中雖無語言，但有分別（心，心所）。

丙三　五種分別

復次分別有五種，

一、依名分別義（artha）自性，譬如此名目此義。

二、依義分別名自性，譬如此義屬此名。

三、依名分別名自性，譬如分別未識義名。

四、依義分別義自性，譬如分別未識名義。

五、依二分別二自性，譬如此名此義，何義何名。

㊣ 一、依名分別義自性

義謂名所目之法，先已知此物名，後以此名分別取此物，此名本來主此體故，得以此名，分別此體。

二、依義分別名自性

先識此物體，未知其名，後聞說其名，即以先所識體，分別取此名。此體本主此名故，得將此體分別取此名。

三、依名分別名自性

如異國物名，始聞未解後，以常所習名，分別此名，方解此名，未識此名所訓之義，故不解此名。

（於外國之物，始聞其名，不知為何物，但數數聞其名，亦知所指為何，但因未見實物，並不清楚理解。）

四、依義分別義自性

如見此物體未識其名，以此物類分別此物方識其體。由未識名故以義分別義。

（雖不知所見物品，然以其類（相似者）而得理解。）

五、依二分別二自性

如金銀二名有金銀二體，於此名體並未了。

金名為目赤體為目白體？銀名亦爾。

赤體為主金名為主銀名？白體亦爾。

丙四　十種分別

若攝一切分別（vikalpa）復有十種：

如前已有具攝義，但未明品類。具攝義此十種分別，更顯品類攝義。又明攝一切皆盡。

一、根本分別
謂本識（ālaya-vijñāna）。

㊑ 是一切分別根本，自體亦分別，即是阿黎耶識。

（阿黎耶識不只是一切分別出生之根本，其自體亦是分別（vikalpa）。

所謂分別，是指虛妄分別（abhūtaparikalpa）。）

二、相分別
謂色等識（vijñapti）。

㊑ 此分別以相（nimitta）[52]為相（lakṣaṇa）[52]，即是色等塵識（artha-vijñapti）[52]。

---

[52] 1. nimitta
　　或譯為相，或譯為因。
　　因：與亂因之因相同。（理由，動因，前兆。）
　　相：藉由識而被認識的事物之相狀（相貌），識之境的一切法，無論是物質或心理，都具有「相狀」。
　　亦與「見分相分」之「相」同。
　　2. lakṣaṇa
　　以境之「相狀」（nimitta）為相（lakṣaṇa），此相（lakṣaṇa）指特質。（屬性，特徵。）
　　3. vijñapti
　　此 vijñapti 具有所見（nimitta）及能見雙重意義。
　　vijñapti 被譯為「表」時是「所見」之意，而 vijñana 則只是能見。（參考（記要）P. 183 註32）

（具有色聲香味觸法六塵之相狀的識（vijñapti）稱為塵識。）

三、依顯示分別

謂有依止，眼等識識（vijñāna-vijñapti）。

（釋）此分別以依及顯示為相（lakṣaṇa），亦是所分別，亦是能分別。即是六根及六識，六根是所依止，六識是能依止。

（註）

依指有依止（有根），顯示指似現（顯示pratibhāsa，ābhāsa），分別指眼等識識（即六識）。

眼等六識必依止根，且是取境之相狀（相）（作為境而似現），故為能分別，又是所分別。

「相分別」是六塵之識，「依顯示分別」是六根及六識之識，此二分別攝境根塵等十八界。此等皆是識（vijñapti），故稱為分別。以此二種「分別」盡攝生死世界所屬一切分別。

四、相變異（vikāra）分別

謂老等變異；苦樂等受，欲等惑及抂時節等變異；地獄等，欲界等變異。

（釋）相謂六塵，此分別以相變異為相。

一、老等變異：是身四大前後變異名老，若識分別此老，名老相變異分別。（等言攝病及死）

二、受相變異：身心苦樂受，前後變異，識分別此受，名受相變異分別。（等言攝不苦不樂受）

三、欲相變異：心欲前後變異，識分別此欲，名欲相變異分別。（等言攝瞋癡等惑）

四、抂時節相變異：非理逼害縛錄（逮捕，束縛）為抂（枉，違法曲斷），不乖候寒熱豐儉為時節（不違氣候的改易代謝）。抂及時節前後變異，識分別此抂及時節，名抂時節相變異分別。（等言攝有因緣

（正當的）逼害縛錄，乖候寒熱豐儉。）

五、道相變異：是道變異。捨此五陰受地獄道五陰，諸道前後變異，故名道變異。識分別此道故，名道相變異分別。（等言攝餘五道。）

六、生相變異：謂具縛離縛生變異。受三界生有具縛及離縛，前後變異。識分別此生，名生相變異分別。（等言攝色無色界）

五、依顯示變異分別

謂如前所說變異，起變異分別。

㊣ 謂眼（根）等識（vijñapti）變異，此分別以眼（根）等識（vijñapti）變異相為相（lakṣaṇa）。如前所說老等變異，於變異位中，如眼等識變異。意識亦如此依顯示變異而分別故，名依顯示變異分別。

六、他引分別

謂聞非正法類，聞正法類分別。

㊣ 此分別因他言說生。

此分別有二種，一聽聞非正法為類分別，二聽聞正法為類分別。

謂（藉由此聞）行惡法類分別，行善法類分別。思修亦爾。

此分別以聞他言說為相故，名他引分別。

七、不如理分別

謂正法外人，非正法類分別。

㊣ 是前分別，聽聞非正法為因。謂九十六種外道，在正聞思修法外。

八、如理分別

謂正法內人，聞正法類分別。

㊣ 是前分別，聽聞正法為因。謂聲聞緣覺菩薩人，在正聞思修法中。

九、決判執分別

謂不如理思惟種類，身見為根本，與六十二見相應分別。

釋 以不正思惟為因。依止我見，如梵網經所明見類，謂六十二見相應分別。

十、散動分別（vikṣepavikalpa）[53]

謂菩薩十種分別（vikalpa）。

釋 菩薩分別不與般若波羅蜜相應，悉名散動。（散動即散亂，菩薩但言擾動不言亂。）

般若波羅蜜經說十種法，對治此十種散動。

一、初二法，正是般若波羅蜜事，謂顯真空遣俗有。

　　即是「實有菩薩，不見有菩薩。」

二、次有五事，此五事一一事皆具八法（第三至第十散動）。

　　有三解：

　　1.第一解

　　　遣名、事、物。

　　(1)初二遣名

　　　　即是「不見菩薩名，不見般若波羅蜜」。初遣人名，後遣法名。

　　(2)次二遣事

　　　　即是「不見行，不見不行」。

　　　　此有三義：

　　　　①不見「菩薩能行，二乘不能行」。

　　　　②不見「正勤助道為行」，不見「懶惰等所對治為不行」。

　　　　③不見「菩薩修道未滿故行」，不見「菩薩修道已滿故不行」。

　　(3)後一遣物

　　　　此名此事以何物為根本？

　　　　以五陰為根本，亦不見五陰。即是（經言：）「不見色，不見受

53　可參考《大乘莊嚴經論》（述求品十二之二）（卷五）
1. 有體分別；2. 無體分別；3. 增益分別；4. 減損分別；5. 一相分別；6. 異相分別；7. 自相分別；8. 別相分別；9. 如名起義分別；10. 如義起名分別。

想行識」。

2.第二解

　(1)初二：明不見「人法」。

　(2)次二：明不見「人行法為行」，不見「人不行法為不行」。

　(3)後一：明行所對治即五陰，五陰即苦集二諦，不見「集可斷」，
　　　　不見「苦可離」。

3.第三解

　(1)初二：明不見「能行人及所行道」。

　(2)次二：（明）不見助道。

　(3)後一：明不見所對治。

散動分別	對治
1.無有相散動abhāvanimittavikṣepa 　無有（abhāva）相（nimitta）是散動 　因。 　（分別無法性，以其無為所緣相。）	經言：是菩薩實有菩薩。 　由說「實有」顯有菩薩，以真如、空為體。 　（菩薩實有，以空為體。（有菩薩性））
2.有相散動bhāvanimittavikṣepa 　有相是散動因。 　（如顯現而執實有（執有相），以其有 　為所緣相。）	經言：不見有菩薩。 　此菩薩以分別依他為體。 　（此菩薩非實有（依他性作為分別性而顯 　現），故行般若波羅蜜之菩薩不見此境。）
3.增益散動adhyāropavikṣepa 　以有增益無所有，此執即是散動。 　（分別無為有言虛妄。於無之中執有 　名亂。此妄分別稱為亂識bhrāntivijñapti 　（十一識及其通性之本識）。）	經言：何以故？色由自性空。 　由分別色性，色（自）性空。 　（由散動被妄分別之色，其自性是空，非破色 　令空。）
4.損減散動apavādavikṣepa 　以無損減實有，此執即是散動。 　（執有法（色）無，其色之法性亦無 　（abhāva）。）	經言：不由（法性）空空。 　此色不由真如空故空。 　（此色空為色無之空，非真實法性（真如）之 　空。）

54　色與空非一（ekatva），非異（nānātva）。

　1. 色有空無
　　色若是有（緣生），空則為無。此無是真實無，此有是虛妄有，故喻為幻化夢等。

　2. 色無空有
　　色若是無，則空為有。此有是真實有，色則為真實非有（無）。
　　說為有的，常只是此中之一。如此的二不能同時。色之有與空之有非同時，故要由一方（色）
　　之否定才能與另一方（空）結為一。所言「色即是空」非直接式的同一。（相異之二者之所
　　以成為一，是因為二者間有共通處，但並非全同之關係。）

5.一執散動ekatvavikṣepa 　謂依他分別即是空，此執即是散動。 　（執色（依他，分別性）與空（真實性）為一。）	經言：是色空（性）非色。 　若依他性與真實性是一，真實性是清淨境界，依他性亦應如此。 　（色之空性非色也。（色空不可說一） 　色空指分別性之色無，同時是依他性之非有（緣生非有）。非色是色（諸法）之否定，同於不生（不滅）。此色之空（無）是真實性。真實性（pariniṣpanna-svabhāva）以無為自性。 　言色即是空者，非色與空為直接的同一，而是經由色之否定而與空結為一。色（依他性）與空（真實性）非一非異[54]）
6.異執散動nānātvavikṣepa 　謂色與空異，此執即是散動。 　（若執色是分別性，其色藉由被分別（parikalpita）而有，非依他性（緣生）的有，此色與其法性（空）為異。）	經言：無色異空故，色即是空，空即是色。 　若色與空異，此空則不得色法之空，不成色通相。此義不成，譬如有為法與無常相不異。[55] 　若就分別性而言，色即是空，空即是色，此乃因分別性色永無所有。 　此永無所有（畢竟無atyantābhāva）即是有，即是空，此空即是色之無所有，不如依他性於真實性不可說一，由清淨不清淨（有別）故。 　（此言空性之外非別有色，色即是空，空即是色。）
7.通散動svabhāvavikṣepa 　執色有通相為性，謂有礙（質礙），此執即是散動。 　（執色等為自性體。）	經言：何以故？舍利弗！此但有名所謂色。 　唯有名是色通性。 　何以故？若離名色實無本性。 　（山川草木等可稱為色（rūpa）的本性不是共通存在，只是以色之名稱而有共通，離此名稱無色之本性。（色者唯名））
8.別散動viśeṣavikṣepa 　已執色有通相，又分別色有生滅染淨等差別，此執即是散動。	經言：是自性無生無滅，無染無淨。 　此色無所有為通相，若有生即有染，若有滅即有淨，由無此四義故色無別相。 　（被稱為色的若無本性，即表示是無所有。色既無所有，則其生滅染淨當然是不可得。）
9.如名起義散動 yathānāmārthābhiniveśavikṣepa 　如名執義，於義散動。	經言：對假立名，分別諸法。 　名是虛假所作，對諸名分別一切法。 　（名為假立，如其名分別一切法而執其義，可止散動。）

10.如義起名散動 yathārthanāmābhiniveśavikṣepa 　如義於名起舊執，此執即是散動。	經言：由假立客名，隨說諸法。 　名不與法（事物，存在bhāvaḥ）同相（lakṣaṇa）。 　（名非出自法內自性（非同相），而是外來的 　（āgantuka）。）
	經言：如如隨說，如是如是生起執著。 　隨假所立名說諸法，計名與法不異。 　（藉假立是客之名，怎麼怎麼地（yathāyathā） 　隨說諸法，就怎麼怎麼地（tathātathā）生起執 　著（計名與法不異）。）
	經言：如此一切名菩薩不見，若不見不生執著。 　（菩薩無此如義執名（橫計妄情），則不生執 　著。）

㉑ 引《般若經》釋

　　為對治十種散動故，說般若波羅蜜。以此說為因無分別智生，由無分別智滅諸分別惑。

　　為對治此十種散動分別故，於一切般若波羅蜜教中，佛世尊說無分別智，能對治此十種散動。應知具足般若波羅蜜經義，如般若波羅蜜經[56]言：

　　（舍利弗言）云何菩薩行於般若波羅蜜？

55　有為法（無常法）與無常相，若一方是無，另一方同時也是無。有為法若被否定而成為無，則其中之無常相，已不能存在。此即是法與法性不異義。

56　此為《大般若波羅蜜多經》，第二分觀照品第三之一，卷402。（T7P11b24）
　　亦可參考：1.《摩訶般若波羅蜜經》（大品本）奉鉢品第二（T8）。
　　2.《光讚經》（T8）
　　3.《放光般若經》（T8）。

《大般若波羅蜜多經》
第二分觀照品第三之一
爾時，舍利子白佛言：「世尊！諸菩薩摩訶薩應云何修行般若波羅蜜多？」
佛言：「舍利子！菩薩摩訶薩修行般若波羅蜜多時，應是如觀：『實有菩薩不見有菩薩，不見菩薩名；不見般若波羅蜜多，不見般若波羅蜜多名；不見行，不見不行。』何以故？舍利子！菩薩自性空，菩薩名空。所以者何？色自性空，不由空故。色空非色，色不離空，空不離色，色即是空，空即是色。受、想、行、識自性空，不由空故。受、想、行、識空非受、想、行、識，受、想、行、識不離空，空不離受、想、行、識，受、想、行、識即是空，空即是受、想、行、識。何以故？舍利子！此但有名謂為菩提，此但有名謂為薩埵，此但有名謂為菩薩，此但有名謂之為空，此但有名謂之為色、受、想、行、識，如是自性無生、無滅、無染、無淨。菩薩摩訶薩如是修行般若波羅蜜多，不見生、不見滅、不見染、不見淨。何以故？但假立客名分別於法，

（佛言）舍利弗！是菩薩實有菩薩不見有菩薩，不見菩薩名；不見般若波羅蜜；不見行，不見不行；不見色，不見受想行識。

何以故？

色由自性空不由空空。是色空非色，無色異空故，色即是空，空即是色。

何以故？

舍利弗！此但有名所謂色，是自性無生無滅無染無淨。

對假立名分別諸法，由假立客名隨說諸法，如如隨說如是如是生起執著。如此一切名菩薩不見，若不見不生執著。如觀色，乃至識亦應作如此觀。

由此般若波羅蜜經文句，應隨順思惟十種分別義。

㊀釋 如八種觀色陰，亦應作八種觀餘四陰，乃至前四事[57]亦應作八種觀。

而起分別假立客名，隨起言說，如如言說，如是如是生起執著。菩薩摩訶薩修行般若波羅蜜多時，於如是等一切不見，由不見故不生執著。」

般若波羅蜜行	（經言）	對治法（經言）	所對治（散動）
一、顯真空	實有菩薩		一、無有相散動
二、遣俗有	不見有菩薩		二、有相散動
三、遣名	不見菩薩名	色由自性空	三、增益散動
	不見般若波羅蜜	不由空空（色空非真如空）	四、損減散動
四、遣事	不見行	是色空非色（空、色非一）	五、一執散動
	不見不行	色即是空，空即是色（無色異空故）（色空非異）	六、異執散動
五、遣物（五陰）	不見色	此但有名所謂色	七、通散動
	不見受想行識	是自性無生無滅無染無淨	八、別散動
（遣名、遣事、遣物皆具後對治八法）		是假立名，分別諸法	九、如名起義散動
		由假立客名隨說諸法，如如隨說，如是如是生起執著。如此一切名菩薩不見，若不見不生執著。	十、如義起名散動

57　名二事：不見菩薩名，不見般若波羅蜜。
　　事二事：不見行，不見不行。

乙五　釋妨難

丙一　於依他性中成三性

若由此別義，依他性成有三性。

是三性云何性有三異，不成相雜？

無相雜義。

㊣ 此問先分三性異，次明依他性有別義成三性。

　　若於依他性中明三性有三異，則三性成相雜，不可偏說為一性，

　　云何不相雜？

　　道理有異故不相雜。

一、由此道理此性成依他，不由此成分別及真實。

㊣ 此即此前所明，由繫屬種子及繫屬淨品不淨品等道理，故成依他性。不可以此道理，令成分別及真實性。（故不相雜）

二、由此道理此性成分別，不由此成依他及真實。

㊣ 此即此前所明，由分別自性分別差別等道理，故（依他性）成分別性。不可以此道理，令成依他及真實。（故不相雜）

三、由此道理此性成真實，不由此成依他及分別。

㊣ 此即此前所明，由自性成就清淨成就等道理，故（依他性）成真實性。不可以此道理，令成依他及分別。（故不相雜）

　　（註）

　　此言三性非異非不異。《本論》五15，17，（記要）P.202

　　唯是一識識即依他性，在二種依他性中，以別道理（各各不同之道理）成立為三性。

丙二　依他性分別性不同體（卷六）

丁一　云何知依他分別不同體？

一、以三證解他難

云何得知此依他性，由分別性顯現似法，不與分別性同體？

㊞ 此問言分別性顯現似法，此似法不離依他性，應與依他性同體，云何言不同體？

1. 未得名前於義不應生智故，法體與名一則此義相違。

㊞ 依他性雖復由分別性一分所顯，（然）不與分別性同體。

為顯此義故立三證。

此即第一證，（亦即）若依他與分別共一體，此執相違。

若依他與分別共一體，此智不聞名於義應生。

譬如離瓶名於瓶義瓶智不生。若瓶義與瓶名一體此事不應成。

名義不同相故，若執名義共一體，此執則相違。

此證顯名是依他，顯義是分別。

何以故？

此依他由名所分別故。

2. 由名多故，若名與義一，名既多義應成多，此義體相違。

㊞ 此即第二證，或一義有多名，若名與義共一體，如名多，義亦應成多。

若爾一義應有多體，一物多體此義相違。

是故若兩性一體成第二相違。

3. 由名不定，體相雜此義相違。

㊞ 譬如瞿名目九義，若言名與義一體，是兩體相違成第三相違。

瞿名所目諸義，相貌不同，由許一體，相違法一處得成。無如此義。

是故兩性不可為一體。

（註）

依他性若顯現，是分別性，依他性作為分別性顯現似法，此似法不離依他性。

然此依他性是由分別性的一分顯現，與分別性不是同體。

有三證，

1.因同體而相違

未得名前，於義不應生智，如離瓶名，於瓶義則瓶智不生，以瓶名與瓶義非同一體故。

此中名顯依他性，義顯分別性（因依他性由名所分別故）。若依他性與分別性為一體，則有「即使不聞名，智也應由義起」之過。但名與義若非一體，則無有此過。

故若法體與名同一，則顯此義相違。

2.因同體成多體而相違

若名與義同一體，名既多，義應有多體，則義體相違。若一義無多體，則名義非一體。

3.因同體成雜體而相違

由名不定，如瞿[58]或說有九義（方、獸、地、光、言、金剛寶、眼、天、水。）

或說有十義（羊、眼、地、天、水、說、方、金剛、光、箭）。若許名與義為一體，則有相貌（體）互異者雜聚一處之過，故成相違。

---

58 1. go（m）牡牛、牛乳（pl）、皮革、水、感官、天空、家畜（pl）、星辰、光線。
（f）牝牛、天空、大地、語、辯才女神。

2. 真諦譯《阿毗達磨俱舍論》（卷四）
譬如瞿音聲於九義已立定法，如《尼六多論》偈說：「言方地光中　金剛眼天水　於此九種義　智人說瞿名」

3. 玄奘譯《阿毘達磨俱舍論》（卷五）
且如古者於九義中共立一瞿聲，為能詮定量，故有頌言：「方獸地光言　金剛眼天水　於斯九種義　智者立瞿聲」

依此三義，證明名與義（即依他性與分別性）不是一體。

此中說偈，[59]

於名前無智　多名及不定

義成由同體　多雜體相違

釋 此偈顯依他分別不共一體，此義得成由三相違故。

於名前無智，同體相違。	此即第一相違。
多名，同體多體相違。	此即第二相違。
及不定，同體雜體相違。	此即第三相違。

（註）

依他性由分別性一分所顯。

此處之依他性為緣生之依他性（非染淨二分之依他性）。

若分別性之似法（非實法，其實體為依他性，即諸識）與依他性不離，則依他性與分別性之關係為何？

1. 依他性有二義：種子生之識體（依他性）及色等變異之相貌（分別性）。

   此中所說依他性由分別性一分所顯，即此變異之相貌。此「相貌」常不離「體」（依他性識體）。此識指妄分別（vikalpa）屬三界之心心所。此識及其相貌諸法，是能分別與所分別（或能緣與所緣）之關係。如此關係之分別性（似法）與依他性（識）為一體。（此依他性屬虛妄不淨，非染淨二分所成之依他性。）

2. 依他性之識（體）與分別性之似法（相貌）是能緣與所緣之關係。

   《唯識三十頌》

   （十七頌，二十頌）

   vikalpa是依他性，依此被妄分別（yad vikalpyate tad）是分別性。

   依他性指緣生，分別性是被妄分別（parikalpita-svabhāva）非緣生。被妄分別的非有（nāsti, na vidyate），緣生的是有（sat,

---

59　《顯揚聖教論》（卷16）

　　「於名前無覺　多名及不定　於有義無義　轉非理義成」。此中所引偈與此前半偈同，但旨趣不同。

bhāva）。此vikalpa也被稱為vijñānapariṇāma，分別性非有之我法
（似法）是此vijñānapariṇāma之所緣（ālambana）。

（第一頌）

因此，「任何之我與法之假說於vijñānapariṇāma中行之。」亦即
藉有緣生（有）之能緣的vijñānapariṇāma（vikalpa），非有之我
與法被妄分別，從而於其中被假說。

此依他性之vikalpa與分別性之我與法，雖是能緣與所緣之關係，卻
成為一體，故以「體」與「相貌」的概念表現之。

3.識是有故稱為體，我與法只是識所妄分別，識之外，別無他體，故
相對於「體」而稱「相貌」。之所以說相貌是識之變異，是因為此
識（vijñāna）（詳言之是vijñānaparīṇāma）。識（vijñāna）於現在
一剎那緣生，是剎那滅，故現在剎那之前剎那的識，或現在剎那之
次剎那的識為非有。而現在一剎那的識，其所緣之所緣緣是被限定
的（對象極為有限）。（如現在剎那見庭前松枝，次剎那見從枝上
飛起之小鳥，進而次剎那聞其鳴聲。）

識之所以能緣種種的我與種種之法，是因於長時間，在各各的現在
剎那，各各不同的識起作用。不只是現在剎那，經過諸多剎那，
識之異（anyathātva）成立，此即是vijñānapariṇāma（識變異）。最
早將此語用於唯識說的是世親。故「攝大乘論」不見此語，「世親
釋」中採用。相對於識之體，之所以將相貌的我與法稱為變異即基
於如此之vijñānapariṇāma之所顯。（此非玄奘譯識體轉似二分之轉
變。）

4.「依他性由分別性而顯現似法」時，顯現似是pratibhāsa，ābhāsa，
與pariṇāma[60]完全不同。pariṇāma是指識（能緣）於異剎那間的差
異，而pratibhāsa是在表示現在一剎那識與其所緣的分別性的我與法
之關係。

5.於依他性中以不同道理（別義，paryāya）成立為三性。《本論》五
15

此依他性是緣生的依他性，此時之三性，是同時而非異時，亦即依

60　就護法、玄奘而言轉變 pariṇāma 中，有生變與變現等二義，故玄奘將 pratibhāsa 譯為「變似」，
　　注重「顯現」所具「轉變」義，而稱為「變現」。

他性的成立，同時分別性亦成立，同時真實性亦成立。若為染淨二分所成依他性為中心之三性說，三性的成立是異時而非同時，亦即分別性成立時，真實性不成立，真實性成立時分別性不成立。合併如此關係的分別性與真實性的是依他性。故此依他性由不淨品與淨品所成，此二分之中任何一分常不成就（非如「大乘起信論」之染淨和合）。

故釋言：「由二分隨一分不成就，故名依他。」《本論》五17

二分中任一分成立時，另外一分不成立。

在三性同時成立之三性說中，此三性相互之關係是非異非不異。（若依染淨二分依他性成立之三性說中，解釋此非異非不異之問題，則其意義不同。）

二、依弟子疑明相違

此中說偈，[61]

法無顯似有　無染而有淨
是故譬幻事　亦以譬虛空

釋　此偈為教弟子，（未達無分別智之）弟子於二事生疑。

（疑）法無顯似有，無染而有淨。

釋　弟子於兩種相違（矛盾）生疑（惑）；

　　一、第一相違：無法顯似有法。

　　二、第二相違：於無染中而有淨。

（答）是故譬幻事，亦以譬虛空。

釋　即以此譬，釋弟子疑。

　　一、幻事譬（譬依他性與分別性）

61　《大乘莊嚴經論・隨修品》（卷六）9
「無體及可得　此事猶如幻　性淨與無垢　此事則如空」。此為阻斷無自性和本性清淨之怖畏，四偈中第一偈。偈同但旨趣與此中所引不同。

譬如幻像實無顯現為有，諸分別法亦爾，實無而顯現似有，此有亦可見。

1. （疑惑）以妄分別為體之諸法，實無而顯現似有，而為可見。

（依他性之識（vijñāna, vikalpa），由分別性顯現似諸法。此諸法實無而可見。）

2. （喻解）如幻化之象馬雖可見，但非實有，實有的只是幻。而諸法成為識之所緣（顯現，可見），此中實有的是識而非諸法。如此諸法（六根六境六塵等）並無自體，而以識為體。

幻譬喻識為依他性，象馬等譬喻諸法為分別性。

二、虛空譬（譬真實性）

譬如虛空非雲等五障所染，自性清淨，雲等障後滅時，亦說空為淨。諸法亦爾，本無有染自性清淨，客塵障蓋，後滅則見清淨。

1. （疑惑）真實性本清淨，但須不淨滅去，始見其清淨。（若無不淨之滅，則不得其清淨。）

真實性有二事相違：(1)無關不淨之滅或不滅，真實性都是清淨。(2)不淨滅去，方成真實性之清淨。

2. （喻解）如虛空自性清淨，而有雲等五障。雖虛空非此五障所染，但障後滅時，亦說空為淨。

諸法亦爾，自性清淨本無有染，客塵障蓋後滅則見清淨。

丁二　依他性何故非不有？

云何如此顯現而實非有，依他性一切種非不有？

若無依他性，真實性亦無，一切無，不成。

若無依他性及真實性，則無有染汙及清淨品過失。

此二品可知非無，是故非一切皆無。

此中說偈，

若無依他性　真實性亦無

則恆無二品　謂染汙清淨

釋 若依他性，如所顯現如此無所有；（而）一切一切種，此性亦不無。此意

云何？

（依他性作為諸法而顯現可見，然非如其所見的實有（分別性），卻又非全無。）

一、若無此性（依他性）真實性亦無。

　　何以故？

　　若有染污（品）則有清淨（品）。若二法悉無則一切皆無。

二、此一切無，由此方便能顯其（無依他性）不成。

　　何者為方便？

　　撥無生死（染污品，依他性）涅槃（清淨品，真實性），此義不可立。

　　由染污品及清淨品可見，是故兩法顯現，若撥言無生死（染）涅槃（淨），則成邪見，亦名損減謗。（此為緣生之依他性，虛妄分別不淨之法，屬於三界之心心所法。）

　　是故分別性（即使）是無，依他性不可撥言無。

故知依他分別不得同體。

乙六 引經明三性差別

丙一 引《方廣經》說三性

諸佛世尊於大乘中說鞞佛略經[62]。

此經中說，

一、云何應知分別性？由說無有品類，此性應知。

二、云何應知依他性？由說幻事鹿渴夢相影光谷響水月變化。如此等譬應知其性。

㊑ 一、分別性

分別性恆無[63]（nityam asat），故無其同類。

（此非二分依他性之分別性。若然，則二分之依他性作為分別性而顯現時，作為不淨品虛妄之法，亦即生死之存在，是有。不能說是恆無。其之成為無，是依真實性，二分依他性顯現時，亦即是入涅槃時。）

二、依他性

依他性為緣生有，同時亦是空（不可得）。《本論》五3

此性是有又是無，是無又是有，故以幻事等喻說之。

（此依他性為緣生（繫屬於熏習之種子），非染淨二分所成。）

三、云何應知真實性？由說四種清淨法，應知此性。

四種清淨法者：

1. 此法本來自性清淨，

謂如如、空[64]、實際、無相、真實、法界[65]。

---

62 《鞞佛略經》vaipulya-sūtra
通指佛所說大乘方廣經。此中究竟指何經不明。
但此長行內容與後之偈同，或可說此經即是大乘阿毗達磨經，或另有他經。

63 可參考《中邊分別論》真實品，第三偈。

64 空 śūnyatā
1. 羅什（空）與真諦（唯識）
妄法之無（空，依他之無）與真如（真實性）直接融合，有為與無為不二。
2. 玄奘
說二空（只是否定妄法，為有為）所顯真如（指空性，無為），此中將有為無為分開。

65 1.（安慧《中邊分別論疏》）

㉘ 由是法自性本來清淨，此清淨名如如。

於一切眾生平等有，以是通相故，由此法是有故，說一切法名如來藏。
（藉由一切眾生平等有如如等之通相，而言一切法名如來藏。）

2. 無垢清淨，
謂此法出離一切客塵障垢。

㉘ 是如來藏離惑智二障，由此永清淨故，諸佛如來得顯現。

3. 至得道清淨，
謂一切助道法及諸波羅蜜等。

㉘ 為得清淨菩薩行道。此道能得清淨故，名清淨道。即般若波羅蜜及念處等
諸助道法。

4. 道生境界清淨，
謂正說大乘法。
何以故？
此說是清淨因故，非分別。清淨法界流[66]故，非依他。

㉘ 道及助道法生所緣境界，謂修多羅等十二部正說。是清淨資糧故，亦名清
淨。

云何說道生境界清淨，是真實性攝非分別依他（攝）？

此正說若屬分別性，應成染污因，（此大乘法）是清淨因故非分別性。

若屬依他性，如依他性亦應成虛（妄）[67]，此（大乘法）清淨法界流為

《中邊分別論・相品》第一

2.（安慧《唯識三十頌釋》）頌 25 釋
「彼亦即是真如……乃至一切屬於法界的同義詞，亦可以之詮釋（圓成）。」
同依此順序說自性清淨之六個同義詞。

66　法界：真如，空的同義語。應指超越語言與思惟，為第一義諦（paramārthasatya）。
正說：由法界所出之正說十二部，屬於語言（vyavahāra）世界，為世俗諦（samvṛtisatya）。
流：即等質之意。
正說為法界流，指二者為相同者之二個面向。

67　此依他為虛妄，指的是緣生之依他，非染淨二分之依他。

體，是故非虛（妄）。以出二性外，故屬真實性。

由此四種清淨法，攝一切清淨法皆盡。

㊣ 若說四清淨中隨一清淨，此說於大乘中，應知屬真實性。

第一第二清淨，由無變異[68]，故成真實。

第三第四清淨，由無顛倒[68]，故成真實。

（註）

　1.本來自性清淨（本性）

　　此法自性本來清淨，為有垢真如（如如）。（在纏位）

　　藉由一切眾生平等有如如等之通相，而言一切法名如來藏[69]。

　　自性清淨之六個同義語：

　　如如tathat　　空śūnyat　　實際bhūtakoṭi

　　無相animitta　　真實paramārthat　　法界dharma-dhātu

　2.無垢清淨（無垢）

　　此自性清淨之法（真如如來藏），若離煩惱障所知障一切客塵障垢，則其清淨成就，稱為無垢真如，也即是如來法身。（出纏位）

　3.至得道清淨（道）

　　菩薩為得清淨所行之清淨道。（助道品諸波羅蜜等）

　4.道生境界清淨（緣緣）

　　指助道品波羅蜜生的所緣境界，為正說大乘法（十二分教）。

　　令修行者起至得清淨心而至得清淨。（此中緣緣指的是所緣ālambana）

四、以偈重說

此中說偈，[70]

68　清淨法之特質為無變異（avikāra）與無顛倒（aviparīta）。
　　無變異：指無為法，真如、空、法界等。
　　無顛倒：指有為法，無漏智及教法。
69　此藉由眾生有如如等通相，而言一切法名如來藏，非指無著世親真諦有「眾生有如來藏」之論。
70　此二偈在《大乘阿毘達磨經》中。（依安慧《中邊分別論釋疏》知）

幻等顯依他[71]　說無顯分別[71]

若說四清淨　此說屬真實

清淨由本性　無垢道緣緣

一切清淨法　四皆攝品類

（釋）（幻等顯依他，說無顯分別）

是處如來說一切諸法如幻事，乃至如變化譬，應知此言是說依他。

若說無色乃至無一切法，應知此言是說分別。

丙二　於依他性說八譬[72]

何因何緣是依他性如經所說幻事等譬所顯？

於依他性中為除他虛妄疑惑。

（於虛妄起疑謂為實有，不信是虛妄故名虛妄疑。）

云何他於依他性中生虛妄疑惑？

諸說於依他性中有如此虛妄疑心：

一、幻事譬

若實無有物，云何成境界？

為決此疑故說幻事譬。

（釋）此法若顯現成境界云何言虛妄？

故以幻事譬依他性。譬如幻像塵實不有亦成境界，諸法亦爾。

為除此疑故需立譬。

（註）

1.諸法可得（被見聞覺知），然非如見聞覺知的實有，故稱虛妄之

71　1、真諦譯之依他其梵文為 bhūta（非 paratantra）（bhūta 是「生」或「有」）。其他三譯譯為「生」。釋文亦解作依他。可知此依他為緣生之依他（非染淨二分之依他）。

2、分別為無（nāsti）亦顯此處指的是緣生之依他。若為染淨二分之依他，則在無分別智火燒鍊前，有的是分別性（非恆無），無依他性及真實性。

3、此處之偈所顯之緣生虛妄之三性說，若出大乘阿毘達磨經，而同時驗證前述之《大乘鞞佛略經》之長行，可推論《大乘阿毘達磨經》之三性說為緣生之三性說。

72　可參考《大乘莊嚴經論・述求品》第十二。

境，故以幻喻之。

如此被喻為幻像的何以是依他性？

此因可得的諸法（分別性）不外是識（妄分別，依他性）。

識（妄分別）是緣生，故為依他性，此識具種種相貌（一切法）而生。

其相貌（分別性）就凡夫言，是見為實在之諸法，但就智者（得無分別智而住於唯識之菩薩）而言此非實有，不外是識，因此識（妄分別，依他性）以幻事喻之。識若生起具種種諸法相貌，如在幻中之象馬。

2.「此法顯現成境界」指的是分別性之法顯現成為可被見聞覺知（可得）。境是虛妄的，識本身也是虛妄的，是依他性的。此依他性為本識為種子虛妄分別所攝諸識（十一識）之識體，<u>以有體故與分別性異</u>，<u>由虛妄分別所攝故異於真實性</u>。《本論》五2，（記要）P.145

二、鹿渴譬

若無境界，心及心法云何得生？

為決此疑故說鹿渴譬。

㊐ 鹿渴譬心及心法，以水譬塵。鹿渴動搖生識，緣水為境，實無有水，如此心及心法起變異事，於無有塵生緣塵識。

（如同陽炎（鹿渴）晃動，見之若水，心與心法（廣義之識，即妄分別）變異生起緣各各之境的特定之識。）

三、夢相譬

若實無塵，愛非愛受用云何得成？

為決此疑故說夢相譬。

㊐ 譬如於夢中無有實塵，亦見有愛憎受用，此依他性中亦爾，無有實塵，亦見有愛憎受用

四、影譬

若實無法，善惡二業愛非愛果報云何得生？

為決此疑故說影譬。

釋 譬如鏡中無實影塵，於面相起影識，此影塵非不顯現。

愛憎兩果亦爾，實非有而顯現似有。

（鏡面映出物體之影像時，並非鏡面之外，有此影像之實物（影塵）存在於其中，只是物之相於其中而生起影像之認識，物之相於其中顯現。

與此相同，相應善惡二業，有愛非愛果報之受用，而其中成為受用之對象並無實體。得無分別智之菩薩住於唯識，雖有受用對象，卻常了知此物之空。）

五、光影譬

若實無法，云何種種智生？

為決此疑故說光影譬。

釋 譬如人弄影，見影有種種相貌，隨影起種種識，無實影塵。種種識塵亦爾，實無所有，而有種種塵顯現。

（論文中說種種智，意指種種事物之認識，與釋文種種識同義，並參酌藏譯，可知此智指的是vijñāna，非jñāna。）

六、谷響譬

若無實法，云何種種言說起？

為決此疑故說谷響譬。

釋 譬如實無響塵而顯現可聞。

言說（戲論）事亦爾，（義）實無所有而顯現可聞。

七、水月譬

若實無法，云何成緣真實法定心境界？

為決此疑故說水月譬。

(釋) 譬如無水月實塵而顯現可見，由水潤滑澄清故。

若人心得定，無實塵為境，亦顯現可見。水譬定，以定心潤滑澄清故。

八、變化譬

若實無法，云何諸菩薩故作心（起心），（以）無顛倒心為他作利益事，於六道受生？

為決此疑故說變化譬。

(釋) 譬如無實變化塵，隨變化者（心力）所作，一切所作事皆成所化塵，非不顯現。

菩薩受生亦爾，實無六道受生身，作利益一切眾生事及受生身亦顯現。

(釋) 別釋

復有何義佛世尊說幻事等譬？

更有別義，今當說佛意。

一、幻事譬

幻事譬為對治眼等六內根。諸根如幻像，實非有而顯現似有。

二、鹿渴譬

鹿渴譬器世界。由此大故顯現如水，實無所有，而於鹿渴顯現似有，以動搖故。（鹿渴譬及夢相譬對治色等塵）

三、夢相譬

以器世界，眾生執為色等可受用法，如執鹿渴中水謂可飲。

為對治此執，故說夢相譬。

譬如於夢中色等諸塵無所有，因此（非有的色等之塵）有愛憎受用。

四、影譬

為對治身業故說影譬。

依善惡身業有別色似影生。

五、谷響譬

為對治口業故說谷響譬。

由此譬顯口業為因，有口業果報由如谷響。

六、光影譬

（意業有三種：一不寂靜地，即是欲界散動業。二寂靜地即修慧。三聞思二慧。）

為對治不寂靜地意業說光影譬。

由此譬顯意業果報，譬如光影。

七、水月譬

為對治寂靜地意業，故說水月譬。顯意業果報，譬如水月，如水中月實無有月，而顯現似月。

寂靜心亦爾，實無所有，於寂靜心中而有動搖，現在及未來世果顯現，離此寂靜心無有別果。

八、變化譬

為對治聞思品類意業，故說變化譬。

若是聞思熏習生業果報，譬如變化品類非有亦有顯現，聞思生業果報亦爾。

（註）

以如此八喻，譬喻我人身體或外界事物，實際上是無（如依得無分別智之菩薩所見），然而對凡夫言，此等顯現如實有，因此起疑：

1.若說為「實無」，何以我人見為實有？

2.若是「實無」，何以有如此之作用？

2.若人身非實有，水非實有，何以我人得以飲水？

4.若心非實有，如何有意業果報？如此等對「事物雖無而有」之矛盾，無以釋疑，故以譬喻解說。此矛盾之釋明，即為唯識說體系之思想。

乙七　依三性說釋經

由此法爾三性為相，如來所說經悉皆隨順，今當說隨順經義。

（三性理真實存在之特質與經典所說一致，非我人有限知性所能了解。）

丙一　釋《婆羅門所問經》

《婆羅門問經》中言：

世尊依何義說如此言？如來不見生死不見涅槃。

於依他性中，依分別性及依真實性，生死為涅槃，依無差別義。

何以故？此依他性由分別一分成生死，由真實一分成涅槃。

㊟ 依他性非生死，由此性因真實性成涅槃。

此性非涅槃。何以故？此由分別分即是生死故。

是故不可定說一分，若見一分餘分性不異，是故不見生死亦不見涅槃。

由此意故如來答婆羅門[73]如此。

（註）

1. 緣生虛妄依他性之三性說

從應知勝相品一開始，直到此《婆羅門問經》前，論主無著都是以緣生虛妄的依他性之三性說揭示唯識無境。

識是依他性，是有（緣生）；境是分別性，是無。故說唯識無境，識與境是能識與所識之關係。

2. 染淨二分依他性之三性說

《婆羅門問經》：「如來不見生死不見涅槃」。論主無著方以染淨二分依他性之三性說解說經中之無住處涅槃與轉依。此三性說不在揭示識有境無之關係，而在揭示轉生死（不淨品）得涅槃（淨品）之轉依。無住處涅槃與法身以轉依為相，此三性說揭示此轉依論理

---

73 《婆羅門問經》brahma-paripṛcchā-sūtra
　　婆羅門指梵天。此經有各種譯名：《梵王經》，《梵天問經》，《梵問經》，《思益梵天所問經》，《梵天所問經》，《勝思惟梵天所問經》，《梵天王問經》（《大乘莊嚴經論》）。

性之構造。

3.依他性非生死非涅槃（兩面之否定）

作為生死與涅槃兩面之否定而提出依他性。

「此二分隨一分不成就，故名依他」《本論》五17，顯示出二分不能同時成立。

作為分別性而顯現時，既無依他性亦無真實性。反之，作為真實性而顯現時，既無依他性亦無分別性，而是真實性。

生死與涅槃是相互否定的對立關係，一方成立時，另一方即不成立，也即是一方之否定時，他方才能成立。人在生死中即與涅槃無緣，必須在涅槃時才能脫離生死。依他性的「非生死非涅槃」之兩面否定，是在相互否定的同一性之構造中成立。

4.「如來不見生死不見涅槃」

不只是任何事物皆不見（否定），而是不見生死與涅槃有差別。

藉由依他性之此一自性，顯示出分別性之一分與真實性之一分是一。故此依他性能表現生死與涅槃之無差別義。藉由依他性之此一自性而表現的「生死與涅槃之無差別」，是由不見兩者差別之如來所完成。如來得無住處涅槃，故不見生死與涅槃之差別。

5.寂滅勝相品第九，言及無住處涅槃之相（lakṣaṇa）時，

論文：「捨離惑與不捨離生死，二所依止，轉依為相。」

釋文：「無住處涅槃以轉依為相，即轉二著。凡夫著生死，二乘著涅槃。菩薩得無分別智，不見生死涅槃有差別，雖滅惑不住涅槃，雖起分別不住生死。故此涅槃以轉依為相，此轉依即依止依他性。」

據此可知，生死與涅槃之無差別不外是轉依。轉依是依止依他性。此依他性由染淨二分所成，此二分如同說為非生死非涅槃，是相互否定的對立。如此之二分成依他性之一自性。

6.此生死與涅槃之無差別即轉依。此轉依於佛菩薩之無分別智中完成。「若見一分與餘分之性不異，是故不見生死亦不見涅槃」，此中之見性之不異，是指無分別智之見。

7.此染淨二分所成之依他性是在揭示轉依之道理，不在揭示唯識無

境。唯識無境需以緣生虛妄之依他性為中心之三性說才能闡明。

丙二　釋《阿毘達磨修多羅》

《阿毘達磨修多羅》中，

（法說）佛世尊說法有三種：一染污分，二清淨分，三染污清淨分。

依何義說此三分？

於依他性中，分別性為染污分，真實性為清淨分，依他性為染污清淨分，依如此義故說三分。

㉘ 《阿毘達磨修多羅》中，說分別性以煩惱為性，真實性以清淨品為性，依他性由具兩分，以二性為性故，說法有三種。

一煩惱為分，二清淨為分，三二法為分，依此義故作此說。

一、金藏土之譬

於此義中以何為譬？以金藏土為譬。

（喻說）譬如於金藏土中，見有三法，一地界二金三土。

於地界中，土非有而顯現，金實有不顯現。此土若以火燒鍊，土則不現，金相自現。

此地界土顯現時，由虛妄相顯現，金顯現時由真實相顯現，是故地界有二分。

㉘ 如來為顯此義故，說金藏土譬。

金為藏者，地界是金種子故，說名金藏土。以堅觸為地界，以所造色為土，謂色塵等，此三可了別。

此地界先由土相顯現，後由金相顯現。

何以故？

此地界若為火所鍊，金相則顯，是故於地界實有金，此義可信。

二、本識為無分別智之火燒時

如此本識未為無分別智火所燒鍊時，此識由虛妄分別性顯現，不由真實性顯

現。

若為無分別智火所燒鍊時，此識由成就真實性顯現，不由虛妄分別性顯現。是故虛妄分別性識，即依他性有二分，譬如金藏土中，所有地界。

（釋）一、本識指的是虛妄分別所攝識（十一識，四識），其「通性」之識體。（即是vijñapti）

　　二、二分之依他

　　　　染淨二分之依他性是以無分別智生起時為分界，生起前是依不淨品分顯現，生起後是依清淨分顯現。

　　　　1.金藏土

　　　　　在無分別智火未燒鍊前，虛妄分別性顯現。

　　　　　在無分別智火燒鍊時，虛妄分別性（染污分，分別性）之顯現止息，真實性（清淨分）顯現。

　　　　2.《本論》五17

　　　　　「若識分別此性，或成煩惱或成業或成果報，則屬不淨品」，「若般若緣此性，無所分別則成淨品」。

丙三　依三性說釋餘聖教

復次有處世尊說一切法常住，有處說一切法無常，有處說非常非無常。

依何義說常？

此依他性由真實性分常住，由分別性分無常，由二性分非常非無常。

如依此義說常無常無二，

如此說苦樂無二，善惡無二，空不空無二，有我無我無二，淨不淨無二，

有性無性無二，有生無生無二，有滅無滅無二，

本來寂靜不寂靜無二，本來涅槃非涅槃無二，生死涅槃無二。

由如此等差別，諸佛如來依義密語，由此三性應隨決了，常無常等正說，如前解釋。

（釋）一、藉由三性說可以了知：

雖說為常住，為與無常無二之常住；雖說為無常，為與常住無二之無常。

二、十二組之無二（常無常無二乃至生死涅槃無二），其論理構造與前引《婆羅門問經》同。此係表示常無常無二或生死涅槃之無差別。而《阿毘達磨修多羅》揭示的是從生死乃至涅槃之轉依，但亦含無二乃至無差別之思想。

三、《婆羅門問經》與《阿毘達磨修多羅》難以切割

　1.《婆羅門問經》所載與常無常無二等論述，係以表現藉由轉依而成立的無住處涅槃法身之構造為主。

　2.以此轉依為根底才能成立的生死涅槃之無二，即是此處所說之無二思想。

　3.此無二思想中，含有染淨二分之依他性：

　染污分之顯現止息，清淨分之顯現。

　《婆羅門問經》所言，依他性非生死非涅槃，含有生死涅槃兩方之否定。若無作為生死而顯現的依他性之染污分的滅去，而依他性的清淨分顯現，則「非生死非涅槃的生死涅槃之無二」不得成立。

　　（註）

　　　1.無著引用二經之理由

　　　《婆羅門問經》與《大乘阿毘達磨經》所揭互異，但合此二經所揭則能充分了知染淨二分之依他性為中心之三性說。

　　　此二經都能依此二分依他之三性說而了其深義，反之僅依其中一經卻又不能完全清楚此三性說之構造。諸經之中能藉此三性說揭其深義的並不是恰巧有。選此二經絕非偶然。

　　　2.染淨二分依他性之三性說是無著之創見？

　　　　(1)此處之《大乘阿毘達磨經》經文中說法有三種，但並未說三性。三性說係論主於論文中之解釋。《大乘阿毘達磨經》之三性說係於「幻等顯依他……」偈中揭示

（《本論》六3，依安慧《中邊分別論釋疏》知此偈出於
《大乘阿毘達磨經》）。（記要）P.232 註71

(2)在無著之前《解深密經》，《中邊分別論》，《大乘莊
嚴經論》，《法法性分別論》，《瑜伽師地論》中，不
見說此二分依他性之三性說。無著之後，世親除此《攝
大乘論釋》中外，在其本人著作中，亦不見此三性說。
此染淨二分所成之三性說，只見於《攝大乘論》。

丙四　依三偈說法非法無二

此中說偈，

如法實不有　如彼彼種現　由此法非法　故說無二義

（藏譯）　從諸法不有　從現種種形　法（無）非無法　故顯示無二

㊣ 諸法非法非非法，由此法實無所有故，非法如有顯現故非非法，由非法非
非法故說無二義。

依一分說言　或有或非有　依二分說言　非有非非有

㊣ 若依一一分，不可說諸法有及非有，如所顯現不如是有故不可說有。雖實
非有如有顯現故，不可說非有。

若捉一一分，應如此判，若約依他性具有二分，說諸法非有非非有。

如顯現不有　是故說永無　如顯現實有　是故說非無

㊣ 如所顯現不如此有，依不有義故說永無，雖復不有非不顯現，依唯有顯現
義故說非無。

（註）

1.法（有）非法（非有）無二

「諸法雖非實有卻如有般的顯現」為大乘佛教基本思想之一。

此三偈基於此一思想，藉由二分依他性之說，揭示法非法（有非

有）之無二（advaya）

(1)諸法非實有

（偈1）非法，（偈2）非有，（偈3）不有

(2)似有而顯現

（偈1）非非法，（偈2）非非有，（偈3）非無

合此二者，即非法非非法（或非有非非有），顯示法與非法（或有與非有）之無二。

2.此中之諸法之非有或非非有（非無）是就顯現之諸法而言。

前二偈著重於二者之無二。

第三偈著重於顯現中有法與非法，不只是有此二，而且二者融合為一。

3.二分依他性

二分依他性所具「二分的一」自性，是顯示如此的「二的一」。

此中顯然含有二分依他性的三性說思想。此時的二分依他性之三性說，是先前依《婆羅門問經》所說，而非《大乘阿毘達磨經》之所說。

4.《婆羅門問經》二分依他性之特徵

(1)此二分是兩方都被否定。

(2)如此之二分是無差別。

亦即生死與涅槃形成二分（皆二被否定），而藉由「非生死」「非涅槃」之論述，顯示如此的「二分之性不異」，亦即二分的「無差別義」。

生死與涅槃的無二，是藉由生死也否定涅槃也否定才得以成立，此依二分依他性之三性說而得了知。

5.藉由《大乘阿毘達磨經》而揭示的二分依他性之三性說，揭出此非生死的是涅槃，非涅槃的是生死。生死與涅槃之否定而對立之關係。亦即作為生死（不淨品）而依他性成立時，無涅槃（淨品）；既然作為涅槃的已成立，則其中已無生死，故將此依他性之二分，說為「由隨一分不成就故名依他」。從而就結合如此二分而成一依

他性而言，此依他性之二分，其中的任何一分都被否定。

6.生死即涅槃是大乘佛教基本思想之一。

然此「即」字，並不是表示此二者直接的同一性，而是表示藉由如此兩方之否定，兩者之間，任何意義的同一性乃至連續性也否定的二者之「無二」，此即無著以二分依他性之三性說所揭示的。

7.龍樹在《中論》涅槃品指出生死與涅槃無任何差異，在言及涅槃與生死無任何差異時，並不表示生死與涅槃有直接的同一性，而是以如此的兩面否定為媒介的一種矛盾的同一。將非生死與非涅槃結而為一，用以表示生死與涅槃之無二。就純粹的邏輯問題而言，這是完全不能成立的命題。

非生死與非涅槃的無二，只有藉由生死之滅而涅槃成立，如此從生死至涅槃的轉依的宗教體驗才有可能。無著在揭示二分依他性時，引用《婆羅門問經》與《大乘阿毘達磨經》而作說明的理由在此。

換言之，二分依他性之說中，具有《婆羅門問經》所揭示的，以及《大乘阿毘達磨經》所揭示的兩種方面，如此兩面之中任何一方所說，必然含有另一方所具意義。

龍樹在《中論》所說生死與涅槃全「無差別」，其意義相同。

8.此「無差別」不是論理上的同一性，也不是以否定論理而表現的一切事物皆空神秘的體驗世界。其自身立於生死已滅而到達涅槃之處所（亦即已具有二分依他性的《大乘阿毘達磨經》所揭示的），作為非生死非涅槃兩者的無二（爾後無著稱此為無住處涅槃），以如此的生死與涅槃無差別之表現揭之。

丙五　依二偈說三無性

由自體非有　自體不住故　如取不有故　三性[74]成無性[75]

74　其他漢譯本及藏譯本都無此「三性」。

75　1.（梵文直譯）
　於自然（成無）自性成無，於自性不安住，更如取成無，謂無自性性
　2.《大乘莊嚴經論》述求品（五）4
　自無及體無，及以體不住，如執無體故，法成無自體
　(1)自無謂諸法自然無，由不自起故。不自起者屬因緣故。（未來法，待緣不自起）
　　體無謂諸法已滅者不復起故。（過去法，已滅無自性）
　　體不住者，現在諸法剎那剎那不住故。（現在法，剎那生滅不恆常住）

由無性故成　前為後依止　無生滅本靜　及自性涅槃[76]

㊜ 一、第一偈

此顯如來所說無性意。

1.〔由自體非有，自體不住故〕

初句一分明無性通大小乘，此正是顯無性意。

〔自非有〕，此顯通無性

由諸法離因緣和合，不關外緣自然成，無有此義故，一切法無性。

〔體非有〕，亦是無性

（約過去）此體已滅，由此體更立法為有，無如此義。

（約未來）此體未有，由此體預立法為有，無如此義。

〔自體不住〕

（約現在）若諸法已生，過唯生時，無能住義，既不能住故現在亦無體。

（此三世無性，通大小二乘。）

2.〔如取不有故，三性成無性〕

此約三無性，但大乘中有，餘乘則無。

此三種無自體，遍一切有為相，是義應知。

(2) 如所執著實無自體，由自體無體故。如諸凡夫，於自體執著常樂我淨，如是異分別相亦復無體，是故一切法成無自體。

3.《大乘阿毗達磨集論》卷七 P191

一切諸法皆無自性，依何密意說？

謂無自然性故，無自體性故，無住自體故，無如愚夫所取相性故。

復次於徧計所執自性由相無性故，於依他起自性由生無性故，於圓成實自性由勝義無性故。

76　1.（由藏譯還原）

　　由無自性性，不生不滅本來寂靜，與自性涅槃皆得成立故，為後物依止

　2.《大乘莊嚴經論》述求品（五）4

　　無自體故成，前為後依止，無生復無滅，本靜性涅槃

　　由前無性故次第成立後無生等。

　　問此云何？答無生復無滅本靜性涅槃。

　　若無性則無生，若無生則無滅，若無滅則本來寂靜，若本來寂靜則自性涅槃，如是前前次第為後後依止，此義得成。

　3.《大乘阿毗達磨集論》卷七 P191

　　又於彼說言，一切諸法無生無滅，本來寂靜自性涅槃。

　　依何密意說？如無自性無生亦爾，如無生無滅亦爾，如無生無滅本來寂靜亦爾，如本來寂靜自性涅槃亦爾。

〔無相性〕

由分別性所顯現，實無所有，故無相性。

〔無生性〕

分別性無體相故，依他無所依止，故無生性。

〔無真實性〕

此二無性，無（之）無性，故真實無性性。

二、第二偈

由諸法永實無性，一切無生等四義得成。

何以故？

若諸法〔無性〕，是故〔無生〕。若無生則〔無滅〕。

由無生無滅故〔本來寂靜〕。

由本來寂靜故〔自性涅槃〕成。

前為後成立依止。（謂無性成立無生故，為無生依止，後三亦爾。）

（註）

1.以緣生依他三性說立三無性

無相性：指分別性之無。

無生性：指緣生之依他性無（無所依止）。

真實無性：指分別無相與依他無生之二無性（相當於《安慧釋》頌22說「依他性依分別性而空」）之同一無性。

「無之無性」即是真實無性性，也即是真實性。（如同頌24說「真實性以無為自性」）

二分依他性之三性說中，不立此三無性。

2.安立二分依他性三性說之理由

(1)非法非非法無二

①「如取不有」同於前三偈之「如顯現不有」。

「顯現」是「被得知」「被取grāhya」，與取（gṛhṇāti）、得知（upalabhate）、執著（abhiniviśate）同義。如同dharmābhāvopalabdhi的upalabdhi被譯為法無

顯似有。

②前三偈「雖非實有，如有顯現」，即非非法或非非有，是意味著有，此係緣生，是依他性。此非實有之法，無非是識（vijñapti）。而此非法與非非法之無二是「無之無性」，是真實無性性，為真實性。

（以非法非非法而說的無二，在「顯現」中成立。）

③顯現之非非法是緣生之有，此為依他性。此依他性（緣生，有）藉由分別性而空，故依他性中有緣生（有）與空（無）相反的二種意義。

（可參考安慧釋《唯識三十頌》）

④前揭三偈在揭示緣生依他性之三性說。亦即如顯現不有的是分別性；顯現為有的是非非法，是緣生之依他性；此無（非法）與有（非非法）的無二為真實性。

但以緣生依他三性說無法完全揭示「分別性之無與依他性（緣生）之有」的無二。此非法（無）與非非法（有）的無二，是藉由二分依他性的三性說而揭示。

無著於緣生依他性的三性說之外，又說二分依他性的三性說的理由之一在此。

(2)三性之一異

①《世親釋》：「（此）約依他性，明塵無所有，即以依他性成真實性。為存有道故，不明依他性是無，為真實性」

在唯識理上，依他真實不異，從而是三性不異。（滅諦、應知勝相第二）

但在唯識實踐上，滅道二諦有別，為存有「道」故，依他不能直接是無為之真實性。唯識觀必須立於識（依他）有而遣境，進而境無識亦無（遣依他性），才是真實性。（道諦、應知入勝相第三）（記要）P.207

②由唯識觀行遣依他性，故約依他性而說塵無所有。

此同《三十頌》頌22安慧釋文指出因「依他性依分別性

（塵之無所有）而空」，故說依他性與真實性不異，顯示此中含有唯識觀之行。《本論》第三品，作為「入應知」而揭示其行。

③以緣生的依他性為中心之三性，被稱為應知，依此三性所揭示的世界，是已到達無分別智的菩薩所見的世界。

之所以在此三性說之中，揭示藉由分別性而依他性空，是表示此菩薩藉由識之有而觀境之無（《中邊‧相品》「依識之得而有境之無得」），其次依境之無得，得識之無。

總之，應知之中已含有入應知，此入應知之行，在《中邊分別論》是說為入無相方便。緣生依他之三性中，雖含此入應知，但並不能完全揭示，故藉由染淨二分之三性說揭之。

此即無著說此二分依他之三性說的理由之一。

3.二種依他性

(1)在緣生依他之三性說中，依他性雖是緣生卻又是空，是空又是緣生，緣生與空兩義同時成立。而空之真實性與此緣生諸法之關係，有如同法與法性之關係（參考頌25）。

(2)空去虛妄之識（依他性）而成為無心，無分別智、真如（真實性）現成。不淨品至淨品之行作為所依之轉換，不能以緣生依他性之三性說闡明，而是以染淨二分之依他性為依據的三性說揭示。

同一之依他性，就緣生之依他而言，依他性顯示諸法之有（生死）即諸法之空（涅槃）（在染淨二分依他之說中，依《婆羅門問經》所顯示的，是此生死與涅槃之無二），而就依《阿毘達磨經》所顯示的二分依他性而言，依他性顯示轉諸法（妄）而成空與真如（真）。

雖同樣說為依他性，然其意義有如此二種差別，並非同一。

4.二種三性說之結合

無著何以將不同的二種意義（即不同思想），以同一語詞表示？

是因為如此不同的二種思想，藉由互不可分離的內在必然性而結合，兩方合而為一的中心點是依他性。

無著在應知勝相品第二，從相章第一至分別章第二，持續揭示緣生依他之三性說，直至結尾之處，始提出二分依他之三性說，揭示兩者的關係。最後提出三無性，綜合二種三性說與三無性說。

此三無性是「但大乘中有，餘乘無。此無性是一切無性之根本，以此為基礎，諸無性例如無生無滅一切無之說成立」。「如來所說無性之意」，藉此得以根本了知。

總之，若以緣生依他之三性說與二分依他三性說闡明三性說，則能解說如來所說一切法，不只是有，一切無的思想藉此也得以了知。連無的思想也包含，一切思想藉由三性得以了知，故將如此之一切思想之考察名為應知（三性）。

乙八　四意四依顯了佛言【顯了意依章第四】

有四意四依[77]，一切佛世尊教應隨決了。

釋 如來所說正法，不出四意四依。

此意及依由三性故可決了，若離三性無別道理，能決了此法。

（註）

如來所說正法有種種，其中似有不一致或相違者，但如來真意可依四意與四依得以了知。而此四意與四依，則藉由三性得以完全明了。此章雖對三性之說明微乎其微，但揭示了三性與如來所說法之關係，故論主，將此置於應知勝相品中。

丙一　四意 （abhiprāya）

一、平等意
譬如有說：昔是時中我名毘婆尸，久已成佛。

釋 非昔毘婆尸即是今釋迦牟尼。

此說中以平等為意，是名通平等。若說別平等，謂因果恩德皆同。

是名平等意。

（於此著眼於平等法爾（或平等法性、平等法身）而言，非指今世尊即昔毘婆尸。或如世人取相似法說彼即是我（玄奘譯）。）

二、別時意
譬如有說：若人誦持多寶佛名，決定於無上菩提不更退墮。

釋 若有眾生由懶惰障不樂勤修行，如來以方便說。由此道理於如來正法中，能勤修行方便說者，是懶惰善根，以誦持多寶佛名，為進上品功德。

佛意為顯上品功德，於淺行中欲令捨懶惰勤修道，不由唯誦佛名，即不退墮決定得無上菩提。譬如由一金錢營覓得千金錢，非一日得千，由別時得

77　四意四依（詳見甲三附註二）。

千。

如來意亦爾，此一金錢為千金錢因，誦持佛名亦爾，為不退墮菩提因。

復有說言，由唯發願，於安樂佛土得往彼受生。

㉑ 如前應知，是名別時意。

（如來方便說誦持佛名不退墮而得無上菩提，發願能生極樂世界，是希望以前為因，將眾生懶惰之善根提升至上品的功德。）

三、別義意

譬如有說：事如是等恆伽所有沙數諸佛，於大乘法義得生覺了。

㉑ 此言顯自覺了實相，由三性義道理。

若但如聞覺了義是如來意者，嬰兒凡夫亦能覺了，是故如來意不如此。

如來意云何？

（此覺了非聞得成，若人已事恆伽沙數佛方得成就，是名別義意。

此顯要由自己藉三性義道理覺了實相，非唯聽聞理解名言義。）

四、眾生樂欲意

譬如如來先為一人讚歎布施，後還毀呰。

如施，戒及餘修亦爾。

㉑ 有眾生如來先為讚歎布施功德，後時或為此人毀呰布施，如此意隨人得成。

何以故？

於人於財物有慳悋心，為除此心故先為讚歎布施。若人已欲樂行施，施是下品善根，如來後時更毀呰此施，令渴仰其餘勝行。

若不由此意讚毀則成相違。由如來有別意故，於一施中讚毀而不相違，戒等亦如是。

有人如來為讚毀於修，此是世間修故可毀呰，若出世間修則無可毀義。

（此是如來隨眾生心樂欲之不同而行之方便。）

是名四種意。

㊣ 意及依異相云何？

如來心先緣此事，後為他說故，名為意。

由此因，眾生決定入正定聚故，名此因為依。

（四意是佛說法方式之不同（由形式上區別），而四依則是內容上的區別。）

丙二　四依（abhisaṃdhi）

一、令入依

譬如於大小乘中，佛世尊說人法二種、通別二相所攝俗諦。

㊣ 於正說中約世諦理說有人法及通別二相。

為令眾生入於正義故，名令入依。

（佛藉俗諦說人法之通相別相令入正義。）

二、相依

譬如隨所說法相中必有三性。

㊣ 於正說中若應說法相必說三性，此三性是一切法總相，若欲了別一切法，必須依此三相，故名相依。

三、對治依

此中八萬四千眾生煩惱行，對治顯現。

㊣ 於正說中若說眾生行對治，不出八萬四千，謂說四諦等。

此說能除眾生因果中身見、戒取、疑，以能成立眾生煩惱對治，故名對治

依。

四、翻依

此中由說別義言詞以顯別義。

譬如偈言：[78]

阿娑離　娑羅摩多耶　毘跋耶斯者　修絺多

離施那者　僧柯履多　　羅槃底菩提物多摩

asāre　　sāra-matayo viparyāse ca susthitāḥ

kleśeṇa　ca susaṃkliṣṭā labhante bodhim uttam

釋 一、於正說中由顯說別義，文字但說別義，故名翻依。

（以其說言語之別義為真意）

二、

偈文	明了義（表面字義）	秘密義	
阿娑離 asāre	不實	不動 定	娑離有二義： 一、實；二、動。
娑羅摩多耶 sāramatayo	起實心	（於定）起尊重心	
毘跋耶斯（者） viparyāse	倒 於無常起常倒等	翻倒 於常作為無常解（四念處）	
修絺多 susthitāḥ	善住	善住於念處	
離施那（者） kleśeṇa	煩惱	苦難（苦行） 正勤	

78　1. 此偈由言詞別義以顯真義。

真諦及達摩笈多為音譯，玄奘及佛陀扇多為意譯。

2.《大乘莊嚴經論・弘法品》（六）5

〔不堅堅固解　善住於顛倒　為惱惱所惱　速得大菩提〕

不堅堅固解：不堅（著）謂諸眾生其心不亂（調柔無散亂定），於此不亂作堅固解（於中起尊重覺），此解最勝能得菩提。（亂者心馳（馳散）堅著（剛強難調），不能至得菩提故。）

善住於顛倒：顛倒謂常樂我淨執。若人能於顛倒中解無常無樂無我無淨，善住（四念處）不退，即能速得菩提，不爾不得故。

為煩惱所惱：（由大悲故）長時勤修（利他）難行苦行，由極疲倦（生死劬勞）能得菩提，不爾不得故。

僧柯履多 susaṃkliṣṭā	染污	疲倦 菩薩為眾生，於生死長時恆行苦行，是故疲倦。 如羅睺羅法師言：世尊長時於生死劬勞，但由大悲不由餘事。
羅槃底 labhante	得	得
菩提 bodhim	覺	覺
物多摩 uttamāṃ	勝	勝

明了義（文句表面義）　　　　　　　秘密義

不實起實想　於顛倒固住　　　　定起尊重心　四念處善住

由煩惱染污　得最上勝覺　　　　苦正勤疲倦　得最上勝覺

三、若取此偈明了義判文，則成相違，若取秘密義判文，則是正說。

欲令眾生依理判文，以理為依不應依文，故說此偈。

或有人憍慢輕蔑說者，自不能如理判義，欲破彼慢心，故說此偈。

是名翻依。

乙九　由三相解釋大乘法

若人欲廣解釋大乘法，略說由三相應當如此解釋：

一、廣解緣生體相

二、廣解依因緣已生諸法實相。

三、廣解成立所說諸義

丙一　廣解緣生體相

廣解緣生體相者，如偈說：

言熏習所生　諸法此從彼

如此果報識及以生起識，由更互因生。

㊥ 外塵分別所生，本識中熏習種子故，稱言說熏習。

一切餘法以此為因得生，謂生起識為性。

言說熏習以諸法為因故，言此法（言說熏習）從彼（諸法）生。

由此言說，已顯本識與生起識更互為因。

本識（言說熏習）與生起識（諸法）更互為因果。此更互為因果即是緣生之體相。

丙二　廣解緣生法相

廣解釋依因緣已生諸法實相者：

諸法者謂生起識為相，有相及見識為自性。

㊥ 是（緣生）諸法，

一、有相有見為自性，二、生起識為相。

應如此知諸法有兩體：

若塵識以相為體，若識識以見為體。

復次，

諸法依止為相、分別為相、法爾為相。

㊣ 從因緣生果法，性相有三種，謂依他性、分別性、真實性。

一、緣生依他之三性說

由此言說，於三性中諸法體相則得顯現。

㊣ 由此言說，一切從因緣所生法，

由法爾故虛，虛故成倒，由倒故得虛果。

由有果故有分別，由分別故有法爾。

是故或順相成，或逆相成，由此三種性相遍攝一切果。

（註）

　1.諸法體相（lakṣaṇa）

　　諸法是指一切從因緣所生之法。

　　(1)依止為相

　　　如此諸法之依止是妄分別本身，即是依他性。

　　　此依他性是緣生依他，是「非有虛妄塵（諸法，識之境）顯現（依識而被得知）依止」。《本論》五2

　　(2)分別為相（parikalpita-lakṣaṇa）

　　　是虛妄、顛倒（viparita），是被妄分別的（parikalpita），以妄分別為特質，故為分別性。

　　(3)法爾為相

　　　法爾是dharmatā（或譯為法性），與真如同義。

　　　分別性與依他性是虛妄生死界的諸法，而此等虛妄諸法之法性即是真實性。（此為緣生依他之三性說，非二分依他之三性說。二分依他之真實性，是在滅去虛妄諸法而成立的無住處涅槃與法身。）

2.順相逆相

「由諸法依止為相、分別為相、法爾為相」之言說，可以了知三性中諸法之體相。

(1)順相

諸法之虛妄要由與其相反之真實（亦即法爾（法性））為根據方能了知。而諸法之所以說為虛妄是因為顛倒，之所以說為顛倒，是因為妄分別起作用，不斷生死流轉。（如同順觀，依無明而有行，乃至有生死。）

(2)逆相

由虛妄顛倒與所起之果能生分別，若藉由分別加行熏修，則妄分別（不淨品）滅，無住處涅槃、法身（法性，真知）成立（淨品）。（如同逆觀，無明滅故行滅，乃至老死滅。）

（此緣生依他性之三性說，含有二分依他三性說之意：虛妄分別不淨品滅，淨品成立。）

二、於相見中說二種「三性說」

如偈言：

從有相有見　應知法三相

㉜ 為顯此義故重說偈。

諸法不出二種，一相二見。於相見中，應了別三性為相。

此三相如此方便應解釋，今當顯說。

（一切法可分為所見，亦即相；與能見，亦即見。如此的相與見，以三性為性質。）

云何得解說此法相？

分別性於依他性實無所有，真實性於中實有。

由此二不有有故，非得及得，未見已見真如，一時自然成。

於依他性中，分別性無故，真實性有故，若見彼不見此，若不見彼即見此。

㊣ 二謂分別性及真實性。此二第一無第二有，故言「此二不有有」。

「由見分別不見真實」，謂未見真實人是凡夫；

「不見（分別）時」，聖人不見分別即見真實。

（註）

1.「此二不有有」

此說緣生依他之三性。

(1)依他性是緣生之妄分別（即八識等），為有（假有）。

分別性是依此妄分別而被妄分別的，是無。分別性之諸法（我塵法塵）是妄分別（識）之境，故說「於依他性（識）中，分別性無」。

（二分依他三性說之分別性，是依他性作為虛妄分別而顯現，因此是作為妄法而存在，是有。）

真實性是「實有」。

(2)將分別性說為無，將真實性說為實有的，不是未見真如之凡夫，而是已見真如之聖人。凡夫不認為識之境為無，從而不認為識為虛妄分別。已見真如的人，才能了知識之境的無，了知只是虛妄分別而執為有。

(3)「一切法由法爾故虛」，指已見法爾（法性），以法爾為根據，故知一切法虛妄（以無為有）。唯有見真如之聖人，能了知「分別性無」「真實性有」，以及無之非得（不被得知），實有之得，了知此三性存在之意義。

(4)一時自然成

就凡夫言，分別性之境的得（見），與真實性之境的非得（不見），於同一時成立。

就聖人而言，分別性之境的非得（不見），與真實性之境的得（見），於同一時成立。

2.「由見分別不見真實」

此說成染淨二分依他之三性。

「若見彼（分別）不見此（真實）」，此為凡夫所見。「若不見彼（分別）即見此（真實）」，此為聖人之所見。前述「未見真如」與「已見真如」，並不是於同一人同時成立。身為凡夫時，聖人之觀點不成立；成為聖人時，凡夫之成分滅。

如偈言：

依他中分別　無但真實有

故不得及得　於中二平等

㊣ 為顯此義故重說偈。

「於中」謂於依他性中。

「此二平等」謂於依他性中分別無真實有故。

故凡夫人顛倒執如此得不得，

聖人正見故，於依他性中，亦有得不得義。

分別性為無，真實性為有（此係就聖人而言）。

凡夫人之心為妄分別，故顛倒，於此無執有（得），不能見實有的真實性之境（不得）。聖人因是正見（不顛倒），故於分別性之境為不得，於真實性之境為得。此中得不得同一時成立，但聖人與凡夫之得不得相反。得不得同時成立，故言平等。

丙三　廣解所說諸義

廣解成立所說諸義者，譬如初所說文句由所餘諸句顯示分別，或由功德依止，或因事義依止。

㊣ 因前二義，一切所說應如此解釋，今當說此方便。

此中所說或依功德義，或依因事義。

（前述二項攝盡諸法之體和義，現廣解所說諸義，以後諸別句解釋最初之總句。）

丁一　功德依止

廣說佛世尊（之）功德[79]。

〔總句〕

最清淨慧。

〔別句〕

一、無二行

謂於所知一切無障行起功德。

> 釋　不如聲聞獨覺智慧有障（或）無障，由有障故不清淨，由無障故清淨。如來智慧於一切處悉無障，是故無淨不淨，由此義故無二。

二、無相法

為勝依意行。謂於有無無二相真如，最清淨令入功德。

> 釋　即是無垢清淨真如，說名無相法。由此一切法無所有為體故，此法離有相；由自體實有故，此法離無相。於無相法，由最清淨是故自能通達，亦能令他通達，故說無相法為勝依意行。

> （最勝能入無二相真如最清淨之功能。依意行和「道」「能入」同義。）

三、住於佛住

謂不由功用，不捨如來事，佛住功德。

> 釋　此顯無住處涅槃。不在生死故無功用心；不在涅槃故，不捨如來利益眾生事。如此二義由無住處涅槃故得成立故，說此涅槃名為佛住。

四、至得諸佛平等

謂於法身依止及意事，無差別功德。

79　《解深密經》及《佛地經（論）》有二十一佛功德之敘述。

（《解深密經》序品）

是薄伽梵最清淨覺。

不二現行、趣無相法、住於佛住、逮得一切佛平等性、到無障處、不可轉法、所行無礙、其所安立不可思議、遊於三世平等法性、其身流布一切世界、於一切法智無疑滯、於一切行成就大覺、於諸法智無有疑惑、凡所現身不可分別、一切菩薩正所求智、得佛無二住勝彼岸、不相間雜如來解脫妙智究竟，證無中邊佛地平等、極於法界、盡虛空性窮未來際。

㋯ 依止即法身，意（意樂）是應身，事（作業）是化身。如此三身一切十方三世如來平等無異，如此平等一切如來皆已至得。

五、行無礙行
謂修習一切障對治功德。

㋯ 為對治一切三障（惑業苦），如來恆修對治慧，是故如來智於法體及法相皆無障礙。

（非指如來有障礙故修對治，而是說如來智慧，三世融即周遍法界為對治。）

六、不可破無對轉法
謂降伏一切外道功德。

㋯ 於世間中無有天魔及外道諸說，能如理破如來所說正法，（而）安立自法；亦無有能以自所立法，對翻如來正法。

何以故？如來所說無失本性故。（如來教為最清淨法界等流之稱性法門）

七、不可變異境
謂生於世間，非世間法所染污功德。

㋯ 世間是如來出生處。如來雖復生於世間，貪愛等八法及四倒[80]（世間法）不能染污，（不可變異）境即四念處，謂真如、空。

八、不可思惟所成立法
謂安立正法功德。

㋯ 修多羅等十二部正法，不可量不可思，非凡夫所能知。如來安立此法，竟乃至嬰兒等亦能通達，如鳩摩羅迦葉[81]等。

80　八法：利衰毀譽稱譏苦樂。
　　四倒：常、樂、我、淨。
81　鳩摩羅 kumāra
　　四歲或八歲以上未滿二十歲，且尚未剃髮得度，稱童子，童女。

（正法）是前清淨慧句，於餘句一一應知相應。

九、至三世平等

謂四種善巧，答他問功德。

（釋）如來於現在證一切（法），於過去未來亦證無比，由證此智平等。若他約三世問難，無不依證智作四種答[82]，故智答皆等如來，至此二種平等。

（於三世平等法性中，能隨解了過去未來曾當轉事，皆如現在而授記故。）

十、於一切世界現身

謂於一切世界中，顯現應化身功德。

（釋）為化菩薩及二乘，隨眾生根性顯現二身，為說為行。

十一、於一切法智慧無礙

謂能決他疑功德。

（釋）由得四無畏故自決無疑，由得四無礙辯故能決他疑，是故能答難決疑。

十二、一切行與智慧相應

謂由種種行能令他入功德。

（釋）如來欲行他利益事，此事先是智所緣，由此事他得入真位，則與他智慧相應。（故）此事以自智慧為因，以他智慧為果。一切如來所行方便，謂神通輪記心輪說法輪，乃至出入息等，無不自與智慧相應，無不令他得智慧，無有空過。[83]

82　四記答 catvāri praśnavyākaraṇāni
1. 一向記：對所問直接以肯定方式回答。
2. 分別記：對所問一一分析解剖後，始作肯定或否定之回答。
3. 反詰記：不直接作答，先反問對方，於反問中令其悟解。或反問顯明問意後，始作答。
4. 捨置記：對於所問，若屬不應答，不值得答，則捨置不答，或告知對方此為不應答者。
　　（《大智度論》卷 26）　P1008
83　以轉輪王之輪寶，喻如來身口意三業之勝用，能令他入：神通輪（身輪，現神通神變令眾生發心入信）、記心論（意輪，先以意輪知眾生根器利鈍，隨宜演說）、說法輪（口輪，演說教法

十三、於法智無疑

謂於未來世法，生智功德。

釋 此法於未來應生能如此智，是故於未來世法無疑，為令他得此法，隨眾生根性能立教。

十四、不可分別身

謂隨眾生樂顯現功德。

釋 眾生界過數量，意欲及入道方便亦過數量，處所亦過數量，如來能隨此事差別，示現化身數量相貌時節處所，並（都）不可分別。

十五、一切菩薩所受智慧

謂能行無量依止眾生正教化事功德。

釋 由無量菩薩依止，是眾生教化事，應可作此事，由得佛無我為勝我，此智但是菩薩所受故，但佛能化菩薩，但菩薩能受佛化。無量菩薩依止者，此有二義無量，或屬菩薩或屬依止。若屬菩薩，一切菩薩同一依止，謂以無我為勝我。若屬依止，顯法身遍滿，通為一切菩薩依止。

十六、至無二佛住波羅蜜

謂平等法身波羅蜜成就功德。

釋 如來法身名佛住，三世如來此住不異故，言無二，無二故平等。四德（常樂我淨）究竟故名波羅蜜。成就有二義，一清淨佛法身，已離一切障究竟清淨故名成就，二四德是法身所成就。

十七、至無差別如來解脫智究竟

謂隨眾生意，顯現純淨佛土功德。

釋 於無相雜如來智中，至解脫究竟，如來智慧與真如無差別。隨眾生所願

令反邪入正，發心入信）。

（《瑜伽》27，37）（《法苑義林章》6）〔三種示導〕〔三神變〕（記要）P. 626 註 19

樂，能顯現清淨佛土等，為生善心及成熟解脫故。

十八、已得無邊佛地平等

謂是三種佛身無離無別處功德。

釋 如來三世身中，法身約處所不可度量，應化兩身亦爾。不可言但此世界有，彼世界無。無有一法出法身外，無有眾生界出應化兩身外。

十九、法界為勝

謂窮生死際，能生一切眾生利益安樂功德。

釋 如來以法界為勝。法界有二種，一有染二無染，無染清淨法界為後最勝。

何以故？

如來窮生死際，利益安樂眾生，功能無盡。所以無盡者，由體由能。體即法界，能即應化兩身。因化身得如來應身，因應身後轉得成如來法身。若成法身，則無窮盡。

二十、虛空界為後邊

謂由無盡功德。

釋 如來智慧無盡譬如虛空。虛空遍滿一切色際，無有生住滅變異。如來智亦爾，遍一切所知，無倒無變異，故說如虛空。

「最清淨慧」，如此初句由所餘句，次第應知分別解釋。若如此正說，法義得成。

釋 由二十道理，成就如來智慧最清淨故，如來自利滿足。

由智慧清淨，如來所說法教理圓正故，利他得成。

第一句為本，餘二十句為能成就。

丁二　因事義依止

因事義依止者，如經言：若菩薩與三十二[84]法相應，說名菩薩。

㊜ 因事有二義：一、以意為因以十六業為事，二、以諸句為因所成業為事。

菩薩有二種：一、在正定位，二、在不定位。

若入正定位者，與三十二法相應，得菩薩名。若在不定位，未與三十二法相應，不得名菩薩。

〔總句〕
於一切眾生，與利益安樂意相應。

㊜ 於一切眾生求欲起真實道，有方便故，名利益意。於一切眾生，求欲起現在未來二世拔苦施樂方便故，名安樂意。菩薩與此意恆不相離故名相應。此初句明利益安樂意，後有十六業及十六句，合三十二法並顯了初句義。

〔別句〕
一、令入一切智智意
謂傳傳行業。

㊜ 若菩薩有意，欲令眾生入一切智智，由此意傳傳（展轉）化度眾生，令得一切智智，譬如一燈傳然千燈。由此句及業，菩薩利益安樂意則得顯現。如此於一切句及業各顯初句悉應知之。

二、我今於何處中當相應如此智
謂無倒業。

㊜ 若菩薩有利益安樂意，菩薩不如實識自身，則不能中道理安立眾生。譬如有人有利益安樂意，安立眾生於飲酒是顛倒業。若如實識自身，能中道理為眾生說，無增上慢，安立眾生令入中善處，此利益安樂名無倒業。

三、捨高慢心
謂不由他事自行業。

84　《大寶積經‧普明菩薩會》（詳見甲三附註三）。

㊁ 由此人捨離高慢心不待他請，若眾生是法器則自往為說正法。

四、堅固善意
謂不可壞業。

㊁ 由菩薩心堅固，若眾生有過失，不能破壞菩薩利益安樂心。

五、非假作憐愍意
謂無求欲業。

有三句解釋應知：

1. 不貪報恩。
2. 於親非親所平等意。謂有恩無恩眾生不生愛憎心。
3. 永作善友意，乃至無餘涅槃。謂隨順行乃至餘生。

㊁ 1.非為自求利養故憐愍他。

  2.（親名有恩，怨及中人是非親名無恩。）若使非親堪受利益安樂事，菩薩則捨不平等心起平等親友心，行利益事。

  3.隨順行利益安樂事，從今生乃至窮未來生，永不捨離故名無求欲業。

   此無求欲意云何可知？

   由隨處相應身口二業，是故可知。

六、稱量談說歡笑先言
謂隨處相應言說業。

有二句解釋應知。

㊁ 此二句約法及安慰以顯口業，稱量談說是約法，歡笑先言是約安慰。

  稱量有二種：一稱法不離餘語，二稱所解離非所解及疑。

  如此稱量談說，歡笑令他無疑畏心，先言是引他所作之方便。

  此二種口業，於怨親中三人無有別異，即成就無求欲業。

七、於諸眾生慈悲無異
謂有苦有樂無二眾生平等業。

㊣ 於有苦眾生由苦苦起慈悲，於有樂眾生由壞苦起慈悲，於無二眾生由行苦起慈悲。

無二謂無苦無樂，即是捨受慈悲平等，是身口業。

何以故？

菩薩於眾生先起意地慈悲，後隨時隨處行拔苦與樂行故，是身口業。

此身口業於怨親中三人無有別異，亦成就無求欲業。

八、於所作事無退弱心
謂無下劣業。

㊣ 若菩薩輕賤自身云：我今於無上菩提無有功能，一切所作皆不成就，名退弱心。菩薩不生此心故所作皆得成就，名無退弱心。

九、無厭倦心
謂不可令退轉業。

㊣ 菩薩於無上菩提，起正勤無有厭倦。

無厭倦有二種，一見因定，二知果希有故，於難行中心無厭倦。

十、聞義無足
謂攝方便業。

㊣ 若人多聞能了別化他方便。由聞解義，則於正行無有疑心故，自能修行亦教他修行。

十一、於自作罪能顯其過，於他作罪不怪訶責
謂厭惡所對治業。
有二句解釋應知。

㊣ 由智及大悲故有此能。

由智能了別因果，故不覆藏自所作惡。

由大悲不忍見他作苦因，雖恆訶責而不瞋怪。

十二、於一切威儀中恆治菩提心
謂無間思量業。

㊣ 此顯無間修。無間修為遮一切放逸行，譬如威儀清淨品[85]中所明。

菩薩所作，無不為令眾生得無上菩提。

十三、

1. 不求果報而行**布施**

2. 不著一切怖畏及道生（而）**受持禁戒**

3. 於一切眾生**忍辱**無礙

4. 為引攝一切善法（而）行於**精進**

85　參考《大乘莊嚴經論・二利品》所引《行清淨經》gocaraparisuddhi-sūtra，廣說菩薩以一切所作迴向利益眾生。
　〔異根於異處　異作有異行　凡是諸所作　迴以利眾生〕（二）6
　菩薩迴向，隨眼等諸根，行種種處，作種種威儀行，利益眾生。
　凡是諸行，若事相應及以相似，彼皆迴向一切眾生，如行清淨經中廣說。
　（於五根諸行境，有諸行住坐臥等威儀行時，皆能迴向利益眾生。）
　《行境清淨經》
　諸佛子菩薩現行一切威儀時，隨種種相而為眼等根行境，於如是行境以如理之語利益一切有情故，彼等一切行止如經中所云而加行。

1. 住俗家時（願得解脫城）　　　2. 睡眠時（願證佛法身）　　　3. 夢時（願解諸法如夢）
4. 醒時（願從無明中醒）　　　5. 起身時（願證佛色身）　　　6. 穿衣時（願慚愧之衣）
7. 繫腰帶時（願繫善根）　　　8. 落座時（願坐菩提道場金剛座）　9. 倚背時（願靠菩提寶王樹）
10. 生火時（願焚煩惱薪）　　　11. 燃燒時（願智慧火熾燃）　　　12. 烹熟時（願嘗智慧甘露）
13. 食時（願得禪定時）　　　14. 行走時（願出脫輪迴城）　　　15. 下樓時（願為利有情入輪迴）
16. 開門時（願開解脫門）　　　17. 關門時（願閉惡趣門）　　　18. 道中行（願入聖道）
19. 趨上行（置有情於上趣之道）20. 趨下行（斷三惡趣之流）　21. 相遇有情（願面謁世尊）
22. 住足時（為利有情而住）　　23. 提足起步（拔有情於輪迴）24. 見莊嚴飾（願得佛相好）
25. 見無莊嚴飾（願具清淨功德）26. 見器滿（功德滿）　　　　27. 見器空（過患空）
28. 見有情喜（於法生歡喜）　　29. 有情不喜（於有為法生不喜）30. 有情樂（得佛之樂用）
31. 見苦（令苦寂滅）　　　　　32. 見痛（痛中解脫）　　　　　33. 見人報恩（願執佛恩）
34. 見不報恩（不酬邪見）　　　35. 見諍辯（折服敵宗）　　　　36. 見稱讚（讚佛菩薩）
37. 說法（得佛辯才）　　　　　38. 見佛身像（無礙見佛）　　　39. 見塔（為有情供養處）
40. 見作商賈（得七聖財）　　　41. 行頂禮（得頂髻）

5. 修三摩提減離無色定

6.（有）與方便相應智

7.（有與）四攝相應（之）方便

謂行進勝位業。

有七句解釋：（前六）應知正修加行六波羅蜜，

（後一）恭敬行四攝。

釋 前有七句，後總舉六度四攝結前七句。

此業能增長利益安樂意。

（其意）若未生由此業得生，若已生由此業得增廣，即是生長之因。

十四、於持戒破戒中善友無二

謂成就方便業。

有六句解釋應知：

1. 事善知識。

2. 恭敬心聽法。謂聽聞正法。

3. 恭敬心樂住阿蘭若處。謂住阿蘭若處。

4. 於世間希有，不生安樂心。謂遠離邪覺觀。

5. 於下品乘不生喜樂心，於大乘教觀實功德。謂正思惟功德有二句。

6. 遠離惡友敬事善友。謂顯事善友功德有二句。

釋 前有六句，後更以六句釋前六句。

一、若人持戒破戒不觀其過，但取其德。若未得彼德則依彼修學。

　　若已得彼德則共彼數習令堅固。若自有德令彼修學同我所得。

　　此彼互相事故，言為善友無二。

二、為得未得。為修治已得，是故依善友聽聞正法。

三、欲修行如所聞法，故恭敬住阿蘭若處。若住此中一切邪覺觀不得起。

四、譬如妓樂等是世間所愛，於中不生喜樂心，是名遠離邪覺觀。

五、離小修大，此二句名正思惟。

六、遠惡親善，此二句名近善友功德。

由治此六法故利益安樂事得成就，故名成就方便業。

十五、恆治四種梵住

謂顯成就業。

有三句解釋應知：

1. 治無量心清淨。

2. 恆遊戲五通慧。謂得威德。

3. 恆依智慧行。謂證得功德。

㊉ 成就體相云何？

前有三句，後更以三句釋前三句。

一、此釋初句，先於眾生起無量心。（無量心是四無量心，四梵住是其異名。）

二、由無量心欲引眾生令入正位，故現五通慧。

三、若眾生已入正位，欲令修正行故，依智慧令行，不應依識。

由證智生故，能了別善惡兩法。

十六、於住正行，不住正行眾生無捨離心

謂安立他業。

有四句解釋應知：

1. 引攝大眾。

2. 一向決定言說。謂無有疑心，立正教學處。

3. 恭敬實事。謂法財兩攝。

4. 先恭敬行菩薩心。謂無染污心。

㊉ 前有四句，後更以四句釋前四句。

欲令眾生離惡法住善法，為安立此二事故作安立他業。

一、此釋初句。於破戒人不棄捨，亦不永擯，從惡處濟拔安置善處。於持

戒人隨其根性，令進修定慧等行。

二、由智慧決了無礙，一向立教及學處故可信受。若先說如此教如此學處，後言先所說為非，由此事不定，言說則不可信受，無不定故可信受。

三、由此人以實語，依真實道理說法，是名法攝。如法所得衣服等財物，以此攝眾生，是名真實財攝。

四、由此人攝持菩薩心，能作一切眾生利益事，不為眾生敬事於我。（但思）云何彼眾生由我利益信受正教，當來得無上菩提。為此善意故行法財二攝，是名無染污心。

與如此等法相應說名菩薩。
（此結十六句說。）
由如此文句前說初句應知。解說初句者，謂於一切眾生利益安樂意。此利益安樂意文句別有十六文句，所顯業應知解說十六業者，如此等應知解釋初句。

釋 初句明利益安樂，所餘十六業及十六句，皆是利益安樂別義故，以別釋總。

此中說偈，
取如前說句　隨德句差別
取如前說句　由義別句別

釋 更以一偈（應為無著作），顯前所說德因總別義。

（前半偈顯功德依止，後半偈顯因事義依止。）

〔附註一〕十一識與阿梨耶識

十一識含攝一切虛妄分別。（表三界、十八界、六道、四生等一切法之差別。）

而阿梨耶識作為識，是緣生（有），是依他性，非分別性（非有），是虛妄雜染故非真實性。

為何阿梨耶識不列於十一識中？

以阿梨耶識非十一識之一，而是十一識全體本身。

1. 一切法之差別可分為十一識或四識。

   此等法都是識。指其作為其通性之識（vijñapti，不是vijñāna），即虛妄塵顯現之依止。

   此通性之vijñapti，真諦譯為一本識，一識識，本識識或本識。如ālaya-vijñāna-vijñapti，藏譯為單數型，玄奘譯為阿賴耶識識，達摩笈多譯為阿梨耶識識體，佛陀扇多譯為阿賴耶識識，真諦僅譯為本識。

2. 阿梨耶識既含於十一識中，又不列為十一識之一，即表示阿梨耶識非在此通性之vijñapti之外，又非全同。

   (1) 此因阿梨耶識為一切種子果報識，此果報識為無記，而十一識通三性。

   (2) 但阿梨耶識作為現在剎那正生識存在時，與十一識通性之識同。

   十一識之差別表現一切法之差別，不外是於一一剎那被認知之境（諸法之一）的識（vijñāna=vikalpa）。

   因此作為通性之識，意指於任何之現在剎那也是能識（vijñāna）。如此之識無非是不斷相續之阿梨耶識。

   阿梨耶識與作為十一識之通性之識同一。即是真諦譯之本識識，一本識、本識，阿梨耶識。

〔附註二〕四意四依

1. 意abhiprāya

   真諦，達摩笈多譯：意。佛陀扇多，玄奘譯：意趣。

   依abhisaṃdhi

   佛陀扇多譯：密語漸次，漸次。　達摩笈多譯：合。　玄奘譯：秘密。

   《大乘莊嚴經論》：節。

2.《集論》（七）191

有四種意趣，由此意趣故，方廣分中一切如來所有意趣應隨決了。

何等為四？一平等意趣，二別時意趣，三別義意趣，四補特伽羅意樂意趣。

有四種秘密，由此秘密故，於方廣分中一切如來所有秘密應隨決了。

何等為四？一令入秘密，二相秘密，三對治秘密，四轉變秘密。

3.《大乘莊嚴經論・弘法品》（六）4

(1)**所謂令入節　相節對治節　及以秘密節　是名為四節**（諸佛說法不離四節）

　　聲聞及自性　斷過亦語深　次第依四義　說節有四種

①令入節：教諸聲聞入於（大乘）法義令得不怖，說色等（外境）是有故。

②相　節：於分別等三種自性，（分別）無體（依他）無起（真實）自性清淨，說一切法故。

③對治節：依斷諸過對治八種障故。（受持大乘得離八障）

　　輕佛及輕法　懈怠少知足　貪行及慢行　悔行不定等

　　如是八種障　大乘說對治　如是諸障斷　是人入正法

八　　障	大乘經說之對治
一、輕佛障	經說：往昔毘婆尸佛即我身是。
二、輕法障	於無量恆河沙佛所，修行大乘乃得生解。
三、懈怠障	若有眾生願生安樂國土，一切當得往生。 稱念無垢月光佛名，決定當得作佛。
四、少知足障	有處讚歎檀等行，有處毀呰檀等行。
五、貪行障	諸佛國土極妙樂事。
六、慢行障（於自色身及力等起我慢）	或有佛土最勝成就。
七、悔行障	或有眾生（曾）於佛菩薩起不饒益（傷害）事，（亦）得生善道。
八、不定障	諸佛授記聲聞當得作佛及說一乘。

④秘密節：依諸深語由迴語方得義故。（由別言字轉顯諸深義）

（記要）P.253 註78

(2)**平等及別義　別時及別欲　依此四種意　諸佛說應知**（諸佛說法不離

四意）

①平等意：佛說往昔毘婆尸佛即我身是。由法身無差別故，如是等
說，是名平等意。

②別義意：佛說一切諸法無自性故無生故。如是等說，是名別義
意。

③別時意：佛說若人願見阿彌陀佛，一切皆得往生。此由別時得生
故如是說，名別時意。

④別欲意：彼人有如是善根，如來或時（先）讚歎或時（後）毀
呰，由得少善根便為足故，如是等說是名別欲意。

〔附註三〕《大寶積經·普明菩薩會》

〔成就三十二法，名為菩薩〕

《普明菩薩會》	《攝大乘論》（應知勝相品）		四行	《瑜伽師地論》（卷79）20
正行成就（三十二法）	十六句	菩薩十六業		三十二法
1.常為眾生深求安樂	（總句）於一切眾生與利益安樂意（樂）相應。		法行	1.於不饒益樂行惡行諸有情所，欲令入善攝受哀愍故。
2.皆令得住一切智中	（別句）1.令入一切智智意。	1.傳傳（加）行業		2.於住種性外緣闕乏諸有情所，勸令發起菩提心故。
3.心不憎惡他人智慧	2.我今於何處中當相應如此智。	2.無倒業		3.於波羅蜜多殊勝中，自了知故。
4.破壞憍慢	3.捨高慢心。	3.不由他事自（然加）行業		4.於尊重處，發起恭敬禮拜加行故。
5.深樂佛道	4.堅固善意。	4.不可壞業		5.於諸外道怨敵有情，安住聖教無傾動故。
6.愛敬無虛	5.(1)非假作憐愍意，不貪報恩。	5.無求欲業（無染繫）	平等行	6.於諸有情平等親愛故。
7.親厚究竟，於怨親中其心同等，至於涅槃。	(2)於親非親所平等意。	有恩無恩眾生不生愛憎心		7.於諸有情以無染污無差別身，無差別世，無差別求，親愛之心平等慰喻故。
	(3)永作善友意，乃至無餘涅槃。	隨順行乃至餘生（生生恆隨轉）		
8.言常含笑，先意問訊	6.稱量談說，歡笑先言。	6.隨處相應言說業（約法）口業（約安慰）口業		8.捨諸憒鬧舒顏和悅，
9.所為事業，終不中息	7.於所受事無退弱心。	7.無下劣業		於已受擔平等能運故。

10.普為眾生等行大悲	8.於諸眾生慈悲無異。	8.有苦有樂無二眾生平等業			9.於未受擔平等能取故。
11.心無疲倦，多聞無厭	9.無厭倦心。	9.不可令退轉業			10.於一切苦平等堪忍故。
	10.聞義無足。	10.攝方便業			11.於無量調伏方便平等能求故。
12.自求己過，不說他短	11.於自作罪能顯其過，於他作罪不怪訶責。	11.厭惡所對治業			12.展轉更互平等正語堪忍語故。
13.以菩提心行諸威儀	12.於一切威儀中恆（修）治善提心。	12.無間思量業			13.一切善根平等迴向大菩提故。
14.所行惠施，不求其報。（施度）	13.(1)不求果報而行布施	13.行進勝位業	布施	善行	14.無所依止而惠施故。
15.不依生處而行持戒。（戒度）	(2)不著一切怖畏及道		持戒		15.無所依止而持戒故。
16.諸眾生中行無礙忍（忍度）	(3))於一切眾生忍辱無礙。		忍辱		16.由哀愍心而修忍故。
17.為修一切諸善根故，勤行精進。（精進度）	(4)為引攝（受）一切善法勤精進。		精進		17.非於少分修精進故。
18.離生無色而起禪定。（禪度）	(5)（捨無色界）修三摩提（定）		禪定		18.為作利益諸有情處修靜慮故。
19.行方便慧。（智度）	(6)方便相應修智（般若）。		智慧		19.見不相應修妙慧故。
20.應四攝法	(7)（有與）四攝相應之方便。		四攝		20.成熟方便善巧故。
21.善惡眾生，慈心無異	14.(1)於持戒、破戒中善友無二，事善知識。	14.成就方便業	（親近善知識）	法住行	21.於住禁戒，不住禁戒能教授中，無分別故。
22.一心聽法	(2)恭敬心聽法。		聽聞正法		22.以此為依，恭敬領受所教授故。
23.心住遠離	(3)恭敬心樂住阿蘭若處。		住阿蘭若		23.以此為依，身遠離故。
24.心不樂著世間眾事	(4)於世間希有不生安樂心。		遠離邪覺觀（離惡尋思）		24.以此為依，心遠離故。
25.不貪小乘，於大乘中常見大利	(5)於下品乘不生善樂心。於大乘教觀實功德。		正思惟功德		25.以此為依，越聲聞乘相應作意，大乘相應作意思惟故。
26.離惡知識，親近善友	(6)遠離惡友，敬事善友。		顯事善友功德（助伴功德）		26.以此為依，不捨遠離軛，與諸有情共止住故，及與所餘共止住故。

27.成四梵行，遊戲五通	15.(1)恆（修）治四種梵住，治無量心清淨。	15.顯成就業	無量清淨	27.以此為依，領受清淨世間智大福資糧威德修果故。
	(2)恆遊戲五通慧。		得威德（力）	
28.常依真智	(3)恆依智慧行。		證得功德	28.於世間智不知尋求修治出世。
29.於諸眾生，邪行正行，俱不捨棄	16.(1)於住正行不住正行眾生無捨離心，引攝大眾。	16.安立他業	（攝眾功德）	清淨智者斷四種過失，管御大眾故。 29.不能堪忍觸惱。
30.言常決定	(2)一向決定言說。		無有疑心，立正教學處	30.不決定說教授。
31.貴真實法	(3)恭敬實事。		法財兩攝	31.不如其言所作。
32.一切所作，菩提為首。	(4)先恭敬行菩薩心		無染污心	32.有染愛心過。

《瑜伽師地論》卷79

一、諸菩薩凡所修行不越正法，是故名為具足法行。（五法）

二、諸菩薩遍於一切利眾生事，平等修行，是故說名具平等行。（八法）

三、諸菩薩於內成熟諸佛法故，於外成熟諸有情故，修行善行，是故說名具於善行。（七法）

四、諸菩薩非但追求以為究竟，非但讀誦以為究竟，非但宣說以為究竟，非但尋思以為究竟。而於內心勝奢摩他正修習中，發勤方便，平等修集，是故說名具於法住。（十二法，前八自成就，後四攝眾生）

甲四　應知入勝相第三（卷七）

乙一　能入觀體【正入相章第一】

如此已說應知勝相。

釋 一、應知入《本論》一5
　　應知入即是入於應知（或澈悟應知）。
　　應知：謂淨不淨法，即是三性。
　　入：謂能成入及所成入，即是唯識。（入三性，住唯識觀）

二、應知勝相
　　有三釋：01.一切法名應知，三性名諸法勝相。
　　2.三性名應知，同一無性故名勝相。
　　　（釋1.，2.實為相同：
　　　(1)一切法即是三性。
　　　(2)釋2.所說同一無性，是為顯示釋1.以三性為諸法勝相。亦即三性
　　　　就是三無性，是唯一真如。）
　　3.應知有淨品不淨品二種：
　　　(1)淨品：依他性之無分別。
　　　(2)不淨品：依他性之有分別。

三、入應知相
　　1.依他有三種性
　　　於依他應知有三種性：

一依他性，二依他性中分別，三依他性中無分別真如。

2.得入應知相

餘義如分別章中說，前已顯此義，若人有如此行，得入應知相。

（前釋二、1、2明應知勝相，釋3.則可顯悟入之順序。

實際之悟入為從依他性中之分別進至無分別真如，歸於無相。

因此由「應知勝相」成為「應知入勝相」。）

一、云何應知應知入勝相？

多聞所熏習依止。

非阿黎耶識所攝，如阿黎耶識成種子。

釋 唯識觀中緣何法為境？

（此但問「入」之體相，不問「應知」及「勝相」。）

於大乘法中多聞所熏習。

（此熏習有說即是依止，又別說依止者，謂身體相續。）

此多聞熏習是阿黎耶識對治故，非阿黎耶所攝。

如阿黎耶識為一切不淨品法因，故成種子。

多聞熏習亦爾，為一切淨品法生因，如（同）阿黎耶識成種子。

二、何法以多聞熏習為種子？

1.正思惟所攝。

2.似法及義顯相所生，

3.似所取種類。有見。

4.意言分別。

釋 以下四法並以多聞熏習為種子。

一、正思惟

若覺觀思惟，依大乘多聞熏習生此覺觀，離邪思惟及偏思惟，以正思惟為性類故，言正思惟所攝。

（以如理作意為自性，是最清淨法界等流，因此是正思惟所攝，離邪偏思惟，生正直之覺觀思惟。）

二、覺觀分別

似法謂十二部方等教，似義謂方等教所詮之理。

心相似此理教，顯現此理教為緣，緣生覺觀分別。

（多聞熏習藉由似法似義顯現的相而起，心相似此教理、顯現教理、緣此教理而起覺觀分別。）

三、相識及見識

此覺觀若起，似此所取以為體相，顯識相分。

此覺觀能了別，即是識見分。

此二義成立識之二法，謂相識及見識。

（覺觀若起則似所取（所取物事），以所取為體相，是為相分。覺觀同時了別後，見分也存在，稱為有見。）

四、意言分別

意識覺觀思惟，但緣意言分別，無別有義可緣，又必依名分別諸法故，言意言分別。

（多聞熏習依止為因，意識之覺觀思惟起，作為相識見識而顯現。此覺觀思惟只緣意言分別，並非另有實義可緣。）

多聞熏習依止為此（等）法因。

（正思惟從淨法界等流正教生起，顯出世心種子能生正思惟意言分別。）

（「應知入」即是在說多聞熏習、起意言分別、以似法似義為相識、緣此作為見識，而觀一切之唯識觀。此中所顯一方面是理論之唯識說，另一方面是實踐的唯識觀。）

乙二　誰能悟入【能入人章第二】

何人能入應知相？

一、大乘多聞熏習相續。

二、已得承事無量出世諸佛。

三、已入決定信樂正位。

四、由善成熟修習增長善根，是故善得福德智慧二種資糧。

釋　修何觀行人能入唯識觀人？

是菩薩觀行有四種力[1]。

菩薩者何相？

善得福德智慧二種資糧。

此資糧以何次第修令得圓滿？

有四種力：一、因力，二、善知識力，三、正思惟力，四、依止力。

一、因力

為離小乘多聞故云大乘。

顯非一生，於無窮生處，數習多聞熏習心相續是名因力。

二、善知識力

過數量諸如來出現於世，是人依佛聽受正教，如教正修行，故名承
事。先已得如此承事故，名善知識力。

三、正思惟力

決定：若人於大乘中信樂，非惡知識等所能轉壞，故名決定。

信：有三種，一信有，二信可得，三信有無窮功德。

樂：若已有信，求修行得因，故名為樂。

信樂正位：從十信至十迴向。今所明位，但取十迴向決定信樂，名
（正）思惟力。大乘多聞熏習為此力因。

1　《大乘莊嚴經論・發心品》
　由友力（善知識力）、因力、根力（依止力）、聞力（正思惟力）等四力發心。

四、依止力

　　若人已一向決定信樂，為得所樂法，慇勤恭敬修觀行法。若由思惟力修觀行法則增長功德善根，是善（能）成熟福德智慧資糧，（令其）次第成熟。用此福德智慧作依止，得入初地故名依止力。

　　此四種力顯能入人。

乙三　何處能入

丙一　唯識境【入境界章第三】

諸菩薩於何處入唯識觀？

一、有見；二、似法義顯相；三、意言分別；四、大乘法相所生。

釋 此問有二意：

何處是唯識境界？

何處是唯識位？

何處是唯識境界？

此法名唯識觀持，亦名境界。

（唯識觀能持此境界現前，又此境界能持成唯識觀。）

一、意言分別（境界體）

心的覺觀思惟，此思惟有二相，一方面顯現（即思惟）見識，一方面顯現相識。

二、有見（境界相）

意言分別有見識為相。

三、有相（境界相）

意言分別有相識為相，謂顯現似法（十二部大乘教）及似義（大乘教所詮理）。

四、大乘法相所生（境界因）

意言分別是正思惟所攝的覺觀，以大乘法為因故得生。

唯識境界體為意言分別，境界相有見有相，大乘法相為境界因。

（此四法盡唯識觀所攝法及所緣境界，不知此四法不能入唯識觀。）

丙二　唯識位【入位章第四】

一、於願樂行地入[2]，（謂隨聞信樂故），

二、見道（謂如理通達故），

三、修道（謂能對治一切障故），

四、究竟道中（謂出離障垢最清淨故），

一切法實唯有識，如說隨聞信樂故，如理通達故，能對治一切障故，出離障垢最清淨故。

㊀ 一、何處是唯識位？[2]

此意言分別有四位：

1.入唯識願樂位

有意言分別，在願樂行地中。（樂：希求）[2]

何以故？

有諸菩薩，由但聽聞一切法唯有識，依此教隨聞起信樂心，於一切法唯有識理中，意言分別生。由此願樂意言分別故，說菩薩已入唯識觀，作如此知，名入唯識願樂位。

（隨聞唯識理，雖起信樂，然唯識觀智尚未成，其意言分別顯現的相為分別性，非實。有相與見，有能取所取。此位在地前。）

2.入唯識見位

此意言分別如顯現（之）相，通達實不如是有，但唯有識，此識非法非義非能取所取。（若）如此方便如理通達，（則）菩薩入唯識見位。

（因見唯識量之無相性，唯識識的依他性又緣此境而生，故境若是

2 菩薩修行位階

《本論》（四位）	《成唯識論》（五位）	《菩薩瓔珞本業經》（五十二位）	
		一、十信	（外凡）
一、願樂行地 adhimukticaryābhūmi 佛陀扇多：信解地 達摩笈多：信解行地 玄 奘：勝解行地	一、資糧位 （初住位含十信） （順解脫分，含十住十行前九迴向） 二、加行位 （順決擇分，第十迴向攝）	二、十住（十解） 三、十行 四、十迴向	（內凡）
二、見位	三、通達位 （初地入心）	五、十地	（十聖）
三、修位	四、修習位 （初地住心以後）		
	（等覺含於第十地）	六、等覺	
四、究竟位	五、究竟位	七、妙覺	

無相，能取性也無，非塵亦非所取，既不是能所取，識即是無性，所以是無法（即如），而入三無性之理。此心與理若合一，即是無分別智。但此智尚未成俗觀，須由後得智而得見俗中之唯識義。）

3.入唯識修位

此意言分別（是）非法非義非能取非所取。如此觀察能對治一切三障，是名入唯識修位。

見道與修道若由智由境不異（同為無分別智，觀三無性理為境），若爾，見修二道差別云何？

見道darśanamārga	修道bhāvanāmārga
① 昔未見真如，今始得見。	先已見真如後更數觀。
② 能除三乘通障。	但除菩薩障。
③ 觀未圓滿無退出義。	觀未圓滿有退出義。
（見道與真如相應，永成一義，故無退出。）	（修道恆由方便入理，進而出俗，行唯識斷惑，故有退出。）
④ 但觀通境（真如）。	備觀通別境（真俗二義）。
⑤ 事不成。	事成。
（通達唯識真理，不能以後得智照了俗諦差別。）（普寂）	（到達功用究竟地，能得無功用位。）

（註）

有兩種區分法：

1.粗分為初地是見位，二地以上是修位，八地以上功用究竟是究竟位。

2.細分為各位之中都有三位，為入住滿（或入住究竟，或入住出），也稱為見修究竟。

修位有進趨、增明之意，藉此對治一切三障。（三障是見惑及修惑之解脫障以及智障）《本論》四14

4.入究竟位

究竟道有二種：有學究竟、無學究竟。

此位最清淨智慧生處故，最微細障滅盡無餘故，名究竟位。諸地乃至如來地，皆有此究竟義。

（若以十地來說，八地無功用位是究竟，無功用智任運不作意，是

自無相，是清淨智慧，由此滅盡一切障無餘，是究竟位。若言諸地都有此究竟義，指的是其地之究竟。）

二、若入此四位，緣何境界？

一切法實唯有識。

云何（此）得為四位境界？

1.一切法

謂有為無為、有流無流及四界（三界及無流界）三乘道果等。

2.實唯有識

如此等法實唯有識。

何以故？

一切法以識為相，真如為體故。

若依俗諦，一切法即使是異，也實唯有識，故能以識為相，悟得證真。若成境智無差別即是真如，此外無別法別體，而以真如為體。

若方便道以識為相，若入見道以真如為體。

於方便道，

識有體，識外如夢塵無所有，識是隨妄塵而生，若智及塵皆無所有，識即無生，而是如。

於入見道，

真智如理見識之無生，無生是如，如中無異法，故以真為體。

依此境界，若隨聞信樂，得入願樂位；若如理通達，得入見位；若能對治一切障，得入修位：若出離障垢，得入究竟位。

乙四　云何得入【入方便道章第五】

云何得入？

由善根力持故，由有三相鍊磨心故，由滅除四處障故，緣法義為境，無間修恭敬修奢摩他毗鉢舍那，無放逸故。

釋 云何菩薩得入（上述）四位之方便？

八處持善根力為入方便。（由八修學處成熟四善根力為方便，菩薩得入四位）

一、善根力有四種

　　1.因力，2.善知識力，3.正思惟力，4.依止力。如前所明。

二、持善根力

　　未有令生，已有令增長，故名持菩薩善根。或說為六波羅蜜，或說為福慧二行，能破對治非對治所遮故名為力。（此善根力能增長八處，有助唯識觀，終至令入初地。）

三、八處入方便

　　持善根力應知有八處：[3]

　　1.2.3.三相鍊磨心，4.滅除四處障，

　　5.緣法義為境，6.無間修奢摩他毗鉢舍那，[3]

　　7.恭敬修奢摩他毗鉢舍那，[3]8.無放逸。

　　（此八皆修學處，藉由修此，成熟四種善根力。前六處去真觀遠者為方便，後二處去真觀近者為資糧，故列於入資糧章。）

丙一　第一鍊磨心（第一處）

三相鍊磨心（即是前三處），能對治三種退屈心。

3　1. 或以三鍊磨心，除四處障及緣法義為八處。
　　2.（《俱舍論・分別智品》七之二）卷 27　P585
　　　如來三種圓德……一因圓德，二果圓德，三恩圓德。
　　　初因圓德復有四種：
　　　(1) 無餘修：福德智慧二種資糧修無遺故；(2) 長時修：經三大劫阿僧企耶修無倦故；
　　　(3) 無間修：精勤勇猛剎那剎那修無廢故；(4) 尊重修：恭敬所學無所顧惜修無慢故。

何者為三？

一、輕賤自身等退屈心，二、輕賤能得方便退屈心，三、疑應得退屈心。

㊛ 為除輕賤自身等退屈心，故顯第一鍊磨心。

何以故？

有諸菩薩，聞無上菩提廣大甚深難修難得。

我今云何能得如此難得無上菩提。

由有此執故，於自身心則退屈。（第一退屈心）

為除此心故，須修第一鍊磨心。

十方世界無數量故，不可數量在人道眾生，剎那剎那證得無上菩提。
是名第一鍊磨心。

㊛ 此顯：

一、無上菩提非定一處修得，隨處修學悉皆可得。（無定所）

二、無上菩提等類皆得，是故此身不可輕賤。（人道可得）

三、得無上菩提無有定時，非待時修得。（無定時）

菩提無可（給）與等，必假懃修方可證得。

由此鍊磨心，於方便中第一退屈心則滅不生。

（此顯無上菩提無定所、無定時、人道可得，應修此鍊磨心。）

丙二　第二鍊磨心（第二處）

㊛ 為除輕賤能得方便退屈心，故顯第二鍊磨心。

何以故？

由有菩薩作如此心，此施等是菩提資糧，若離菩薩意欲則不可得。

此意欲我等云何應得？故施等法非我等所能行。

由有此執故，於能得方便心則退屈。（第二退屈心）

為除此心故，須修第二鍊磨心。

由此正意，施等諸波羅蜜必得生長，是我信樂，已得堅住。

由此正意，我修習施等波羅蜜，進得圓滿則為不難。

是名第二鍊磨心。

釋 一、方便體及方便功能

　　1.諸菩薩

　　　(1)方便體相：

　　　　三世諸菩薩若得如此正意，是真方便體。

　　　(2)方便功能：

　　　　①由此正意若生（若）長，諸波羅蜜無不具足，名平等功能。

　　　　②未有令有名生功能。

　　　　③已有令圓滿名長功能。

　　　三世諸菩薩方便體及功能，決定無二。

　　2.我等

　　　我等方便體及功能，亦應同彼諸菩薩。

　　　何以故？

　　　我之信樂即彼正意，為所譬方便體，此體已定（已得堅住）。

　　　何以故？

　　　無動失故。貪恚等所不能壞故名堅；小乘惡知識等邪化不能令退故
　　　名住。

　二、「能得方便」不為難

　　1.可得三功能不難

　　　由此正意，我修習施等波羅蜜，明平等功能；進得明生功能；圓滿
　　　明長功能。此三功能必定可得。

　　2.能修行諸波羅蜜不難

　　　由此正意謂信及樂，此信樂為正意體：

　　　信：

　　　(1)信實有：信實有自性住佛性。（義同正因佛性，屬因地佛性）

(2)信可得：信引出佛性。（義同緣因佛性，屬因地佛性）

(3)信有無窮功德：信至果佛性。（義同佛果佛性，屬果地佛性）

（註）

1. 比對「佛性論」[4]與此釋，可知此中以「信」聯結的佛性內容，與應得因中具有三性之內容相同。應得因為佛體性中三因佛性之一，以「無為如理為體」，加行因和圓滿因是以「有為願行為體」。三因佛性所指是體證佛果之因素，三因雖有別但皆源自應得因。因其體性乃人法二空所顯之無為如理之真如，由此引生菩提心，加行乃至圓滿果。此之佛性非靜態不變之本體，而是動態修行之歷程和圓成，為佛法之實踐歷程。

2. 應得因雖以無為如理為體，然其本身所具之三種佛性與成佛修行歷程之三階段相應。住自性性之佛性隱含於道前凡夫身中。凡夫雖未踏上修行成佛之道，但還是具有隱沒未顯之住自性之佛性，而引出佛性則是針對從初發心到十迴向、十地

---

4 《佛性論》卷二 T31P749a

佛性體有三種，三性所攝義應知。

1. 佛性體

   三種者，所謂三因三種佛性。三因者，一應得因，二加行因，三圓滿因。

   (1) 應得因者，二空所現真如，由此空故，應得菩提心及加行等，乃至道後法身，故稱應得。

   (2) 加行因者，謂菩提心，由此心故，能得三十七品，十地十波羅蜜助道之法，乃至道後法身，是名加行因。

   (3) 圓滿因者，即是加行，由加行故，得因圓滿及果圓滿。因圓滿者，謂福慧行。果圓滿者，謂智斷恩德。

   此三因前一則以無為如理為體，後二則以有為願行為體。

   三種佛性者，應得因中具有三性，一住自性性，二引出性，三至得性。記曰，住自性者謂道前凡夫位；引出性者從發心以上，窮有學聖位；至得性者無學聖位。

2. 三性攝

   復次三性攝者，所謂三無性及三自性。

   三無性者：一無相性，二無生性，三無真性。此三性攝如來性盡。何以故？以此三性通為體故。

   復次三種性者，一分別，二依他，三真實。

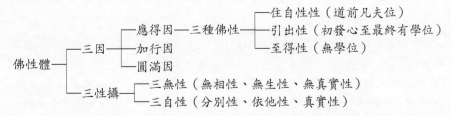

之修行者為對象，在修行過程中所顯證之佛性稱為引出佛性。最後至得佛性是指佛果位，無學位聖位之佛性。

樂：起三信已，於能得方便之施等波羅蜜中，求欲修行故名為樂。

由得此信樂，修行施等波羅蜜則不為難，能令究竟圓滿。

3.能除障圓滿六度不難

菩薩有正意，謂我有能生六度心，出離貪悋等諸障，能遮諸波羅蜜障，滅盡無餘。是故不因大功用，六度易可圓滿，由六度圓滿，無上菩提自然成就。我已得此堅住正意，是故修行六度不以為難。

由第二鍊磨心，於方便中，第二退屈心則滅不生。

丙三　第三鍊磨心（第三處）

釋 為除疑應得退屈心，故顯第三鍊磨心。

何以故？

有諸菩薩思量諸佛甚深廣大功德，

而作是念：無上菩提最難可得[5]，（為生死）一刹那心所障。

（所障雖有眾多功德智慧，但能障為刹那心，而說可得，此義難思。）

若謂：金剛心無有生死心（（記要）P.338註36），除此心亦應可得。此義亦難思。

（由我今猶在四種生死，去金剛除心猶遠。所障有多能障亦應有多。若說可得，此亦難思。）

5　《攝大乘論疏》七 T85P992b

1. 最難可得者三義：

　（1）須長時修；（2）所修微妙精細；（3）所修眾多也。

　至十地三（十）大劫阿僧祇修行，（要）除無有生死最後一刹那心（金剛心），此難思量。故生退屈。

2. 此時要觀四種定心：一思，二了，三證，四除。

　（1）先尋思一切法唯有識，　（2）既尋思已，決了知一切法唯有識，

　（3）決定明了已後證知唯識，（4）證知唯識止除外塵未除識體。

3. 後更尋思塵既無相，識則無因緣不得生。復不見識體，故名除心。此除心與真如相鄰。由此心在障不得真證。心即是解脫道，除則是無礙道，過此後心與理一，無有心境之異。

由有此執（有疑），於得無上菩提心則退屈。（第三退屈心）

為除此心故，須修第三鍊磨心。

若人與眾善法相應，後捨命時，於一切受生中，可愛富樂自然而成。
是人得有礙善，此義尚應成。云何我得圓滿善及無礙善，一切如意可愛富樂
而當不成？
是名第三鍊磨心。

㊟ 一、凡夫二乘修得有礙善

  1.修成眾善

    (1)凡夫：有施、戒、修（定）三種善法。或數數偏修或圓滿修，皆
      成眾善（以品類多故）。

      （只有正體，無施戒定三品修名偏，具三品財法無畏施等名圓
      修。）

    (2)二乘：有三十七品善法。由無間修及恭敬修，則成眾善（以品類
      多故）。

  2.受可愛富樂果

    (1)凡夫：就死墮[6]明得果，

      若先修施滿足，後捨命時即生人中，受可愛富樂果，此事無差。
      若先持戒滿足，後捨命時即生天中，受可愛富樂果，此事無差。
      若修定滿足，後捨命時即生色無色界受可愛富樂果，此事無差。

    (2)二乘：就移位[6]明得果，

      若修三十七品滿足，後捨凡夫壽得聖人壽，受六通等可愛富樂
      果，此事無差。

 二、我修圓滿善及無礙善

  1.修圓滿善及無礙善

    (1)圓滿善：於十地中生長福德智慧二品善法。

      （圓滿有二義：一、地地具足六度行，二、真（智）俗（福）具
      足。）

---

6 捨命而得果者為死墮。即時轉凡成聖，不捨命者為移位。

(2)無礙善：心粗重難破障，需藉金剛定破壞。金剛定後能離一切障，轉依成時即是無礙善。

（無礙：常住具四德自在。）

2.得如意可愛富樂果

佛果名富樂。自在故稱樂，具德故稱富，此富樂是一切如意可愛法。

(1)約小乘：以智斷為如意，恩德為可愛。

(2)約大乘：法身（圓德）為富樂，應身（利他能變，法樂自在）為如意，化身（色形）為可愛。此三攝無上菩提盡，故言一切。

三、鍊磨心

凡夫二乘修有礙善，尚得可愛富樂果，我今修圓滿善及無礙善，於智障滅時（以此譬如前捨命時），云何不成如意可愛富樂果？

以此鍊磨我心，於方便中，第三退屈心則滅不生。

此中說偈，

一、人道中眾生　念念證菩提[7]
　　處所過數量　故無下劣心

二、善心人信樂　能生施等度
　　勝人得此意　故能修施等

三、若善人死時　即得勝富樂
　　滅位圓淨善　此義云何無

㊣ 一、第一偈[7]（第一鍊磨心）

人道中眾生：此顯同類能得無等果故，不應輕賤自身。

念念證菩提：此顯時無定，修因及得果並無定時，是故恆須勤修。無時而不可修，修因既爾，得果亦然，是故不應謂時有障而輕賤自身。

處所過數量：此顯處所無定，隨處立因皆可得成，得果亦爾。

7　《大乘莊嚴經論‧明信品》第十一（卷四）
〔人身及方處　時節皆無限　三因菩提得　勿起下劣心〕
得無上菩提有三因無限，一者人身無限，由人道眾生得無限故。二者方處無限，由十方世界得無限故。三者時節無限，由盡未來際剎那剎那得無限故。
由此三因無限，是故諸菩薩於無上菩提不應退屈起下劣心。

故無下劣心：此明解前三義故退屈心不生，謂我無有功能應得無上菩提，故心不下劣。

二、第二偈（第二鍊磨心）

善心人信樂　　能生施等度：

須勝因以生勝果。勝因即信樂，由信樂故生施等度。

此顯一、增上緣（諸勝菩薩及所信樂三種佛性等），二、同類因（善心），三、等流果（施等出世法）。

1.非惡心及無記心能信樂

(1)有諸人，以散漫無記心行施等行。

(2)有諸外道，以惡心行施等行。

為離此惡無記故說善心，求得無上菩提者名善心人。

2.若無善心為因，則不成施等行，以施等是善故。

勝人得此意　　故能修施等：

此意即是菩薩正意，謂信及樂，由有此意於修施等有能，是故我修施等不以為難。（故無退屈心）

三、第三偈（第三鍊磨心）

若善人死時：善人即凡夫及二乘。凡夫修施修戒，二乘修道品。

死時有二種：死墮及移位。

即得勝富樂：凡夫得人天梵世富樂，二乘得六通等富樂，若立此因必定得果。

滅位圓淨善　　此義云何無：

我今修十地福慧及無流道品。

圓約諸地，淨約道品，金剛心滅後名為滅位。

此即無上菩提果名勝富樂，我決定應得此，云何言無？（故無退屈心）

丙四　滅四處障（第四處）

由減除四處障故，

一、二乘思惟

由捨離聲聞獨覺思惟故，邪思惟滅。

釋　二乘思惟，謂數觀苦無常等生死過失，及數觀涅槃寂靜功德。

　　此觀但愛自身，捨利益眾生事。若離此觀名滅邪思惟。

二、大乘中邪意及疑

於大乘中生信心及決了心故，滅一切邪意及疑。

釋　一、滅邪意及疑

　　　　於大乘甚深廣大法中，於真諦生信心，於俗諦生決了心故，於真如捨
　　　　非撥意，於如來所說大乘十二部經，捨如文判義意，故滅一切邪意及
　　　　疑。

　　二、如來說三性

　　　　於大乘中，依所安立法相如來說三性，謂一切法無性，一切法不生不
　　　　滅，本來寂靜自性涅槃。

　　　　如是等無有品類，是依分別性說。若說幻事鹿渴夢相光影鏡像谷響水
　　　　月變化，是依依他性說。

　　　　若說真如實際無相真實法界空等，是依真實性說。

　　　　此三性說中，不信及疑不得生故，說滅邪意及疑。

三、法我我所執

是所聞思諸法中，捨離我及我所邪執故，是故滅除法執。

釋　一、所聞思諸法

　　　　即聞思境界，文句所顯義是聞慧境界，依此義如理推尋道理，此道理
　　　　是思慧境界。

　　二、法我我所執

　　　　1.法我執

　　　　　於所聞思諸法中，若執法體是有，名法我執。

　　　　　譬如執有涅槃，謂集諦無生寂靜為體。

2.法我所執

若執法體有用，名法我所執。

譬如執涅槃用，謂能離三苦。

如此等執名為邪執。

三、滅除法執

遠離所聞及所思法我及我所執。

此中但執法體及用為有，說名我我所，不執人我我所。

何以故？

此人我執前十解[8]（十住）中已滅除故，唯法我未除故[9]。

顯入唯識方便。

四、於相分別（分別執）

安立現前住一切相、思惟悉不分別，是故能滅除分別。

釋 一、一切相

1.現前住：於散亂位中，色等六塵自所證知，為現前住。（散心所緣）

2.安立：於寂靜位中，骨鎖聚等從定心起，為安立。（定心所緣）

如此等一切相，是散亂寂靜二心境界。

二、思惟

謂覺觀思惟，觀苦無常無我等，此心緣內境。

三、不分別

1.作意不分別：人在分別觀之方便道中作無分別意。（作意但不分別）

2.無功用不分別：若方便已熟，不須功用自然能無分別。

8　《本論》四6，（記要）P. 118

菩薩有二種，謂凡夫聖人。十信以還是凡夫，十解以上是聖人。

9　《本論》三18，（記要）P. 108

「由本識功能漸減，聞熏習等次第漸增，捨凡夫依作聖人依。」

「聖人依者，聞熏習與解性和合，以此為依，一切聖道皆依此生。」

十解位菩薩已滅除人我執，能悟入人空真如，即可達聖位。從凡入聖，就轉捨阿梨耶識中我執（凡夫依），轉得我空真如性。此聖人依是聞熏習與解性梨耶和合，依此為一切聖道生起之因。

由此，（現前住及所立之）一切相及思惟，悉不分別。

四、滅除分別入四位

由見境（相）無相，見識（思惟）無生，是故能滅分別，由無分別為方便故，得入四位，若起分別則不得入。

此中說偈，

現住及安立　一切相思惟[10]

智人不分別　故得無上覺

㊣ 一、一切相

有二種：謂現住及所立，散心所緣六塵名現住。定心所緣骨等為所立。

復有二種：一如外顯現（相），二如內顯現（思惟）。

二、智人（菩薩）已聞思唯識道理，由此聞思作意不分別乃至無功用不分別。

三、由不分別故，成就無分別智，得入初地。（初地以上為無上覺）

丙五　緣法及義（第五處）

緣法及義為境。

何因何方便得入？

由聞熏習種類正思惟所攝，顯現似法及義，有見，意言分別故。

10　《大乘莊嚴經論‧功德品》22（12）9

〔安相在心前　及以自然住　一切俱觀察　至得大菩提〕

1. 安相：謂聞思修慧方便，入（於）所緣起分別。（分別相）

　自然住：彼相謂自性現前，非分別（起）。（俱生相）

2. 一切俱觀察

　彼二相所緣非所緣體無分別故。以此方便（無分別）為諸相對治。（斷相）

　彼二應次第觀察：

　謂先觀安相，後觀自然住相。

　若此二相皆非緣體，彼起四倒即得隨滅。

3. 至得大菩提

　若修行人但觀察人相，唯得聲聞緣覺菩提；若觀察一切法相，即得無上菩提。如是隨其所縛而得解脫，此名如實知解脫。

㊷ 緣法及義為境為第五處。

何因及方便能令入唯識觀？

一、因（聞慧）

因是大乘十二部經所生的聞慧熏習。

聞熏習有種類（聞慧）為生因。（能令入唯識觀）

二、方便（思慧）

（方便是思慧。）

依聞慧數起正思惟，令自增長堅住，是正思惟所攝，故名攝。

攝持令堅住是以正思惟為長因。（正思惟（即思慧）的長因是入唯識觀之方便）

三、意言分別入唯識觀

意識覺觀思惟之意言分別，有憶念攝持，或似正教顯現（為聞慧之境）或似正教所詮義顯現（為思慧之境），而得入唯識觀。（此聞慧思慧是真實性所攝）

意言分別有二種，謂相及見，今但取見不取相，以此觀緣識遣境故。

丙六　由二方便入唯識觀

一、由二方便

1.由四種尋思（第六處）

謂名義自性差別假立尋思。

（此即無間修。由方便轉勝修之相續，無有惡無記間隙善心故名。）《攝大乘論疏》7

㊷ 此即第六處。

一、四種尋思[11、12]

11　四種尋思（詳見甲四附註一）。

12　（普寂：《攝大乘論略疏》）

若就通言，地前地上並修此觀；若就別說，唯在四加行位。尋思在暖頂，如實在忍世第一。推求智名為尋思，決定智名為如實。凡夫無明妄執故謂「名屬於義，義屬於名，名義不相離。」此是遍計所執生死之根本也。

菩薩觀名但假施設，依名求義必不可得，故言於名唯見名等。（餘三尋思准此可知）

於四處見度疑、決了說名尋思。

1.名尋思：菩薩於名唯見名。

2.義尋思：於義唯見義。

3.自性假立尋思：於名義自性言說（假立），唯見名義自性言說。

（言說為自性，除外更無所有。）

4.差別假立尋思：於名義差別言說，唯見名義差別言說。

（名義是當體，差別是其別義，當體既是言說，其差別義亦唯有言說。）

（前二離相觀，後二合相觀。）

二、四處《攝大乘論疏》七

1.名：能目一切物之言。

2.義：能目一切法（六識、境、十八界等）。

3.名義自性：此二名義唯以言說（假立）為自性。

4.名義差別：（如說五陰十八界即是立名義），名義為本有種種（差別）義。

（如色受等各別不同為自性，於一一陰一一界中復有種別不同，如色中有種種色，名為差別言說。）

三、名義「相」異與相應

1.相：菩薩見名與義相各異。

2.相應依義：菩薩見名與義相應。（菩薩見自性言說及差別言說皆屬義故）

（此並唯假言說為義故，立餘三處為相應。）

（由數習、次第、相續三故生解[13]，假立法妄想生解故名相應，若無數習、次第、無倒三義，則無相應義。《攝大乘論疏》七）

四、名義互為客

名義不同體，名於義為客，義於名為客亦爾。

1.一時不同體《本論》六1，（記要）P.222

---

13 （《攝論章》卷一）T85P1031（No. 2808）

今依大乘略明其（三藏）體。若就詮旨有異名義互為客，即用諸佛法蠡圓音名味句阿含為體。然此阿含要具三義，謂數習相續次第。相無相有無相對即無所有為量，攝相就體即唯智為性。

(1)先於名智不生

若名與義同體，未聞名時於義中名智應成。（得義時未識名，如見人不識性，故知不同體。）

(2)名多

若名與義同體，名多義亦應多。（如一人有多名無多體，故知不同體。）

(3)名不定

若名與義同體，名既不定義亦應爾，若不成一物，相違法則應同體。

（名不定故，知人猶子等故不同體。又一名目多義，如前名目九也，故不同體。）

2.前後不同體

如前有人後方立名，又如（前）文有人道後此道名為人，此通名前文有定後方有人也。

3.名義非實相屬

名於有義中起？於無義中起？

(1)若於無義中起

若已有及未有義中名起，則一體義不成。（有名無義）

(2)若於有義中起

〔他執〕先已有義，後以名顯義，譬如燈照色。

〔破〕此為先已執義，後方立名。（非未執義時立名）

①此執應能了義，何須後更立名顯義？

②此執若不能了義，名豈能了？

4.名非定能了義

由此名有餘人不達此義，以未了此名故。

若名定能了義，由此名不應有人有識物有不識物。

故名與義非一。

（如知識此人姓名來文，不識其人體相，故名義不同體。）

5.由名於義非無邪執

如凡夫人識五陰但是行聚（即是無常），由數習故，於自他相續（仍）起我執（計常）。

非由名於義無有邪執（非義異即名異），故名與義非一。

（知名無常猶於義計常，故知名義不同體。）

2、由四如實智[14]（第七處）（恭敬修）【入資糧章第六】[15]

謂名義自性差別如實智，四種不可得故。

釋 一、尋思所引如實智

　　1.名尋思所引如實智

　　　　若菩薩於名已尋思唯有名，後如實知唯有名：

　　　　世間為顯此義故，於此義中立此名，為想、見、言說故。

　　　　若世間不安立色等名→於色類中，無有一人能想此類→色若不能想則不增益→若不增益不起執著→若不執著不能互相教示。

　　　　若菩薩如此知名，是名名尋思所引第一如實智。

　　2.義尋思所引如實智

　　　　若菩薩於義已尋思唯有義，如實知義離一切言說，不可言說：

　　　　〔謂色受等類，色非色不可說，法非法不可說，有非有不可說。〕

　　　　是名義尋思所引第二如實智。

　　3.自性尋思所引如實智

　　　　若菩薩於色名等類自性言說中，已尋思唯有言說，由自性言說此類非其自性，如其自性顯現，菩薩如實通達此類：

　　　　〔譬如變化鏡像谷響光影夢想幻事等，非類似類顯現。〕

　　　　是名自性尋思所引第三如實智，以甚深義為境界。（緣無相及依他識為境）

　　4.差別尋思所引如實智

　　　　若菩薩於差別言說中，已尋思唯有言說，於色等類菩薩見（名義）

---

14 四如實智（詳見甲四附註二）。

15 方便與資糧

　前面已由四尋思中知道此四是假言說，但未達四法無所有，能了達四法實無所有的是四如實智。尋思雖在煖頂，如實智則在忍世第一法，兩者都是十迴向的終心出位，諸地方便將入位。今取去真觀遠者為方便，近者為資糧。

差別言說無有二義：

(1)有非有（可言體非有，不可言體非無）

此類非有非非有。由可言體不成就故非有，非非有由不可言體成就故。（可言說性（分別性）無體不成實，離言說性（真實性）實成立）

(2)色非色

如此非色由真諦故，非非色由俗諦故，於中有色言說故。

(3)有見無見

如有非有及色非色，如此有見無見等差別言說別類，由此道理應知皆爾。

若菩薩如實知，差別言說無有二義（唯見差別言說），是名差別尋思所引第四如實智。

二、釋名

1.四種不可得

(1)實義不可得

先已說名及義，後說自性及差別，此四中皆假立言說，為顯（實）義不可得故。

(2)無自性及差別

由（實）義不可得，名（等）亦無自性及差別。

2.尋思

菩薩尋思此名（等）唯假立自性差別，如此度疑決了等說名尋思。（推求）

3.如實智

因此尋思，菩薩觀名義等二無所有，是名如實智。（如實知）

二、入（方便）唯識觀

若菩薩已入已解如此等義，則修加行為入唯識觀。

1.觀四境遣外塵

於此觀中意言分別似字言及義顯現。

(1)此中是字言相（名），但（唯）意言分別。得如此通達。（遣名）

（2）此義依於名言，（但）唯意言分別。亦如此通達。（遣義）

（3）此名義自性差別，（但）唯假說為量。亦如此通達。（遣名義自性差別）

釋 一、已入：已解四種尋思。

已解：已得四種如實智。

加行：地前六度及四種通達分善根[16]。

唯識觀：從願樂位乃至究竟位，通名唯識觀。

二、加行所緣境

若欲入唯識觀，修加行緣何境界？

於唯識觀中，緣意言分別為境，離此無別外境。

何以故？

此意言分別，似文字言說及義顯現故。

三、修加行遣四境（四尋思之實修）

1.遣名

唯有意言分別無別有名。菩薩能通達名無所有，則離外塵邪執。

2.遣義

前已遣名，此下依名以遣義。義者即六識所緣境，離名無別此境，是故依名以遣義。名言既唯意分別故，義亦無別體。菩薩能通達義無所有，亦離外塵邪執。

3.遣名義自性差別

前已遣名義，名義既無，名義自性及差別云何可立？

---

16 加行／通達分善根

1.（普寂）

十信三賢四善根通名加行。

2.《本論》八5

正入唯識觀位中，有四種三摩提（光得，光增，通行，無間），是四種通達分善根依止。

3.（《大乘莊嚴經論・教授品》15）（七）3

〔爾時此菩薩 次第得定心 唯見意言故 不見一切義〕

〔為長法明故 堅固精進起 法明增長已 通達唯心住〕

〔諸義悉是光 由見唯心故 得斷所執亂 是則住於忍〕

〔所執亂雖斷 尚餘能執故 斷此復速證 無間三摩提〕

（此明唯識觀與四善根位之結合）

若離假說，無別名義自性及名義差別。由證見此二法不可得故，名
為通達。

2. 證意言分別遣分別

(1)唯意言分別（無四境）

次於此位中，但證得唯意言分別。

(2)境無故分別無實體

是觀行人不見名及義，不見自性差別假說。

㊉ 一、緣意言分別為境

是觀行人已遣外塵（四境），於此觀中復緣何境？

此觀行人觀一切境唯是意言分別故，緣意言分別為境，（而）未能遣
於此境。

二、遣四境分別（四如實智之實修）

1.不見四境

此位但不見四境：

名義為本，名義各有之自性及差別假說。

即是名不見自性差別假說，即是不見自性差別名，遣此四法永盡無
餘。

2.遣四境分別

由心緣意言分別為境，決定堅住，是故不復分別餘境。

由四種尋思及四種如實智，已（如實）了別此四法決定無所有故，
心不緣此相。不緣此相故，不得此四種分別。

（所分別之四境無所有（即無生緣），則意言分別之識亦不生
起。）

3. 由二方便觀意言境入真唯識

(1)入方便

（由實相不得有自性差別義已，）

由四種尋思及四種如實智，

（2）所緣境

於意言分別，顯現似名及義，得入唯識觀。

㊨ 若已由二種方便遣外塵分別，復有何別方便及別境界得入真觀？

一、入方便

以四種三摩提所攝，四種尋思及四種如實智為入方便，無別方便。

二、所緣境

凡夫從本來，意言分別有二種，一似名二似義，名義攝一切法皆盡。

此名義但是意言分別所作，離此無別餘法為境。

依此方便緣此境界，得入唯識真觀。

丙七　入唯識真觀（第八處）（無放逸）

於唯識觀中入何法？如何法得入？

㊨ 此下明八處中第八處。

此中有二問：一問所入法，二問所入譬。

一、明所入法（法說）

但入唯量，相見二法，種種相貌。

㊨ 此答第一問。

一、但入唯量：此所入法，但入唯識量。

二、相見二法：此唯識不出二法：

1.相識：似塵顯現名相，謂所緣境。為因，為所依。

2.見識：似識顯現名見，謂能緣識。為果，為能依。

三、種種相貌：此二法由無始生死來，數習故速疾，是故於一時中有種種相貌起。[17]

如此三法，於唯識觀觀行人得（悟）入。

17　1. 達摩笈多：唯是一識，種種相生，非速疾故次第而生。
　　2. 玄奘：種種性者唯是一識顯現，似有種種相，非速疾故別別而現。

1. 入唯量觀

名義自性差別，假說自性差別義，六種相無義故。

㊟ 明六相無義，顯入唯量觀。

一、六相：名，名自性，名差別，義，義自性，義差別。

無義：顯入唯量義即指定實法。六相唯是識量，無定實法，故言六相無義。

二、名無義：名本目義（境），義（境）無所有故名無義。

（問）此名為自有義？為當無義？

（答）1.若名為（自）有義，而義（境）無所有（名無義（境）可目），故不可言名為有義。（故言名為無義）

2.若名無，義（境）亦無，以無所有故，故言名無義。

三、義（境）無義：離識量外無別有義（境），故義（境）亦無義。

四、名自性差別無義：名既無義，名自性及名差別，亦無有義。

五、義自性差別無義：義（境）既無義，義（境）自性及義（境）差別，亦無有義。

2. 入相見觀

由此，能取所取非有為義故。

㊟ 明入唯量觀已，云何入相見觀？

一、相識

相（識）非能取所取。

何以故？

似塵顯現故非能取。離識無別塵故非所取。

二、見識

見（識）亦非能取所取。

顯現似識故非所取。所取塵既無，識亦是無，故非能取。

此於相（識）見（識）既無能取所取，故非有義。

由（唯見一識自分為二）不見能取所取有體，名入相見觀。

（於相見，離言依他性遣能所取分別性。）

3. 入種種相貌觀

一時顯現，似種種相貌及生故。

㊜ 已明入相見觀，云何入種種相貌觀？

一、無相

若菩薩見依他性顯現似種種相貌，實無有相。

二、無生

若菩薩見依他性顯現似生，實無有生。

於一時中能觀種種相貌，無相無生，名種種相貌觀。

（種種相貌非有似有，是依他離言種種，非情計種種。）

二、入三性說（譬說）

1. 藤譬

(1)於藤蛇亂智轉

譬如暗中藤顯現似蛇。猶如於藤中，蛇即是虛，實不有故。

㊜ （此下答第二問）

為顯入三性觀故說藤譬。

人見藤相執言是蛇。

眾生從本以來，不聞大乘十二部經說三無性義，未得聞慧，為三煩惱[18]所覆，譬之如闇。有人譬二乘凡夫，藤相譬依他性，蛇譬分別性。二乘凡夫不了依他性，執分別性有人法。於依他性中，分別性是虛，實無人法故。

(2)蛇智不起唯藤智在

若人已了別此藤義，先時蛇亂智不緣境起，即便謝滅，唯藤智在。

18　三煩惱　《本論》四 13，（記要）P. 129
　　肉煩惱（分別內法）；皮煩惱（分別外塵）；心煩惱（分別一切世出世法差別）。

釋 譬菩薩已得聞思二慧入唯識方便觀。

未得聞思慧時，於凡夫位中執有人法，此執本無有境。

得聞思慧後，了別依他性，此執即滅，唯依他性智在。

(3) 藤智亦滅知真

此藤智由微細分析，虛無實境。

何以故？

但是色香味觸相故，若心緣此境，藤智亦應可滅。

釋 若人緣四塵相分析此藤，但見四相，不見別藤，故藤智是虛，虛故是亂，無有實境，妄起境執。

何以故？

藤非實有，以離四塵外無別有藤故。

此明藤智雖能遣粗亂執，而自是細亂執故，應可除。

在方便中，雖以依他性遣分別性粗亂執，而見有依他性，自不免是細亂執。後入真觀即遣此執，故應可除。

（唯識真觀是真實性，即是成無性性，此非安立諦，是無二諦亦無三性，以三無性為根本。）

2. 合譬明入三性
(1) 入分別性

若如此見已，伏滅六相顯現，似名及義意言分別，塵智不生，譬如蛇智。

釋 一切法但有六相，此六但是意言分別。離意言分別，有六相實無所有。由如此智（無相性智），觀行人得入分別性。入分別性時塵智不生，如了別藤時蛇智不生。

此言及譬顯入分別性。

(2)入依他性真實性

於伏滅六相義中，是唯識智；（此智）亦應可伏滅（譬如藤智），由依真如智故。

釋 於入分別性位中，菩薩已證無相性。

此無相性能引無生性智故，唯識智應可伏滅，如了別四微時藤智不生，依無相性智得入無生性。

此言及譬，顯入依他性及真實性。

如此菩薩，由入似義顯現意言分別相故，得入分別性。

由入唯識義故，得入依他性。

釋 一、若菩薩已了別一切法但是意言分別，離此以外實無所有。

由依意言分別，得了別分別無相性。

二、若菩薩不見外塵，但見意言分別，即了別依他性。（入唯識義）

云何了別此法？

若離因緣自不得生，根塵為（此）因緣。

根塵既不成，此法無因緣云何得生？（了別無生性）

云何得入真實性？

三、故菩薩能了別依他性及（其）無生性，即是了別真實性。

(3)廣明入真實性

①伏滅塵想

若捨唯識想已，是時意言分別先所聞法熏習種類，菩薩已了別伏滅塵想。

似一切義顯現，無復生緣故不得生，是故似唯識意言分別亦不得生。

釋 若菩薩依初真觀，入依他性。

由第二真觀除依他性，則捨唯識想。

一、是時：入真觀時，

意言分別：從初修學乃至入真觀前，意識覺觀思惟憶持昔所聞正教及正教所顯義。

熏習：先所聞法數習所生。

種類：後時所憶持境界，猶是先時境界所流。（同種類之境界）

了別塵：菩薩依四尋思，已了別六塵。

伏滅想：依四如實智，已伏滅塵想。

二、伏滅塵想

1.生緣皆盡

生緣有二種，謂分別性及依他性。

分別性已滅（無相性），依他性又不得生（無生性）。

無此二境為生緣，一切義乃至似唯識想皆不得生。

是時無一塵品類，而非菩薩所了別，猶得似此塵起意言分別，以意言分別生緣皆盡故。無生緣，一切意言分別愁不得生

2.塵想不生

以無生緣故，一切塵不生，一切想不生。

(1)塵不生

昔意言分別顯現，似所聞思一切義皆不得生。

(2)想不生

似唯識意言分別（唯識想）亦不得生。

此唯識想若為心之分別，此想即使成為境界，由已一向伏滅境界執，而不起唯識想，更何況餘意言分別。

②明入真觀

一、住處、境界（入真觀時）

菩薩依依他性除分別性，依真實性除依他性。

此二性若悉被除，菩薩住在何處？菩薩心緣何境界？

由此義故，

菩薩唯住無分別一切義名中，

由無分別智，得證得住真如法界。

釋 一、答第一問

　　1.無分別智是名[19]。

　　　其相為不分別一切義（境）。

　　　此智於一切境，無復能取所取二種分別，即立此智為菩薩。

　　2.名謂至究竟名。

　　　通一切法，於一切法無有差別，即是法界。此法界以通一切法，不分別一切義為相。

　　3.名亦是無分別境。

　　　菩薩唯於此法中住。

　　　（住真如法界，由無分別智，緣無分別境。智、法界、境雖互異，但在無分別時無異。）

二、答第二問

　　不分別能取所取及人法，乃至相、生性差別[20]，得如此無分別智故，得證住真如法界。

　　地地皆有入住出三分。未得令得證名入，已得令不失為住。又初得名入，得已相續名住。

二、入真實性

是時，菩薩平等平等，能緣所緣無分別智生，由此義故，菩薩得入真實性。

釋 一、菩薩平等境界

　　是入真觀時，菩薩智依十種平等，又依二種平等。

　　1.依十種平等

19　《攝大乘論疏》七

　1. 無分別智是名

　　(1) 名本身能表法體為名。

　　(2) 名本定體，無分別智能證理與理成一，即是定自體之名，能起後智立教能長章。

　　(3) 一切法相是一切表章之根本，故立無分別智為一切差名。

　2. 究竟名

　　名謂究竟名，即是真諦，是為第一義諦名，是相應之理極果法故名究竟。真即表究竟極理故為究竟名。

　　法界通一切法，皆如無有二相，故言通一切法，一相無有差別，境智無異相。

20　《攝大乘論疏》七

不分別一切俗中一切相生等者，相即俗變異事，生是識即俗體。由不取此別相故得入住法界。

如十地經（論）說。[21]

2.依二種平等

謂能緣所緣。能緣即無分別智，以智無分別故稱平等，所緣即真如境，境亦無分別故稱平等。

又此境智不住能取所取義中，譬如虛空，故說平等平等。

以於平等中最上無等，故作重名。

二、無分別智生

無分別智生有何相貌？

1.依十種平等

（一切法）能緣所緣悉平等故，無分別智生。

2.依二種平等

謂智及境，能緣所緣悉平等故，無分別智生。

3.依最極平等

不住能緣所緣故，無分別智生。

三、入真實性

由此諸義，菩薩（向初地人）得證見真實性。此位不可言說，以自所證故，證時離覺觀思惟分別故。

三、以偈明菩薩通別境

此中說偈：

法人及法義　性略及廣名

不淨淨究竟　十名差別境

㊛ 前說菩薩唯住無分別一切義名中，

此名有幾種？復次以何法為名？

---

21 （《十地經論》卷八）現前地第六

當以十平等法得入第六地。何等為十？

1. 一切法無相平等故；	2. 一切法無想（言說行相）平等故；
3. 一切法無生平等故；	4. 一切法無成（因緣不起）平等故；
5. 一切法寂靜平等故；	6. 一切法本淨平等故；
7. 一切法無戲論平等故；	8. 一切法無取捨平等故；
9. 一切法如幻夢影響水中月鏡中像焰化平等故；	10. 一切法（妄想境界）有無不二平等故。

為答此問而說偈，此偈有二重解釋。

此中說有十種差別名，悉是菩薩境界。

名	第一釋	第二釋
一、法名 nāmagocara	謂色受等、眼耳等（五陰五根等）	謂眼等（但明五根）
二、人名 pudgala	謂信行、法行等 （利鈍二種相似聖人）	謂我眾生等（通一切凡夫）
三、（教）法名 dharma	謂修多羅祇夜等	謂十二部正教
四、（教）義名 artha	謂十二部經所顯諸義名	謂十二部正教義
五、性名[22] varṇaka	謂無義文字[23]	謂阿（a）阿（ā）為初，訶（ha）為最後，音字合三十七[24]
六、略名 samasta	謂眾生等通名	謂有為無為
七、廣名 vyasta	謂眾生各有別名	謂色受等及空等
八、不淨名 aśuddha	謂凡夫等	謂凡夫等
九、淨名 śuddha	謂聖人等	謂須陀洹等
十、究竟名 paryanta	謂通一切法真如實際等	謂緣極通境，出世智及出世後智所緣一切法真如境。

菩薩所住唯在第十，通一切法名中。

22　性者能生之根本，此阿等字為文字教法之根本，故名性名。

23　梵文字本為表音文字，非表義文字，有形有音無義。

24　梵語之音字

　　1.《攝大乘論疏》七

　　十四是音（母音），二十五是字（子音），合有三十九。有二字同標章結句以相成，所以止三十七。

　　2. 梵語

　　(1) 母音有 13：a，ā，i，ī，u，ū，ṛ，ṝ，ḷ，e，ai，o，au。

　　　　若加 ḹ 及空點 ṃ，涅槃點 ḥ，則為悉曇之十六摩多（mātṛkā，母音）

　　(2) 子音有 25：ka 行（喉音），ca 行（口蓋音），ṭa 行（反舌音），ta 行（齒音），pa 行（唇音）各五個，即是悉曇體文（vyañjana，子音）之二十五個五類聲。

　　(3) 半母音 y，r，l，v；吹氣音 ś，ṣ，s，h；若加上複合音 llaṃ 及 kṣa 即是悉曇體文之十個徧口聲。

　　3. 悉曇五十字門（加 llaṃ 實為五十一字）

　　(1) 悉曇十六摩多，除去界畔之 ṃ 及 ḥ，則成此中之十四音。

　　(2) 悉曇三十五體文，只取五類聲二十五個，即是此中之二十五字。

　　4. 另有悉曇四十二字門，可參考《大品般若經‧廣乘品》6，《大智度論》48，《涅槃經》8，

三、結釋

如此菩薩由入唯識觀故，得入應知勝相。

釋 如此謂方便次第時節捨得等，菩薩由如此義得入唯識觀。

或入唯識方便觀，或入唯識真觀，由唯識觀能通達三無性故，得入應知勝相。

《攝大乘論疏》七

方便即八處持善根，初後自有次第淺深時節，即有方便。

正觀等三諦觀等，捨分別得，即得真智得證真如無得之理也。

《大集經》4，《大日經‧具緣品》等。《大集經》10 說二十九字門。
（悉曇 siddhaṃ 為字母之總稱，又總稱有關之聲字與聲明同義。）

乙五　入應知資糧果【入資糧果章第七（卷八）】

由入應知勝相，菩薩得何果？

菩薩得資糧果有八種。

丙一　八資糧果

一、二、三、〔前三果〕

由入此相得入初歡喜地。

釋 一、勝時果〔初〕

1.從始發心修行「求」至「此時」，今始得之故名為初。

所求之時是入真觀時，此明得住真如果。

2.捨凡夫二乘位，始得菩薩真位故名勝時。[25]

此時是轉依時，故名此初時為勝時，即是明轉依果。

二、勝方便果〔歡喜〕

1.捨自愛名歡，生他愛名喜。[26]

若不惜自身不憎惡他，於眾行中無難行者，此心於方便中最勝，以為眾行根本故，故初地從此立名。

2.未曾得大用（證法身、起應化身）及出世心（無分別智），得時有大欣慶故名歡喜地。

三、勝果〔地〕

住攝是地義，出離真如是地體。住於此（地）體故名勝果。

地所攝諸義：

1.地因：謂福德智慧二種資糧。

2.所攝：謂所利益眾生。

25　《攝大乘論疏》七

前十解中雖名聖，猶未得不二之真聖，故為假名菩薩。（以未得斷凡夫性，身猶未得常住法身故，同凡夫二乘各名差別妄想法為身故）

初地得理無二法身智，無二常住法身，方是真聖位，異地前假名。《本論》四6，（記要）P.118

26　1.除貪瞋故不愛惜自身，能行大捨，心恆歡悅。

2.由除嫉妬故不憎惡他，見他得利益，心恆慶喜。果正智得理不二之時，無喜不喜之相。昔著我愛，今自他不異，故不復愛自憎他，所以令他不達此理者復生悲欲令達之。

　　3.果：謂無上菩提。

　　4.障：謂三煩惱。

四、善通達法界

　㊣ 四、勝通達果

　　勝通達有三義：

　　1.通達如來所說義（由四依）

　　　菩薩得四依[27]，通達如來所說一切三乘三藏。

　　　菩薩如理釋文，是故由文能令自他解真如法界。

　　2.通達十地[28]

　　　如來安立十地，約法界有十重，從初通達乃至上地，皆善通達。

　　3.通達法界（約四方便）

　　　約四種方便（即四尋思四如實智）故善通達法界：

　　　(1)能通達生死苦。（異於凡夫）

　　　(2)恆入生死苦不厭怖。（異於二乘）

　　　(3)能通達涅槃樂。（異於凡夫）

　　　(4)不速求涅槃。（異於二乘）

五、得生十方諸佛如來家。（真如無生之家）

27　《涅槃經》六

得四依．

1. 依法（不依人）

法門即是詮教，人是能示詮之人，藉人求皆捨人，不依人而住。（通達法性得決定智，不由人語而心移轉。）

2. 依義（不依文）

義是文下所依以，此所依以即得利益。語止是指示令取義，住語即執詮為病，不應依。

3. 依智（不依識）

智足達理能離生死法，識是隨生死起惑，遇種種生死後有。

4. 依了義經（不依不了義經）

依文判了義，依理判不了義，則自在生疑不能得理，豈能利他？

依理判了義經則能成就二利。

28　通達十地

十地即法界始終，從初通達乃至上地皆善通達。此十即十地觀境十功德。若理觀從初地達一功德即達十皆善通達。若就差別義，取法界即不達二地功德，分別中有分別倒惑故通達為難也。

(釋) 五、勝定位果

1.由入此應知勝相，是人決定應破無名觳，不於卵中爛壞捨命。

（無明能生眾生生死，無實體但有相貌。今生法身中不為無明觳所包裹。）

2.是人決定應續十方諸佛種性，令不斷絕，以自應成佛，又令他成佛故。（入見道位無分別智冥合真如法界，名生佛家。）

3.佛子有五義：

(1)願樂無上乘為種子。（由信樂故得多聞熏習（菩提心）為種子）

(2)以般若為母。[29]

(3)以定為胎。（由定能含養眾行故無分別智生）

(4)以大悲為乳母。（大悲利他即復資養成我眾行，不同二乘。）

(5)以諸佛為父。[30]

由此等義故說得生佛家。

六、得一切眾生心平等。

(釋) 六、勝恩養果

1.恩養有四種：廣大、最極、無邊、無倒。

由此四義故，於眾生得平等恩養心。

①廣大：平等令一切得解脫。

②最極：悉令入無餘涅槃。

③無邊：利益無限量，盡一切眾生。

④無倒：凡利益皆符合根性，無不如理。

2.菩薩於自身起般涅槃心，於一切眾生平等起般涅槃心。

29　以般若為母

　若非無分別智則不脫生死，何得生如來家？

　智不令諸惡執之，惡執之則有無明，無明則能生生死。

　般若生即是無生生，故離分別得無生生，故是生如來家。

30　以諸佛為父

　1. 子藉父遺體生：明佛子從佛性法身生，即是體也。

　2. 父能訓誨令子成長：三身訓誨令成長。二身師義可見，法身為自體常住師。（既師自體義亦得是無師智）

　3. 父為外蔭護等：不令惡法侵損，是外蔭護也。

3.由菩薩已得自他平等，求滅他苦如求滅自苦。

（如自證真如，同以真如為體，不見有眾生異我，故得眾生心平
等。）

七、得一切菩薩心平等。

㊣ 七、勝意用果

1.菩薩若欲有所為作，必先思量故名為意。後如所思量而作，故名為
用。

2.求得三事為意：未下種令下種，未成熟令成熟，未解脫令解脫。

行四攝為用：由前二攝令發心，由利行令成熟，由同利令解脫。

（由得大悲，同有利他用，故得菩薩心平等。）

八、得一切諸佛如來心平等。

㊣ 八、勝至得果

1.菩薩在見位中，已得如來法身，由得此法身是故與諸佛心平等。

2.於自身，見法界無差別故，不見三世諸佛法界異自法界故，得諸佛
心平等。

（由同法身及同法界為體，故得諸佛心平等。）

丙二　菩薩見道

此觀名菩薩見道。

㊣ 菩薩見（道）有三種，

一、除方便見

謂四種如實智。

（見名義自性差別無所有，唯見識分別。了知所解脫無所有為無相
性。此為對治道正除障。）

二、應除見

謂分別依他二性。

（若知無相性，識即不生，了知無生性，則得解脫果。應除二性是俗諦。）

三、除滅見

謂三無性。

（除滅是已滅惑，若惑已滅，理即顯現，理即三無性。）

此三見皆因唯識觀得成，故名此觀為見道。相生明次第。

（一切法皆本來無二相，故除生死得法身皆由唯識觀而成。）

乙六　入唯識觀及其用【二智用章第八】

何故菩薩入唯識觀？

釋 此問顯二義，

一顯唯識觀難入，二顯若得入有無窮利益用。

丙一　入唯識觀道

先明入前後兩觀方便，答第一問入唯識觀道。（此觀難入）

一、初入唯識觀方便

此智（無分別智，出世奢摩他毗鉢舍那智）有四德，一無到，二清淨，三寂靜，四微細。

1.無倒

由緣極通法為境。

釋 通法有四品，謂下中上上上。

一、下品：謂一切有流苦。　　二、中品：謂一切有為無常。

三、上品：謂一切法無我。　　四、上上品：謂三無性。

緣三無性為境，是故無倒。

2.清淨

出世。

釋 由是出世無流智故清淨。

3.寂靜

奢摩他。

釋 由此智依奢摩他起，離散動地，是奢摩他智，故名寂靜。

4.微細

毘鉢舍那智故。

釋 顯是菩薩修慧，非聞思慧及二乘修慧。

此即初入唯識觀方便。（由此智入唯識觀，絕非易行，故言難入。）

二、入後觀方便
由無分別智後所得，（以）種種相識為相（之）智故。

釋 一、如理智（無分別智）

（以智入唯識觀，智是無分別智，即是如理智）
欲顯此智從無倒智生，故無倒。無倒故是如理智。

二、如量智（無分別智後所得智）

（如量智是無分別智後所得，是以種種相識為相之智。）
此智似一切境起，以一切境識為相。
於一切所知（境）無礙，故由此智得入唯識後觀。
此即入後觀方便。（此亦難入）
由前後方便難入，故唯識觀難得。

丙二　二智用

此答第二問，顯示因為得此用入唯識，而有無窮利益。

（以無分別智為目的，是唯識觀之自利用，進而得無分別後智。以後得智
為目的，是唯識觀之利他用。）

一、無分別智（自利用）
1.滅障用
為除滅共本阿梨耶識中，一切有因諸法種子。

釋 二智（如理智、如量智）用有三種：一滅障，二立因，三得佛法用。

一、滅障用
唯識道滅不淨品種子因果。

1.有因諸法種子

即是一切不淨品法種子。

(1)果：（不淨品）種子

(2)三因

①因緣：阿陀那識（是惑染）及六識（有煩惱作業）為不淨品因緣，故名本。（為種子因緣之本）

②增上緣：阿梨耶識是不淨品增上緣。

（能生阿陀那識及六識，復能受熏持種子作根依持生故）

③緣緣：六塵為種子緣緣。

2.除滅不淨品種子因果

現在惑未滅令滅，故言除。

未來惑未生，遮令不生，故言滅。

唯識道通滅不淨品種子因果，故稱共。

（唯識觀所滅除之對象是不淨品種子之因果，通滅一切不淨法之因（三因）及果（種子）。）

2.立因用

為生長能觸法身諸法種子。

釋 二、立因用

唯識觀能立因，令得無上菩提。

1.諸法種子

即是六度種子。

諸法即是菩薩所行六波羅蜜熏習，能為無上菩提因，故名種子。

2.能證如來法身

此種子若生若長能證得如來法身，故名為觸為生長。

以此福慧二因入唯識觀，令得無上菩提。

（由唯識觀轉六度令成出世故，是證法身因。為此而入唯識觀。）

3.得佛法用

為轉依，

為得一切如來正法，

為得一切智智。

㉑ 三、得佛法用

為得佛三德（四無畏）。

1.斷德：即漏盡無畏，為得如來無垢清淨法身故。

2.恩德：即是能說障道無畏，能說盡苦道無畏，為得利益他，為安立
正法故。

3.智德：即是一切智無畏。

故入唯識觀。

㉑ 為成就前三用故入唯識觀，

以入唯識觀得無分別智，能滅障立因得果故。

二、無分別後智（利他用）

入觀後無分別後智，其用云何？

由無分別後智，

一、於諸法相中菩薩自無顛倒，

二、如自所證，亦能為他說諸法因果。

（若依無分別智，正說諸法因果無有功能，以此智無分別故。）

為得此兩用故，菩薩修無分別後智。

1.自無倒

無分別智後所得智者，於本識及所生一切識識及相識相中，

由觀似幻化等譬自性無顛倒。

由此義故，菩薩如幻師於一切幻事自了無倒。

2.為他說

於一切相因緣及果中，若正說時常無偏倒。

釋 一、於因果相中無倒

　　菩薩以無分別後智，觀因果相無顛倒。

　　1.觀因果相

　　　(1)因果

　　　　正因：本識，是依他性。

　　　　所生果：識識（七識），是分別性。

　　　　相識（器世界及六塵），是分別性。

　　　(2)三相

　　　　內相：本識為內；於自為內。

　　　　外相：六塵為外；於他為外。

　　　　內外相：成身根為內外；根塵相對為內外；識通內外。

　　2.無顛倒

　　　(1)不執有唯識之外塵內根是實有法。

　　　　何以故？

　　　　菩薩已了別此等法似幻化等譬故。

　　　(2)不可依見聞覺知相，判諸法為實有。

　　　　何以故？

　　　　此心是清淨，本（根本智）所流故。

　　如幻師於幻事生見聞等四識，不依此識了別幻事。如本（智）所解了別幻事故，於幻事中無倒。（依智不依識）

　　菩薩亦爾，由依本智了別故，於一切相及因果中，無復顛倒，是名菩薩自利。

二、為他正說

　　若菩薩依本智作利他事，謂正說三乘三藏及五明等義，常無偏倒相違，是名菩薩利他。

　　（無偏：不實不定名偏，符理真實不可動為無偏。）

　　（無倒：處時相濫名倒，隨處隨時隨相名無倒。）

乙七　入觀善根之依止【二智依止章第九】

是時正入唯識觀位中，

有四種三摩提，是四種通達分善根依止。[31]

釋 此問欲顯入觀有三義：一真境，二奢摩他，三毘鉢舍那。

一、真境

　　即三無性真如（前述之極通境）。

　　為明應入處，故言正入唯識觀位中唯識處。

　　（唯識觀中三無性真如為應入處，約此處觀方始見唯識，明了能所依
　　止。）

二、奢摩他

　　即四種三摩提。

　　此真如非散動智境，故說（以）四種三摩提為（所）依止。

三、毘鉢舍那

　　即四種通達分善根。

　　是（所證）境與（能證）智不可分別，故說四種通達分善根為能證
　　（能依止）。

31　《大乘莊嚴經論》教授品第十五（卷七）3
　　次起通達分善根：
　1.〔爾時此菩薩　次第得定心　唯見意言故　不見一切義〕
　　　此菩薩初得定心。離於意言，不見自相總相一切諸義。唯見意言，此見即是菩薩煖位，此位
　　　名明。如佛《灰河經》中所說明。（《雜阿含》卷43）T2，317
　　　此明名見法忍。（煖：得法明，見法忍）
　2.〔為長法明故　堅固精進起　法明增長已　通達唯心住〕
　　　此中菩薩為增長法明，故起堅固精進。住是法明通達唯心，此通達即是菩薩頂位。
　3.〔諸義悉是光　由見唯心故　得斷所執亂　是則住於忍〕
　　　此中菩薩若見諸義悉是心光，非心光外別有異見，爾時得所執亂滅，此見即是菩薩忍位。
　4.〔所執亂雖斷　尚餘能執故　斷此復速證　無間三摩提〕
　　　此中菩薩為斷能執亂故，復速證無間三摩提。
　　　問：有何義故此三摩提名無間？
　　　答：由能執亂滅時爾時入無間，故受此名。此入無間即是菩薩世間第一法位。
　　　（唯識觀與四善根位之結合，不見於菩薩地與解深密經，而見於《大乘莊嚴經論》及之後之
　　　論書（如《攝大乘論》）。

（註）

1.四種通達分善根（煖頂忍世第一法四智）為能依止，四種三摩提為所依止，故能證無差別理。

2.能證智和所證境不可分別，菩薩應如何見此法？

由四種尋思四種如實智。

此等所依之四種三摩提中，前二者相當於四尋思，後二者相當於四如實智，定智並舉。

一、光得三摩提 ālokalabdhonāma samādhi

由四種尋思，於下品無塵觀忍，

光得三摩提是煖行通達分善根（之）依止。

釋 一、下品無塵觀忍

1.無塵觀忍

因為樂觀無塵義，故名為無塵觀忍。[32]

2.下品

此忍未離三相[33]，謂觀善成就因緣、惑污、清淨，未（能）隨意修習，故是下品。

二、光得三摩提

此定以無塵智為所得，為無塵智之依止，故名光得。（此無塵智名光，由此定而得。）

定即奢摩他，智即毘鉢舍那，若具五分五智，此定名三摩提。

（註）

〔若具五分五智，此定名三摩提〕

---

32 忍有四義：

1. 欲樂義：由能忍而安受無生之理故。

2. 不可壞義：由境真實、智寂靜故。

3. 智助義

4. 簡擇義

33 三相：成就相、染污相、清淨相。

此三相為分別惑，此忍猶見有此三相，故未能隨意修習，故為下品。

若此無塵觀忍已離三相，則是最上品。

五分有二解：《攝大乘論疏》卷七

一、五分者，初定光得為自分，（二定）……，三定通行為自分
定，無間為自分念分，通四定為第五分。

一定中皆有五義，故得三摩提名。四定別名從強者受稱也。

（若以初定是自分，餘三定除自分外，從強者另取別名，而
成自分定自分念分等，第五分則通四定。若以後三定分別來
說，後三定各是自分，通四定即成第五分。）

二、八聖道中正定為三摩提體，正見正覺（正思）正語正業正命
此五為分。

由正見見邪相而捨見正相而取。乃至見邪命而捨，見正命而
取。

由正見捨五種所對治，立五種能對治為助定分也。

五分智者：

1.自性分智：是無流勝善成熟故言自性分智。

2.人分智：此定非惡人所習，智人所讚。此智亦依內起，是智
為至人之氣分因，故為人分智。

3.清淨分智：我此定寂靜美妙，已捨道所對治惑滅，故為清淨
分智。

4.果分智：現世安樂住，未來感安樂涅槃果，是果家之小分
智，故言果分智。

5.念分智：此定憶念出入觀，熟修不忘入出觀相，故言念分
智。

約分起五智分三十七助道法，如（下）釋論解。

三、煖行通達分善根（之）依止

福德智慧二行為煖行體，即是三十七品。

1.此行是能燒惑薪道火前相，故名煖。

2.此暖行已過地前四位，決定了別真如智，名通達。

3.此方便道能助成通達智，故名分；能資生究竟位，故名善根。

4.此定能為通達分增上緣，故名依止。

又三十七品中立定為所依止，餘三十六為能依止。就三十六中般若是通達，餘三十五為分。三十六通名善根，又四善根即是四分。

二、光增三摩提 vṛddhālokonāma samādhi

於最上品無塵觀忍，

光增三摩提，是頂行通達分善根依止。

㊟ 一、最上品無塵觀忍

若無塵觀忍已離三相，是為最上品。

二、光增三摩提

無塵智名光，此智於方便中勝進，故名增。

此定為無塵勝進智之依止，故名光增。

此定為頂行通達分善根之依止。

三、頂行

同以福德智慧二行為頂行體。

頂有三義：

1.如人頭頂能持身命；

　修道者亦爾，若至此位善根則不可斷。

2.如山頂是退際，有人至山頂而退還；

　修道者亦爾，或有至此位，住方便中不進故名退。

3.如山頂是進際，或有人至山頂而更昇進；

　修道者亦爾，或有至此位而進入勝位，故立頂名。

　→此明菩薩於四種尋思中，修煖頂二種方便道。

三、正入真義一分通行三摩提 tattvārthaikadeśapraviṣṭonāma samādhi

於四種如實智，菩薩已入唯識觀了別無塵故，

正入真義一分通行三摩提，是隨非安立諦忍依止。

㊟ 於四種如實智中修道云何？

一、位、境、智

1.位：若菩薩過四種尋思度煖頂兩位，則在四種如實智位中。

2.境：於此位中，菩薩但緣唯識為境。

3.智：緣唯識境得無塵智，了別無塵義，除滅無明及疑惑。

二、入真義一分通行[34]三摩提

1.由無塵智，菩薩入真義一分，謂無相性，但未入無生性及無性性。

2.體無塵智名通。此定以無塵智為行，即為無塵智行之依止，故名通行。

三、隨非安立諦忍

1.非安立諦：三無性所顯人法二空名非安立諦。以此諦通一切法無有差別，故名非安立。

（一切法同一如相無有異者，同此如相故言通一切法無差別。）

2.諦忍：無倒無變異，故名諦忍。

隨：能符從此義，故名隨。

此隨非安立諦忍雖符此義，但尚未進到非安立諦。

3.忍：以福德智慧二行為忍體。

(1)菩薩已決了無外塵義，於無能取所取義中，心生信樂，故名忍。

(2)又能安受上品諦義，故名忍。

(3)於上品諦中，心無退失，故名忍。

四、此三摩提為此隨非安立諦忍之依止。

四、無間三摩提 ānantaryonāma samādhi

此（通行）三摩提最後剎那，了伏唯識想，轉名無間三摩提，應知是世第一法依止。

釋 一、取通行三摩提上上品最後一剎那定，

1.由先了別無相性，

2.後更思量所緣既無所有，能緣必不能得生。（了知無生性）

34　梵文原文無「通行」二字，但為了將「入」解釋為「進入」而意譯加入。

佛陀扇多：真實中入一分三昧。

達摩笈多：入真實義一分三摩提。

玄奘：入真義一分三摩地。

3.由此了別故（終至）能伏滅唯識想。

4.唯識想既滅，從最後剎那更進第二剎那，即入初地。

二、此（最後剎那）定與初地相鄰，不為餘心所（間）隔，故名無間。
又下地惑不能礙其入初地，不如下地道隔（絕）勝方便不得即入初地，故稱無間。

三、菩薩以地前為世法，登地為出世法。

  1.此無間定猶是世法。於世法中無等，故名第一，以世間眾生無有修行能等此法者。

  2.又此定雖是世法，能為菩薩出世道增上緣，餘世法則無此義，故名第一。

  3.又唯一剎那，故名第一。

四、無間三摩提是此世第一法之依止。

此四種三摩提，是菩薩入非安立諦觀前方便。

㊉ 前二定是無間修，後二定是恭敬修。欲顯此四定非真道故，故說是前方便。（若得見道無生智，即為正相應道。）

乙八　云何入於修道【二智差別章第十】

丙一　得見道為修道之依止

若菩薩如此入初地已，得見道、得通達入唯識。

㊣ 一、此顯見道為修道之依止。

由先成立見道故，修道得成。

修道中一切行並是聖行：

1.由得見道故，2.由作唯識觀通達真（真如）俗（俗諦）故，3.得見道為依止故。

二、若菩薩於願樂地中，具修諸方便得入初地。

1.得入初地

得入初地←由得見道故（見道即得無分別智）

得無分別智←由通達真如及俗諦故

2.通達真如及俗諦

(1)通達義

通達真如	通達俗諦
① 知塵無所有	，知唯有識
② 知此識無有生性	，知此識是假有

(2)若不通達俗（諦），無以能得見真（如），以離俗無真故。

若不通達真（如），無以遣俗（諦），以俗無別體故。

(3)所以能通達真（如）俗（諦），由能解唯識理故。

3.（真俗二諦不相離）顯四義

(1)出世果：初地是果。

總有為無為法為體。福德智慧行是有為，真如及煩惱不生是無為。初地是假名，由是總故。

(2)出世行：見道是行。

(3)出世境：所通達真俗是境。

(4)出世方便：入唯識是方便。

由入唯識為方便→能通達真俗境

由通達真俗境→得無分別智行

由得勝行→得初地果

丙二　修道觀行體相（修道依見道成真聖行）

丁一　問起

云何菩薩修習觀行入於修道？

釋　一、云何（義）？（此明修道中之大相境，為地中所有義別。）

此問凡有十義：（指後第五勝相，解十地中具明此十義。）

1.相：修道中境行體相。

2.次第：由淺至深，由方便入理。

3.修：即是四修（長時修，無間修，恭敬修，無餘修）及五修（無分別修，無著修，不觀修，無可讚嫌修，迴向修）等一切觀行。

4.差別：於一切行中各有無量義相貌不同，故言差別。

5.攝相助：以道品及世間散心萬行並為助道。

6.攝相礙：一切障並攝之轉令成助道。

7.功德：法界十功德能生長方便行之功德。

8.更互觀察：諸萬行更互相顯，如初地有十度不獨顯布施義。

十地智亦然，更互相助相成。

9.名：是義表定能顯一切法體故是名。

10.淨不淨：具真俗三性，以依他隨分別為不淨，不分別者為淨。

二、修習觀行

修習：數修所得為修習。

觀行：般若為觀，福德智慧為行，一切行悉是般若事，皆屬般若，故名觀行。（又六度中般若為第一，故名觀行。又見道名觀，從見道後所得悉名為行。）

三、云何入於修道？

此明菩薩依止見道，以何相等（凡十義）得入初地？

（初地有入住出三僧祇之修行，明重修同修道故。）

丁二　第一答釋

以九句答釋。

一、如佛廣說、所安立法相、於菩薩十地。

二、由攝一切如來所說大乘十二部經，故得現前。

三、由治所說通別二境。

四、由生起緣極通境。

五、出世無分別智，及無分別智後所得。

六、奢摩他毘鉢舍那智。

七、由無量無數百千俱胝大劫中，依數數修習。

八、由昔及今所得轉依。

九、為得三種佛身，更修加行。

釋　一、三慧

　　1.三慧境

　　　　聞慧境：佛廣說。

　　　　思慧境：所安立法相，即（前述）相等十種法相。

　　　　修慧境：於菩薩十地[35]，地地皆有十相。

　　2.三慧功能

　　　　聞慧功能：攝（通達）一切如來所說大乘十二部經，故得現前。

　　　　思慧功能：能治（研習）通別二境（即相等十法）。

　　　　修慧功能：生起緣極通境。

　　　　(1)極通境：如理如量智之所緣。

35　聲聞亦有十地：

1. 受三歸地（入佛法受三歸之位）；	2. 信地（外凡鈍根者）；
3. 信法地（資糧位利根者）；	4. 內凡夫地（內凡加行四善根位）；
5. 學信戒地（見道以上之信解者）；	6. 八人地（須陀洹向，見道十五心之位）；
7. 須陀洹地（初果）；	8. 斯陀含地（第二果）；
9. 阿羅漢那含地（第三果）；	10. 阿羅漢地（第四果）。

（《大乘同性經》卷下）（《華嚴經孔目章》卷三）

(2)生起

	生	起
①	方便	正觀
②	無間道	解脫道
③	入分	出分
④	見道	修道
⑤	出世道	世間道

3.修慧體相

修慧體：即出世無分別智及無分別智後所得。

修慧相：此二智寂靜無倒。由奢摩他故寂靜，由毘鉢舍那故無倒。

二、四修

此顯三慧具四種修。

1.長時修：無量無數百千俱胝大劫中，明長時修。

2.無間恭敬無餘修：即指數數修習。

三、由轉依故成聖道

先於入見位時所得轉依，而今此法（轉依）為修道所攝持，故一切所修皆成聖道。（此時已過願樂地故）

四、為得三身更加修行

為得具自他利益之三身更加修行，是此修道攝持之究竟用。由此道理，菩薩更加修行。（先修道為見真如，今重修道為得三身故言更修。）

丁三　第二答釋

云何？

釋 此約六義為問。

一、約修位境界

修道境自有三種。

1.加行依止：謂文教。（聞慧境）

2.修行資糧：謂依理判義。（思慧境）

3.修行所通達處：謂修慧境界。

二、約修位三慧功能

1.聞慧：是修慧方便。

2.思慧：是修慧資糧。

3.修慧：無分別智是修慧體。

三、約修位修慧因果

1.修慧果：無分別智後所得為修慧果，由修慧此智得生故。

2.修慧因：若無此智不得進後道故，是修慧因。

四、約修位四修

此明長時修乃至無餘修。

五、約修位依止

明轉依為依止。若無此轉依為依止，修位不成聖道，以凡夫依未轉故。

六、約修位勝用

為得三身圓滿自利利他兩用故修加行。

丁四　第三答釋

云何？

釋　此通問修位次第。

總答：從初起修心乃至修位究竟為其次第。

一、三慧境與功能

聞思修位為三慧境，而能入三境之功能即三慧。

（由境生智，由智功能故能攝持境，故成次第。）

二、出體相示因果

顯無分別智後所得利他功能，如自所證為他解說。

三、成滿四修

顯修位由四修得成滿。

四、明轉依

　明轉依顯自利。轉依是得法身四德之本，故是自利。

五、得三身二利

　三身於究竟修位得成，能平等利益自他。法身是自利，應化二身是利
　他。

丁五　重釋

如佛廣說、所安立法相、於菩薩十地。

釋（此即三慧境）

　十地即《華嚴經》中十地品所顯文句，此（等）文句中，如來廣說隨所安
　立道理。

由攝一切如來所說大乘十二部經故得現前。

釋　十地品文句，合如來所說之一切法，論其真實唯是一境。（聞慧能達此）

由治所說通別二境。

釋　所合之境為單（真俗別說）為複（真俗雙詮），若雙觀真俗則通一無相。
　（思慧能合觀此真俗通別二境）

由生起緣極通境，出世無分別智，及無分別智後所得奢摩他毘鉢舍那智。

釋　顯（奢摩他毘鉢舍那）道二體更互相攝。由奢摩他故智不散，由毘鉢舍那
　故，定無噉味等染污。（修慧只在極通境真中，此修行是真實行，地前只
　是預備修行而已。）

無分別智後所得奢摩他毘鉢舍那智，由無量無數百千俱胝大劫中，依數數修
習。由昔所得轉依，為得三種佛身，更加修行。

釋　一、後得智為是世智？為出世智？

不可說是世智：以非世間所習故。

不可說是出世智：以於世間心中起故。

此心異於世間心亦異於無分別智心。故可說為世出世及非世非出世。

二、長時修習此二智故得轉依。

三、菩薩依轉依作心：

我今必定應得三種佛身。

菩薩為此義故更加修行。

（註）

1.三身二利

(1)初地證得真如法身，始是自利用成。八地無功用自利成。

(2)九地始得應身利他成。

(3)十地得化身利他用。化二乘凡夫下品人始成就，而猶有微細
礙著未自在，不及佛也。

2.就感他佛言

(1)凡夫二乘始行菩薩感化身。

(2)十迴趣初地以上悉感應身。

(3)初地得證法身。

方便淨土中感應身受法樂為進道緣，以行成入理即體證法身，
成常住果。

乙九　聲聞菩薩見道差別

是聲聞見道，是菩薩見道，此二見道差別云何？

聲聞菩薩見道，應知有十一種差別。

㊷ 聲聞見道是他道，菩薩見道是自道。

此二見道，道差別及果差別，其相云何？

應知有十一種差別，前五明道差別，後六明果差別。

（聲聞見道心境異，所行道與能觀心異，故是他道。菩薩見道境智唯一，無復境智二相，故言是自道。）

何者為十一？

一、由境界差別，

謂緣大乘法為境。

㊷ 如來所說大乘十二部經，說修行法。緣此法為境故發道心。（聞慧境）

小乘道則無此事。

二、由依止差別，

謂依大福德智慧資糧為依止。

㊷ 此道與二乘及世間道有異。

世間但修福德而無智慧；

二乘但修智慧而無福德；

菩薩具修福德智慧，故助道得成。

助道即是依止，此依止在道方便中即是思修二慧。（思修依止，即道方便）

三、由通達差別，

謂通達人法二無我。

㊗ 先於方便中已得思修慧，從此得入真觀，能通達人法二無我理故，於人法不生愛著。

凡夫著人，二乘著法，菩薩並不著，故言離欲人法。

此明菩薩所得真修慧，是正道體。（真實慧為正道體）

異於小乘。

四、由涅槃差別，

謂攝無住處涅槃以為住處。

㊗ 此涅槃非是道果，是道住處。（不以修道所得究竟果稱為涅槃）

何以故？

一、由菩薩行般若，觀察生死過失故，修道不在生死。

二、由菩薩行大悲，觀眾生苦起救濟心。雖不在生死而不捨生死，故不住涅槃。

由道住此處，不執真俗二相之生，離真俗二相。道住此無相法中，故稱無相道。因無住處樂故，稱為涅槃。

小乘道則無此事。（修道，無為果）

五、由地差別，

謂依十地為出離。

㊗ 道有下中上。上即是十地（下即聲聞，中為獨覺），此十地出離四種生死為通功能（十地是真常道，以真如為體故）。[36]

36　1. 依本識起方便行，免界外四種生死。十地體並是真如，菩薩正是真智，故通免生死。
　　2. 四種生死
　　　(1)《顯識論》
　　　　①分段生死：依於三界。
　　　　②變易生死：界外。
　　　(2)《佛性論》2（稱為四怨障）
　　　　《本論》十12
　　　　變易生死分為四。
　　　　①方便生死：菩薩為利益眾生之生死。於地前及初三地感之，滅之而入於四地。
　　　　②因緣生死：示現八相之生死，於四五六地感之，滅之而入於七地。

依此十地菩薩道能出離。（修道，有為果）

異於小乘。

六、七、清淨差別，

謂滅煩惱習氣，及治淨土為清淨。

釋 （後六明果差別中，前五地中果，後一究竟果）

內由自相續中修道，滅除煩惱習氣故，名內清淨。（菩薩能斷正使及習氣，二乘唯除正使）

外由修淨土行，所居之土無有五濁[37]，如頗黎柯[38]等世界故，名外清淨。（菩薩恆居清淨剎）

又內為自清淨，外為清淨他。

小乘則無此事。

八、由於一切眾生得平等心差別，

謂為成熟眾生，不捨加行功德善根。

釋 菩薩如自身應般涅槃，欲般涅槃一切眾生。（成熟眾生）

由此平等心故，不捨加行功德善根：

一、以般若為善根，以餘度為功德；

二、以五度為功德，以精進為善根；

---

③有有生死：謂有後有，於七八九地感之，滅之而入於十地。

④無有生死：無有生死。於十地感之，滅之而入如來地。

三界外之聲聞，獨覺，大力菩薩由此四怨障，不得如來法身四種功德波羅蜜。

37 五濁

1.《攝大乘論疏》七

無五濁指無五人（凡夫，外道，聲聞，獨覺，下位）。下意行菩薩等五並為穢濁，不得入十地中淨土。

2.《雜阿含》32，《俱舍》12

五濁為劫濁、見濁、煩惱濁、眾生濁、命濁。

38 頗黎柯 sphaṭika

七寶之一（玻璃，頗瓈）

是水精，其體清澈可見物，借來表示淨土，淨土是以唯識智為體。

三、以般若精進為善根，以餘度為功德。

小乘則無此事。

九、由受生差別，

謂（以）生如來家為生故。

釋 見真如理，證佛法身，能使如來種性不絕故，稱生如來家。由生如來家乃至當來得成佛故，言為生。（種性成就）

小乘則無此事。

十、由顯現差別，

謂於佛子大集輪中，常能顯現，為攝受正法。

釋 菩薩常於大集中顯現，示不破僧；常於法輪中顯現，示能護持正法。（顯現）

小乘則無此事。

一、諸菩薩通稱佛子。眾多（登地）菩薩常聚會（於如來大法會中攝受正法），故言大集。（不入集中為破僧）

二、如來所說法有三義故名輪：
1.能上下（平行）：上是行進至勝位，下是化他，（平行即修觀）。
2.未得能得：令得勝法入勝位。
已得能守：令不退失。
3.能從此到彼：能以我功德智慧與他，隨根性機宜令彼得我解，復得傳化他故。

三、已得令不失為攝，未得令得為受。

十一、由果差別，

謂十力無畏不共如來法，及無量功德生為果故。

釋 菩薩修道皆為得如來如此等果。（究竟果）

小乘則無此事。

乙十　以偈明見修道

丙一　明入見道

此二偈約名義及假說，顯從見道方便（四尋思及四如實智）入真如觀。

（又此二偈顯正教教授，明示得入三性及三無性。）

〔名義互為客　菩薩應尋思　應觀二唯量　及彼二假說〕

釋 此明見道方便。

一、明四尋思方便

〔名義互為客　菩薩應尋思〕

1.名於義中是客，義於名中亦是客，以非本性類故。

(1)名義不同體，名於義為客，義於名為客。《本論》七11，（記要）
P.298

(2)分別性雖以依他性識為體，但有能識與所識，以及有與無之差別。
（記要）P.147

2.菩薩入寂靜位，應觀此道理。（此為以唯名義說名義自性差別。）
此即第一尋思方便。

二、正觀四如實智方便

〔應觀二唯量　及彼二假說〕

1.觀唯量及假說

	文義	偈文
二 唯 量	指名義二法， 以無所有為量。	二 唯量
彼二假說	指義自性及義差別， 悉無所有，但是假說。	彼二 假說

2.義自性差別唯是假說

(1)假說與義

若與義同：義無所有，假說亦無所有。

若與義不同：則假說應自然無所有。

(2)假說與名

假說即是名。

名是無所有故於義是客，而義亦無所有故於名是客。

(3)名義之唯量

名義以本性為唯量：無所有為名義之本性故。

名義以無相為唯量：若以分別作名義，此分別本性無相故。

如此觀即是第二如實智方便。

〔從此生實智　離塵分別三　若見其非有　得入三無性〕

釋 此顯入真如觀。（正明由四如實智得入非安立諦三無性，唯自證知第一義理）

一、依依他性遣分別性

從四種尋思生四種如實智。

若人能了達三種但是分別，實無外塵，得入無塵觀，得一分如實智。

（三分別者，一分別名，二分別自性，三分別差別。）

二、依真如遣依他性

由名義無所有，能分別亦不得是有。

若所分別名義是有，能分別緣此名義，可說是有。

由名義無所有，所分別因緣既是無，能分別體亦無所有。

三、入三無性

（問）若菩薩見名義無所有故，能分別亦無所有，則得入何觀？

（答）得入三無性。（此為非安立諦，是真如第一義。）

1.入分別無相性

(1)若見名義更互為客，則入名義各異之分別性。

(2)若見名自性假說與差別假說，了知唯是以分別為體，得入分別無相性。

2.入依他無生性

若但見亂識無六種相（（七）14），此亂識體不成，故不可說。

因緣不成故不可執有生起。此中分別既無，言說亦不可得，則入依他無生性。

若菩薩見此二義之有無與無所有，則入三無性非安立諦。

丙二　引《分別觀論》（《分別瑜伽論》）

此二偈明三性體及三無性。（顯所入之三性及三無性）

又正教兩偈如《分別觀論》說：

〔菩薩在靜位　觀心唯是影　捨離外塵相　唯定觀自想〕

〔菩薩住於內　入所取非有　次觀能取空　後觸二無得〕

釋 前述顯示入見道，然因境智不圓滿，故為令入真如觀，授以正教（教授教誡），而引《分別觀論》（即《分別瑜伽論》）中二偈以成此義。

何人於何位，見此外塵但是心影，而無實法？

一、〔菩薩在靜位　觀心唯是影　捨離外塵相　唯定觀自想〕

唯菩薩人在寂靜位（定位），能作此觀法。

1.了別外塵為心影

若人在寂靜位中，能作此觀：

法義（外塵）實無所有，為心似法似義之顯現。（故說唯是影）

2.捨外塵觀自想

若人已了別外塵唯是心影，則能除外塵相而觀自想。

（觀此外塵為自心所起之似法似義相）

二、〔菩薩住於內　入所取非有　次觀能取空　後觸二無得〕

1.心住於內

若菩薩心，如此得住實無有塵，以觀自想，則此心緣內心起，不緣外塵故住於內。

2.悟入所取非有

從而悟入所取義實無所有，而見所取境空。

3.次觀能取空

由所取義既實非有，能取心亦不得成，是故觀行人亦不見有能取心。

4.後觸二無得

先已入（分別）無相性（不見所取），次入（依他）無生性（不見能取），後入真如無性性。

真如非所取非能取，以無所得為體故，說真如為二無得。

觸以入得（由入得證）為義，由入得真如，故名為觸（證）。（入見道）

丙三　引《大乘莊嚴經論》（五現觀伽陀）

復有《大乘莊嚴經論》[39]，所說五偈為顯此道。

㉑ 經義深隱難解，如實顯了經中正義，故名莊嚴經論。

論解此經故得莊嚴名。

莊嚴經論中有眾多義，今但略取五偈。

此偈欲何所顯？

此偈為顯於修道中難覺了義。

一、　　　《本論》　　　　　　《大乘莊嚴經論》

〔菩薩生長福及慧　二種資糧無量際〕〔福智無邊際　生長悉圓滿〕[39]

〔於法思惟心決故　能了義類分別因〕〔思法決定已　通達義類性〕

㉑ 一、〔菩薩生長福及慧〕

1.誰能生長？

謂菩薩人。

2.所生長何法？

謂福及慧。

39　《大乘莊嚴經論》（五現觀伽陀）（詳見甲四附註三）。

(1)布施持戒忍辱度為福。

(2)般若為慧。

(3)精進若為生福（生布施持戒忍辱）屬福；若為生聞思修慧則屬慧。

(4)定若依四無量起，緣眾生為境屬福；若為生盡智、無生智及無分別智等屬慧。

3.何為生長？

(1)生在見位，長在修位。

(2)初剎那名生，後剎那名長。

(3)單名生，複名長。

菩薩所修唯複無單故，生長一時而成。（十度只進不退故，生長謂於一時）

二、〔二種資糧無量際〕

1.二種道資糧

此福及慧有二功用，一能助道，二能成道體。

（道成善相能轉成勝品成道體，道成劣相即轉滅則不成道。）

由此二故道得成就，故說此二為道資糧。

2.無量無際

此二功用幾功力？經幾時得成就道？

(1)功力無量：修一一度皆遍一切眾生，此資糧以長遠故，如大海無量。

(2)經時無際：修一一度經三阿僧祇劫，此資糧以長遠故，如大劫無際。

三、〔於法思惟心決故〕

1.於法心決定

由定後心觀察諸法，是故於法心得決定。

（在定中已證見法義，出觀後此心從定心生以達法本，故觀察諸法心猶決定。）

2.於思惟心決定

　　菩薩備修五明[40]於度量方便具足自能故，於思惟中心得決定。

四、〔能了義類分別因〕

　　1.義類：真俗二諦名為義類。

　　2.以分別為因

　　菩薩能比（對）、能證（實）故名能了，了知此義類但以分別為因。

　　（未達之處，以自所現證處，比度而能得解為比。為化分別眾生，故說真俗二諦皆由分別故起，故以分別為因。）

二、　　　　《本論》　　　　　　　　《大乘莊嚴經論》

〔已知義類但分別　得住似義唯識中〕〔已知義類性　善住唯心光〕[39]

〔故觀行人證法界　能離二相及無二〕〔現見法界故　解脫於二相〕

㊣ 一、〔已知義類但分別〕

　　由菩薩已於義類及分別，心決定故。

　　（由加行道已得無相性分證見真，於二諦義類無所有，心決定。由五明於思惟分別識法，心決定。）

二、〔得住似義唯識中〕

　　由菩薩如此思惟：但識似塵顯現。

　　菩薩心住唯識中，不緣外起。

三、〔故觀行人證法界〕

　　由觀行人離外塵，但緣識住，知塵無相，名證法界。

四、〔能離二相及無二〕

　　所證法界有何相？

40　1. 五明通常指內明，聲明，因明，醫方明，工巧明。
　　2. 《攝大乘論疏》卷七
　　　（1）因明（因明亦是內明）：善解外道所明一切身內諸法，精識立破相，以立義破義皆有因故。
　　　（2）聲明：善毘伽羅論，好識音聲差別相。（vyākarana 解說印度文字音韻及語法等文法書）
　　　（3）外明：善識達身外事，一切六塵世間事相。
　　　（4）醫方明：善識業病疲病及治病時等等故。
　　　（5）工巧明：一切諸方道，迷國計治生田園等悉屬工巧明。

離能取所取二相及無人法二分別，如此法界菩薩已證。

三、　　　　《本論》　　　　　　　　《大乘莊嚴經論》
〔若離於心知無餘　由此即見心非有〕〔心外無有物　物無心亦無〕³⁹
〔智人見此二不有　得住無二真法界〕〔以解二無故　善住真法界〕

（釋）一、〔若離於心知無餘〕
　　　證法界之方便：知離唯識外無別有餘法。

　　二、〔由此即見心非有〕
　　　由見所緣義非有，知能緣心亦非有。

　　三、〔智人見此二不有〕
　　　諸菩薩見境及心二皆非有。

　　四、〔得住無二真法界〕
　　　菩薩若見二皆非有，則得住真法界。
　　　真法界：無塵無識故言無二，離（內心）顛倒及（外塵有為法）變異
　　　二虛妄故名真。
　　　（由心至故著變異成生死，而真如理無內外法，故離顛倒及變異等
　　　相。）

　　是諸法第一性，故名法界。
　　　（約諸法辨自體法為法性，廢法辨自體是第一，並真無偽。是生道因
　　　之性，故名法界。具含三身故，三身是法界自他二用。）

四、　　　　《本論》　　　　　　　　《大乘莊嚴經論》
〔由無分別智慧人　恆平等行遍一切〕〔無分別智力　恒平等遍行〕³⁹
〔染依稠密過聚性　遣滅如藥能除毒〕〔為壞過聚體　如藥能除毒〕

（釋）一、〔由無分別智慧人　恆平等行遍一切〕
　　　已見真如之菩薩（慧人），已於見道中得無分別智。
　　　此無分別智何相？
　　　1.以無退為相，不退故稱恆。

2.以平等行為相

此智見一切法平等理，猶如虛空。

(1)平等行：於如來所說十二部修多羅三乘等法，同見一味無有差別。

（見如來大小乘教，雖顯多種法門，皆為成就真如一味無差別之理。一即法界之法身。）

(2)遍一切：內外諸法（一切）同一如性故名遍。

平等行顯智慧體，遍一切顯智慧境界。

二、〔染依稠密過聚性〕

三種不淨品（染）以過聚性為依止，從過聚性生故。

過聚性：

1.一切染污法熏習種子，為過聚性體。

（惑業果報三品不淨法種子，並是過失法，故言過。有無量種子並在本識中，故名為聚體。是生死不淨品之根本生因，故名為性。）

2.此過聚性難解難破（故名稠密）。

離如來正教，餘教不能令解，故言難解。

離無分別智，餘智不能破，故言難破（滅）。

（離如來大乘正教不能令解，離無分別智不能滅者，此是一切染污法微細種子，一切染法依止此作因緣生故言染法。此依止中無量種子聚在中故言稠，悉與本識體無異相，不可分別故名密。）

3.此性是三品不淨法因，難解難破，惑等熏習種子為性。

三、〔遣滅如藥能除毒〕

由無分別智聰慧人，能遣能滅此過聚性，如阿伽陀藥[41]能除諸毒（能治一切病）。（遣約現在，滅約未來，即是菩薩盡智、無生智。）

五、　　　《本論》　　　　　　　《大乘莊嚴經論》

〔佛說正法善成立　安心有根於法界〕〔緣佛善成法　心根安法界〕[39]

〔已知憶念唯分別　功德海岸智人至〕〔解念唯分別　速窮功德海〕

41　阿伽陀藥 agada 不死解毒藥，滴入毒瓶亦成藥。

㉁ 一、〔佛說正法善成立〕

一切三世諸佛共說此法，所說理同不相違背，故名正法。

此正法道理勝（一乘理無性非安立諦），所得果勝（大涅槃為勝）。

如來成立正法有三種：一立小乘，二立大乘，三立一乘。於此三中第三最勝，故名善成立。（無二乘，無三乘，沒有相待唯是一，故為真實勝乘。）

二、〔安心有根於法界〕

有根心（有根慧）安住法界中。（matim upadhāya samūlaṃ dharmadhātau）

菩薩先已得聞思二慧，安心於如來正法中，後合觀如來一切正說為境界，即是無分別智。

此智名有根。[42]

1.得此智已，餘智皆滅，唯此智不可動壞，故名有根。

2.於三無流根[43]中，此智為第一，謂未知欲知根，故名有根。

（解脫有三事，一能生解脫；二能持解脫，令住不失；三能用解脫，自利利他。此解脫三事即配三無流根。）

3.此無分別智通於三處得名。自體是根，又能為他作根，故名有根。

42　《攝大乘論疏》卷七

無分別智以法界為根，體為知根（已知根），從知未知根生故。

1. 有「未知欲知根」從如實智生，又名有根。

2. 生緣因解性，亦名有根。（能起解性之緣因）

3. 能生後智及進後加行智故，亦名有根。

4. 有當體，名有根。

（得此智故餘智滅，智依此智故更生上地功德智慧，故是根也。）

43　三無流根《瑜伽師地論》57，《俱舍論》3

以意樂喜捨信進念定慧等九根為體，以其有增上之力用，能生無漏清淨聖法，故稱為根。

1. 未知欲知根（未知當知根）

屬見道位，欲知未曾聞之真如諦理，遂修習地前方便之解行。

（從善法欲已去，於一切方便道中，信等五根義當知是此義。）

2. 已知根（知根）

屬修道位，已知諦理，已斷迷理之惑，但為斷迷事惑，進而觀諦理，了知諦境。

（從預流果乃至金剛喻定，彼五根義當知是此義。）

3. 具知根（知已根，無知根）

已具洞知諦理之無學位，已斷諸煩惱，一切所作具辦。此位已得盡智，無生智。

（從初無學道乃至無餘涅槃界，即彼五根義當知是此義。）

三、〔已知憶念唯分別〕

菩薩已住有根心中，後出觀時在無分別後智心中，如前入觀事皆能憶念，知此憶念非實有，唯是分別。

四、〔功德海岸智人至〕

1. 如來功德，因中有十地十波羅蜜等，果中有智德斷德恩德。如此諸德唯佛一人，餘人所不能得，故名為海。因果究竟處名之為岸。

2. 智人（即菩薩）乘前二智（無分別智，後智）能至未曾至功德海岸。

〔結釋〕

此中五偈總明眾義，第一偈顯道資糧，第二偈顯道加行，第三偈顯見道，第四偈顯修道，第五偈顯究竟道。

〔附註一〕四種尋思

1. 《瑜伽師地論》36

(1)名尋思：謂諸菩薩於名唯見名，

(2)事尋思：於事唯見事，

(3)自性假立尋思：於自性假立唯見自性假立。

(4)差別假立尋思：於差別假立唯見差別假立。

此諸菩薩於彼名、事，或離相觀、或合相觀。依止名事合相觀故，通達二種自性假立，差別假立。

2. 《雜集論》11

於諸法中正勤觀察四道理已，云何而起尋思？謂起四種尋思。

(1)名尋思：謂推求諸法名身句身文身自相皆不成實，由名身等是假有故，觀彼自相皆不成實。

(2)事尋思：謂推求諸法蘊界處相皆不成實，由諸蘊等如名身等所宣說事皆不成實，是故觀彼相不成實。

（推求者是觀察義）

(3)自體假立尋思：謂於諸法能詮所詮相應中，推求自體唯是假立言說因性。能詮所詮相應者，謂此二種互為領解因性。所以者何？善名言者，但聞能詮，由憶念門便於所詮得生領解。或但得所詮，由憶念門便於能詮得生領解。於如是種類共立相應法中，眼等自相唯是假立，但於肉團等名言因中起此名言故。若如是觀察，是名自體假立尋思。

(4)差別假立尋思：謂於諸法能詮所詮相應中，推求差別唯是假立名言因性。所以者何？以於能詮所詮相應中推求若常無常、有上無上、有色無色、有見無見等差別相，唯是假立名言因性。如是觀察是名差別假立尋思。

3. (《大乘莊嚴經論》12）8

名物互為客 二性俱是假 二別不可得 是名四求義

諸菩薩四種求諸法：

(1)名求：推名於物是客。

(2)物求：推物於名是客。

(3)自性求：推名自性及物自性知俱是假。

(4)差別求：推名差別及物差別，知俱空故悉不可得。

〔附註二〕四如實智

1. (《大乘莊嚴經論》12）8

真智有四種 名等不可得 二利為大業 成在諸地中

(1)如實知

諸菩薩於諸法有四種如實知：

①緣名如實知；　　②緣物如實知；

③緣自性如實知；　④緣差別如實知。

如實知者，由知一切名等皆不可得故。

(2)如實知業

諸菩薩於諸地中起自利利他大事。

2.《雜集論》11

於法正勤修尋思已，必於諸法得如實智。

(1)名尋思所引如實智：謂如實知名不可得智。

(2)事尋思所引如實智：謂如實知事相亦不可得智。

(3)自體假立尋思所引如實智：謂如實知實有自性不可得智。

(4)差別假立尋思所引如實智：謂如實知實有差別不可得智。

3.《瑜伽師地論》36

(1)名尋思所引如實智：

於名如實了知：謂如是名為如是義，於事立假，為令世間起想起見起言說故。若於一切色等想事，不假建立色等名者，無有能於色等想事起色等想；若無有想，則無有能起增益執；若無有執，則無言說。

(2)事尋思所引如實智：

謂觀見一切色等想事性離言說，不可言說。

(3)自性假立尋思所引如實智：

如實通達了知色等想事中，所有自性假立，非彼事自性，而似彼事自性顯現。又能了知彼事自性，猶如變化影像……夢幻，相似顯現，而非彼體。

(4)差別假立尋思所引如實智：

如實通達了知色等想事中，差別假立不二之義。謂彼諸事非有性非無性。可言說性不成實故非有性，離言說性實成立故非無性。如是由勝義諦故非有色，於中無有諸色法故。由世俗諦故非無色，於中說有諸色法故。如有性無性、有色無色，如是有見無見等（七）差別假立門，由如是道理，一切皆應了知。

〔附註三〕五現觀伽陀（《大乘莊嚴經論》）

《大乘莊嚴經論·真實品》第七（卷二）8（唐天竺三藏）波羅頗蜜多羅prabhākaramitra譯

（如是顛倒之對治為無分別智，由資糧加行二道，令彼智於見道中現證，並

於此證解漸漸增上。）

1. **福智無邊際　生長悉圓滿　思法決定已　通達義類性**

此偈顯第一集大聚位。

(1)福智無邊際：由差別無數及時節無邊故，

(2)成長悉圓滿：菩薩集此大聚到彼岸故，

(3)思法決定已：依止定心而思惟故，

(4)通達義類性：解所思諸法義類，悉以意言為自性故。

> 疏：問：①如何積資糧？②如何生證解？③幾時得無分別智？
>
> 答：①由善積福慧資糧。
>
> ②1.依十二分教聞思，決定了知外境實無。2.由聞思修三慧了知：所詮外境相為分別識之有因；以分別錯亂，識本身現作外境，外境非實有。
>
> ③圓滿一大阿僧祇劫得證初地。

2. **已知義類性　善住唯心光　現見法界故　解脫於二相**

此偈顯第二通達分位。

(1)由解一切諸義（所詮外境）唯是意言（分別）為性，則了一切諸義悉是心光（心之顯現）。

(2)菩薩爾時名善住唯識，從彼後現見法界，了達所有二相（能取所取），即解脫能執所執。

3. **心外無有物　物無心亦無　以解二無故　善住真法界**

此偈顯第三見道位。

(1)如彼現見法界故，（以三慧）解知：①心外無有所取物，（於煖頂忍位）②所取物無故，亦無能取心。（於世第一法位）

(2)由離所取能取二相故，應知善住法界自性。（見道者心住於無能所之法界中）

4. **無分別智力　恆平等遍行　為壞過聚體　如藥能除毒**

此偈顯第四修道位。

(1)菩薩入第一義智轉依已，以無分別智恆平等行及遍處行。

(2)何以故？

為壞依止依他性熏習稠林過聚相故。（壞修所斷之習氣稠林（阿梨耶識上之惡聚））

(2)此智力云何？

譬如阿伽陀大藥能除一切眾毒，彼力如此。

5.緣佛善成法　心根安法界　解念唯分別　速窮功德悔

此偈顯第五位究竟位。

(1)〔緣佛善成法〕者，諸菩薩於佛善成立一切妙法中，作總聚緣故。

(2)云何總聚緣？

答：〔心根安法界〕。

此明入第一義智故。由此慧安住法界，是故此心名根。

(3)此後復云何？

答：〔解念唯分別〕。

謂此後起觀，如前觀事處處念轉。解知諸念唯是分別，非實有故。

(4)如此知已得進何位？

答：〔速窮功德海〕。

謂如是知己，佛果功德海，能速窮彼岸故。

甲五　　入因果勝相第四（卷九）

乙一　總明因果【因果位章第一】

一、入因果勝相

如此已說入應知勝相，

云何應知入因果勝相？

（答）由六波羅蜜（為入應知之因果）：

謂陀那波羅蜜（dānapāramitā）（施）

尸羅波羅蜜（śīlapāramitā）（戒）

羼提波羅蜜（kṣāntipāramitā）（忍）

毘梨耶波羅蜜（vīryapāramitā）（精進）

持訶那波羅蜜（dhyānapāramitā）（定）

般羅若波羅蜜（prajñāpāramitā）（慧）

㉘ 前已明於入唯識觀四位（方便道，見道，修道，究竟道）中，入應知之勝
　相。

　　（問）云何廣說入此勝相之因及入後所得之果？

　　（答）六波羅蜜是入應知之因果。

　　以六波羅蜜為因果體，易可得見：

　　先以六度為因，後以六度為果。

　　（六度是因亦是果，在願行位為因，在清淨位為果。）

二、因果義

云何由六波羅蜜得入唯識？，

復云何六波羅蜜成入唯識果？

㊣（問）以何義故說六度為因？

　　復以何義說六度為果？

1.六度為入因

此正法內有諸菩薩，

一、不著富樂心，

二、於戒無犯過心，

三、於苦無壞心，

四、於善修無懶惰心，

五、於此散亂因中不住著故，常行一心，

六、如理簡擇諸法，

得入唯識觀。

㊣一、立因之所

　　　唯依正法內修行，能成立入唯識因。

　　　若依正法外二乘教及外道世間教，無有得立此因義。

　　　能立因人非二乘等所能，故言菩薩。

　　二、行何法能入唯識？

　　　六度能除六種入唯識障故，六度為入唯識因。

　　　1.第一障

　　　　喜樂欲塵，於富財物自身受樂中，見勝功德，由此障故不得入唯
　　　　識。

　　　　施能除此障故，施是入唯識因。

　　　2.第二障

　　　　縱心起身口意業，由此障故不得入唯識。

　　　　戒能除此障故，戒是入唯識因。

3.第三障

不能安受輕慢毀辱寒熱等苦，由此障故不得入唯識。

忍能除此障故，忍是入唯識因。

4.第四障

執不修行為樂，未得計得，於得不見功德，由此障故不得入唯識。

精進能除此障故，精進是入唯識因。

5.第五障

樂相雜住，於世間希有事及散亂因緣，見有功德，由此障故不得入唯識。

定能除此障故，定是入唯識因。

6.第六障

於見聞覺知計為如實，於世間戲論懃心修學，於不了義經如文判義，由此障故不得入唯識。

智慧能除此障故，智慧是入唯識因。

2.六度為入後果

(1)得清淨信樂意攝六度

由依止六波羅蜜，菩薩已入唯識地，次得清淨信樂意所攝六波羅蜜。

釋 若菩薩由依六度除六障，已入唯識，是時菩薩更得清淨信樂意所攝六波羅蜜。

一、信樂

於六度正教中，心決無疑，故名為信。

如所信法，求欲修行，故名為樂。

二、信樂意清淨

1.有五因緣故

(1)無著清淨：謂不起與波羅蜜相違之法。

(2)不觀清淨：謂於自身及波羅蜜果報報恩中，心常不觀。

(3)無失清淨：謂離與波羅蜜相雜染汙法，及離非方便行。

(4)無分別清淨：謂離如言執波羅蜜相。

(5)迴向清淨：謂於六度已生長及未生長中，常求得大菩提。

一一波羅蜜，皆具此五種清淨信樂所攝。

2.入見地等故

已過願樂地，入見地等，得聖人信樂，異地前信樂，故名清淨。

3.得無分別智及後智攝故

由奢摩他毘鉢舍那入真如觀，得無分別智及無分別後智所攝信樂意，故名清淨。

（2）無功用六度究竟圓滿

是故於此中間，設離六波羅蜜加行功用，

①由信樂正說、愛重、隨喜、願得思惟故，

②恆無休息行故，

修習六波羅蜜究竟圓滿。

釋 已入唯識觀，於此中間（從見位乃至究竟位），假設此人不作功用修行六度，六度自然滿足。

何以故？

一、思惟無不行義

1.信樂

如來正說與六度相應，雖甚深難解，此人亦信樂無疑。

2.愛重

由此信樂無不行義，於六度行中見無窮功德，心生愛重。

3.隨喜

由此愛重無不行義，知信樂意是勝人所得成，於勝人深心欣讚，故名隨喜。

（如此信樂意，何人能得？唯諸佛如來已至究竟波羅蜜位，能得此意。）

4.願得

由此隨喜無不行義，願眾生及我平等，得此清淨信樂意，故名願得。

由此願得無不行義，如佛所立大乘法門，依施等六度及十二部阿含，由聞思修慧數數思惟。

由聞慧思惟，果得圓滿。

由思慧思惟，於所聞法心得入理。

由修慧思惟，自事得成。

以能入地及治地故，由此四種思惟無不行義。

二、無放逸行

由此四思惟，菩薩恆無放逸，無放逸故修習六度。

在因究竟，至果圓滿，此位能攝六度，令悉具足五種清淨，故名清淨意位。

(3)偈顯六度清淨意位相

此清淨意位，其相云何？

①資糧堪忍所緣相

〔修習圓白法　能得利疾忍　菩薩於自乘　甚深廣大行〕

㉑　一、〔修習圓白法〕（資糧相）

此顯先於願行位中，善生長道資糧。

圓：所修之行已過四十心位（十信心、十解心、十行心、十迴向心），故名圓。

白：1.施戒修三品清淨法名白，2.念根通四位（信根、智根、精進根、定根），能除一闡提、外道、聲聞、獨覺四種黑障，能得淨我樂常四德，故名白。

二、〔能得利疾忍〕（堪忍相）

若資糧圓滿更何所得？

能樂受行是忍義，此忍是上上品。若菩薩在此忍位，由此境界必得清淨。（於廣大甚深法，難受觀行而能受行，故名利。數起不息故名疾。）

三、〔菩薩於自乘　甚深廣大說〕（所緣境相）

大乘能令菩薩清淨。（大乘唯是菩薩境界，故名自乘。）

於此大乘中有別境界：

1.智境：法無我，名甚深。

2.定境：虛空器等定，名廣大。

此二境能令菩薩清淨。

②思惟體性相

〔覺唯分別故　得無著智故　是樂信清淨　名清淨意地〕

㉑ 一、〔覺唯分別故〕（思惟相）

菩薩覺了：大乘一切法乃至甚深廣大，皆是分別所作。

如此覺了名為思惟，能令菩薩清淨。

二、〔得無著智故〕

菩薩見：一切法但是分別，無復外境。外境不成，故分別亦不成。

若菩薩見內外無所有，則無所著，即是無分別智。

此智即是清淨。

三、〔是樂信清淨〕（清淨體相）

此清淨體性云何？

樂信即是無分別智體。

樂清淨：不愛七有[1]（生死輪迴）故名樂。離七愛故樂清淨。

信清淨：於三種佛性心決無疑，故名信。離虛妄故信清淨。

四、〔名清淨意地〕

由樂信清淨故，此位得清淨名。

又此位是菩薩見位，無分別智境清淨處。

此智以樂信為體故，說此位名清淨意地。

③瑞相勝利相

〔菩薩在法流　前後見諸佛　已知菩提近　無難易得故〕

㉑ 一、〔菩薩在法流　前後見諸佛〕（瑞相）

1　七有：地獄有、畜生有、餓鬼有、人有、天有、業有、中有。

1.清淨樂信其相云何？

清淨樂信有二種相：(1)恒在寂靜，(2)恒明了見佛。

由樂捨七愛故，恒入觀修道故，說恒在法流。

2.菩薩在法流為何所見？

由信三種佛性故，先思惟法身，後證法身。

（先以比智見法身，後以證智見法身。）

二、〔已知菩提近　無難易得故〕（勝利相）

若人在清淨樂信位中，明了見無上菩提已近。

己身過四十心，是故無難；入正方便，所以易得。

④〔結釋〕

由此三偈，成就資糧忍境界，思惟體性相貌皆得顯現。

乙二　十門分別

丙一　數【成立六數章第二】

何故波羅蜜唯有六數？

一、為安立能對治六種惑障故，

二、為一切佛法生起依處故，

三、為隨順成熟一切眾生依止故。

㊣ 立波羅蜜其數有六。（定立六數，不增不減）

凡為此三義：

一、為除惑

若惑已永滅，則於現在得安樂住，以不須更起功用，為滅此惑及遮此惑令不復生故。惑滅於現在得自利益。

二、為生起佛法

三、為成熟眾生

惑障既滅，於未來世必自具足佛法，又能成熟眾生故，得自他利益。

一、為除惑

1. 立施戒波羅蜜

為對治不發行心因故，立施戒二波羅蜜。

不發行心因者，貪著財物及以室家。

2. 立忍精進波羅蜜

（若已發修行心，）為對治退弱心因故，立忍精進二波羅蜜。

退弱心因者，謂(1)生死眾生違逆苦事，(2)長時助善法加行疲怠。

3. 立定慧波羅蜜

（若已起發行及不退弱心，）為對治壞失心因故，立定慧二波羅蜜。

壞失心因者，謂散亂邪智。

是故為對治六種惑障，立波羅蜜有六數。

㊣ 一、施戒度

不發行心因：貪著財物障施，貪著室家障戒。因此貪著不能發修行心。

對治：立施戒二波羅蜜。

二、忍精進度

退弱心：雖已能行施戒，若不忍受苦事，則施戒心退弱。

雖能忍苦，若不勤修諸善息一切惡，則施戒忍心皆退弱。

退弱心因：1.瞋：生死眾生（不得理者）乖反菩薩教（違），侵毀菩薩身（逆），此並是苦事。若不能忍受此苦事，則生瞋心。2.懶惰：若於眾生無慈悲心，愛惜自身，不見所修行有勝功德故，於久遠時中，修一切善中生疲怠心。由有此心不能精進，即是懶惰。

對治：立忍精進二波羅蜜。

三、定慧度

壞失心因：散亂（壞靜心）；邪智（失正解）。

對治：立定慧二波羅蜜。

二、為生起佛法

1. 不散亂因：前四波羅蜜是不散亂因。

2. 不散亂體：次一波羅蜜（定波羅蜜）是不散亂體。

由依止此不散亂故，能如實覺了諸法真理，一切如來正法皆得生起。是故為一切佛法生起依處，立波羅蜜有六數。

釋 六度是生長佛法因。

一、四障

為散亂因。由此四障故心散亂。

1. 棄捨障：由貪著故不能棄捨。

2. 遠離障：由貪瞋癡生十惡，故不能遠離。

3. 安受障：由瞋恚故不能安受。

4. 數治障：由貪瞋癡等煩惱，故不能數治。

二、五蓋（定障）

1. 貪掉悔瞋睡眠四蓋

是散亂因障前四度，障定因。

2.疑蓋

緣境不決故心散亂，障正定。（以定心決守一境故）

不見理故，障定所發慧。

三、對治

前四度能對治四障故，四度是不散亂因。

前四度對治前四蓋故，四度是不散亂因。

以定慧對治於疑蓋。

三、為成熟眾生

1. 由施波羅蜜利益眾生，

2. 由戒羅蜜不損惱眾生，

3. 由忍波羅蜜能安受彼毀辱，不起報怨心，

4. 由精進波羅蜜生彼善根，滅彼惡根。

由此利益因，一切眾生皆得調伏。

5.6. 次彼心未得寂靜、為令寂靜；已得寂靜為令解脫。故立定慧二波羅蜜。

由此六度，菩薩善教眾生，故得成熟。（恆如理為說名善教）

是故為隨順成熟一切眾生依止，立波羅蜜有六數。

丙二　相【相章第三】

一、明六波羅蜜通相

此六波羅蜜相，云何可見？

由六種最勝。（此即六波羅蜜之六種通相）

釋 世間、二乘、菩薩皆有施等六行。

應先明菩薩所行六波羅蜜之相，方知何者為波羅蜜，何者非波羅蜜。

1. 由依止無等

謂依止無上菩提心起。

Ⓡ 以依止無等為菩薩所行六度相。

為菩薩行施等，必依止無上菩提心起。

（世間及二乘行施等，不依止無上菩提心起。）

2. 由品類無等
謂一一波羅蜜略說皆有三品，菩薩皆具修行。

Ⓡ 以（所緣事）品類無等，為菩薩所行六度相。

菩薩行施等必皆具足品類（外、內、內外三品）。[2]

（世間及二乘行施等不具足品類。）

3. 由行事無等
謂安樂利益一切眾生事。菩薩所行諸度，皆為成此二事故。

Ⓡ 以安樂利益眾生事為菩薩所行六度相。

菩薩行六度，先為生眾生現在未來世間樂，後隨根性，生眾生三乘道果。

（世間及二乘行施等，但為安樂利益自身尚不成就，何況能安樂利益眾生。）

4. 由方便無等
謂無分別智。菩薩所行諸度，皆是無分別智所攝故。

Ⓡ 於三輪清淨名菩薩方便，以方便為菩薩所行六度相。

於三輪清淨即是無分別智，菩薩由此智捨三輪分別。

一、施三論：菩薩不分別能施受施及所施財物。

（世間及二乘，不能捨三輪分別，是故起我愛及著財物，於他不能平等故。）

---

2 外：施捨財寶等。
　內：施捨身肉等。
　內外：施捨妻子等。

二、戒三輪：離眾生、事、時分別。

三、忍三輪：離自、他、過失分別。

四、精進三輪：離眾生高下、事、用分別。

五、定三輪：離境、眾生、惑分別。

六、般若三輪：離境、智、眾生分別。

5.由迴向無等

謂迴向無上菩提。菩薩所行諸度，決定轉趣一切智果故。

釋 以迴向為菩薩所行之六度相。

菩薩若行施等先作是心：

我以此物施與一切六道眾生，此是眾生財物，我為彼行施，願彼皆得無上菩提。

此施由迴向令他得無上菩提故，此施行永無有盡。

若行餘度亦皆迴向。（六度皆趣向一切智果）

（世間及二乘無迴向。）

6.由清淨無等

謂惑智二障永滅無餘。菩薩所行諸度分分除二障，乃至皆盡故。

釋 此中顯二種清淨。

一、清淨因：因滅惑智二障故，施等事清淨。

二、清淨位：

因位：先於地前漸除惑障，後登初地漸除智障。

此二處名分分清淨。

果位：若至佛果六度圓滿，名具分清淨。

（世間及二乘無此事。）

二、簡別波羅蜜非波羅蜜相

施即是波羅蜜？波羅蜜即是施耶？

有是施，非波羅蜜。

有是波羅蜜，非施。

有是施，是波羅蜜。

有非施，非波羅蜜。

如施中四句，應知餘度亦有四句。

㊉ 此問欲簡別：是波羅蜜及非波羅蜜相。

　　一、若離依止無等等六相行施，此施但是施非波羅蜜，以非六度所攝故。

　　二、若具依止無等等六相行戒等餘度，是波羅蜜但非施。

　　三、若具依止無等等六相行施，是施是波羅蜜。

　　四、若離前三句，別行無記及不善等，皆是第四句攝。

　　如施簡別是非，餘度亦應如此簡別。

丙三　次第【次第章第四】

云何說六波羅蜜如此次第？

前前波羅蜜，隨順次生後後波羅蜜故。

復次，前前波羅蜜由後後波羅蜜所清淨故。

㊉ 〔問〕云何六波羅蜜有次第？

　　　一、由疑故問

　　　　　一切所行必先由智知因果已，方起正懃。

　　　　　由此二因，隨其所欲則皆能行，是故（六度）應倒次第及無次第。

　　　　　由有此疑是故須問。

　　　二、由不解故問

　　　　　若人欲修眾行，未知淺深難行易行。

　　　　　淺則易行先學，深則難行後學。

為知此義，是故須問。

〔答〕

由前能生後及後能清淨前二義，故有次第。[3]

一、前能生後

菩薩不能忍見眾生貧窮困苦，數習捨財以串（習）能捨故。

1.因施生戒：不欲作損惱眾生事，即捨家持戒，故因施生戒。

2.因戒生忍：菩薩為愛護所受戒，不欲以忿恨眾生事毀破淨戒，即習行忍，故因戒生忍。

3.因忍生精進：由煩惱不盡，（忍）或成不成，菩薩為愛護此忍，即行精進，故因忍生精進。

4.因精進生定：若人恒行精進則能治心。由此精進若心沉沒，則拔令起；若心掉動，則抑令不起；若心平等，則持令相續。由心調和所以得定，故因精進生定。

5.因定生慧：若心得定，則能通達真如，故因定生慧。

此即前能生後。

二、後能清淨前

1.施由戒故清淨：若人不持戒，身口意業則不清淨，所行之施亦不清淨，以依止不清淨故。由能持戒依止清淨故，施得清淨。

2.戒由忍故清淨：若人能忍，身口意業皆得清淨。

3.忍由精進故清淨：以精進能生善滅惡故。

4.精進由定故清淨：若精進不在修位，則不能除惑故。

5.定由智慧故清淨：若不了別真如，雖復得定，以有流故，即生死法。若見真如，所得之定則成無流，為涅槃道。

此即後能清淨前。

---

3 1.《大乘莊嚴經論》（度攝品十七）（卷七）11
　　次第有三因緣：
　　（1）依前生後次第。
　　（2）依前下（劣）後上（勝）次第。
　　（3）依前粗（易）後細（難）次第。
　2. 或有三義及四義說
　　（1）三義說：本論之二義說加上粗細次第。
　　（2）四義說：三義說加上易難修習次第。

丙四　立名【立名章第五】

依何義立六度名？此義云何可見？

㊣ 一、立名之因

世間立名之因有五種：

1.因生類立，2.因相立，3.因假立，4.因輕賤立，5.因敬重立。

二、立六度名之因

1.因生類立：以種性異故，

2.因敬重立：以功德多故。

三、通別名

1.通名：六種皆稱波羅蜜。

2.別名：施戒等有異名。

一、通名

於一切世間聲聞獨覺施等善根中，

最勝無等故，以能到彼岸故，

是故通稱波羅蜜。（pāramitā）

㊣ 何故通名波羅蜜？

一、最勝無等故

1.六種最勝無等

如前相章中所釋六相。《本論》九7

2.三種最勝無等

(1)時無等：一一度皆三阿僧祇劫修行故。

(2)加行無等：

四種：長時、無間、恭敬、無餘四修。（《本論》八8，（記要）P. 286註3，俱舍27）

五種：無著、不觀、無失、無分別、迴向五種清淨。《本論》九2

復有五修、六意，後文自說。（《本論》九13修習章）

(3)果無等：謂三身所顯無上菩提。

二、能到彼岸故

到彼岸有三種：

1.修行究竟無餘

隨所修行究竟無餘為到彼岸。

（世間及二乘亦有應所修行，修之不盡，故非到彼岸。）

2.入真如

以入真如為到彼岸。如眾流以歸海為極，施等亦爾，以入真如為究竟。（世間及二乘雖修施等，不能入真如，故非到彼岸。）

3.應得無等果

以應得無等果為到彼岸。更無別果勝於此果，為諸果中無上故名彼岸。（世間及二乘雖修施等，不求此果，故非到彼岸。）

菩薩所修彼岸皆具此三義，故通稱波羅蜜。

二、別名

何故別名陀那等？

1. 陀那dāna（dā＋na）

能破滅悋惜嫉妬及貧窮下賤苦，故稱陀。

復得為大富主及能引福德資糧，故稱那。

釋 一、陀

（悋惜是多財障，嫉妬是尊貴障。）

因時能滅悋惜障，果時得多財故離貧窮苦。

因時能滅嫉妬障，果時得尊貴故離下賤苦。

何以故？

若人未破悋惜嫉妬心，則不能行施，故說能破此障。

若人行施能破此障，此人後受貧窮下賤苦，無有是處。

二、那

能施能用名大富主，由是主故能引福德資糧。

由具此義故稱陀那。

2. 尸羅 śīla（śī＋la）

能寂靜邪戒及惡道，故名尸。

復能得善道及三摩提，故稱羅。

釋 一、尸

因時能破邪戒，果時能離惡道。

若人不捨惡業而能持戒，無有是處，故先破邪戒。

若人破邪戒持正戒墮四趣者，無有是處，故果時能離惡道。

二、羅

1.由先持戒後受人天善道果。

2.得三摩提

或在因中或在果中，

持戒故身口清淨→清淨故無悔→無悔故心安→

心安故得喜→喜故得猗→猗故得樂→樂故得定→

定故見如實→見如實故得厭離→厭離故得解脫。

故因持戒得三摩提。

由具此義故稱尸羅。

3. 羼提 kṣānti（＝kṣāṃti，kṣam＋ti）

能滅除瞋恚及忿恨心，故名羼。

復能生自他平和事，故稱提。

釋 一、羼

因時由觀五義故，滅除瞋恚及（瞋恚所生）忿恨心。

五義者：（滅瞋五觀為因）

1.觀一切眾生無始以來於我有恩。

2.觀一切眾生恒念念滅。（何人能損何人被損？）

3.觀唯法無眾生。（有何能損及所損？）

4.觀一切眾生皆自受苦。（云何復欲加之以苦？）

5.觀一切眾生皆是我子。（云何於中欲生損害？）

由此五觀故能滅瞋恚，瞋恚既滅故能除忿恨。

二、提

此事通達因果。

此忍能令自身不為瞋恚過失所染，即是於自平和。

既不忿恨，不生他苦，即是於他平和。

如經言：若行忍者，則有五德。（行忍五德為果）

1.無恨，2.無訶，3.眾生所愛，4.有好名聞，5.生善道

即此五德名平和事。

由具此義故稱羼提。

4. 毘梨耶 vīrya（vīra＋ya）

滅除懈惰及諸惡法，故名毘。

復行不放逸，生長無量善法，故稱梨耶。

㉗ 一、毘

此為滅黑法精進。

由懈惰故離諸善行，生諸惡法。

（於惡處沉沒又不厭惡惡行稱懈惰。三業恒起過名惡法。）

由滅懈惰故能除懈惰所生諸惡。

二、梨耶

此即生得法精進。

由信因可行，樂果可得，是故恒行恭敬行，名不放逸。

由行恭敬，未生善（法）能令生，已生善（法）能令增長。

由具此義故稱毘梨耶。

5. 持訶那 dhyāna（dhyai＋na）

能減除散亂，故名持訶。

復能引心令住內境，故稱那。

正宗分

㊣ 一、持訶

　能滅除散亂，故名持訶。

　散亂有五：

　1.自性散亂：謂五識。

　2.外散亂：謂意識馳動於外塵。

　3.內散亂：謂心高下及噉味等。

　4.麤重散亂：謂計我我所等。

　5.思惟散亂：謂下劣心，菩薩捨大乘思惟小乘。

二、那

　能引心令住五種寂靜（名為內境）。

　由具此義故稱持訶那。

6. 般羅若prajñā（pra＋jñā）

能滅一切見行，能除邪智，故名般羅。

能緣真相，隨其品類，知一切法，故稱若。

㊣ 一、般羅

　能滅一切見行（謂六十二見，即是惑障），

　能除邪智（謂世間虛妄解，即是智障），

　故稱般羅。

二、若

　1.二智

　　如理智：能緣真如。此智名般若。

　　如量智：能知品類。此智是般若果，亦名般若。

　　（品類有二種：(1)有為無為，(2)名、相、分別、正智、如如攝。）

　2.三義所攝

　　此二智知一切法（真如相及品類），為三義所攝：

　　(1)對治：即二障。

　　(2)境界：即真相（真如）。

(3)果：即如量智。

由具此義故稱般羅若。

丙五　修習【修習章第六】

云何應知諸波羅蜜修習？

釋 世間及二乘皆有施等修習，而菩薩施等修習，異世間及二乘。

云何可知？

一、廣說十二種修

釋 廣說修有十二種。

一、顯示修：謂修四念處，以能顯示四諦義故。

二、損減修：謂四正勤，以能漸滅諸惡法故。

三、治成修：謂四如意足，以能治成定故，為除五失及持八滅資糧故。[4]

（順解脫分位）

四、後行修：謂修五根，以具解脫分善根故。（順決擇分位）

五、相應修：謂修五力，以應續見道故。（順決擇四善根位）

---

4 參考《辯中邊論》（辯修對治品）
1. 五過失
   (1) 懈怠：障修善行而增不善。
   (2) 失念：於諸聖言，忘失不記。
   (3) 沉掉：心散慢起伏不定。
   (4) 不作加行：於「對治沉掉使心安住」不作加行。
   (5) 作行：於「沉掉對治之後」復作加行不息，令心起伏不平。（矯枉過正）
2. 八滅資糧（八斷行）
   (1) 為除懈怠：修欲、勤、信、安。
      勤：治懈怠　欲：勤之所依　信解：欲（勤）之因　安：勤之果（身心輕安）（定心所）。
   (2) 為除餘四失：修念、智、思、捨。
      修念行：除失念
      修智行：正知沉掉之失
      修思行：覺沉掉時，為欲伏除而起加行。（止心所）
      修捨行：沉掉滅已，心住捨平等而流。（免不應行而行）
      由八斷行除五失，則起定心，得四如意足，心有堪能，即能顯欲勤心觀之用。（此即順解脫分位）

六、勝修：謂七覺分，以入四諦觀故。（見道位）（正決擇分位）

七、上上修：為八分聖道，以勝見道故。（修道位）

八、初際修：謂凡夫位，修戒乃至得不淨觀及數息觀，以隨順顛倒故。

九、中際修：謂有學位，此中無倒倒所隨故。（無倒，但隨倒）

十、後際修：謂無學位，此中無倒非倒所倒故。（無倒，但不被倒所倒）

十一、有上修：謂聲聞獨覺修及等彼位故。

十二、無上修：謂菩薩十地等，以最勝故。

二、略說五種修

若略說應知修習有五種。

1. 加行方法修
2. 信樂修
3. 思惟修
4. 方便勝智修
5. 修利益他事

此中前四修應知如前。

利益他事修者，謂佛無功用心，不捨如來事。修習諸波羅蜜至圓滿位中，更修諸波羅蜜。

㊣ 一、加行方法修：謂身口意業能成廣大清淨最勝故。

二、信樂修：約聞教，如初章釋。

三、思惟修：思惟修中自有三種，謂愛重、隨喜、願得，合名思惟修，如初章釋。

四、方便勝智修：無分別智有三義：廣大、清淨、速成。具此三義故，立方便勝智名。

五、修利益他事：諸佛恒不捨如來正事及行諸波羅蜜。

　　大乘教中說：諸佛雖已般涅槃（即法身），猶更起心（即應化二身）。諸佛已住法身，由本願力離三業，隨利益眾生事，自然顯現應

化二身。

修習諸波羅蜜至圓滿位中，更修波羅蜜。

佛及菩薩修習諸波羅蜜或隨分圓滿或具分圓滿。

於此圓滿位，

1.為自事不修諸波羅蜜：自事已成故不自為。

2.為眾生更修諸波羅蜜：見眾生由此行得離四趣入三乘道果，故更修諸波羅蜜。（即是利益他事）

三、別辨思惟修

思惟修習者，愛重隨喜願得思惟，六意攝所修。

㉑ （前雖已明五修，但未分別願行位修與清淨位修有異。）

思惟修習是愛重、隨喜、願得之思惟，為六意所攝而修。

一、在清淨位

若六意攝三思惟修諸波羅蜜，應知在清淨位。（為已登地之真修）
若在願行位則無此義。

二、以六意攝持

此三思惟是地上菩薩修行之本，而以六意莊嚴攝持。

1. 明六意[5]（六種意樂）

---

5 《大乘莊嚴經論》（度攝品第十七）（卷七）11
〔物與思及心 方便并勢力 當知修六行 說有五依止〕
諸菩薩修習諸波羅蜜有五依止。
1. 物依止。
2. 思惟依止：有四種。
  (1) 信思惟：於諸波羅蜜相應教而生信心故。
  (2) 味思惟：於諸波羅蜜中見功德味故。
  (3) 隨喜思惟：於一切世界一切眾生所有諸波羅蜜，皆生隨喜故。
  (4) 悕望思惟：於自身及他未來所有勝波羅蜜，起悕望故。
3. 心依止：有六種。
  (1) 無厭心，(2) 廣大心，(3) 勝喜心，(4) 勝利心，(5) 不染心，(6) 善淨心。
4. 方便依止。
5. 勢力依止。

六意：廣大意、長時意、歡喜意、有恩德意、大志意、善好意。

(1)廣大意

無厭足心，是名菩薩廣大意。

(2)長時意

若菩薩從初發心乃至成佛，不捨無厭足心，是名菩薩長時意。

①施度

若菩薩若干阿僧祇劫能得無上菩提，以如此（長）時為一剎那一剎那。

菩薩於此（長）時中，（長時）

剎那剎那常捨身命，（捨身命）

及等恒伽沙數世界滿中七寶，奉施供養如來。（捨外財）

從初發心乃至入住究竟清涼菩提，是菩薩施意猶不滿足。（意無厭足）

釋 一、長時

（小乘明三阿僧祇劫得成佛，大乘明或三或七或三十三阿僧祇劫得成佛。此中或合三阿僧祇劫，或合三十三阿僧祇劫為一剎那，說為剎那剎那，以顯長時。）

從一剎那至無量剎那，為一日一月乃至一阿僧祇劫，從一阿僧祇劫至三十三阿僧祇劫，方得成佛。

欲顯菩薩意無厭足，故說此長時。

二、常捨身命及外財無厭足

於向所說長時中，如世間所說剎那，於一一剎那中，常捨身命及以外財。

從初發心乃至入住究竟清涼菩提（成佛），是菩薩施意猶不滿足。（無有厭足心）

（有餘涅槃名清，以離煩惱濁故。無餘涅槃名涼，以離眾苦熱惱故。又菩提以淨樂為體，欲顯淨德故言清，欲顯樂意故言涼。）

②餘五度

如此多時剎那剎那，滿三千大千世界熾火，菩薩（雖）於中行住坐臥為四威儀，（且）離一切生生之具，（長時在極苦處）

戒忍精進三摩提般若心，菩薩恒現前修。（恒修諸波羅蜜）

乃至入住究竟清涼菩提，是菩薩戒忍等意亦不滿足。（意無厭足）

釋 此明菩薩修餘五度，於此長時一一剎那中，常在極苦難處，資身之具恒不供足。

菩薩雖受此苦，於此時中修諸波羅蜜，未嘗厭足。

(3)歡喜意

若菩薩由六波羅蜜所作利益他事，常生無等歡喜。眾生得益，其心歡喜所不能及，是名菩薩歡喜意。

(4)有恩德意

若菩薩行六波羅蜜利益眾生已，見眾生於己有大恩大德，不見自身於彼有恩，是名菩薩有恩德意。

(5)大志意

若菩薩從六波羅蜜所生功德善根，施與一切眾生，以無著心迴向，為令彼得可愛重果報，是名菩薩大志意。

(6)善好意

若菩薩所行六波羅蜜功德善根，令一切眾生平等皆得，為彼迴向無上菩提，是名菩薩善好意。

2. 明三思惟

(1)愛重思惟

由此六意所攝愛重思惟，菩薩修習。

釋 三思惟被此六意所攝，以其中之愛重思惟來修習，是為顯求得心。求得心見有大功德，故求欲得之。

(2)隨喜思惟

若菩薩隨喜無量菩薩修加行六意所生功德善根，是名菩薩六意所攝隨喜思惟。

釋 隨喜無量菩薩修加行六意所生之功德善根，稱為六意所攝隨喜思惟，這是為顯無疑心。

無疑心隨喜勝人菩薩所行，故是決定無疑。

(3)願得思惟

若菩薩：願一切眾生修行六意所攝六波羅蜜，

及願自身修行六意所攝六波羅蜜，

修習加行乃至成佛，是名菩薩六意所攝願得思惟。

(釋) 菩薩祈願一切眾生及自身都修行六意所攝六波羅蜜，修習加行乃至成佛，名六意所攝願得思惟，這是為顯大悲無獨求之心。

〔結釋〕

此三思惟即除三心：

一、除不行心，二、除進退心，三、除偏進心。

3.思惟修聚福除障

若人得聞六意所攝菩薩思惟修習，（而）生一念信心，是人則得無量無邊福德之聚，諸惡業障壞滅無餘。

(釋) 一、滅業障有二義：

　　1.能壞業令盡。

　　2.業雖在，以善力大故，能遮（業所引）惡道報，令永不受業，亦有壞滅義。

二、若人但聞菩薩之六意所攝思惟修習，生一念信心，即得無量無邊福德，何況菩薩盡能修行，其得甚大。

丙六　差別【差別章第七】

云何應知諸波羅蜜差別？

由各有三品，知其差別。

(釋) 諸波羅蜜品類不可數量，欲顯真體（體性）故作此問。

　　由明諸波羅蜜差別，故真體顯現。

六度各有三品，是其差別。

一、施有三品
1. 法施，2. 財施，3. 無畏施。

㊋ 一、法施令他聞慧等善根德生，是利益他心；

財施是利益他身；無畏施通利益他身心。

二、有向惡者，由財施引令歸善；由無畏施攝彼令成眷屬；由法施生彼善根及成熟解脫。

由具此義故說施有三品。

二、戒有三品
1. 守護戒[6]，2. 攝善法戒，3. 攝利眾生戒。

㊋ 一、守護戒是離惡，是餘二戒依止。（若人不離惡，攝善、利他則不得戒。）

若人住守護戒，能引攝善法戒，為佛法及菩提生起依止。

若住前二戒，能引攝利眾生戒，為成熟眾生依止。

二、守護戒由離惡故，無悔惱心，能得現世安樂住。

由此安樂住故，能修攝善法戒，為成熟佛法。

若人住前二戒，能修攝利眾生戒，為成熟他。

三、此三品戒即四無畏因。

何以故？

初戒是斷德，第二戒是智德，第三戒是恩德。

四無畏不出此三德，故言即四無畏因。

由具此義故說戒有三品。

---

6 守護 saṃvara，亦常譯為律儀。

三、忍有三品

1.他毀辱忍，2.安受苦忍，3.觀察法忍。

㊣ 一、毀辱忍

由毀辱忍能忍他所起過失。

何以故？

由菩薩為作利益他事，發心修行，雖為他毀辱，不由著此過失還退本行心。

二、安受苦忍

由安受苦忍，雖復墮在生死諸苦難中，不由此苦退本行心。

三、觀察法忍

由觀察法忍，菩薩能入諸法真理。此忍即是前二忍依處，以能除人法二執故。

由具此義故說忍有三品。

四、精進有三品

1.懃勇精進，2.加行精進，3.不下難壞無足精進。

㊣ 由佛世尊於經中言，此人有貞實、有勝能、有勇猛、有強制力、不捨善軛。

為顯精進有此三體說此五句。

一、有貞實：為顯懃勇精進說有貞實。（另譯：貞實（勢力）、懃勇（披甲））

二、有勝能：為顯加行精進說有勝能。

何以故？

此人於加行時有勝能，如前所欲皆能行故。

三、有勇猛：為顯不下精進說有勇猛。（不下（不怯弱））

何以故？

有人始時為得無上菩提，先有貞實，加行時有勝能，（但）為時長遠，所求果相未現，於此中間生下劣心。為對治此心顯不下精進，故說勇猛。

四、有強制力：為顯難壞精進說有強制力。

何以故？

若人雖復勇猛心無退弱，若遭生死苦難，沮壞其心，則退菩提願，為對治此心顯難壞精進，故說有強制力。

五、不捨善軛：為顯無足精進說不捨善軛。

何以故？

由有強制力，生死苦難不能令退。若人雖復遭苦不退，但於少所得便生足想，由此知足不能得最上菩提。為對治此心顯無足精進，故說不捨善軛。

由具此義故說精進有三品。

五、定有三品

1.安樂住定，2.引神通定，3.隨利他定。

釋　一、安樂住定：有定為現世得安樂住，以能離一切染汙法故。

二、引神通定：依此定為生自利，謂三明故能引成六神通。

三、隨利他定：因引成通定，生隨利他定。

利他即是三輪，

1.神通輪：謂身通天眼通天耳通，此輪為引向邪者令其歸正。

2.記心論：謂他心通天眼通天耳通，此輪為引已歸正者，若未信受令其信受。

3.正教論：謂宿住通漏盡通，由宿住通識其根性，由漏盡通如自所得為說正教，令得下種成熟解脫。

由具此義故說定有三品。

六、般若有三品

1.無分別加行般若，2.無分別般若，3.無分別後得般若。

㉑ 一、無分別加行般若：從聞無相大乘教，得聞思修慧，入分別想空，通名無分別加行般若。

二、無分別般若：已入三無性即無分別智，名無分別般若。

三、無分別後得般若：得無分別智後出觀，如前所證，或自思惟或為他說，名無分別後得般若。

另，般若復有三品，謂未知欲知根、知根、知已根，為生、住、用出世間事故。

由具此義故說般若有三品。

丙七　相攝【攝章第八】

云何應知諸波羅蜜攝義？

一切善法皆入六波羅蜜攝。

以為彼性故，

彼是六波羅蜜所流果故，

一切善法所隨成故。

㉑ （餘）一切善法皆是六波羅蜜所攝。

（此中）善法謂願乃至四無礙六通，如來所有秘密法藏等。[7]

一、同（體）性故互攝

1.（願等）一切善法攝諸波羅蜜：由波羅蜜是彼（願等一切善法）法

7　參考

1.《本論》十四 3（釋智差別勝相第十之二）

諸功德法：

(1) 共功德

四無量、八解脫八勝處十徧處、無諍智、願智、四無礙解、六神通。

(2) 不共功德

相隨好、四一切相清淨、十力、四無畏、四不護、三念處、除習氣、無忌失、大悲、十八不共法、一切相妙智、如來六種清淨。

2.《大乘莊嚴經論》（卷十三）7

敬佛品第二十四。

性故。

2.諸波羅蜜攝（願等）一切善法：由彼（願等一切善法）是波羅蜜性故。

（諸波羅蜜同以無分別智為性）

二、一切善法是諸波羅蜜所流果

彼者即六通十力四無畏乃至不共法等諸佛法[7]。此等善法皆是六波羅蜜所流之果，以與波羅蜜同性故。

三、隨一切善法諸波羅蜜成就

信輕安等諸善法，是菩薩道所攝。隨（順）菩薩所欲行，（諸）波羅蜜皆能成就。波羅蜜即是彼（善法）所流果。

由此故一切善法與諸波羅蜜得相攝。

丙八　所治【對治章第九】

云何應知諸波羅蜜所對治攝一切惑？

以為彼性故，

為彼生因故，

為彼所流果故。

釋 如波羅蜜能攝一切清淨品盡，波羅蜜之所對治，亦應能攝一切不淨品盡。

云何應知？

一、所對治以著為性

如波羅蜜以無著為性故，攝一切善法盡。

波羅蜜所對治以著為性，故攝一切不淨品盡。

二、所對治為諸惑生因

不信邪見身見等諸法（所對治），能生悋惜嫉妒邪行瞋恚等果（諸惑），以同性故得為彼（諸惑）生因。

三、所對治為諸惑所流果

此悋惜嫉妒邪行瞋恚等（惑），由著自他故，生諸惡行（謂十惡

等），（所對治）亦以同性得為彼（諸惑）所流果。

由此諸義故得相攝。

丙九　功德【功德章第十】

云何應知諸波羅蜜功德？

㉑ 行世間施等行亦有功德。

菩薩波羅蜜功德云何應知？

菩薩波羅蜜功德與世間有同有異。同有六種，異有四種。

一、與世間同有六種

1. 若菩薩輪轉生死大富位，自在所攝，

2. 大生所攝，

3. 大眷屬徒眾所攝，

4. 大資生業事成就所攝，

5. 無疾惱少欲等攝，

6. 一切工巧明處聰慧所攝。

㉑ 一、轉輪王、天帝、梵王等為大富位，於中為主故名自在。菩薩凡夫行施
　　　同得此報。

　　二、大生有三種：道勝、性勝、威德勝。菩薩凡夫持戒同得此報。

　　三、眷屬（親戚）及徒眾（所攝領者）亦有三勝，如前所說故稱為大。皆
　　　相親愛不生憎嫉，恒共歡聚未嘗違離。菩薩凡夫行忍同得此報。

　　四、資生業有四種：種植、養獸、商估、事王。和同乖諍名事，如所欲為
　　　無不諧遂名成就。菩薩凡夫行精進同得此果。

　　五、四無量所攝定，此定得果身無諸病，心離眾惱，故恒歡悅。

　　　其餘諸定所得果報，雖復在家，與離欲仙人不異，以少煩惱故。

　　　等謂得好形相及長壽等。菩薩凡夫修定同得此果。

六、為立資生故須工巧明處，即十八明處[8]能立現在未來及解脫法。此中有立破二理，若有聰慧則能成此事（般若果）。菩薩凡夫若修般若同得此報。

二、與世間異有四種

1. 如意，
2. 無失富樂，
3. 利益眾生為正事故，
4. 菩薩修行六度功德，乃至入住究竟清涼菩提，恒在不異故。

㊣ 一、菩薩行施等，得富樂等報，於中如意，謂自用及為他用，常生三種歡喜故。[9]

世間行施等，雖有功德則無此事。是名第一異相。

二、菩薩行施等，得富樂等報，於中常離過失，謂無染汙、利益自他故。

世間行施等，雖有功德則不如此。是名第二異相。

三、菩薩行施等所生功德，常為眾生作世出世利益事，不為自身。

世間行施等，雖有功德則不如此。是名第三異相。

四、菩薩行施等所生功德，從初發心乃至極果，如本恒在，利他不異，此即常住功德。

世間行施等，雖有功德則不如此。是名第四異相。

丙十　互顯【互顯章第十一】

云何應知諸波羅蜜更互相顯？

世尊或以施名說諸波羅，或以戒名、或以忍名、或以精進名、或以定名、或以般若名說諸波羅蜜。

8　十八明處（十八大經）
　　印度外道之十八種經典，即四吠陀、六論及八論之總稱。（為印度文化中一切學問之分類。）
9　《大乘莊嚴經論》（度攝品十七）（八）4
　　乞者有三喜：1. 得見菩薩時；2. 得遂所願時；3. 求見得遂時。
　　菩薩有三喜：1. 得見他時；2. 遂他願時；3. 遂他求見時。

釋 如般若波羅蜜等經中說三十六句，顯說一一波羅蜜即說餘五波羅蜜。

云何應知？

五波羅蜜入一波羅蜜攝，一波羅蜜中則具有六，但以施等一名說之。[10]

如來以何意作如此說？

於諸波羅蜜修行方便中，一切餘波羅蜜皆聚集助成故。

此即如來說意。

釋 若菩薩於一一波羅蜜修加行，餘波羅蜜皆助成此一。

一、戒能成施

如諸菩薩正行施時，守護身口離七支惡，即持正語正業正命戒，由此戒故施得成就。

二、忍能成施

若菩薩正行施時，能安受受施人相違言語及相違威儀，乃至安受行施苦事，由此忍故施得成就。

10　1.《金剛般若波羅蜜經論》（天親造，菩提流支譯）

（經）須菩提！菩薩不住於事行於布施，無所住行於施，不住色布施，不住聲香味觸法布施。……。

佛復告須菩提：菩薩但應如是行於布施。

（彌勒偈）〔檀義攝於六　資生無畏法　此中一二三　名為修行住〕

（論釋）何故唯檀波羅蜜，名為波羅蜜？

一切波羅蜜檀波羅蜜相義示現故。

一切波羅蜜檀相義者，謂資生無畏法檀波羅蜜應知。

此義云何？

資生者即一波羅蜜體名故。

無畏檀波羅蜜者有二，謂尸波羅蜜，羼提波羅蜜，於已作未作惡不生怖畏故。

法檀波羅蜜者有三，謂毘梨耶波羅蜜等不疲倦，善知心如實說法故。

此即是菩薩摩訶薩修行住。

2.《能斷金剛般若波羅蜜多經論釋》無著（彌勒）造頌，世親釋，義淨譯。

（經）菩薩不住於事，應行布施，如是廣說。

（問）此中何義以一施度而總收盡六到彼岸耶？

（偈）（答）〔六度皆名施　由財無畏法　此中一二三　名修行不住〕

為明此六咸有施相，此之施性由財、無畏、法。

(1) 財施由一，謂是初施。

(2) 無畏由二，謂是戒忍，於無怨懟誰（戒也）及怨懟誰處（忍也）不為怖懼故。

(3) 法施由三，謂是勤等，由其亡倦（勤也），了彼情已（定也），宣如實法（慧也）。

此是大菩薩修行之處，即是以一施度收盡六度。

三、精進能成施

若菩薩正行施時，由欲行施心能除貪愛，由有大悲能除瞋恚，由下身心能除憍慢，欲令受者安樂能除慳悋嫉妬，知施有因果能除無明邪見，精進能生如此善，對治如此惡，由精進施得成就。

四、定能成施

若菩薩正行施時，一心相續緣利樂眾生事，由此定故施得成就。

五、般若能成施

若菩薩正行施時，由了別因果不著三輪，故般若能成施。

是名餘波羅蜜助成一般羅蜜，故合說六波羅蜜總名為施。

如施，戒等亦爾，一度具六故成三十六句。

丙十一　結頌

此中說欝陀那偈。

位數相次第　名修差別攝　對治及功德　互顯諸度義[11]

11　《大乘莊嚴經論》（度攝品十七）（卷七）9
〔數相次第名　修習差別攝　治障德互顯　度十義應知〕

甲六　入因果修差別勝相第五（卷十）

如此已說入因果勝相。

云何應知入因果修差別？

由十種菩薩地。

何者為十？

一、歡喜地　　二、無垢地　　三、明焰地

四、燒然地　　五、難勝地　　六、現前地　　七、遠行地

八、不動地　　九、善慧地　　十、法雲地

㊛　一、總說六度因果

　　　1.入勝相：唯識智名入，三無性為勝相。

　　　2.入因果：六度為唯識智入三無性之因果。

　　　　在願行位為因，在清淨位為果。

　　　　（此為總說，未約地辯其修之差別。）

　　二、云何應知六度修習差別？

　　　若觀十地差別，即知因果修差別。

乙一　立十地【對治章第一】

云何應知以此義成立諸地為十？

為對治地障十種無明故。

㊛　一、真如無分數

菩薩入初地見真如，見真如即盡，以真如無分數（可分為部份者）故。

若見真如不盡，則顯真如有分數。若有分數，則同有為法。

二、約真如體，不可立十地

以真如實無一二分數，若約真如體，不可立有十種差別。

三、約真如功德障，立十地[1]

真如有十種功德，能生十種正行。

由無明覆故不見此功德，由不見功德故正行不成。

為所障功德正行有十種故，分別能障無明亦有十種。

<u>為對治此等十種無明故立十地。</u>

（十地是在離障證真上建立，雖也從所證十相法界上說，但主要還是建立在離障上。真如性無染淨非善惡，但具足生善滅惡，除染成淨之德用。）

一、明十種無明（能障）

於十相所顯法界，有十種無明猶在為障。

釋 一、法界十相

十相謂十種功德及十種正行，此相皆能顯法界。

此十種相雖復實有，由無明所覆不得顯現。

二、十種無明

有十無明覆十功德，障十正行。

（菩薩初入真如觀，障見道無明即滅，但所餘無明猶在未滅。）

1　《大乘莊嚴經論》（行住品 23）（卷 13）5

〔為集諸善根　樂住故說住　數數、數、無畏　復以地為名〕

1. 諸菩薩為成就種種善根，於一切時樂住一切。是故諸地說名為住。

2. 步彌耶名為地。（bhūmi 住處、於其位持法生果）（daśabhūmiayaḥ 十地）

步者數數義（bhū-）　彌者實數義（mi-）　耶者無畏義（-ayaḥ）

(1) 諸菩薩欲進上地，於一一地中數數斷障礙，數數得功德，是名數數義。

(2) 地以十數為量，諸菩薩於一一地中知斷爾所障礙，知得爾所功德，知此不虛是名實數義。

(3) 上地是無畏處，諸菩薩畏於自地中退失自他利功德，進求上地，是名無畏義。

由此三義故為地。

十一住者即十一地，住者名地故。（卷 13）2

1.凡夫性無明

　　凡夫性無明是初地障，此無明即是身見。

　　身見有因和果二種，法我執是因，人我執是果。

　　（以執心外有法分別，是我執根本故。）

　　因即凡夫性，迷法無我，故稱無明。（二乘但能除果，不能斷因。）

　　若不斷此因（無明），則不得入初地。

2.（依三業）起邪行無明

　　依身（語意）業於眾生起邪行無明是二地障。

　　(1)依業起邪行無明

　　　　依（微細）身語意三業（能）於諸眾生（誤）起邪行之無明。

　　　　（成唯識論九：邪行障謂所知障中俱生一分（微細誤犯愚）及彼所起誤犯三業（種種業趣愚）。）

　　　　(2)迷一乘理修異乘方便

　　　　迷一乘理

　　　　由迷一乘理而生如是想：三乘人有三行差別。故稱無明。

　　　　修異乘方便

　　　　一切眾生所行之善，無非菩薩大清淨方便。此清淨既是一，則未至大清淨位無住義。

　　　　若修悉應同歸菩薩大道，云何修（二乘）方便而不修（菩薩）正道？

　　　　由迷此義，故稱無明。

　　　　若不斷此無明，則不得入二地。

　　　　（於第二地通達一切惡法以十惡業為本，一切善法以十善道為根，自然捨一切惡業，而至無微細誤犯。通達法界的清淨最為殊勝，無求異乘之心。）

3.遲苦忘失無明

　　心遲苦無明、聞思修忘失無明是三地障。

(1)心遲苦無明

未至智根位為遲，未得菩薩微妙勝定為苦，以障（智）根及修（定），故稱無明。（未離三摩提及三摩跋提，此定是大乘法（無分別智及後智）之依止。）

(2)聞思修忘失無明

障聞持等陀羅尼不得成就，令所聞思修有忘失，故稱無明。

若不斷此無明，則不得入三地。

（三地定較深，定中遍知一切法，能得聞持等陀羅尼，於聞思不忘失。）

4.微細煩惱行共生身見等無明

微細煩惱行共生身見等無明，為四地障。

(1)微細煩惱

由此煩惱最下品故，隨思惟起故，已遠離隨順本所行事故，故名微細煩惱。

此煩惱最下品：（此釋微細義）

由是最下品，不能染污菩薩心，故名微細。

隨思惟起：（此釋共生義）

雖復不能染菩薩心，隨正思惟起，與正思惟相應故不可說無，以能障菩薩一切智故。

已遠離隨順本所行事：（此釋離伴義）

昔在凡夫共位中及地前，隨順本所行一切煩惱事，今修四地離之已遠。

(2)煩惱行共生身見等

法執分別種子為體，生住滅不停故名行。

此種子為身見因，此種子體亦即是身見，以是法分別種類故。

由不了法我空，故稱無明。

若不斷此無明，則不得入四地。

5.於下乘般涅槃無明

於下乘般涅槃無明是五地障。

若人依四諦觀修行五地，見生死為無量過失火之所燒然，見涅槃最清涼寂靜功德圓滿。

不欲捨生死，此行最難。不欲取涅槃，此行亦難行。

若人修行五地，心多求般涅槃，故稱無明。

若不斷此無明不得入五地。

6.粗相行無明

粗相行無明是六地障。

若人修行六地，一切諸行相續生，如量如理證已，多住厭惡諸行心中，未能多住無相心中。故稱無明。（執有染淨粗相現行）

若不斷此無明不得入六地。

7.微細相行無明

微細相行無明是七地障。

若人修行七地，由心於百萬大劫中，未能離諸行相續相（謂生及滅）故，不能通達法界無染淨相。

如經言龍王十二緣生者，或生或不生。

（類似大集經第一陀羅尼，自在王菩薩說十二因緣不生。）

云何生？由俗諦故。

云何不生？由真諦故。

於十二緣生中，未能離生相住無生相，不得入七地，故稱無明。

若不斷此無明不得入七地。（執有生滅細相現前）

8.於無相作功用心無明

於無相作功用心無明為八地障。（於七地雖為無相但有功用行，為八地障。）

若人修行八地由作功用心，為除微細相行無明，及為住無相心中，未能自然恒住無間缺無相心，故稱無明。（無相觀不任運起）

若不斷此無明不得入八地。

9.於眾生利益事不由功用無明

於眾生利益事不由功用無明是九地障。

（於八地仍耽著無相寂滅，不能無功用行利他事，為九地障。）

若人修行九地，心自然恒住無相，但於利益眾生事四種自在中，未能自然恒起利益眾生事，故稱無明。

若不斷此無明不得入九地。

10.於眾法中不得自在無明

於眾法中不得自在無明是十地障。

若人修行十地，於成就三身業及微細秘密陀羅尼三摩提門，未得自在，故稱無明。

若不斷此無明不得入十地。

因有此等無明為障[2]，為對治此等障而立十地。

二、法界十功德相（所障）

何者能顯法界十相？

1. 於初地，由一切遍滿義，應知法界。

2. 於二地，由最勝義。

3. 於三地，由勝流義。

4. 於四地，由無攝義。

5. 於五地，由相續不異義。

6. 於六地，由無染淨義。

7. 於七地，由種種法無別義。

8. 於八地，由不增減義。

9. 於九地，由定自在依止義，由土自在依止義，由智自在依止義。

10. 於十地，由業自在依止義，由陀羅尼門三摩提門自在依止義，應知法界。

釋 真如有十功德相。

此十功德相能生一、十正行，二、十不共果，以顯法界體。

十功德是顯法界之本，故先問十功德相。

（真如能顯法界種種差別相。此種種差別相即是十功德相，由此十功德相能生十正行及十不共果，此即是法界體。）

---

2 《成唯識論》九（詳見甲六附註一）。

一、遍滿義（於初地所證法界）（普遍性）

  1.功德相

    真如法界，於一切法中遍滿無餘，以諸法中無有一法非無我故。

    (1)人法二執所起分別覆藏法界一切遍滿義。由此障故，願行位人不得入初地。

    (2)若除此障，即見真如遍滿義，人法二執永得清淨。

      由觀此義得入初地。

      （正行：斷凡夫無明（依見道所斷之分別煩惱所知二障立），證悟諸法實相，遍一切一味相，通達此遍滿法界相。）

  2、不共果

    若通達法界遍滿功德，得通達一切障空義，得一切障滅果。

二、最勝義（於二地所證法界）（絕對性）

  1.功德相

    （人法二空攝一切法盡，盡是遍滿義。）

    此義於一切法中最勝清淨。

    由觀此義得入二地。

    （正行：遠離於眾生身誤犯身口意的三業染行。通達最勝清淨法界相。）

  2.不共果

    若通達法界最勝功德，得於一切眾生最勝無等菩提果。

三、勝流義（於三地所證法界）（衍生性）

  1.功德相

    真如所流法：

    (1)真如所流：真如於一切法中最勝。由緣真如起無分別智，無分別智是真如所流，此智於諸智中最勝。

    (2)無分別智所流：因此智流出無分別後智所生大悲，此大悲於一切定中最勝。

    (3)大悲所流：因此大悲，如來欲安立正法救濟眾生，說大乘十二部經，此法是大悲所流，此法於一切說中最勝。

菩薩為得此法，一切難行能行，難忍能忍。

由觀此法得入三地。

（正行：修習勝定，契證法界實相，從平等法界現起大智大悲所起之等流法，因離遲苦忘失無明，而現證通達勝流法界相。）

2.不共果

若通達法界勝流文句功德，得無邊法音及能滿一切眾生意欲果，以此法音無邊無倒故。

四、無攝義（於四地所證法界）（非執性）

1.功德相

於最勝真如及真如所流法，菩薩於中見無攝義。

謂此法非我所攝，非他所攝，以自他及法三義不可得故。

譬如北鳩婁越人，於外塵不生自他攝想。

菩薩於法界亦爾，故法愛不得生。

由觀此義得入四地。

（正行：修三十七菩提分，破除微細煩惱現行，俱生身見所攝之無明，通達無攝（無我我所）法界相。）

2.不共果

若通達法界無攝功德，得如所應一切眾生利益事果。

五、相續不異義（於五地所證法界）（主體性）

1.功德相

此法雖復無攝，三世諸佛於中相續不異。

不如眼等諸根，色等諸塵及六道眾生相續（身）有異，以如此等法分別所作，故相續有異。

三世諸佛真如所顯，故相續（身）不異。

由觀此義得入五地。

（正行：真俗並觀，通達法界生死涅槃都無差別性，遠離於下乘般涅槃之無明，證相續不異（無差別）法界相。）

2.不共果

若通達法界相續（身）不異功德，得與三世諸佛無差別法身果。

六、無染淨義（於六地所證法界）（超然性）

1.功德相

三世諸佛於此法中，雖復相續不異，

此法於未來佛無染，以本性淨故；於過去現在佛無淨，以本性無染故。

由觀此義得入六地。

（正行：修緣起智，觀緣起畢竟空，通達染淨平等，證無染淨法界相。（別觀十二緣起若染（流轉門）若淨（還滅門）之差別粗相現行，能障蔽六地無染淨之妙境。）

2.不共果

若通達十二緣生真如無染淨功德，得自相續清淨及能清淨一切眾生染濁果。

七、種種法無別義（於七地所證法界）（共同性）

1.功德相

十二部經所顯法門，由種種義成立有異，由一味修行、一味通達、一味至得故，不見有異。

由觀此義得入七地。

（正行：除去對如來種種教法之微細取相行，通達如來一切法門，法法皆是無差別（無相觀），得種種法無別法界相。）

2.不共果

若通達種種法無別功德，得一切相滅恒住無相果。

八、不增減義（於八地所證法界）（寂然性）

1.功德相

菩薩見一切法（無礙），道成時不增，或滅時無減（其法性空寂故）。如此智是相自在及土自在之依止，以此二自在由不增減智得成。

相自在：如所欲求相，以自在故即得現前。此為成熟佛法。

土自在：若菩薩起分別願，願此土皆成頗梨柯等，以自在故如其所願即成。此為成熟眾生。

由觀此義得入八地。

（正行：離有功用相，證無生法忍，通達諸法之不增不減，得二種自在依止。能任運現起身相及國土。如大梵天王遊千世界而不假功用任運自在。

八地以上都能顯現一乘義。修行都證入「無生法忍」。

(1)二乘人證入寂滅性，偏空涅槃。

(2)菩薩則了達空性而起妙用，化現淨土及不同身形去教化眾生。

其境界已超越三界，證入實報莊嚴之佛土。）

2.不共果

若通達不增減功德，得共諸佛平等威德智慧業果。

（八地菩薩得如幻三昧，觀一切法無礙。）

九、定自在依止義、土自在依止義、智自在依止義（於九地所證法界）

1.功德相

初二依止義如前釋。

智自在者，四無礙解所顯，故名智。

此智以無分別後智為體，以遍一切法門悉無倒故。

由得此智故成大法師，能令無窮大千世界眾生入甚深義，如意能成故名自在。

此自在以無分別智為依止，由得此自在故入九地。

（又釋）

通達法界為智自在依止，故得四無礙解。

由觀此義得入九地。

（正行：斷耽着無相寂滅障（對利益眾生事能無功用行），得四無礙智，說法自在，便得智自在依止法界。）

2.不共果

（若通達四種自在功德依止得三身果。）

若通達無分別依止,得法身果;若通達土及智自在依止,得應身果,由此應身於大集中,得共眾生受法樂果。

十、業自在依止義、陀羅尼門三摩提門自在依止義（於十地中所證法界）

1.功德相

通達法界為作眾生利益事。

若得諸佛三業及得陀羅尼門三摩提門,則能通達如來一切秘密法藏,得入十地。

（又釋）

通達法界為業自在依止,通達法界為陀羅尼門三摩提門自在依止。

由此通達為化度十方眾生得三身三業故,名業自在。

由得陀羅尼門三摩提門,如來一切秘密法藏如意通達,故名自在。

此三自在並以真如為依止,由觀此義得入十地。

（正行:斷於眾法中不得自在之無明,即得三自在之依止。

(1)業自在:得身口意三業用自在,依神通慧自在化導一切眾生,隨自作業皆能成辦。

(2)陀羅尼門自在:能總持一切善法,遮止一切惡法。能持一切佛所宣說文義無忘。

(3)三摩提門自在:三摩提為正定,於定隨其所欲而得自在。由定發慧,能總持一切,攝持不散。）

2.不共果

若通達業依止,得化身果,因於此果能作無量眾生無邊利益果。

此中說偈,

〔遍滿最勝義　勝流及無攝　無異無染淨　種種法無別〕

〔不增減四種　自在依止義　業自在依止　總持三摩提〕

如此二偈,依中邊分別論[3],應當了知。

三、別顯

復次,此無明應知於二乘非染污,於菩薩是染污。

3　真如十功德相（詳見甲六附註二）。

釋 一、二乘菩薩異[4]

二乘修行不為入十地，此無明不障二乘，非二乘道所破故，不染污二乘。

菩薩修行為入十地，此無明障菩薩十地，為菩薩道所破故，染污菩薩。

（普寂：所知障是法執所起，唯障菩薩趣大菩提饒益有情之事，不障二乘涅槃，故於二乘為無覆無記性。）

二、立十地由

若菩薩於初地，能通達一切地，云何次第製立諸地差別？

由此住故，菩薩修行十度通別二行。因此住修別行故，次第製立十地差別。

（註）

十地隨十度增盛而設。《本論》十15

初地施度增盛，二地戒度增盛，三地忍度增盛（斷定愛），四地精進度增盛（斷法愛），五地定度增盛，六地慧度增盛，七地方便（善巧）度增盛，八地願力增盛（無分別，淨土自在），九地力度增盛，十地智度增盛。（藉十地，菩薩修十度別行）

4　1. 普寂：所知障是法執所起，唯障菩薩趣大菩提饒益有情之事，不障二乘涅槃，故在於二乘則無覆無記性。

　　2. 印順《攝大乘論講記》

　　上面所談的十種無明都是所知障，而不是煩惱障。聲聞緣覺等斷煩惱障證生空理，入無餘涅槃，這十種無明不障礙他們的解脫，在他們的立場說是非染污的。

　　若在菩薩，不但要斷煩惱障證生空理，同時還要斷所知障證法空理。這所知障十種無明是覆障法空理的，所以在菩薩的立場說，它是染污的。

　　因之，這無明在小乘只是無覆無記的不染污無知，在大乘則屬有覆無記性。

乙二　十地名 daśabhūmiayaḥ【立名章第二】

一、云何初地名歡喜？ pramuditābhūmi
由始得自他利益功能故。

（釋）一、菩薩於初登地時，俱得自利利他功能。昔所未得此時始得，是故歡喜。

　　聲聞於初證真如時，但得自利功能，無利他功能。聲聞亦有歡喜義，不及菩薩故，唯菩薩初地立歡喜名，聲聞初果不立此名。

　　二、昔所未證出世法，今始得證，無量因緣有大慶悅恒相續生，故稱歡喜。

二、云何二地名無垢？ vimalābhūmi
此地遠離犯菩薩戒垢故。

（釋）一、菩薩於此地中有自性清淨戒，並非如初地是由正思量所得，故稱無垢。

　　（自性清淨戒（或譯為性戒）是如殺生等之自身戒，不一定有待佛制，於此地成就，並非如初地作意思擇而持戒。）

　　二、於此地中，一切細微犯戒過失垢皆離之已遠，自性清淨戒恒相續流，故稱無垢。

三、云何三地名明焰？ prabhākarībhūmi
由無退三摩提（samādhi）及三摩跋提（samāpatti）依止故，（記要）P. 493 大法光明依止故。

（釋）一、菩薩於此地中，未曾離三摩提（等持）及三摩跋提（等至）。

　　以不退此定故，此說大乘教是此定之依止。

　　不退此定，是大法（大乘法）光明（指無分別智及無分別後智）之依止。

菩薩恒不離此智（無分別智及後智），聞持陀羅尼為此智之依止。

以定為明，以智為焰，故稱明焰。

（又釋）定為智根故名依止，智為定根故亦名依止。

二、此地是無量智慧光明及無量三摩提聞持陀羅尼之依止，故稱明焰。

四、云何四地名燒然？arciṣmatībhūmi
由助菩提法能焚滅一切障故。

㉿　一、菩薩於此地中，恒住助道法故名然，由住此法焚滅大小諸惑故名燒，
　　故稱燒然。

二、道火熾盛，能燒惑薪，故稱燒然。

五、云何五地名難勝？sudurjayābhūmi
真俗二智更互相違，能合難合令相應故。

㉿　真智無分別，

俗智如工巧等明處，有分別。

分別無分別此二互相違，合令相應此事為難。

菩薩於此地中能令相應，故稱難勝。

六、云何六地名現前？abhimukhībhūmi
由十二緣生智依止故，能令般若波羅蜜現前住故。

㉿　菩薩於此地中，住十二緣生觀，由十二緣生智力，得無分別住。

無分別住即是般若波羅蜜，此般若波羅蜜恒明了住，故稱現前。

七、云何七地名遠行？dūraṃgamābhūmi
由至有功用行最後邊故。

㉿　一、菩薩於此地中，作功用心修行已，究竟思量一切相皆決了。

此思量由功用得成，於加行功用心中最在後邊，故稱遠行。

二、無間缺思惟諸法相，長久入修行心，與清淨地相鄰接，故稱遠行。

八、云何八地名不動？acalābhūmi

由一切相及作意功用不能動故。

㊣ 一、於無相及一切相，作功用心及惑不能動故。

　　菩薩於此地有二種境，

　　真境：名無相，菩薩住此境，一切相及功用所不能轉。（不轉）

　　俗境：名一切相，即利益眾生事，菩薩於此境，一切惑不能染。（不
　　染）

　　菩薩心由此二義故稱不動。（有相想及無相有功用想皆不能動）

二、一切相一切法一切功用，不能轉菩薩無分別心，以此無分別心自然相
　　續恒流，故稱不動。

九、云何九地名善慧？sādhumatībhūmi

由最勝無礙解智依止故。

㊣ 一、菩薩於此地中，所得四辯（四無礙解）名慧，此慧圓滿無退無垢名
　　善，

　　故稱善慧。

二、菩薩於此地中，能具足說一切法（成就利他行），由得無失廣大智慧
　　有此功能，

　　故稱善慧。（能徧十方世界為一切有情善說妙法）

十、云何十地名法雲？dharmameghābhūmi

由緣通境知一切法，

一切陀羅尼門及三摩提門為藏故譬雲。

能覆如虛空麁障故，能圓滿法身故。

㊣ 菩薩於此地中得如此智，能緣一切法通為一境。（遍緣一切真、俗法）

此智有勝功能，譬雲有三義，謂能藏、能覆、能益。

一、能藏義：如淨水在雲內為雲所含，即是能藏義。此智亦爾，陀羅尼門及三摩提門如淨水在此智內，為此智所含故，有能藏義。

二、能覆義：(1)雲能覆空一分，此智亦爾，能覆一切麁大惑障。為能對治故，作自地滅道，作餘地不生道。(2)如雲能遍滿虛空，此智亦爾，能圓滿菩薩轉依法身。由此二意故，有能覆義。

三、能益義：菩薩由有此智，如大雲於一切眾生，隨其根隨其性常雨法雨，(1)能除眾生煩惱燋熱，(2)能脫眾生三障塵垢，(3)能生長眾生三乘善種故，有能益義。

法目此智以雲譬智，故稱法雲[5]。

5　十地名

《大乘莊嚴經論‧行住品》23，（卷13）5

〔見真見利物　此處得歡喜　出犯出異心　是名離垢地〕
〔求法持法力　作明故名明　惑障智障薪　能燒是焰慧〕
〔難退有二種　能退故難勝　不住二法觀　恒現名現前〕
〔離道鄰一道　遠去名遠行　相想無相想　動無不動地〕
〔四辯智力巧　說善稱善慧　二門如雲遍　雨法名法雲〕

1. 於初地
由二見起勝歡喜，故名歡喜地。
(1) 見真如，謂見自利，昔曾未見今時始見，去菩提近故。(2) 見利物，謂見利他，一一剎那能成熟百眾生故。

2. 於二地
由出二垢，故名離垢地。
(1) 出犯戒垢；(2) 出起異乘心垢。

3. 於三地
由能以法自明明他，故名明地。
(1) 得三昧自在力，於無量佛法能求能持；，(2) 得大法明為他作明。

4. 於四地
由能起慧焰燒二障薪，故名焰慧地。
(1) 以菩提分慧為焰自性；(2) 以惑智二障為薪自性。

5. 於五地
由能退二難，於難得勝，故名難勝地。
(1) 勤化眾生心無惱難；(2) 眾生不從化心無惱難。

6. 於六地
由觀慧恒現在前，故名現前地。
依般若力，能不住生死涅槃二法。

7. 於七地
由遠去，故名遠行地。

十一、明地義

通名地者有四義，

1.住義：此十種是一無流勝智住位故，以住為義。

2.處義：是因受用現世安樂住、成熟佛法、成熟眾生處故，以處為義。

3.攝義：總攝一切福德智慧故，以攝為義。

4.治義：能對治惑流故，以治為義。

---

(1) 近一乘道故名遠去；(2) 功用方便究竟此遠能去。

8. 於八地
　由無動，故名不動地。
　有相想及無相有功用想，二想俱不能動。

9. 於九地
　由說善，故名善慧地。
　此中四無礙慧最為殊勝，於一剎那頃，三千世界所有人天異類異音異義異問，此地菩薩能以一音普答眾問，遍斷眾疑。

10. 於十地
　由能如雲雨法，故名法雲地。
　由三昧門及陀羅尼門，攝一切聞熏習因，遍滿阿梨耶識中，譬如浮雲遍滿虛空。能以此聞熏習雲，於一一剎那、於一一相、於一一好、於一一毛孔，雨無量無邊法雨，充足一切可化眾生。

乙三　得地相【得相章第三】

云何應知得諸地相？

由四種相。[6,7]

一、由已得信樂相，於一一地決定生信樂故。

二、由已得行相，得與地相應十種法正行故。

三、由已得通達相，先於初地通達真如法界時，皆能通達一切地故。

四、由已得成就相，於十地皆已至究竟修行故。

⊛釋 若菩薩已得歡喜地所得實相，

此相能一、能發起菩薩自精進心，二、能生眾生信樂心，三、能令菩薩離增上慢心，故須說此所得地相。

故問：云何應知？

答：由四種相。

此四種相中，隨一相顯現，即驗此人已入菩薩地，以此四相離登地人，於餘處則無故。

一、由信樂相（信得adhimuktilābha）[6]

於一一地決定生信樂故。

地持論[8]中說，有五種信樂：

1.無放逸

2.對遭苦難眾生之無依無救，為作其救濟依止之所。

6　《大乘莊嚴經論・行住品》23，（卷13）6

〔由信及由行　由達亦由成　應知諸菩薩　得地有四種〕

四種得地者：

1. 由信得：以信得諸地故，如信地中說。

2. 由行得：以正行得諸地故。諸菩薩於大乘法有十種正行。

書寫、供養、流傳、聽受、轉讀、教他、習誦、解說、思擇、修習。

此十正行能生無量功德聚，此行得地故得行得。

3. 由通達得：通達第一義諦，乃至七地通達。

4. 由成就得：八地至佛地名成就得。

7　《大智度論》二道五菩提（詳見甲六附註三）。

8　1.《菩薩地持經》（論）為北涼中印度曇無讖譯，《菩薩善戒經》（論）為劉宋罽賓三藏求那跋摩羅譯。此皆為《瑜伽師地論》本地分菩薩地異譯本。

2.《十七地論》指《瑜伽師地論》本地分。此十種正行亦見於《中邊分別論》無上乘品。

3.於三寶起極尊重心，窮諸供養。

4.知所有過失，不一念覆藏，悉皆發露。

5.於一切事及思惟修中，先發菩提心。

　　於此五中隨一顯現，即驗已入菩薩地，（譬如須陀洹人得四不壞信（佛法僧戒四證淨））。

以此五是菩薩常所行法，行之，是菩薩，由此顯菩薩已入地相。

二、由行相（行得caritalābha）[6]

若菩薩修行十地，不出十種正行，此十種正行是十地依止。

（十種法正行如十七地論說）[8]

為成熟眾生有十種善法正行與大乘相應，十二部方等經菩薩藏所攝。

何等為十？

1.書持，2.供養，3.施他，4.若他正說恭敬聽受，5.自讀，6.教他令得，7.如所說一心習誦，8.為他如理廣釋，9.獨處空閑正思稱量簡擇，10.由修相入意。

此中，一切皆是大福德道，第九是加行道，第十是淨障道。

三、由通達相（通達得paramārthalābha）[6]

先於初地通達真如法界時，皆能通達一切地故，由四尋思四如實智所得真如，於地地皆不異。

四、由成就相（成就得niṣpattilābha）[6]

此十地皆已至究竟修行故，成就心有四種，其所緣境亦有四種。

菩薩於願樂地中善增長善根，已依菩提道出離二執，菩薩心緣四種境而起。

所緣四境：1.緣未來世菩提資糧，速疾圓滿。2.緣作眾生利益事而圓滿。3.緣無上菩提果。4.緣諸如來具相（三十二圓滿相）而佛事圓滿。

所起四心：1.精進心，2.大悲心，3.善願心，4.善行心。

（由以上四相，顯示諸地之特質，只要具有這些特質之一，即得地上菩薩。）

乙四　修地相【修相章第四】

云何應知修諸地相？

諸菩薩先於地地中，修習奢摩他毘鉢舍那，各有五相修習得成。

㊥ 已說得諸地相，復問以何方便修能得諸地？

〔答〕三世菩薩之修行，悉同為得未曾得。（此顯修時在清淨意位（見道位），故言於地地中。）

所修十波羅蜜通有二體：

一、不散亂為體（屬奢摩他），二、不顛倒為體（屬毘鉢舍那）。

諸地各各具有五相修習，得成菩薩地。若無此五修不得入菩薩地。

丙一　明五修

何者為五？

一、集總修，

二、無相修，

三、無功用修，

四、熾盛修，

五、不知足修，

應知於諸地皆有此五修。

㊥ 一、集總修

依佛所說大乘正教，種種文句、種種義理、種種法門，由四尋思及四如實智，觀察名義法門，自性及差別皆不可得。

此不可得不可說有，以離三性故。不可說無，是清淨梵行果故。

如來所說通是一味，故名總修。（集總修是指集合一切、總成一聚、簡要修習。）

此修依智慧而行。

二、無相修

　　由無著、不觀、無失、無分別及迴向等五種清淨，故名無相。《本論》九2，（記要）P.357

　　又於自身報，恩果報不執著，故名無相。

　　此修依大悲而行。

三、無功用修

　　菩薩不由作功用心，自然在菩提行。（不同於餘事須作功用心者）

　　此修依自在及正見而行。

四、熾盛修

　　菩薩不以攸攸心修道，是捨下中心依止上品心。修行之時，於身命財無所悋惜，故名熾盛。（增勝義）

　　此修依精進而行。

五、不知足修

　　如前所說於長時修施等行，不生疲厭故名不知足。《本論》八8，九10

　　此修依信而行。（如經言：若人有信則於善無厭。）

　　諸地皆須五修，皆有未得令得、已得令不失二義。

丙二　明五修果

丁一　正明五修果

此五修生五法為果。

何者為五？

一、惑滅不生果：一剎那剎那能壞一切麁重依法。

二、成熟佛法果：能得出離種種亂想法樂。

三、二智果：能見一切處無量無分別相善法光明。

四、出離果：如所分別法相轉得清淨分，恒相續生，為圓滿成就法身。

五、圓滿果：於上品中轉增為最上上品，因緣聚集。

㊣ 正明五修果[9]

五修是因，五法為果。（果有二種：真實果、假名果）

五法是真實果，地是假名果。（以五法成地故，地是假名果。）

一、惑滅不生果（滅習）

此惑滅不生果，是總修所得。

本識中一切不淨品熏習種子，為二障依之法。（惑障為麁，智障為重）

1. 初剎那為次第道（無間道），第二剎那為解脫道。初剎那壞現在惑令滅，第二剎那遮未來惑令不生。

2. 復次，由奢摩他毘鉢舍那智緣總法為境，剎那剎那能破壞諸惑聚，是所對治者令滅，非所對治者令羸。

二、成熟佛法果（得猗）

此成熟佛法果，是無相修所得。

能得出離種種立相想，現受法樂。

何以故？

如來隨眾生根性及煩惱行，立種種法相。

1. 若人如文判義，此種種法前後相違，若執此相則不離疑惑，於正法中，現世無有得安樂住義。

2. 若依無相修，於正法中出離種種立相想。觀此正說同一真如味，心無疑厭，於正法中，縱任自在，故現世得安樂住。

三、二智果（圓明）

此二智果是無功用修所得。

菩薩於一切處見無量相，皆能了達如佛所說法相，及世間所立法相，

9　《大乘莊嚴經論・行住品》23（卷13）4
　〔地地昇進時　度度有五德　二及二及一　應知止觀俱〕
　次說菩薩度度五功德。菩薩於一一地修一一度，於一一度皆具五種功德。
　何者為五？
　1. 滅習：一一剎那滅除依中習氣聚故。2. 得猗：離種種相得法樂故。
　3. 圓明：遍知一切種（無量法）不作分段故。4. 相起：由入大地無分別相生故。
　5. 廣因：為滿為淨一切種法身，福聚智聚攝令增長故。
　此中應知，初二功德是奢摩他分，次二功德是毘鉢舍那分，第五功德是俱分。

此即如量智。

如其相數無量，菩薩以如理智，通達無分別相。

此二智能照了真俗境，故名善法光明。

（此約三乘法說一切處，又約內外法說一切處，又約真俗說一切處。）

四、出離果（相起）

此出離果是熾盛修所得。

1. 如昔所聞，於思量覺觀中，以未有熾盛修故，奢摩他毘鉢舍那未滿未大，未隨緣行。

2. 若得此修已，（起時）由離障故轉得清淨分，（圓滿時）由相續生故得圓滿，（究竟時）由圓滿故得觸法身，至究竟位故得成就。

3. 復次，如來有二種身，一解脫身二法身。由滅惑故解脫身圓滿，由解脫身圓滿故法身成就。

五、圓滿果（廣因）

此圓滿果是不知足修所得。

菩薩登地已得上品，由於善法不知足故，更進修習。

由初地轉觸二地，乃至從十地轉觸佛果，成最上上品。

先所修福德智慧資糧，以無分別智為因，諸助道法為緣，一時因緣滿足故言因緣聚集。

丁二　因明諸地義

諸地義，除上所述外，應知如十七地論說，謂有能無能等。
（如後於滅三障及得勝功德中所述。）

〔問〕菩薩修十地行，

於十地中有幾法是未滅為滅，未得為得？

〔答〕以四義明。

一、由願忍成得二種勝能

1. 願忍成

菩薩在願行地中，於十種法行修願忍得成，由願忍成過願行地，入菩薩正定位。

(1)願

有十大願，至登初地乃得成立。（修位十大願）

何以故？

此願以真如為體，初地能見真如故。

①供養願：願供養勝緣福田師法王。

②受持願：願受持勝妙正法。

③轉法輪願：願於大集中轉未曾有法輪。

④修行願：願如（佛）說修行一切菩薩正行。

⑤成熟願：願成熟此器世界眾生三乘善根。

⑥承事願：願往諸佛土常見諸佛，恒得敬事聽受正法。

⑦淨土願：願清淨自土，安立正法及能修行眾生。

⑧不離願：願於一切生處恒不離諸佛，菩薩得同意行。

⑨利益願：願於一切時恒作利益眾生事，無有空過。

⑩正覺願：願與一切眾生同得無上菩提，恒作佛事。

(2)忍

即無分別智。

2. 有二種勝能

由願忍成故有二種勝能：謂能滅能得。

能滅：諸地各能滅三障（二種無明，一種麁重報）。

能得：諸地各得勝功德。

（註）

有二十二無明及十一麁重報，能障十一地。（《瑜伽論》78）4

三障者謂所知樂無漏業及變易生死，能障地道故名為障。

(1) 初地

① 三障

一、法我分別無明。（分別法及我之無明）

二、惡道業無明。（惡趣業之無明）

三、此二無明感方便生死，名麁重報。

（《瑜伽論》78：執著補特伽羅及法愚痴；惡趣雜染愚痴。）（凡夫性無明）

② 滅三障

為滅此三障，故修正勤。

③ 得勝功德

因修正勤滅三障已，得入初地，

得十分圓滿：

一、入菩薩正定位：以入菩薩初無流地故，

二、生在佛家：如諸菩薩生法王家，具足尊勝故，

三、種性無可譏嫌：以過二乘及世間種性故，

四、已轉一切世間行：以決定不作殺生等邪行故，

五、已至出世行：所得諸地必無流故，

六、已得菩薩法如：由得自他平等故，

七、已善立菩薩處：由證真實菩薩法故，

八、已至三世平等：由覺了一切法無我真如故，

九、已決定在如來性中：當來必成佛故，

十、已離壞卵事，由佛道破無明㲉：於外㲉（鳥卵）般涅槃故。

菩薩於初地，由見法界遍滿義，得此十分。（如聲聞在初果有十分功德）

由此分故，初地圓滿。

（2）二地

①三障：

一、微細犯過無明。（微細誤犯無明）

二、種種相業行無明。（依業起邪行之無明）

三、此二無明感方便生死，名麁重報。

初地由此三障故未有勝能，未能了達菩薩戒中，微細犯戒過行，（而依業起邪行）。

（《瑜伽論》78：細微誤犯愚痴；種種業趣愚痴。）（作業起邪行及迷一乘理無明）

②滅三障

為滅此三障，故修正勤。

③得勝功德

因修正勤滅三障已，入第二地，

得八種清淨功德：

一、信樂清淨。

二、心清淨。

三、慈悲清淨。

四、波羅蜜清淨。[10]

10　波羅蜜清淨：（《瑜伽論》78）12

1. 總說

(1) 菩薩於此諸法，不求他知。	(2) 於此諸法見已，不生執著。
(3) 於如是諸法不生疑惑。（謂為能得大菩提不？）	(4) 終不自讚譭他有所輕懱。
(5) 終不憍傲放逸。	(6) 終不少有所得便生喜足。
(7) 終不由此諸法，於他發起嫉妒慳吝。	

2. 別說

(1) 施清淨相：由施物清淨；由成清淨；由見清淨；由心清淨；由語清淨；由智清淨；由垢清淨行清淨施。

(2) 戒清淨相：能善了知制立律儀一切學處；能善了知出離所犯；具常尸羅；堅固尸羅；常作尸羅；常轉尸羅；受學一切所有學處。

(3) 忍清淨相：一切所有不饒益事現在前時，不生憤發、不反罵、不瞋、不打、不恐、不弄；不以種種不饒益事反相加害；不懷怨結；若諫誨時不令志惱；亦復不待他來諫誨；不由恐怖有染愛心而行忍辱；不以作恩而便放捨。

(4) 精進清淨相：通達精進平等之性，不由勇猛勤精進故自舉凌他；具大勢力；具大精進；有所堪能；堅固；勇猛；於諸善法終不捨軛。

(5) 靜慮清淨相：有善通達相三摩地靜慮；有圓滿三摩地靜慮；有俱分三摩地靜慮；有運轉三摩

五、見佛、事佛清淨。

六、成熟眾生清淨。

七、生清淨。（佛地除外）

八、威德清淨（於上上地，但離如來地）。

此八種功德轉上轉勝。（八種轉勝清淨）

由此分故二地圓滿。

（3）三地

①三障：

一、欲愛無明。（欲界貪無明）

二、具足聞持陀羅尼無明。（圓滿聞持陀羅尼之無明）

三、此二無明所感方便生死，名麁重報。

菩薩於二地，由此三障故未有勝能，未得世間四（色）定四空三摩跋提，及聞持陀羅尼具足念力。由欲愛不得微妙勝定（四色無色定），則不得於定中遍知一切法，不得聞持陀羅尼，忘失所聞思修。（以此定是大乘法（無分別智及後智）之依止故。）

（《瑜伽論》78：欲貪愚痴；圓滿聞持陀羅尼愚痴。）（遲苦忘失無明）

②滅三障

為滅此三障，故修正勤。

③得勝功德

因修正勤滅三障已，入第三地，

得八種轉勝清淨及四定等（色無色定），乃至通達法界勝流義。

由此分故三地圓滿。

由勝定→真如所流無分別智→所流後智生大悲→安立正教（利益眾生）

地靜慮；有無所依三摩地靜慮；有善修治三摩地靜慮；有於菩薩藏聞緣修習無量三摩地靜慮。

(6) 慧清淨相：遠離增益損減二邊；如實了知（三）解脫門；如實了知（三種）自性義；如實了知（三種）無自性義；如實了知世俗諦義（五明處）；如實了知勝義諦義（七真如）；善能成辦法隨法行（離分別戲論，無量總法及毗鉢舍那為所緣）。

（4）四地

①三障

一、三摩跋提愛無明。（定愛無明）

二、行法愛無明。（細惑俱身見無明）

三、此二無明所感方便生死，為麁重報。

菩薩於三地，由此三障故未有勝能，未能隨自所得助道品法中如意久住，未能捨離（以法執分別種子為因之）三摩跋提愛及法愛，心清淨住。

（《瑜伽論》78：等至愛愚痴；法愛愚痴。）（細惑俱身見等無明）

②滅三障

為滅此三障，故修正勤。

③得勝功德。

因修正勤滅三障已，入第四地，

得八種轉勝清淨，及於助道品法中如意久住等，乃至通達法界無攝義。

由此分故四地圓滿。

一、於真如、真如所流法，自他法三不可得。

二、不執我我所，法愛不生，於外塵不生自他攝想。

（5）五地

①三障

一、生死涅槃一向背取思惟無明。（厭生死欣涅槃之無明）

二、方便所攝修習道品無明。（四種方便道品之無明）

三、此二無明所感因緣生死，為麁重報。

菩薩於四地，由此三障故未有勝能，菩薩正修四諦觀時，於生死涅槃未能捨離一向背取心，未能得修（四種方便）[11]所攝菩薩道品。

11　四種方便（《起信論》）

問：即說法界一相，佛體無二，何故不唯念真如，復假求學諸善之行？

答：譬如大摩尼寶，體性明淨，而有礦穢之垢，若不以方便磨治，終不得淨，故說四種方便。

1. 行根本方便

觀一切法自性無生，離於妄見，不住生死。及觀一切法因緣和合，業果不失，起大悲心，攝

（《瑜伽論》78：一向作意棄背生死愚痴；一向作意趣向涅槃愚痴。）

（下乘般涅槃無明）

②滅三障

為滅此三障，故修正勤。

③得勝功德

因修正勤滅三障已，入第五地，

得八種轉勝清淨，及得捨離背取心等，乃至通達法界相續（身）不異義，

由此分故五地圓滿。

通達生死即涅槃，不厭生死欣涅槃，自相續之相雖異但性本無差別。

（6）六地

①三障

一、證諸行法生起相續無明。（執有緣起流轉染粗相）

二、相想數起無明。（執有還滅淨粗相）

三、此二無明感因緣生死，名麁重報。

菩薩於五地，由此三障故未有勝能，諸行法生起相續（流轉相）如理證故，由多修行厭惡有為法相故（雖厭流轉相，但仍執有還滅淨相），未能長時如意住無相思惟故。

（《瑜伽論》78：現前觀察諸行流轉愚痴；相多現行愚痴。）（粗相行無明）

②滅三障

為滅此三障，故修正勤。

化眾生，不住涅槃。以此為行，則能出生一切善法。

2. 能止方便

謂慚愧悔過能遮止一切惡法，不令增長。

3. 發起善根方便

謂勤供養禮敬三寶，讚歎隨喜勸請諸佛，信得增長，志求無上之道。能令業障清除，善根增長。

4. 大願平等方便

謂發廣大誓願，盡未來際，化度一切眾生，皆令究竟入於涅槃。

③得勝功德

因修正勤滅三障已，入第六地，

得八種轉勝清淨，及不證諸行生起相續（流轉相）等（還滅相），乃至通達法界無染淨義（染淨無差別），

由此分故六地圓滿。

（7）七地

①三障

一、微細相行起（現行）無明。（細生滅相現行之無明）

二、一向無相思惟方便無明。（未能一向無相思惟之無明）

三、此二無明所感因緣生死，名麁重報。

菩薩於六地，雖離一切粗相，但執有生滅細相現行，由此三障故未有勝能，

1.未能離有為法微細諸相行起（現行）

以仍執有生者，猶取流轉細生相，有微細法愛現行之無明。

2.未能長時如意住（無間無流）無相思惟中

以仍執有滅者，尚取還滅細滅相，故有未能一向作無相觀之無明。

（《瑜伽論》78：微細相現行愚癡；一向無相作意方便愚癡。）（微細相行無明）

②滅三障

為滅此三障，故修正勤。

③得勝功德

因修正勤滅三障已，入第七地，得八種轉勝清淨，及離有為法微細行起（現行）諸相（離諸行微細生滅相續相，住無生相），乃至通達法界種種法無差別義（由長時多修無相思惟，通達諸法無差別），由此分故七地圓滿。

（觀世間法畢竟空寂無生滅相，又觀佛陀出世教一味不異，無差別相。得一切相滅恆住無相果。）

(8)八地

①三障

一、於無相觀作功用無明。（作功用觀無相之無明）

二、於相行自在無明。（相自在及一分土自在之無明）

三、此二無明所感有有生死，名麁重報。

菩薩於七地，由此三障故未有勝能，未能離功用心任運得住無相修中，未能於自利利他相（相自在、土自在）中心得自在。

（前五地有現觀多，無相觀少。第六地有相觀少，無相觀多。第七地無相觀雖恆相續而有加行因。無相中有加行故未能任運現相及土。如是加行障八地中無功用道。）

（《瑜伽論》78：於無相作功用愚痴；於相自在愚痴。）（於無相作功用心無明）

②滅三障

為滅此三障，故修正勤。

③得勝功德

因修正勤滅三障已，入第八地，得八種轉勝清淨，及離功用心得住無相修中等，乃至通達法界無增減義，由此分故八地圓滿。

由不增減智可得相自在（應以何身得度者，即現何身而為說法）及土自在。不增減智法性空寂，道成時不增，滅時不減。

(9)九地

①三障

一、無量正說法（義）、無量名句味（法）、難答巧言（詞）自在陀羅尼無明。（義法詞自在陀羅尼之無明）

二、依四無礙解決疑生解無明。

三、此二無明所感有有生死，名麁重報。

菩薩於八地，由此三障故未有勝能，未得於正說中具足相別異（義（理）無礙）、名（法（句）無礙）、言品類（言（詞）無礙）等自在，未得善巧說陀羅尼（辯無礙自在）。此時菩薩仍躭

著「無相寂滅」，有於眾生利益事不由功用之無明。

（《瑜伽論》78：於無量說法、無量法句文字、後後慧辯陀羅尼自在愚痴；辯才自在愚痴。）（辯才自在之無明）

②滅三障

為滅此三障，故修正勤。

③得勝功德。

因修正勤滅三障已，入第九地，得八種轉勝清淨，及於正說中得具足相自在等（土自在），乃至通達法界智自在依止義，由此分故九地圓滿。

智自在（含相土自在）能得四無礙解，無功用恆起利益眾生說法自在。智自在（得應身果）依止無分別智（通達法界，得法身果）。

(10)十地

①三障

一、六神通慧無明。（業自在之無明，障起事業）

二、入微細秘密佛法無明。（陀羅尼門三摩提門自在之無明，障通達如來一切秘密法藏）

三、此二無明所感有有生死，名麁重報。

菩薩於九地，由此三障故未有勝能，未能得正說圓滿法身（陀羅尼門三摩提門自在），未得無著無礙圓滿六通慧（業自在）。[12]

（《瑜伽論》78：大神通愚痴；悟入微細秘密愚痴障大法智雲及所含藏者。）（於眾法中不得自在無明）

②滅三障

為滅此三障，故修正勤。

③得勝功德。

因修正勤滅三障已，入第十地，得八種轉勝清淨，及能得正說圓滿法身等，乃至通達法界業自在依止義（得化身果），由此分故十地圓滿。

12　圓測引《攝大乘論義疏》

從法身出六通慧，慧即化身，由得業自在化身成就也。

由陀羅尼門三摩提門自在，通達如來一切秘密法藏。由三業用自在，依通慧隨自作業皆能成辦。

(11)如來地

①三障

一、於一切應知境微細著無明。（微所知障）

二、於一切應知境微細礙無明。（一切任運煩惱障種）

三、此二無明所感無有生死，名麁重報。

菩薩於十地，由此三障故未有勝能，未能得清淨圓滿法身，未能於一切應知境得無著無礙見及智。

（《瑜伽論》78：於一切所知境極微細著愚痴；極微細礙愚痴。）

②滅三障

為滅此三障，故修正勤。

③得勝功德。

因修正勤滅三障已，入如來地，

得七種最勝清淨（離生清淨），得清淨圓滿法身及無著無礙見智等，由此分故如來地圓滿。

十地功德皆是有上，如來地功德悉是無上。

二、立六度十度由

諸波羅蜜是菩薩學處。

何故或說有六？或說有十？

1.立六度

說有六者，凡有二義：

(1)成他世間利益（前三度）

由行施：立眾生資生具故，令他離貧窮苦。

由行戒：離逼害損惱眾生故，令他無佈畏。

由行忍：不報眾生逼害損惱惡事故，令他無疑安心。

(2)成他煩惱對治（後三度）

　　由行精進：若他未伏惑及未斷惑，能安立此人於善及助善處。由此精
　　進，諸惑不能令彼退善及助善處。

　　由行定：能伏滅他煩惱。

　　由行般若：能斷除他煩惱。

2. 立十度

或說有十，為助成前六度故立後四波羅蜜。

(1)方便波羅蜜

　　方便波羅蜜是前三波羅蜜助伴。

　　前三波羅蜜所利益由四攝所顯，而方便波羅蜜能安立彼於善處故。

(2)願波羅蜜

　　願波羅蜜是精進波羅蜜助伴。

　　①若菩薩於現世，或為煩惱多、或由願生下界、或由心羸弱：

　　　於恒修習及心住內都無功能；

　　　雖定緣菩薩藏文句生，也無能引出世般若。

　　②菩薩行薄少善根功德，願未來世之煩惱薄少無力等。

　　　此即是願波羅蜜力，能令煩惱薄少等，能起菩薩精進波羅蜜，自為
　　　既爾，令他亦然。

(3)力波羅蜜

　　力波羅蜜是定波羅蜜助伴。

　　此已得精進菩薩，由事善知識得聞正法。如所聞而正思惟，能除羸弱
　　心地，於美妙境得強勝心地。

　　此即是菩薩力波羅蜜，由此修力，菩薩能引心令住內境。

(4)智波羅蜜

　　智波羅蜜是般若波羅蜜助伴。

　　此已得力菩薩，緣菩薩藏文句所生聞思修慧，及緣五明之智。

　　此智能如理簡擇真俗境，此智或在無分別智前，或在無分別智後。

此即是菩薩智波羅蜜，由此智能生定及引出世般若。

三、十學處前前攝後後

菩薩十種學處次第云何？

前前波羅蜜能攝成後後波羅蜜，為彼依止故。

1.菩薩不惜六塵及自身樂，得受持禁戒。

2.為護惜戒故，忍受他毀辱。

3.由能忍受故，精進不懈。

4.由此精進息惡生善故，觸三摩提。

5.若定成就，則能引出世般若。

6.由般若迴向前六度，為得大菩提故，施等無盡故，般若能引方便。

7.因此方便發諸善願，能攝隨順生處，一切生處恒值如來出世，是故常行施等，故方便能引願。

8.因此願故得二種力，謂思擇力及修習力，破施等對治，決定常能修行施等，是故願能引力。

9.因此力故如言執義，無明則滅，得受施等增上緣正說法樂，

因此法樂能成熟眾生善根，故力能引智。

四、十地行十度

1.初地

初地通達遍滿義，得出世智菩薩見見道所攝法界，所謂二空。

因此故能了知自他平等，由得平等不愛自憎他，於自他利益能平等行。

是故初地行施圓滿。

2.二地

二地由通達最勝義，謂自性清淨。菩薩作如此意。

如經言：我等同得此清淨故出離，是故應唯修真道。

此經顯二義，一顯法界自性清淨最勝無別，二顯真道歸趣法界。

既不見法界有上中下品故，不求二乘果，但求無上菩提，此清淨道即是菩薩戒。

是故二地行戒圓滿。

3. 三地

三地由通達勝流義，故行忍。

以如來所說十二部經是法界勝流，從通達法界生故，若人如理依文修行，得證此希有法。菩薩作是思惟。

如經言：為得此文，無有難忍而不能忍。假此三千大千世界滿中盛火，菩薩為求此法能投身火中。

是故三地行忍圓滿。

4. 四地

四地由通達無攝義，觀法界無所繫屬，以是無分別智境故。

如經言：由此通達陀訶那（dhyāna定）三摩提三摩跋提（愛）及善法之愛，令滅不更生。

此地中一切定及三十七道品法極成就，以過失難見故，於中之愛樂不能捨離。

若無最勝正勤，此愛不可滅，此愛若滅知正勤已成。

是故四地行精進圓滿。

5. 五地

五地由通達相續不異義，謂一切諸佛法身自性無別異。

菩薩得十種清淨意平等[13]，此意平等即是菩薩定。

菩薩定者：一、境界平等，由緣真如及眾生故。

二、行平等，通攝六度故。

13　《佛說十地經》菩薩難勝地第五（卷四）
菩薩以是十種平等清淨意樂入第五地。
1. 過去佛法平等清淨意樂。　　2. 未來佛法平等清淨意樂。
3. 現在佛法平等清淨意樂。　　4. 戒平等清淨意樂。
5. 定平等清淨意樂。　　　　　6. 除見疑惑平等清淨意樂。
7. 道非道智平等清淨意樂。　　8. 斷智平等清淨意樂。
9. 一切菩提分法後後觀察平等清淨意樂。　10. 成熟一切有情平等清淨意樂。

三、方便平等，離高下心故。

四、道平等，離有無二邊故。

如此等十種意平等為定體。

是故五地行定圓滿。

6.六地

六地由通達<u>無染淨義</u>，菩薩在六地觀十二緣生，此觀中不見一法有淨有染。

以法界自性清淨故，無明等十二分唯分別為性。分別既無相為性故，不見法有染。染既不成故不見法有淨。

如經言：龍王十二緣生，或生或非生，約世諦說生，約真諦說不生。

於十二緣生，無法名染，無法名淨，法性無別異故。

是故六地<u>行般若圓滿</u>。

7.七地

七地由通達<u>種種法（教）無別異義</u>，謂如來說三乘無量法門，同一真如味。

十二部經所說種種相想，永不復生。

由知諸法無別異義，所有真俗諸行一向迴向無上菩提，即是方便迴向。

勝智為方便體；令他得益為方便用；施等善根不減不盡為方便事。

此方便但為利他非為自利，以不盡故利他無窮。

是故七地<u>行方便行圓滿</u>。

8.八地

八地由通達<u>不增減義</u>，菩薩觀煩惱滅時無減，道生時無增。

菩薩不見法界垢位有增，不見法界無垢位有減；

又不見無垢位道生為增，有垢位道不生為減。

不見一法有增減故，依此法界勝願得成。

菩薩於八地緣真俗境，兩智相違，若離願力無並成義。

緣真是無分別智自在，以無功用心故。

緣俗是淨土自在，以清淨有功用心故。

此二自在必依願力得成。

此願以何法為體？

未得求得是願體；如先所求自然而成是願用；一切生處恒值諸佛，常行施等善根成立不斷，是願事。

此願但為利他非為自利，以不斷故一切生處利他無窮。

是故八地行願圓滿。

9.九地

九地由通達智自在依止義，於九地中得思擇力及修習力。

由此力故能伏一切正行對治，能令善行決定。

此力以何為體？

無邊智能是力體；能伏對治令不起是力用；令所行善決定清淨無雜無礙是力事。

此力但為利他非為自利，以決定故利他無窮。

是故九地行力圓滿。

10.十地

十地由通達業自在依止義，菩薩觀真如遍滿，是應化身依止故。

得隨真如，於十方世界顯現二身，作自他利益事，此業是應化二身所顯。

此智以何為體？

般若及定是智體；不住生死涅槃是智用；利益凡夫及聖人是智事。

此智但為利他非為自利，二身所顯故利他無窮。

是故十地行智圓滿。

丁三　別明後四波羅蜜

於十地中修十波羅蜜，隨次第成。

於前六地有六波羅蜜，如次第說。

於後四地有四波羅蜜。

釋 前六地通達法界六種功德，故各行一波羅蜜。

若只說六波羅蜜，則方便勝智等四波羅蜜應知攝於六中。

若說十波羅蜜，則前六是無分別智攝，後四是無分別後智攝。

因此，後四地是依無分別後智修行四波羅蜜。

一、漚和拘舍羅波羅蜜upāyakauśalya（方便勝智）（方便，方便善，善巧方便）

六波羅蜜所生長善根功德，施與一切眾生悉令平等，為一切眾生迴向無上菩提。

㉑ 一、平等義
    1.心相同：若人為求得無上菩提，思惟凡一切眾生利益事我悉應作。故求無上菩提，行菩薩道之人，其心皆同。
    2.因果相同：為欲利益眾生，所作善根功德悉迴向無上菩提，因果皆同。

  二、方便勝智體用
    此平等是方便勝智用，般若大悲以為其體。
    以六波羅蜜依般若生長，依大悲為眾生迴向無上菩提，令平等皆得。

  三、方便勝智波羅蜜
    由般若故不迴向梵（天）（帝）釋等富樂果。
    由大悲故不迴向二乘果。
    是故不捨生死，而於其中不被染污。是名方便勝智波羅蜜。

  四、無分別後智攝
    若離分別，此波羅蜜不成，故是無分別後智攝。

二、波尼他那波羅蜜praṇidhāna（願）

此度能引攝種種善願，於未來世感六度生緣故。

㉑ 一、善願因果事
    1.此願於現在世，依諸善行，能引攝種種善願。
    2.於未來世，能感隨六度生緣（好道器及外資糧、善知識、正聞

等）。

二、願體

清淨意欲以為其體，以依般若得清淨、依大悲有意欲故。

三、無分別後智攝

若離分別，此事不成，故是無分別後智攝。

三、婆羅波羅蜜bala（力）

由思擇修習力，伏諸波羅蜜對治故，能引六波羅蜜相續生，無有間缺。

㉓ 一、餘經說力有二種：

1. 思擇力：正思諸法過失及功德，此思擇若增勝非自地惑所能動，堅強故名力。
2. 修習力：心緣此法作觀行，令心與法和合成一（猶如水乳，亦如熏衣），是名為修。此修若增成上上品，能斷除下地惑，亦以堅強故名力。

二、力波羅蜜事

此中但取思擇力，伏滅諸波羅蜜對治惑，行六波羅蜜令相續無間缺，此即是力波羅蜜事。

三、力波羅蜜體

既但取思擇力故，以思慧為其體。為利益他伏惡行善故，兼屬大悲。

四、無分別後智攝

若離分別，此事不成，故是無分別後智攝。

四、若那波羅蜜jñāna（智）

此度是能成立前六度智，能令菩薩於大集中受法樂，及成熟眾生。

㉓ 一、智波羅蜜事

如來（依六波羅蜜）所說一切正法，菩薩能思量簡擇，自得通達及令他得通達。菩薩於大集中得受法樂，令自他通達，為欲成熟眾生，此即智波羅蜜事。（智有有分別及無分別二種，此中所明為有分別智）

二、智波羅蜜體

以思慧為體。此智既為利物故，亦兼屬大悲。

三、無分別後智攝

若離分別，此事不成，故是無分別後智攝。

〔結顯〕

後四波羅蜜應知是無分別後智攝，一切波羅蜜於一切地中不同時修習。

㊟ 隨別義，諸地各修一度，故不同時。

從波羅蜜藏藏經，應知此法門廣顯諸義。

㊟ 一切大乘法名波羅蜜藏。

一、大乘法

為利益他故，佛說大乘及攝藏諸波羅蜜。

非聲聞乘得此藏名，以聲聞乘不為利他說故。

二、此法門從何出？

此法門是十地波羅蜜藏所攝。（從十地波羅蜜藏出）

三、藏義

1.以文攝義名藏，部黨類相攝又名藏。重藏名顯所攝義。

2.佛不為二乘說，於二乘有隱祕義，故名為藏。

四、佛說無等勝地義

此經中說「一切波羅蜜，地地各各修習，得成此地。」

諸佛也於一切土處，恒為勝行人而說。

此正說地義，如來法中為無等說。

以無義無行得勝此地，此地能為一切義作依止故。

何以故？

由如來簡擇於勝處說故。

所以勝者，以外塵及能住眾生、所住之處皆勝故。

乙五　修行時【修時章第五】（卷十一）

於幾時中修習十地，正行得圓滿？

釋 此十地是菩薩大地，修行之時不可同於二乘。

何以故？

不唯為自身，且所濟度多故，所修方便多故，所應至處最高遠故，

（譬如王行不可同於貧人故），大小乘修行時有長短。

欲顯此義，故問修行時。

一、三阿僧祇劫

有五種人，於三阿僧祇劫修行圓滿，（或七阿僧祇劫，或三十三阿僧祇劫。）

何者為五人？

行願行地人，滿一阿僧祇劫。

行清淨意行人，行有相行人，行無相行人，於六地乃至七地，滿第二阿僧祇劫，從此後無功用行人，乃至十地滿第三阿僧祇劫。

釋 一、何等為五？

一、願樂行人，二、清淨意行人，有相行人無相行人，三、無功用行人。

1.願樂行人

自有四種：十信、十解、十行、十迴向。

菩薩聖道有四種方便，故有四人（如須陀洹道前有四種方便）。

此四人名願樂行地，於第一阿僧祇劫修行得圓滿。

(1)此地雖已圓滿，但觀行人未得清淨意行。

①以未證真如，未得無分別智故。（無分別智即是清淨意行）

②同於二乘心故。

③未至菩薩不退位故。

（註）

如世第一法人未得無流心說為不清淨，以有流心有忘失故，不得受正定名。（無流心所緣法相無有忘失故，得無流心說為正定位）

菩薩亦爾，未入初地不得正定名。

(2)此不清淨意行人，若見真如即入清淨意行地，從初地至十地同得此名。

2.清淨意行人

自有四種，初一從通立名，謂清淨意行人；後三從別立名，謂有相行、無相行、無功用行。

(1)有相行

清淨意行人從第六地以還說名有相行。

有相行指境界相中，有有分別相、無分別相、品類究竟相、事成就相四種。

①有分別相：是定所緣境等分為毗鉢舍那境。

②無分別相：以無分別為奢摩他境，緣此境而生的捨（止觀平等）即是定相。若緣定境起無分別真如，名無分別相。

③品類究竟相：謂如理如量二修。

④事成就相：謂菩薩地地中之轉依。

(2)無相行有功用

第七地是無相行有功用。

此中，由熟思量（勝行淳熟）不緣法門相，而直接通達真如味。

此通達若離功用則不成，故說此地為無相行有功用。

（此中相指如來所說十二部法門相，乃至十二緣生相。）

清淨意行、有相行和無相行有功用三者，都是在第二阿僧祇劫修行圓滿。

3.無功用行人

若人入八地有無相行無功用未成就，但若八地圓滿，於八地無相行無功用已成。但第九地第十地之無相行無功用未成滿，須待修滿第

三阿僧祇劫，此無相行無功用方得成就。

二、由位差別

1.三位成五人

須陀洹、斯陀含、阿那含三位，由位差別製立為五人。菩薩三位亦得製立為五人。

菩薩	聲聞	三位攝
① 第一人：從初方便至初地	從初方便至須陀洹	第一位
② 第二人：從二地至四地	家家（斯陀含向）	
③ 第三人：從五地至六地	斯陀含	第二位
④ 第四人：第七地	一種子（阿那含向）	
⑤ 第五人：從八地到十地	阿那含	第三位

2.五位攝十二人

由等聲聞位地，應知菩薩十二地次第亦如此。[14]

菩薩（十二住）[16]（《瑜伽》47）	聲聞	五位攝
① 初位：種性住	性地	第一位
② 第二位：勝解行住（願樂行地）	修正定位加行，謂苦法忍等	
③ 第三位：極歡喜住（初地）	已入正定位	
④ 第四位：增上戒住（二地）	已得不壞信，住聖所愛戒位，為滅上地惑。	第二位[15]
⑤ 第五位：增上心住（三地）	依戒學引攝依心學	
⑥ 第六位：覺分相應增上慧住（四地）		第三位[15]
第七位：諸諦相應增上慧住（五地）	已得依慧學位	
第八位：緣起流轉止息相應增上慧住（六地）		
⑦ 第九位：有加行有功用無相住（七地）	不復思量境界，是無相三摩提加行。	第四位

14　類聲聞住之十二種住《瑜伽師地論》（四七）15，（四八）28
　　當知菩薩十二種住，隨其次第類聲聞住。
　　如諸聲聞，自種性住，當知菩薩初住亦爾。
　　如諸聲聞，趣入正性離生加行性，當知菩薩第二住亦爾。
　　如諸聲聞，已入正性離生住，當知菩薩第三住亦爾。
　　如諸聲聞，已得證淨聖所愛味，為盡上漏增上戒學住，當知菩薩第四住亦爾。
　　如諸聲聞，依增上戒學引發增上心學住，當知菩薩第五住亦爾。
　　如諸聲聞，如其所得諸聖諦智增上慧學住，當知菩薩第六，第七，第八住亦爾。
　　如諸聲聞，善觀察所知無相三摩地加行住，當知菩薩第九住亦爾。
　　如諸聲聞，成滿無相住，當知菩薩第十住亦爾。
　　如諸聲聞，從此出已，如解脫處住，當知菩薩第十一住亦爾。
　　如諸聲聞，從此出已，具一切相阿羅漢住，當知菩薩第十二住亦爾。

⑧	第十位：無加行無功用無相住（八地）	已成就無相定位	
⑨	第十一位：無礙解住（九地）	已出無相三摩提，住解脫入位。	第五位
⑩	第十二位：最上成滿菩薩住（十地）	住具相阿羅漢位	

此十二人菩薩五位所攝，若約聲聞五位，亦得攝十二人，不異菩薩位攝。

（註）

1.二種阿僧祇（《瑜伽》48）26 [17]

(1)阿僧祇（之）劫

由此劫日夜半月月時行年雙等，時不可數，故名阿僧祇劫。

(2)劫（之）阿僧祇

於此劫中，菩薩修行若以劫為量，此劫量不可數，故名劫阿僧祇。

2.三大劫阿僧祇得無上菩提 [17]

今定三大劫阿僧祇得無上菩提，不過不減。

菩薩修行最上品正勤，能超無數小劫或大劫，但不能超大劫阿僧祇。

3.為除皮肉心三煩惱，立三阿僧祇劫。[18]

15 《本論》十一2

第一位攝第一、第二、第三，三人，

第二位攝第四、第五、第六，三人，

第三位攝第七、第八，兩人，

第四位攝第九，一人，

第五位攝第十、第十一、第十二，三人。

16 菩薩十二住（《瑜伽論》48）26（詳見甲六附註四）。

17 二種阿僧祇（《瑜伽論》48）26

略有二種無數大劫

(1) 日夜月半月等算數方便，時無量故，亦說名為無數大劫。

此要由無量無數大劫，方證無上正等菩提。

(2) 大劫算數方便，超過一切算數之量，亦說名為無數大劫。

(1) 此但經於三無數大劫，便證無上正等菩提，不過此量。

(2) 若正修行最上上品勇猛精進，或有能轉眾多中劫，或有乃至轉多大劫，當知決定無有能轉無數大劫。

18 皮肉心煩惱（《瑜伽論》73）10

隨三種根差別證故，建立三乘。

(1) 二乘

然彼二乘，用阿耨多羅三藐三菩提乘以為根本，又彼二乘隨緣差別、隨所成熟無決定故，證

(1)第一大劫阿僧祇

　　菩薩心未明利、方便未成、正勤猶劣，故實經一大阿僧祇時，方度願行地，此位功行與時相符。

(2)第二大劫阿僧祇

　　若以功行約時，應經九劫阿僧祇，但由菩薩心用明利、方便已成、正勤又勝，經時雖少得功行多，功超八大劫阿僧祇，故止經第二大劫阿僧祇。

(3)第三大劫阿僧祇

　　若以功行約時，應經二十一大劫阿僧祇，但由菩薩智慧、方便、正勤最勝，經時雖少功行彌多，功超二十大劫阿僧祇，故止經第三大劫阿僧祇。

二、七阿僧祇劫

復次，云何七阿僧祇劫？

1. 一說

釋 此欲顯餘部別執。[20]

此七阿僧祇劫時與前三阿僧祇劫時相等，但以有別義故開為七義。

一、第一大劫阿僧祇：度願行地，得行歡喜地。

二、第二大劫阿僧祇：從歡喜地，度依戒學地依心學地，得行燒然地。

三、第三大劫阿僧祇：從燒然地，度依慧學地，得行遠行地。

四、第四大劫阿僧祇：名無相不定行，度無相有功用地。

五、第五大劫阿僧祇：名無相定行，度無相無功用地。

六、第六大劫阿僧祇：名無相勝行，度無礙辯地。

得時量亦不決定。

(2) 大乘

其最後乘，要經三種無數大劫方可證得，依斷三種粗重別故。

何等名為三種粗重？

(1) 惡趣不樂品在皮粗重：由斷彼故，不往惡趣，修加行時不為不樂之所間雜。

(2) 煩惱障品在肉粗重：由斷彼故，一切種極微細煩惱亦不現行，然未永害一切隨眠。

(3) 所知障品在心粗重：由斷彼故，永害一切所有隨眠，遍於一切所知境界無障礙智自在而轉。

七、第七大劫阿僧祇：名最勝住，度灌頂地。

2. 二說

地前有三，地中有四。

地前三者，一不定阿僧祇，二定阿僧祇，三授記阿僧祇。

地中有四者，一依實諦阿僧祇，二依捨阿僧祇，三依寂靜阿僧祇，四依智慧阿僧祇。

釋 復有別部執七劫阿僧祇。[20]

一、地前有三阿僧祇[19]

行有深淺，境有真、俗及第一義。緣三境有三種行，約此立三阿僧祇。

1. 不定阿僧祇（十信位）

依第一境，有白法與黑法相雜，名少分波羅蜜。約此立不定阿僧祇，黑白相雜與凡夫不異。（有流住位）

2. 定阿僧祇（三賢位）

依第二境，有非黑白法（無流法）與白法（有流善法）相雜，名波羅蜜。約此立定阿僧祇，得無流法與有流法相雜，故未可授記。（無流雜位）

3. 授記阿僧祇（通達分位）

依第三境，有非黑白無雜法，名真波羅蜜。約此立授記阿僧祇，但無流法不雜餘法，故可授記。（但無流位）

二、地中有四阿僧祇

1. 依實諦阿僧祇

初地至三地名依實諦地。

---

19 （普寂）
1. 第一位即當住前信想菩薩（十信位）；第二位則當三賢位；第三位則當四加行位。
2. 「但無流法」
   非謂此位純無流相續。約義次第判：
   (1) 從有流住入無流雜位；(2) 從雜法位，入但無流。人空無流究竟淨位入法空位。
   入法空位則二空所顯真如出現，是名地道。
   <u>由此次第立三劫。</u>

初地發願，二地修十善法，三地修習諸定，必依境界故名依實諦
地。

（註）

諦有三種，

(1)誓諦：從初發心立誓為利益他。

(2)行諦：如所立誓修行與與誓相應，如誓實，行亦實。

(3)慧諦：為成就此行及安立前誓，於方便中智慧與行誓相應，
智慧為勝。此三皆實無倒不相違，故名為諦。

2.依捨阿僧祇

四地至六地名依捨地。

四地修道品，五地觀四諦，六地觀十二緣生，並依道捨惑故名依捨
地。

3.依寂靜阿僧祇

七地八地名依寂靜地。

以七地無相有功用，八地無相無功用，故名依寂靜地。

4.依智慧阿僧祇

九地十地名依智慧地。

以九地自得解勝，十地令他得解勝，故名依智慧地。

三、廣明地中四依義

1.四依義

依諦：隨應知境及昔誓，為依諦義。三諦所攝能違三失。

（前三地各有三諦能除其三障）

依捨：捨離類欲惑欲，為依捨義。三捨所攝能違三失。

（次三地各有三捨能除其三障）

依寂靜：一切邪業永息，為依寂靜義。三寂靜所攝能違三失。

（七八地各有三寂靜能除其三障）

依慧：隨覺及通達，為依慧義。三慧所攝能違三失。

（九十地各有三慧能除其三障）

2.四依互攝

依諦攝依捨寂靜慧：隨順昔誓故，不相違故。

依捨攝依諦寂靜慧：能捨所對治故，是一切捨果故。

依寂靜攝依諦捨慧：惑及業焦熱寂靜故。

依慧攝依諦捨寂靜：智慧為先故，智慧所隨故。

3.四依住

依諦住：菩薩如昔所立誓，今作眾生利益事故。

依捨住：菩薩能捨六度障故。

依寂靜住：菩薩六度功德相應故。

依智慧住：菩薩由自行六度，善解利他方便故。

4.四依與六波羅蜜

(1)行施

依諦行施：菩薩立誓不違求者之心，必皆施與，由立此誓不違誓，故實能施與隨其所施悉生歡喜。

依捨行施：菩薩能捨財捨果。

依寂靜行施：菩薩於財物受者行施及（財等）減盡中，不生貪瞋無明怖畏。

依智慧行施：如應如時如實施與，於前三中此用最勝。

(2)行戒

如昔所立誓，不違先所受戒，捨離惡戒，一切惡戒寂靜，此中智慧為勝，故依諦等行戒。

(3)行忍

如昔所立誓，能忍能捨分別他過失瞋恚，上心寂靜，此中智慧為勝，故依諦等行忍。

(4)行精進

如昔所立誓，能作利益他事，能捨離憂弱心，惡法寂靜，此中智慧為勝，故依諦等行精進。

(5)行定

如昔所立誓，能思修利益眾生事，捨離五蓋等，心常寂靜，此中

智慧為勝，故依諦等行定。

(6)行般若

如昔所立誓，了達利益他方便，捨離偏非方便，無明焦熱已得寂靜，能證一切智，故依諦等行般若。

是故六波羅蜜依諦所生，依捨所攝，依寂靜所長，依智慧所淨。依諦是彼生因，依捨是彼攝因，依寂靜是彼長因，依慧是彼淨因。初以諦為依，誓言真實故；

中以捨為依，先已立誓，為他能捨自愛故；

後以寂靜為依，一切寂靜為後故；

初中後以慧為依，若此有彼有，若此無彼無故。

5.四依與十地相攝

(1)從初地至三地

依諦為勝，以此中菩薩但修治觀真境，於道品等功行未成故，依諦攝三地。

(2)從四地至六地

依捨為勝，以此中菩薩修治觀真境已成，於真境無功用心，但為對治惑成就道品等，由修治道品觀行、四諦觀行、十二緣生觀行，能捨一切惑故，依捨又攝三地。

(3)七地八地

依寂靜為勝，以由菩薩道已成就，諸惑多滅多伏，不復能觸心，此二地無相及無功用觀行已成就，心地轉細安住寂靜故，依寂靜又攝二地。

(4)九地十地

依智慧為勝，一自解勝，二令他解勝，皆能自利利他。

已度寂靜位，多行利益他事，若離智慧行，無別利他方便，由此二地多行智慧故，依智慧又攝二地。

四、結顯

為此義故，別部執有七阿僧祇。

三、三十三阿僧祇

復次，云何三十三阿僧祇？

方便地中有三阿僧祇：

1.信行阿僧祇，2.精進阿僧祇，3.趣向行阿僧祇。

於十地中地地各三阿僧祇：

謂入、住、出。

㊣ 有諸大乘師，[20]

一、欲顯行有下中上，二、欲顯為得未得方便，

三、欲顯已得不失方便，四、欲顯已得不失增上方便，

五、欲顯入、住、出三自在。

故分阿僧祇劫為三十三。

一、方便地中有三阿僧祇（地有二種：方便地、正地）

　　1.信行阿僧祇

　　　　約修信根立。

　　　　此中菩薩奉事諸佛，心發願、口立誓，信如來正說及信如來，修信
　　　　根為勝，以未證法明故。

　　2.精進行阿僧祇

　　　　約修精進根立。

　　　　若菩薩已證法明，信根轉堅，決定知果必應可得。

　　　　此中菩薩精進為勝，以於得方便心已明了，不惜樂厭苦修精進故。

　　3.趣向行阿僧祇

　　　　約趣向立。

　　　　若菩薩精進成就，心得清淨，惑障已除。

　　　　此中菩薩趣向為勝，以於真如觀，求得之心生起、相續無背捨故。

　　二、十地中地地各三阿僧祇

　　　　地地菩薩煩惱有三品：

20　菩薩行位說之淵源（可參考印順《初期大乘佛教之起源與發展》）（詳見甲六附註五）。

上品皮煩惱由下品道所破，中品肉煩惱由中品道所破，下品心煩惱由上品道所破。

約修信根立。

為除皮煩惱障入初地，為除肉煩惱障住初地，為除心煩惱障出初地。

乃至第十地，其義亦爾。

約此三品故各立三阿僧祇。

是故異部執有三十三阿僧祇，此三十三阿僧祇，與前三阿僧祇亦等，無有短長義，如前所釋。

四、何時為阿僧祇修行之始

如此阿僧祇修行十地正行圓滿。

有善根願力　心堅進增上　三種阿僧祇　說正行成就

三種阿僧祇說正行成就。

釋 前已說有三種阿僧祇劫竟。

菩薩經如此劫，修行得無上菩提。

菩薩於無始生死中恒行施等行（六度），恒奉事出世諸佛，或說三阿僧祇，或說七阿僧祇，或說三十三阿僧祇，經如此劫修行圓滿得無上菩提。

〔問〕何時是修行之始？

〔答〕

一、菩薩有二種力：

　　1.善根力：一切散亂所不能違。

　　2.善願力：於一切時中，恒值佛菩薩為善知識。

二、由事善知識不捨菩提心（心堅進），生生及現世恒增長善根，無復減失（增上）。

三、若具一、善根力，二、善願力，三、心堅，四、增上四義，以此時為阿僧祇（長時修正行）之始。（長時修之始）

四、諸師說不同故有三種，經如此阿僧祇時，說修正行得成就。（正行圓滿）

〔附註一〕《成唯識論》九

1.異生性障

　謂二障中分別起者，依彼種立異生性故。二乘見道現在前時唯斷一種名得聖性。菩薩見道現在前時具斷二種。

2.邪行障

　謂所知障中俱生一分及彼所起誤犯三業，彼障二地極淨尸羅。入二地時便能永斷。

3.闇鈍障

　謂所知障中俱生一分，令所聞思修法忘失。彼障二地勝定總持及彼所發殊勝三慧。入三地時便能永斷。

4.微細煩惱現行障

　謂所知障中俱生一分，第六識俱身見等攝最下品故，不作意緣故，遠隨現行故，說名微細。彼障四地菩提分法，入四地時便能永斷。

5.於下乘般涅槃障

　謂所知障中俱生一分，令厭生死樂趣涅槃，同下二乘厭苦欣滅。彼障五地無差別道，入五地時便能永斷。

6.粗相現行障

　謂所知障中俱生一分，執有染淨粗相現行。彼障六地無染淨道，入六地時便能永斷。

7.細相現行障

　謂所知障中俱生一分，執有生滅細相現行。彼障七地妙無相道，入七地時便能永斷。

8.無相中作加行障

　謂所知障中俱生一分，令無相觀不任運起。前之五地有相觀多，無相觀少。第六地有相觀少，無相觀多。第七地中純無相觀，雖恒相續而有加行因，無相中有加行故未能任運現相及土，如是加行障八地中無功用道，故

入八地時便能永斷。

9.利他中不欲行障

謂所知障中俱生一分，合于利樂有情事中，不欲勤行樂修己利，彼障九地四無礙解，入九地時便能永斷。

10.於諸法中未得自在障

謂所知障中俱生一分，合于諸法不得自在，彼障十地大法智雲，及所捨滅所起事業，入十地時便能永斷。

〔附註二〕真如十功德相

《中邊分別論》（障品第二）

法界十義

遍滿最勝義	勝流第一義	無所繫屬義	身無差別義
無染清淨義	法門無異義	不減不增義	四自在依義
此法界無明	此染是十障	非十地扶助	諸地是對治

法界中十種義，遍一切處等無染濁無明。此無明十種菩薩地中，次第應知是障，非地助道故。

（此無明不與煩惱同起，為所知障，障十地所證法界。而十二有支初支之染濁無明與煩惱同起，招生死果。）

法界中何者為十種義？

1.遍滿義：依菩薩初地，法界義遍滿一切處，菩薩入觀得通達，因此通達得見自他平等一分。（自他平等法性）

2.最勝義：依第二地觀此法已作是思惟。若依他共平等出離，一切種治淨出離應化勤行。（勤修相應出離行）

3.勝流義：因三地法界傳流知所聞正法第一。為得此法，廣量三千大千世界火坑能自擲其中。（證佛清淨法界等流）

4.無所繫屬義：因此四地，因此觀法愛一向不生。（不與戲論相涉）

5.身無差別義：因第五地十種心樂清淨平等。（得十意樂平等淨心）

6.無染清淨義：因第六地十二生因處，無有一法可染可淨，如此通達故。
（緣起法無染淨，本淨客染）

7.法門無異義：因第七地無相故，修多羅等法別異相不行不顯故。（知法無
相）

8.不減不增義：因八地得滿足無生法忍故，若不淨淨品中不見一法有減有增
故。

此中復有四種自在。何者為四？

(1)無分別自在，(2)淨土自在，(3)智自在，(4)業自在。

此中法界是第一第二自在依處。八中通達。（證無生法忍，垢淨法中得二
自在。）

9.智自在依義：因九地得四無礙辯故。（證無礙解）

10.業自在依義：因十地如意欲變化，作眾生利益事。（利樂有情）

〔附註三〕二道五菩提（《大智度論》）

1.二道（卷100）：菩薩道有二種：(1)一者般若波羅蜜道，(2)二者方便道。

（卷71）：般若波羅蜜，能滅諸邪見煩惱戲論，<u>將至畢竟空中</u>；方便<u>將出
畢竟空</u>。

(1)般若道：從初發心，修空無我慧，則入見道證聖位。此階段重在通達性
空離相，故名般若道。

（發心到七地）（《華嚴經》：發心到八地）（般若將入畢竟空，絕諸
戲論）

(2)方便道：徹悟法性無相後，進入修道，一直到佛果。此階段主要為菩薩
之方便度生，故名方便道。

（八地以上）（方便將出畢竟空，嚴土熟生）

般若為道體，方便即般若所起之巧用。（印順：《般若經講記》P.16）

2.五菩提（卷53）

(1)發心菩提：於無量生死中發心，為阿耨多羅三藐三菩提故，名為菩提，此因中說果。

(2)伏心菩提：折諸煩惱，降伏其心，行諸波羅蜜。

(3)明（心）菩提：觀三世諸法本末總相別相，分別籌量，得諸法實相，畢竟清淨，所謂般若波羅蜜相。

(4)出到菩提：於般若波羅蜜中得方便力故，亦不著般若波羅蜜，滅一切煩惱，見一切十方諸佛，得無生法忍。出三界到薩婆若（一切智）。

(5)無上菩提：坐道場斷煩惱習，得阿耨多羅三藐三菩提。

（龍樹）「菩薩入法住，住阿鞞跋致地（不退），末後肉身盡，得法性生身，雖斷諸煩惱，有煩惱習因緣故，受法性生身，非三界生也。」

（得無生法忍菩薩不再感得肉身，因以習氣及大悲本願而感得法性生身，不再是三界之結業生身。「由愛相續故有，聖人愛糠已脫，雖有有漏業生因緣，不應得生。」）

〔附註四〕菩薩十二住（《瑜伽論》48）26

1.劫量

於此一一住中，經多俱胝百千大劫，或過是數方乃證得及與成滿。然一切住總經於三無數大劫，方得圓證。

(1)經第一無數大劫，方乃超過勝解行住，次第證得極歡喜住。

此就恒常勇猛精進，非不勇猛勤精進者。

(2)復經第二無數大劫，方乃超過極歡喜住，乃至有加行有功用無相住，次第證得無加行無功用無相住。

此即決定，以是菩薩得清淨意樂，決定勇猛勤精進故。

(3)復經第三無數大劫，方乃超過無加行無功用無相住及無礙解住，證得最大成滿菩薩住。

2.修斷

由如是所說十二諸菩薩住，經三無數大劫時量，能斷一切煩惱障品所有粗重，及斷一切所知障品所有粗重。

(1)正斷粗重

①煩惱障品

於三住中，當知能斷煩惱障品所有粗重。

a.於極歡喜住中：一切惡趣諸煩惱品所有粗重皆悉永斷，一切上中諸煩惱品皆不現行。

b.於無加行無功用無相住中：一切能障一向清淨無生法忍諸煩惱品所有粗重皆悉永斷，一切煩惱皆不現前。

c.於最上成滿菩薩住中：當知一切煩惱習氣隨眠障礙皆悉永斷，入如來住。

②所知障品

當知一切所知障品所有粗重，亦有三種。

a.在皮粗重：在極歡喜住皆悉已斷。

b.在膚粗重：在無加行無功用無相住皆悉已斷。

c.在肉粗重：如來住中皆悉已斷，得一切障極清淨智。

(2)修斷資糧

於三住中，煩惱、所知二障永斷。所餘諸法，如其次第，修斷資糧。

〔附註五〕菩薩行位說之淵源（可參考印順《初期大乘佛教之起源與發展》）

1.菩薩與其修行階位

(1)菩薩

成佛以前為求無上菩提，久修大行者名為菩薩。

部派時期與大乘佛教所

指之菩薩，都是有大勇心，決意精進追求正覺之有情。

①上座部：指充滿勇氣決意精進追求正覺，卻尚未得菩提之凡夫菩薩。

②大眾部：有凡有聖。

③《華嚴經》十地品：初地菩薩是有大悲心，勇猛精進，志在利濟有情之聖位菩薩。

④《瑜伽師地論》：菩薩在入初地之前必須具有菩薩種性及四因緣。又經過種性住及勝解行住，方能登入初地。

⑤《小品般若》：分為凡聖二種。凡夫菩薩是初發心者，對空義及般若波羅蜜仍有疑惑。聖位菩薩，為得般若及成就佛道，可隨意不入涅槃之不退轉修行者。

⑥《大品般若》：是奮力精進朝向覺悟，欲救度眾生，而還未開悟之有情。

(2)**修行階位**（佛在因地修行之過程）

對無量本生所傳說，釋尊過去生中之修行，古人漸漸分別出其前後，由此顯出菩薩修行之階位，此即大乘菩薩行位說之淵源。

釋尊過去生中之修行，或依修行之時劫，或依逢見之如來，分別菩薩道之進修階位。不過各部派之意見，是異說紛紜的。

部派間對釋尊過去生中，所經時劫，所逢見之佛，傳說是不完全一致的，此可見於法藏部《佛本行集經》、說一切有部《大毗婆沙論》、銅鍱部《佛種性經》及說出世部《大事》。

（修行三大阿僧祇劫成佛，是說一切有部的傳說，為後代北方論師所通用，其實並不一定。《大智度論》說：佛言無量阿僧祇劫作功德，欲度眾生。《佛本行集經》也同有此說。本論說餘部別執七阿僧祇劫或三十三阿僧祇劫，應是說各部派之異說。）

2.部派佛教時期

(1)**四性行**

法藏部（出於分別說部）之《佛本行集經》，與說出世部（出於大眾

部）之《大事》，雖系統不同，但說法相似。

《佛本行集經》	《大事》
① 自性行（雖不值佛，未發心，但具足十善，生成菩薩種性）	自性行
② 願性行（發願希求無上菩提）	願行
③ 順性行（隨順本願修六波羅蜜多成就之階段）	順行
④ 轉性行（蒙佛授記階段）	不退行

此四性行，明確分別出菩薩行位：種性位，發心位，隨順修行位，不退轉位。（後三位與《小品般若》說相合）

(2) 説出世部《大事》十地説

部派佛教中，十地說似乎為各部派所採用，雖然內容不一定相同，如《修行本起經》、《太子瑞應起本經》、《過去現在因果經》等。現存說出世部《大事》有明確的十地說。（此為梵文本，有英日譯）

① 《大事》十地

一、難登地（凡夫自覺發心之階位）；二、結合地；三、華莊嚴地；四、明輝地；五、應心地；六、妙相具足地；七、難勝地（此為不退轉地）；八、生誕因緣地（成佛因緣圓滿，決定下生）；九、王子位地（兜率天降、出胎、直到坐菩提樹下）；十、灌頂地（王子灌頂登基成國王）。

此以世間正法化世之輪王比擬出世法化世之佛。

② 此十地有凡有聖

一、前七地為凡夫菩薩，都包含入地條件及晉升條件。前七地著重在基礎實踐：定之培養及心之觀照把持。初至四地在凡夫階段。五至七地著重在對心之控制及觀察諸法上，其中五地了知貪瞋痴是生死流轉因，培養止觀，六地知世間苦而不眷戀，七地為不退轉地，控制自心悲智雙運，利濟眾生。

二、八地以上少晉升上一地之要求。

八地有大悲心利濟眾生，可隨願力往生（惡趣等）。

（《大事》中之菩薩只與釋迦菩薩有關，未及於一般大乘修行者。）

③ 此十地說與「十住說」及《華嚴》等十地說類似，尤其是「十住

說」，此《大事》十地可說是《華嚴》十住之原型。

「十住」第七不退住，第八童真住，第九法王子住，第十灌頂住與此《大事》同。《華嚴》十地之第五難勝地與《大事》第七地相近，第十法雲地十方諸佛放光為菩薩灌頂，也保存灌頂之古義。

部派之十地說，彼此不一定相合，但依《大事》十地說，足以看出與大乘菩薩行位之關係。（《大事》可說為般若系統外大乘經典之母體，大乘菩薩思想之起源。）

3.初期大乘「十住說」

初期大乘通行之十住：

(1)發心住，(2)治地（初業）住，(3)（修行）應行住，(4)生貴住（生王家，生佛家，種性清淨），(5)方便具足住（少年多學習），(6)正心住，(7)不退住（成年），(8)童真住（成年未婚），(9)法王子住（登太子位，國王繼承人），(10)灌頂住（成國王、成佛）。

（《阿含經》多以輪王比擬佛，此十住亦是以王子比擬菩薩。）

4.《般若經》之十地

(1)《小品般若經》

①三位說：

一、發阿耨多羅三藐三菩提心（發心菩薩）；二、阿毘跋致（不退菩薩）；三、疾得阿耨多羅三藐三菩提（最後身菩薩）。

②四位說：

一說：一、初發心；二、行六波羅蜜；三、阿毘跋致；四、一生補處。

二說：一、學阿耨多羅三藐三菩提心；二、如說行；三、隨學般若般羅蜜；四、阿毘跋致。

綜合二說為一、初發心；二、如說行；三、隨學般若（六）波羅蜜；四、阿毘跋致；五、一生補處。

③《小品般若》之菩薩行位與「十住」說相近。如初發心即發心住，如說行即治地住，隨學般若即應行住，阿毘跋致即不退住，一生補處

即灌頂住。

此時十地住說並非完全形成。

(2)《大品般若經》

《大品般若經》之發趣品，說到「從一地至一地」，敘述從初地到十地之行法，但未列舉各地之名。

《大品般若》經繼承《小品般若》及十住發展而來，其內容與《十住斷結經》相同。

①各地之治地業（發趣品二十）卷6（與《大般若經第二會》修治品18同）

一、初地行十事；二、二地常念八法；三、三地行五法；四、四地應受行不捨十法；五、五地遠離十二法；六、六地具足六法，復有六法所不應為；七、七地二十法所不應著，復有二十法應具足滿；八、八地應具足五法，復另具足五法；九、九地應具足十二法；十、十地當知如佛。

②十地修學之三階段

一、初至三地：深廣菩薩行基礎。

1.般若空慧為導；2.堅固菩薩心志（發心求菩提、化眾生、不厭苦行）3.導入利眾事業（為他說法，心存歡喜，行法布施不求回報）4.勤求菩薩法教（求共聲聞之十二部經，求不共聲聞之六波羅蜜，求十方諸佛之法）

二、四至六地：藉聲聞法深化體驗。

藉聲聞等之行法，在般若觀照下，不拘泥事相，而賦予新義涵來深化，展開六波羅蜜之修行。

1.消極節制及積極捨棄；2.身遠離及心遠離；3.波羅蜜之展開。

（初至六地雖追求無上菩提，誓願成佛，但尚未得般若空慧，有退二乘之虞。）

三、七至十地：完成自利，展開廣大利他行。

1.七地由觀照我法本性空寂，而除我法二執及四不壞信執。由觀三解脫門、諸法實相、離染愛得無生智忍無閡智，達到不退轉

二乘之位，不流轉三界，具足悲心、定慧均等，生起欲清淨佛國土之心。

2.八地建立自國土，以神通力依眾生根器而度化。

3.九地具足六波羅蜜，可依願行事，以四無礙解化度眾生。

4.十地斷盡煩惱習氣，得如佛之功德。

③十地行法

一、初至七地為凡夫菩薩，八地以上為聖位菩薩。不退轉位在七地。

二、皆屬出家之行，從初地起即要出家。（每地皆強調不落入二乘之心）

三、所有行法都以修「般若空慧」為前導。

四、通學一切法門，含聲聞教法。（大乘行者，因願及般若空觀不同，於聲聞行法不拘泥事項，而賦以新義涵。）

五、可視為菩薩與二乘者可雙軌並行之行法。（前六地適用於一般凡夫，深發心而求佛道之人。）

(3)《大般若經》（唐譯）

①初分：明確的列出十地名：住初極喜地時，應善修治如是十種勝業，住第二離垢地時，應於八法思惟修習，速令圓滿，……。

於是菩薩行位，被解說為：極喜地、離垢地、發光地、焰慧地、極難勝地、現前地、遠行地、不動地、善慧地、法雲地。與《十地經》所說十地相同。同時列舉乾慧（淨觀）地，性地、八人地、見地、薄地、離欲地、已作地、辟支佛地、菩薩地、佛地（此說從阿毗達磨者敘述其修證而來），而有二類十地之說。此時《十地經》已成立，已流傳。

②三分：與初分同。③二分：成立十地行法，但未列名，與《大品般若經》同。

(4)結釋

①《小品般若》說菩薩行位時，「十住說」尚在成立過程中。而《大品般若》及《大般若經二分》成立十地行法，明顯取「十住」說，但未一一列名。而當《大般若》以極喜地等十位為菩薩行位時，原

來之般若古義即漸隱沒而不明。

②「唐譯本」之二類十地說（亦見於《大智度論》），表示大乘法超
越二乘，而又含容二乘，也說明大乘般若之流通，面對傳統部派佛
教，有加以貫攝之必要。

5.華嚴十住

華嚴十住為《華嚴經》各品之主要行法，此十住說受《小品般若》之影
響。

(1)十住

①發心住：緣十種難得法而發於心，應勸學十法；②治地住：於諸眾生
發十種心，應勸學十法；③修行住：以十種行觀一切法，應勸學十法；
④生貴住：從聖教中成就十法，應勸學十法；⑤具足方便住：為救護、
饒益、安樂、哀愍、度脫眾生，令眾生離災難、出生死苦、生淨信、悉
調伏、證涅槃，應勸學十法；⑥正心住：聞十種法，心定不動，應勸學
十法；⑦不退住：聞十種法堅固不退，應勸學十種廣大法；⑧童真住：
住十種業，應勸學十種法；⑨法王子住：善知十種法，應勸學十種法；
⑩灌頂住：得成就十種智，應勸學諸佛十種智。

(2)四階段

①初至三住：憶念佛、眾生、法，立志成佛。（有之行法）

②四至六住：觀照空性破除對佛、眾生、法之執取，願常生佛處、隨佛
行、具慈憫心。（無之行法）

③七住：並行有無二法，達到空有不二，心堅住不動不退轉。

④八至十住：有神通力，勇猛精進學佛行誼。

初至七地為凡夫菩薩，七地不退轉。

八地以上為聖位菩薩，十地為一生補處。

此十住比較傾向於《大品般若》中所說，為雖決心得正覺且奮力救度
眾生，但仍未得佛智之菩薩，此中有凡有聖。

(3)十住位皆為在家眾。

6.華嚴十地

承續自《大事》及「華嚴十住」，但自從華嚴十地興起，十住就漸漸衰退。（但在《華嚴經》中，除「十地品」外，餘品引用此十地者不多。）

中觀及瑜伽行派均有引用華嚴十地。龍樹在《大智度論》引用，且作《十住毗婆沙論》以為釋。《瑜伽師地論》及《攝大乘論》亦有引用，世親更作《十地經論》以為釋。

華嚴十地包含般若十地之內容，但是添加了許多非般若十地之行法，是一部長於組織之經典，內容豐富，井然有序。每地含有入地要求、住地、出地及不斷勝進，此與《大事》相似。菩薩之能力隨著修行而增上。

(1)每地皆有入地之十行法

　　①初歡喜地十心；②二離垢地十深心；③三發光地十深心；④四燄慧地當修行十法明門；⑤五難勝地十種平等清淨心；⑥六現前地當觀察十平等法；⑦七遠行地當修十種方便慧起殊勝道；⑧八不動地大慈大悲不捨眾生（行利他事），入無量智道，得無生法忍等十事；⑨九善慧地入如來深密法中通達如來轉法輪莊嚴事等十事；⑩十法雲地十方面圓滿，得一切種一切智智。

(2)此行法循序有十波羅蜜之修行。

(3)所攝功德

　　①世間功德攝：初至三地融攝共人天功德。（初地起即得百三昧）

　　②出世間功德攝：四至六地屬慧之修行，融攝共二乘功德。（四地修三十七道品，五地修四諦，六地修十二緣起。）

　　③大乘不共出世間善攝：七地修方便慧；八地起無功用慧，得無生法忍，不退轉；九地修四無礙解，稱機說法；十地受佛職得灌頂，功德具足。（七地以上菩薩完成自修學，展開廣大利他行。）

　　（前七地有功用行、不超煩惱行，八地以上無功用且超煩惱行。）

(4)初地至五地包含在家出家二眾，六地至十地為在家眾。

(5)從初地起皆是擁有大悲心，勇猛精進，決心救度有情之聖位菩薩。

7.各說之關連

大事十地說最早最簡樸，華嚴十地最晚但最有組織。

(1)大事十地與華嚴十住應在同一地區流傳，其修行及思想較為一致，此時住、地相通。

　其與般若十地亦應在同一時代，以其學風相似故。

(2)華嚴十住其本義與般若十地相同，但前者為在家菩薩之修行，後者則為出家菩薩之修行。

(3)華嚴十地則含攝有般若十地及華嚴十住。

甲七　　依戒學勝相第六（卷十一）7

如此已說入因果修差別。

云何應知依戒學差別？

應知如於菩薩地正受菩薩戒品中說。

釋　（依戒等三學是波羅蜜自性所攝，何故別立？今為顯展轉相因性，故別立
三學，謂依戒生定，由定發慧。）

前於入因果修差別中，已約諸地明修差別，但未明菩薩依戒學與二乘有差
別。

故問云何應知？

（菩薩）地有二種：

《十地經》：於二地品中，廣說正受菩薩戒法。（華嚴經十住品）

《地持論》：於尸羅波羅蜜品中，廣說正受菩薩戒法應如此知。[1]

（於中依戒學差別者，即是菩薩戒與二乘戒之差別，即是菩薩戒之殊勝
相。）

若略說由四種差別，應知菩薩戒有差別。

何者為四？

一、品類差別，

二、共、不共學處差別，

三、廣大差別，

1　《地持論》為《瑜伽師地論》菩薩地異譯單行本。參考北涼中印度曇無讖譯卷四。玄奘譯《瑜
伽師地論》戒品在卷四十。

四、甚深差別。

㊖ 若廣釋戒有十一種義：

一、名，二、名義，三、相，四、因，五、果，六、對治，七、清淨，八、不清淨，九、得方便，十、立難，1一、救難。

若不依此解名為畧說。

又若具明九品²差別為廣，若說四品差別為略。

何者為四？（與二乘之四種差別）

一、品類差別：一切菩薩戒，若以品類攝之，不出三種。

二、共、不共學處差別：於性戒中名共學處，於制戒中名不共學處，此二中菩薩與二乘皆有差別。

三、廣大差別：此戒與二乘一向不同。

四、甚深差別：如來不於二乘中說，亦非二乘所行。

一、品類差別

品類差別者有三種，

1. 攝正護戒

2. 攝善法戒

3. 攝眾生利益戒

此中攝正護戒，應知是二戒依止。（《瑜伽論》卷75）

攝善法戒是得佛法生起依止。

攝眾生利益戒是成熟眾生依止。

㊖ 一、三種戒

　　1.攝正護戒

　　　此戒是在家出家二部七眾所持戒：

2　《瑜伽師地論》卷 40

謂九種相，戒名為菩薩戒波羅蜜多：

1. 自性戒；2. 一切戒；3. 難行戒；4. 一切門戒；5. 善士戒；6. 一切種戒；7. 遂求戒；8. 此世他世樂戒；9. 清淨戒。

謂比丘、比丘尼、式叉摩尼、沙彌、沙彌尼、優婆塞、優婆夷。

若人不離惡，能生善及能利益眾生，無有是處，故正護戒是餘二戒依止。

2.攝善法戒

從受正護戒，後為得大菩提，菩薩生長一切善法：

謂聞思修慧及身口意善，乃至十波羅蜜。

此戒先攝聞思修三慧，一切佛法皆從此生起，以一切佛法皆不捨智慧故。

3.攝眾生利益戒

略說有四種：謂隨眾生根性，安立眾生於善道及三乘。

復有四種：(1)拔濟四惡道，(2)拔濟不信及疑惑，(3)拔濟憎背正教，(4)拔濟願樂下乘。

攝眾生戒是所謂四攝：

初攝令成自眷屬，背惡向善；第二攝未發心令發心；

第三攝已發心令成熟；第四攝已成熟令解脫。

二、與二乘之差別

二乘但有攝正護戒，無餘二戒。

何以故？

二乘但求滅解脫障（煩惱障），不求滅一切智障（所知障），不能成熟佛法；但求自度不求度他，不能成熟眾生。

是故無攝善法戒及攝眾生利益戒。

三、此三種戒以何法為因？

1.以三根為別因，二根為通因

精進根為第一戒因，智根為第二戒因，定根為第三戒因。

信念二根通為三戒因。

2.以六法為因

(1)依善知識，(2)依正聞，(3)依正思，(4)依信根，(5)依厭惡生死，(6)依慈心。

3.有四種因[3]

　　(1)從他正受得，(2)從清淨意得，(3)從厭怖對治得，

　　(4)從不犯戒起恭敬憶念得。

四、令菩薩戒清淨之四因

　　1.能離犯戒因。

　　2.依止破戒對治，謂念處等。

　　3.依止寂靜，謂不依止勝生處，迴向為一切眾生得涅槃故。

　　4.由具(1)根本十善所成，(2)方便所隨，(3)非覺觀所損，(4)憶念所攝，(5)迴向佛果故[4]。

五、此三種戒以何法為體？

　　不起惱害他意，生善身口意業為體，離取為類。

六、此三種戒以何法為用？

　　正護戒：能令心安住，

　　攝善法戒：能成熟佛法，

　　攝眾生戒：能成熟眾生。

　　一切菩薩正事不出此三用，由心得安住無有疲悔，故能成熟佛法。由成熟佛法，故能成熟眾生。

二、共、不共學處差別

1.性戒與制戒

（1）共學處戒

共學處戒者，是菩薩遠離性罪（之）戒。

（2）不共學處戒

3　《瑜伽師地論》40

　　云何菩薩自性戒，謂若略說具四功德。

　　何等為四？一從他正受，二善淨意樂，三犯已還淨，四深敬專念無有違犯。

4　普寂：

　　前三因1.2.3.為律儀戒，

　　第四因（1）為性戒，（2）為遮戒，（3）為定戒，（4）為道戒，（5）為大乘戒。

　　此和大涅槃經聖行品十一所說之五支戒相同：

　　1.根本業清淨戒；2.前後眷屬餘清淨戒；3.非諸惡覺覺清淨戒；4.護持正念念清淨戒；5.迴向具足無上道戒。

　　（此為大涅槃心一理根本開出之支末事戒）

不共學處戒者，是菩薩遠離制罪所立戒。

此戒中或聲聞是處有罪，菩薩於中無罪；或菩薩是處有罪，聲聞於中無罪。

㊣ 一、共學處戒（性戒）

  1.性罪

    (1)由煩惱起

      殺生等名性罪，性罪必由煩惱起，染污心地後則作殺等業。

    (2)由成罪故

      （不論）有制或無制（戒），若作此業皆悉成罪，故名性罪。

    (3)依出家法故

      如來未出世及出世後未制戒，若人犯此罪，於世間中王（法）等如理治罰，外道等為離此罪立出家法[5]，故名性罪。

  2.菩薩二乘同離性罪

    於性罪中，菩薩與二乘同離，故名共學處。

 二、不共學處戒（制戒）

  1.制罪

    謂立掘地拔草等制。（掘地拔草等於自他無益之事等）

  2.菩薩二乘遠離制罪不同

    (1)制戒意不同

      聲聞自度故制戒，菩薩自度度他故制戒。

    (2)持犯不同

      聲聞菩薩立意受戒亦復如是，故此二人持犯有異。

      如聲聞若（結夏）安居中行則犯戒，不行則不犯。

      菩薩見遊行於眾生有利益，不行則犯戒，行則不犯。

---

5 《大般涅槃經》梵行品（卷19）

（阿闍世王弒父王之事）

（六師之一末伽黎拘舍利子之弟子所言）

法有兩種，一者出家，二者王法。

王法者謂害其父（而）王國土，雖云是逆，實無有罪。如迦羅羅虫，要壞母腹然後乃生，生法如是，雖破母身，實亦無罪。騾懷妊等亦復如是。治國之法，法應如是，雖殺父兄，實無有罪。

出家法者，乃至蚊蟻殺亦有罪。

（王法與出家法標準不同）

2.別明菩薩二乘戒差別

(1)性戒差別

菩薩有治身口意三品為戒，聲聞但有治身口為戒。

是故菩薩有心地犯罪，聲聞則無此事。

(2)制戒差別

若略說所有身口意業事：

①能生眾生利益，②無有過失。

此業菩薩皆應受、學、修行。

如此應知共不共戒差別。

㊀ 一、性戒

　　菩薩二乘戒類不同

　　　1.菩薩戒

　　　　菩薩有身口意三品為戒，以三業善行為體。

　　　　故菩薩若有七種覺觀等[6]，起菩薩心地罪，犯菩薩戒。

　　　2.聲聞戒

　　　　聲聞但有治身口為戒，以身口善行為體。聲聞無心地罪。

　　二、制戒

　　　菩薩戒之通相：

　　　1.菩薩戒不應行

　　　　(1)若有利益也有過失

　　　　　此不應行。

　　　　　譬如女人語菩薩言：汝取我，若汝不取我有是處，我應死。

6　七種覺觀

　　若含輕侮覺為八惡覺出自《地持論》、《成實論》、《瑜伽師地論》89八種尋思

　　邪心思想名之為覺，覺違正理故稱為惡。惡覺不同，離分有八。

　1. 欲覺：思量世間可貪之事，而起欲心。（貪分攝）

　2. 瞋覺：思量世間怨憎之事，而起瞋心。（瞋分攝）

　3. 害覺：念知打罵乃至奪命。（瞋分攝）

　4. 親里覺：追憶親戚。（貪分攝）

　5. 國土覺：念世安危。（貪分攝）

　6. 不死覺：謂身不死為積眾具，又積眾具，資身令活。（痴分攝）

　7. 族姓覺：思念氏族，若高若下。（慢分攝）

　8. 輕悔覺：念陵他人。（慢分攝）

若我不死必當殺汝。

菩薩若隨其語彼則不死，又不起惡事，則有利益。

但取女人則成過失。

故不應行。

(2)若無利益也無過失

亦不應行。

如二乘不能利他亦無過失。

2.菩薩戒應行

有利益、無過失，即是菩薩戒。

應生聞慧為受，應生思慧為學，應生修慧為修行。

三、菩薩二乘戒差別

1.性戒

其差別在於心（意）所持及非心所持。

2.制戒

其差別在於利他及不利他。

三、廣大差別

應知有四種，由四種廣大故。

1. 種種無量學處廣大

2. 能攝無量福德廣大

3. 攝一切眾生利益安樂意廣大

4. 無上菩提依止廣大

釋 廣大有四義，

一、最勝義：專為他，不求報恩及生死果，又利益無窮，故名為勝。

二、長遠義：三大劫阿僧祇修行故。

三、圓滿義：依真、俗及利益他事三境，生福德智慧具足故。

四、自在義：依大乘光等四種三摩提，為利益他能行種種方便故。

菩薩戒有四種廣大差別：

一、種種無量學處廣大

菩薩學處有二義：

　　1.種種：種種顯多，一切惡無不離（與染法不應故），一切善無不修（具恆沙勝德故），一切眾生無不度（具同體大悲故）。

　　2.無量：無量顯大，持此三戒，（十方三世）時節無際，（自利利他）功用無餘。

二、能攝無量福德廣大

六度四攝因果各有九品，是名無量福德，如《地持論》說[7]。

如此無量福德聚，悉是菩薩戒攝。

三、攝眾生利益安樂意廣大

有四釋：

　　1.利益意：善教眾生令離惡處，安立善處。

　　　安樂意：此功德於未來所得果報，願一切眾生如意受用。

　　2.利益意：大悲拔苦。

　　　安樂意：大慈與樂。

　　3.利益意：令得一切出世事。

　　　安樂意：令得世間勝事。

　　4.利益意：前二攝事。（此廣大以四攝為體）

---

7 《瑜伽師地論》卷 39-43

　1. 六度四攝九種相

　　九種相施乃至慧，名為菩薩施乃至慧波羅蜜多。九種相攝事，多為菩薩四種攝事。

　　(1) 自性施等；(2) 一切施等；(3) 難行施等；(4) 一切門施等；(5) 善士施等；(6) 一切種施等；(7) 遂求施等；(8) 此世他世樂施等；(9) 清淨施等。

　2. 感果（四三）24

　　(1) 一切施等感無上菩提金剛身，正法久住果；

　　(2) 難行施等感如來無等希奇法果；

　　(3) 一切門施等感天人所供養果；

　　(4) 善士施等感有情類中最尊勝果；

　　(5) 一切種施等感相好莊嚴身果；

　　(6) 遂求施等感坐菩提座、魔怨不能惱觸不傾動果；

　　(7) 此世他世樂施等感靜慮、解脫、等持、等至樂果；

　　(8)、(9) 清淨施等感如來四一切清淨果（所依淨、所緣淨、心淨、智淨），亦感如來三不護、十力、四無畏、三念住，一切不共佛法極清淨果。

　　如是菩薩施等善法，能感無上到究竟果，（及）生死流轉順菩薩行，所餘無量無邊可愛無罪勝果。

　　（《地持論》同此說）

安樂意：後二攝事。

四、無上菩提依止廣大

菩薩戒有三品及九品，能攝如來三種勝德及九種勝德。

1.戒為如來三德因

正護戒為如來斷德因；攝善法戒為智德因；攝眾生戒為恩德因。

2.戒為如來九德因

九品戒為如來九德因，此如前說。

（六度四攝因中有九種相，故果上亦有此九所熏習之德。）[7]

3.由果廣大故因廣大

果廣大有三義：

(1)從廣大因生：謂三十三大劫阿僧祇，修行十度十地等為因。

(2)所得廣大：謂一切智一切種智所攝，如來恆伽沙數功德。

(3)利益廣大：謂利益凡夫及三乘，乃至窮生死後際。

此四種廣大戒，並是無上菩提依止，但菩薩能修，二乘悉無此事，故稱差別。

四、甚深差別

1.性罪方便勝智戒甚深（實事行所行戒）

若菩薩由如此方便勝智，行殺生等十事，

無染濁過失、生無量福德、速得無上菩提勝果。

㉑（此明實事行所行戒，非顯通慧所行戒）

於行殺生等十事，菩薩能行如所堪行方便勝智（善巧方便）。

此有二義：

一、菩薩了知眾生心，知其必作無間等惡業。無別方便可令其離此惡行，唯有斷其命能使不作此惡。

菩薩又知此人若不捨命決行此惡業，墮劇難處長時受苦，若捨命必生善道。

二、菩薩知此事已，作如是念：若我行此殺業必墮地獄，願我為彼受此苦

報。當令彼人於現在世受少輕苦，於未來世久受大樂。（譬如良醫治有病者，先加輕苦後除重疾。）

於菩薩道，無非福德，故此方便亦離染濁過失。因此能生長無量福德，能疾證無上菩提。

如此方便勝智為甚深。（於此甚深，不僅是殺，十惡皆同）

2.變化身口業戒甚深（化身所行戒）

有變化所作身口業，應知是菩薩甚深戒。

(1)由此戒有時菩薩正居大王位，或現種種逼惱眾生，為安立眾生於戒律中。

(2)或現種種本生，由逼惱他及逼惱怨對，令他相愛、利益、安心。

（故）生他信心為先，後於三乘聖道中，令彼善根成熟。

釋 （此明為利益眾生而有之通慧所行戒，不論實事行所行戒）

一、變化身口業戒

1.菩薩戒有三品

意業無變化，身口二業有時為變化所作。

2.變化所作身口業

此身口戒或現為善，或現為惡，或生怖畏，或生歡喜。

皆能令眾生遠離惡處、安立善處。

此戒難思量故言甚深。

3.變化所作云何成戒？

〔答〕(1)此雖非身口所作，但能成就戒事，令眾生離惡生善故。

(2)此變化從菩薩意業生，菩薩以意業為戒故。

二、示現愛畏事攝化

眾生或宜歡喜教化，如拘物頭花[8]因涼月開敷。

或宜逼惱教化，如蓮花因烈日開敷。

---

8 拘物頭花 kumuda
譯為白蓮花、地喜花，即白或紅色之睡蓮。（其他常供佛花：優鉢羅華（utpala 青蓮花），鉢頭摩華（padma 紅蓮花），分陀利華（puṇḍarīka 大白蓮花）等）。

菩薩亦爾，如（阿）那羅王及善財童子[9]。

或現可愛事，或現可畏事，安立眾生於善處。

三、示現本生通行益物

為化邪見眾生不信因果，令得正信離惡修善故，化現種種本生[10]。

1.由化作逼惱他

如毘荀陀王捨兒與婆羅門[11]，是逼惱他。此兒是化作。

何以故？菩薩實無逼惱，此人（化作）生彼人（被逼惱者）安樂故。

2.由化作逼惱怨對（互相怨懟）

如藥藏菩薩，令眉絺羅王與毘提訶王，互相逼惱[12]。此亦是化作。後悉令相愛利益安心。

3.化現本生之利益

菩薩行如此事，先令於菩薩生信，後則能如菩薩教修行故，三乘善根皆得成熟。

是名菩薩甚深戒差別

釋 此一、實行所行戒，二、化身所行戒，非下地所能行，非二乘所能通達故，名甚深差別。（性罪現行戒乃登地以上之事）

五、結顯

由此四種差別，應知是略說菩薩受持戒差別。

復次，由此四種差別，更有差別不可數量。菩薩戒差別，如毘那耶瞿沙毘佛略經中說。

9　善財童子第十七參《大方廣佛華嚴經》（入法界品）卷66（詳見甲七附註一）。

10　本生 jātaka
敘述佛陀於過去世種種受生及所行菩薩道之故事，為九分教或十二分教之一。
1、南傳小部第十部本生經有547故事（俗稱五百五十本生），分22集。巴利文只有偈頌，後加的長行從僧伽羅語（sinhala 斯里蘭卡官方語言）。
2、北傳本生沒有完備之部類。漢譯有三國吳國康僧會譯之《六度集經》中，有91本生故事和佛傳故事；西晉竺法護《生經》有55故事；西晉聖堅《太子須大拏經》。此外《佛說興起行經》，《賢愚經》，《雜寶藏經》也有一些本生故事。

11　毘荀陀王捨兒（詳見甲七附註二）。

12　眉絺羅王與毘提訶王互相逼惱（詳見甲七附註三）。

㊣ 一、結說有四種差別

此為略說菩薩受持戒差別。

從他得名受，自清淨意得名持；又初得名受，受後乃至成佛名持；又修行戒法名受，憶念文句名持。

二、廣說餘差別

從此四種差別，更有差別不可數量。

1.依二乘教分別

但取正護一戒，則成四萬二千[13]。

2.依菩薩教分別

若以此戒及餘二戒，依菩薩教分別不可數量。

毘那耶瞿沙毘佛略經[14]（vinaya-ghoṣa-vaipulya-sūtra）中廣說菩薩戒有十萬種差別。

〔附註一〕善財童子第十七參（大方廣佛華嚴經）入法界品卷66

（此為善財童子第十七參）

善財童子往多羅幢城見無厭足王。無厭足王（anala阿那羅王）為善財五十三

13　1.《律二十二明了論》（此為正量部弗陀多羅多造，真諦譯。）

〔倍二十一千福河　流善法水洗除污〕

云何倍二十一千福河？（成四萬二千福河？）

律中如來所立戒有四百二十。

(1) 於婆藪斗律（vastu）有二百戒。

(2) 於優婆提舍律（upadeśa）有一百二十一戒。

(3) 於比丘尼律有九十九戒。

此四百二十戒中，隨一一戒各能生攝僧等十種功德，一一功德能生十種正法（謂信等五根，無貪等三善根，及身口二護）。合成四萬二千福河，由此福河，恒能洗浣破戒垢污。

2.（普寂）

真諦疏云：

(1) 婆藪斗律：品類律，此律多說緣起，制諸輕戒。

　　（開元錄九）義淨傳：跋窣堵即諸律中犍度（khandha），跋渠（varga）之類也。

(2) 優婆提舍律：正教，此律正說是罪非罪，制諸重罪。（相應於「第一次結集」集成之律）

14　毘那耶　瞿沙　毘佛略經（此翻為律　藏　方廣，此經未渡。）

據《梵網經菩薩戒本疏》（唐賢首國師法藏著）

上代諸德相傳云：

真諦三藏將菩薩律藏擬來此土，於南海上船，船便欲沒，省去餘物仍猶不起，唯去律本船方得進。

真諦嘆曰：菩薩戒律漢土無緣，深可悲矣！

參中，少數逆行度生善知識之一。王以嚴刑治國，但實為以「如幻解脫法門」攝眾。

〔華嚴經〕卷66入法界品（八十華嚴）P1959–1962

「阿那羅王有大力勢，能伏他罪，無能與敵。……有十萬猛卒，形貌醜惡。

無量眾生犯王教敕，……身被五縛，將詣王所，隨其所犯而治罰之。或斷手足，或截耳鼻，或挑其目，或斬其首，或剝其皮，或解其體，或以湯煮，或以火焚，或驅上高山推令墮落，有如是等無量楚毒，發聲號叫，譬如眾合大地獄中。……

（阿那羅王語善財）善男子！我得菩薩如幻解脫。善男子！我此國土所有眾生，多行殺盜乃至邪見，作餘方便不能令其捨離惡業。善男子！我為調伏眾生故，化作惡人造諸罪業受種種苦，令其一切作惡眾生見是事已，心生惶怖，心生厭離心，心生怯弱，斷其所作一切惡業，發阿耨多羅三藐三菩提意。善男子！我以如是巧方便故，令諸眾生，捨十惡業，住十善道，究竟快樂，究竟安穩，究竟住於一切智地。

善男子！我身語意未曾惱害於一眾生。善男子！如我心者，寧於未來受無間苦，終不發生一念之意與一蚊一蟻而作苦事，況復人耶！人是福田，能生一切諸善法故。

善男子！我唯得此如幻解脫。如諸菩薩摩訶薩得無生忍，知諸有趣悉皆如幻，菩薩諸行悉皆如化，一切世間悉皆如影，一切諸法悉皆如夢，入真實相無礙法門，修行帝網一切諸行，以無礙智行於境界，普入一切平等三昧，於陀羅尼已得自在。」

〔附註二〕毘荀陀王捨兒

1.《南傳小部經》第十〈本生經〉
547「毗輸安呾囉王子本生史譚」

毗輸安呾囉（毘荀陀viśvāntara，vessantara）為尸毘（sivi）國之王子，從年青時，有人乞求，連自己心臟、眼睛、血肉都願意布施。結婚後生有一子一女。父王年老後，繼位為王。但由於他將國寶白象及象夫家族施與婆羅門（後轉迦陵

伽國），引起人民種種怒責，而由父王流放到外地。國王帶著王妃、王子公主駕馬車向喜馬拉雅山前進，途中遇婆羅門來乞，就將所乘寶車及馬施與。親子四人徒步而行，靠著果實在山中渡過七個月。在這段期間，有人向王乞討王子、公主，他也施與。甚至最後將王妃施與帝釋所化之婆羅門，其心不動。九個月後，聽到此一不幸事件之父王及母后，率領援救軍隊來到山裡，向婆羅門贖回王妃、王子及公主，全家平安回國，重新登基。（此千偈具足之毘輸安呾囉王即後之世尊。世尊在這一生圓滿諸波羅蜜，後入兜率天成一生補處菩薩。）

2. 《華嚴經》（卷28），《華嚴經疏鈔會本》（卷38，唐澄觀）十迴向品第二十五之六

（上之毘輸安呾囉王子，即此之須達拏太子sudāna。亦譯為蘇達拏，須提梨拏，見《智論》12）

〔經〕佛子，菩薩摩訶薩能以所愛妻子布施，猶如往昔須達拏太子，現莊嚴王菩薩，及餘無量諸菩薩等。菩薩爾時乘薩婆若心行一切施，淨修菩薩布施之道其心清淨，無有中悔，罄捨所珍，求一切智，令諸眾生淨深志樂成菩提行，觀菩薩道，念佛菩提，住佛種性。

〔疏〕（五十六）施妻子……須達拏者，此云善愛，或云好愛。……

〔鈔〕佛說過去不可說劫，有一大國名為葉波gopāla。王號濕波，無子禱神，後乃有子，內外歡喜，號須大拏，年十五六，無藝不通，納妃名曼坻，生一男一女，太子廣行惠施，施王敵國行蓮華白象與其怨國。大臣瞋懼白王，擯太子於檀特山。太子出門，一切皆施，無揀車馬亦為他乞。太子負男，其妃抱女，至其山所。山有道人名阿蘭陀，太子遂問道人云：何可居止？答云：山是福地，無處不可。乃造草庵而居。有拘留國十二醜婆羅門，年四十方娶妻，妻令求奴婢。聞太子好施，去山六千里而來求乞。初遇獵師欲殺之。云王遣迎太子，獵遂放之。見太子乞子，太子自縛以施之。其母不在，母目瞬動，左手復痒，恐子不安。遽歸，三問太子不應，復問，方答云我已施訖。其妻悶絕，良久乃甦，放聲大哭。太子言，汝憶過去提和竭佛時，我為婆羅門子，汝為女賣華，我以五百金錢買汝五華，汝寄二華以上於佛，願為我妻。我時要汝莫違我意。汝答可爾。今何亂我善施心。帝釋知其心堅，復化為婆羅門，亦十二醜，就其乞妻。太子即施，卻來寄太子所。太子怪問。方答云：我是天帝，故來相試。遂復天身，令其

求願。妻有三願，一願賣我子還至本國。二願我子不至飢苦。三願我及太子早還本國。帝釋曰如汝所願。太子發願言：願一切眾生皆得度脫生老病死之苦，帝釋歎言：大哉是願，非我所能，更求何願？又願言，今且願得大富，常行布施，又願國王大臣皆思見我。帝釋言如意。……王遂令人追太子還，付以寶藏，恣其布施，遂得成佛。父即淨飯，母即摩耶，妃即瞿夷，男即羅睺……山上道人即目蓮，獵師即阿難。（又可參考《太子須大拏經》及《菩薩本緣經》。）

〔附註三〕眉絺羅王與毘提訶王互相逼惱

1.眉絺羅（mithilā彌梯羅）為毘提訶（videha尾提訶，鞞陀提）之首都，屬跋耆族（vṛji）。佛過去世為尾提訶王時心常行慈悲。

2.《雜寶藏經》（卷二）
（一五）迦尸國王白香象養盲父母並和二國緣（此緣與今相似）

佛言：過去久遠，有二國王，一是迦尸國王，二是比提醯國王。比提醯王，有大香象。以香象力，摧伏迦尸王軍。迦尸王作是念言：我今云何當得香象，摧伏比提醯王軍？時有人言：我見山中有一白香象。王聞此已，即便募言：誰能得彼香象者，我當重賞。有人應募，多集軍眾，往取彼象。象思惟言：若我遠去，父母盲老，不如調順往至王所。爾時眾人，便將香象，向於王邊，王大歡喜。……象不肯食，象白王言：我欲去者，王諸軍眾，無能遮我。但以父母盲老，順王來耳。王今見聽還去，供養終其年壽，自當還來。王聞此語。即宣令一切國內，若不孝養恭敬父母者，當與大罪。尋即放象還父母所，供養父母，隨壽長短，父母喪亡，還來王所。王得白象，甚大歡喜，即時莊嚴，欲伐彼國。象語王言：莫與鬥諍，凡鬥諍法，多所傷害。王言：彼欺凌我。象言：聽我使往，令彼怨敵不敢欺侮。象即於是往彼國中，比提醯王聞象來至，極大歡喜，而語之言：即住我國。象白王言：不得即住，我立身以來，不違言誓，先許彼王，當還其國。汝二國王，應除怨惡自安其國，豈不快乎？爾時此象，即還迦尸國。從是以後，二國和好。爾時迦尸國王，今波斯匿王是。比提醯王，阿闍世王是。爾時白象，今我身是也。由我爾時孝養父母故，今多眾生亦孝養父母。爾時能使二國和好。今日亦爾。

3.《法華經》第27品妙莊嚴王本事品（卷7）

雲雷音宿王華智佛住世時有王，明妙莊嚴śubhavyūha-rāja，原本信仰婆羅門。其王夫人名淨德vimaladatta，有二子，一名淨藏vimalagarbha，二名淨眼vimalanetra。此二子善神通，久修菩薩道。曾示現神通，使妙莊嚴王心生歡喜而欲往詣雲雷音宿王華智佛。復以「盲龜浮木」喻諸佛難值，時亦難遇，勸其父母常赴佛所供養禮拜，並乞求父母准其二人出家學道。王終以其國付弟，而與夫人、二子及眷屬一齊出家。此王即蓮華德菩薩padmaśrī，淨德夫人即光照莊嚴相菩薩，二王子即藥王菩薩bhaiṣajyarāja、藥上菩薩bhaiṣajyasamudgata。

《法華文句》釋妙莊嚴王本事品（卷10）

此因緣出他經（藥藏菩薩經?），昔佛末法有四比丘，於法華經極生殷重，雖卷舒秘教甘露未霑，日夜翹誠晷刻無忘。歎云苟非其人乎？地非其處乎？世間紛憒靜散相乖。直爾求閑尚須厭棄況崇道乎？於日結契山林志欣佛慧。幽居日積依糧單磬，有待多煩無時不乏。一餐喀喀，廢萬里之行，十旬九飯，屈雲霄之志，可得言哉。其一人云：吾等四窮尚不存身法當何寄？君三人者但以命奉道莫慮朝中，我一人者捨此身力誓給所須，於是振錫門閭以求供繼，自春至冬周而復始，如僕奉大家，甘苦無喜慍，三人得展其誠功圓事辦。一世之益當無量生。其一人者數涉人間，屢逢聲色坏器未火難可護持，偶逢王出車，馬駢闐旌旗嚇赫，生心動念愛彼光榮，功德薰修隨念受報。人中天上常得為王，福雖不貲亦有限也。三人得道會而議云：我免籠樊功由此王，其耽果報，增長有為，從此死已不復為王，方沉火坑，良難可救，幸其未苦，正可開化。其一人云：此王著欲而復邪見，若非愛鉤，無由可拔，以人可為端正婦，二作聰明兒，兒婦之言必當從順，如宜設化果獲改邪。

婦者妙音菩薩是，昔二子者今藥王藥上二菩薩是，昔時王者今華德菩薩是。

甲八　　依心學勝相第七（卷十一）12

如此已說依戒學差別。

云何應知依心學差別？

略說由六種差別應知。

何者為六？

一、境差別，二、眾類差別，三、對治差別，

四、隨用差別，五、隨引差別，六、由事差別。

（釋）菩薩戒與二乘戒既有差別，戒為定依止，定依戒得成，則菩薩定與二乘定
亦應有差別。

一、廣說差別

大乘藏所立三摩跋提[1] samāpatti，

廣說體類差別有五百種[2]。

小乘清淨道論[3]所立三摩跋提，體類差別有六十七種。

1　三摩跋提等（詳見甲八附註一）。

2　大乘廣說五百種三摩跋提

　1.《大智度論》

　　（卷5）復有人言：「一切三昧法有二十三種」。有言：「六十五種」。有言：「五百種」。
　　摩訶衍最大故，無量三昧……。

　　（卷17）禪定相，略說有二十三種：八味、八淨、七無漏。

　2.《大毘婆沙論》卷169

　　（1）如前所說等至略有二十三種，謂靜慮有十二：即四味相應、四淨、四無漏；無色有
　　十一：即四味相應、四淨、三無漏。

　　（2）此二十三若廣建立，成六十五等至：謂前二十三加四無量、四無礙解、八解脫、八勝處、
　　十遍處、六通、無諍、願智所依。

3　小乘三摩跋提

　1.《清淨道論》覺音造

　　有四十業處，為四十種定境：

二、略說差別

只明六種差別。

乙一　境差別

境差別者，由緣大乘法為境起故。

(釋) 一、三種境

所緣有三境：1.緣一切真如境，2.緣一切文言境，3.緣一切眾生利益
事境。

此三境名大乘法，但是菩薩定所緣。

二、十二種境

復有十二種境，如中邊論說[4]：

十遍、十不淨、十隨念、四梵住、四無色定、食厭想、四界差別。（此中四界差別及出入息
念修之十六殊勝可轉為修毗婆舍那，其餘三十八業處純為修奢摩他。）

2.《解脫道論》優婆底沙造

說有三十八種。

4　十二種境差別《中邊分別論》無上乘品第七

境界無上：

〔安立及性界　所成能成就　持決定依止　通達及廣大　品行及生界　最勝等應知〕

	本論		《中邊分別論》
一、	所成立境	一、安立法名境界	波羅蜜等諸法，如佛所安立。（法界等流，法教語文）
二、	能成立境	二、法性境界	如如，佛所證會真實之境。（依教所證之義）
		三、所成就境界	法教（法界等流）為所安立。
		四、能成境界	法界為法教安立之本，為能安立。
三、	持境	五、持境界	（聞慧境）偏於語教，為任持所緣。（文先義後）
四、	決定持境	六、決持境界	（思慧境）依教通達法界，即印持所緣。（文後義先）
五、	證持境	七、定依止境界	（修慧境）離文證義，為自內各別不由他教，離文而親切證會。
六、	通達境	八、通達境界	（初地）能除障見道，此中所緣法界謂之通達。（見道境）
七、	相續境	九、相續境界	修道中乃至七地境，增廣道境二種俱漸勝。
		十、勝得境界	七地中世出世道品類差別分分證境。
八、	勝行境	十一、生境界	八地境為無功用行（不須著力），（平）等運（轉），一類無別。
		十二、最勝境界	
九、	生智境	1. 智自在	九地，得四無礙解為智自在。
十、	勝境	2. 業自在	十地，雨大法雨為業自在。
十一、	如量境	3. 清淨自在	佛地，微細習氣淨盡，為清淨自在。
十二、	如理境		（佛具一切智及一切種智，緣如量境及如理境）

種種所緣，皆不離前二境。究竟之依為義，但亦不可有義無語，由語入義是為正行。

大乘所緣，始終不離此法界及法界等流（教），如是以所緣無上故，名無上乘。

1. 所成立境：謂十波羅蜜。是真如十種功德所成立故。

2. 能成立境：謂法界十種功德。能成立十波羅蜜故。

3. 持境：謂聞慧所緣法門。聞慧能得阿含體，即說聞慧為持。

4. 決定持境：謂思慧所緣如理如量境。思慧能簡擇阿含及道理是熟慧故名決定持。

5. 證持境：謂修慧所緣。修慧與道理一體故名證，能攝文及義故名為持。

6. 通達境：謂初地所見真如。

7. 相續境：謂二地以去所緣真如。已通達真如傳流名相續，此相續所緣名相續境。

8. 勝行境：謂無相無功用心所緣。即八地境。

9. 生智境：謂九地所緣智自在依止真如。得四無礙解能生他智，又緣如來法藏能自生世出世智。

10. 勝境：謂上上品智所緣，此智無復有上即十地境。

此智以十力[5]為體，無邊智能名力。此智約十境說名十力，此十力能成就菩薩十地及如來九種正事[6]，乃至無邊化身。

11. 如量境：謂一切智所緣境。（無分別後智攝以度眾生）

12. 如理境：謂一切種智所緣境。（無分別智攝見諸法實相）

此十二境通為奢摩他毘鉢舍那所緣，一切定慧所緣不出此十二境。

三、明差別

此三境（十二境）名大乘法，但是菩薩定所緣，非二乘定境，故言差別。

---

5 菩薩十力

菩薩十力含有圓滿無上佛果及利益有情二部份，與圓滿之佛十力但為利益有情不同。

依（大智論序品）卷25：

1. 堅深牢固力，2. 不捨一切眾生力，3. 具足大悲力，4. 大精進力，5. 禪定力，6. 具足智慧力，7. 不厭生死力，8. 無生法忍力，9. 得解脫力，10. 具足無礙智力。

依（奮迅王問經）卷2：

奮迅王菩薩白佛言：「世尊！如來十力、四無畏、四無礙智，如是十八不共佛法，世尊所有。如是十力，菩薩有不？……」佛言：「皆有。奮迅王！一切菩薩於八地中，作業成就乃得九地：謂具辯才得不退忍，攝善方便慧波羅蜜。奮迅王！菩薩如是具足十力、四無所畏，成就十八不共之法，乃得九地。」

6 《本論》十一10，（記要）P. 461 註7

六度四攝因上各有九種相，故果上亦有此九所熏習之德。

乙二　眾類差別

眾類差別者，

一、大乘光三摩提，

二、集福德王三摩提，

三、賢護三摩提，

四、首楞伽摩三摩提等。

攝種種三摩提品類故。

㊣ 有四三摩提是五百定品。

此四種三摩提，

一、能破四德障：四種（變易）生死[7]。

二、能得四德果：大淨、大我、大樂、大常[8]。

故立此四定為四德道。

一、大乘光三摩提[9]（能發照了大乘理教行果智光明）

　　1.大乘

　　　此定緣大乘三義為境：

　　　(1)性：三無性。

　　　(2)隨：福德智慧行所攝十地十波羅蜜，隨順無性。

　　　(3)得：所得之四德果。

7　四種生死（《佛性論》2），（記要）P. 338 註 36；《本論》十 12，（記要）P. 413-421
　　三界外就斷惑證果之時，因移果易，論為生死，是名變易生死。
　　1. 方便生死：在初地至三地 2. 因緣生死：在四地至六地
　　3. 有有生死：在七地至九地 4. 無有生死：在十地
8　《本論》三 15，（記要）P. 104
　　大淨種子：信樂大乘，大我種子：般若波羅蜜，大樂種子：虛空器三昧，大常種子：大悲。
　　常樂我淨是法身四德，此聞熏習及四法為四德種子。
9　《華嚴十地經論》卷 1
　　1. 論「以是菩薩得大乘光明三昧法，餘者不得故。」
　　2. 經「菩薩光明法門，所謂分別十地事。諸佛子，是事不可思議。」
　　3. 論「光明者，此大乘法顯照一切餘法門故。」

2.光

(1)依止此定得無分別智，由無分別智照真如及佛不異，故名光。

(2)有十五種光[10]，功德勝於外光，故名光。

(3)此定能破一闡提習氣無明闇，是闇對治，故名光。

3.破障得果

(1)破障

能破一闡提習氣。此習氣即是方便生死[7]，障於大淨。

以此定緣真如實有易得，有無量功德故能破。

(2)得果

由破此障，故得大淨果。（此定為初三地所修）

二、集福德王三摩提（自在集無邊福如王勢力無等雙）

1.福德

除般若外所餘一切善法，悉名福德。此福德有四品，謂凡夫、二乘、菩薩。

2.集、王

菩薩由此定故，於四福德未生能生，未長能長，未圓能圓，故名集。

於生、長、圓三處自在，故名王。

復次，

一切善法依止真如，真如能集一切善法，名真如為集福德。

此定於真如中得自在故，名為王。

3.破障得果

(1)破障

能破外道我見習氣。此習氣即是因緣生死[7]，障於大我。

由自在故能行施等十度，圓滿菩提資糧福德行故。

(2)得果

由破此障，故得大我果。（此定為四五六地所修）

---

10 十五種光
指1. 四十心（四種）；2. 十地（十種）；3. 佛果（一種），十五種智光。

三、賢護三摩提（能守世出世間賢善法）

1.賢有二義

(1)能現前安樂住

此定能令菩薩身不捨虛空性，免離三際，故得安樂住。

(2)能引攝諸功德

能引攝不可數量諸定，非二乘所聞知，因此一一定起無量通慧。

2.破障得果

(1)破障

能離聲聞怖畏習氣。此習氣即是有有生死[7]，障於大樂。

由能現前安樂住故，能引攝諸功德故。

（此定緣真如為菩薩體，故不離智。而以定為體，能引諸定及通慧。）

(2)得果

由破此障，故得大樂果。（此定為七八九地所修）

四、首楞伽摩三摩提[11] śūraṃgama samādhi（佛菩薩大健有情之所行）

11　　1.《佛說首楞嚴三昧經》śūraṃgama samādhi sūtra 鳩摩羅什譯（卷上）T15P631a18

首楞嚴三昧，非初地、二地、三地、四地、五地、六地、七地、八地、九地菩薩之所能得。唯有住在十地菩薩乃能得是首楞嚴三昧。

何等是首楞嚴三昧？謂修治心猶如虛空、觀察現在眾生諸心、分別眾生諸根利鈍、決定了知眾生因果、……入大滅度而不永滅（等一百項）。……首楞嚴三昧不以一事一緣一義可知，一切禪定解脫三昧，神通如意無礙智慧，皆攝在首楞嚴中。譬如陂泉江河諸流皆入大海。如是菩薩所有禪定皆在首楞嚴三昧。……所有三昧門、禪定門、辯才門、解脫門、陀羅尼門、神通門、明解脫門，是諸法門悉皆攝在首楞嚴三昧。隨有菩薩行首楞嚴三昧，一切三昧皆悉隨從。……一切助菩提法皆悉隨從。

2.śūra：健行、健相，勇健、勇士，也是十地菩薩之別稱。

śūraṃgama samādhi：其行進猶如勇士般行進之三昧。（文殊師利菩薩是得到首楞嚴三昧之代表）

3.唐代之前，凡提到《首楞嚴經》都是指此《首楞嚴三昧經》。宋代後此經在中土逐漸失去影響力。

4.《大智度論》47

〔經〕知諸三昧行處，是名首楞嚴三昧。

〔論〕首楞嚴三昧者，秦言健相分別，知諸三昧行相多少深淺，如大將知諸兵力多少。復次，菩薩得是三昧，諸煩惱魔及魔人無能壞者，譬如轉輪聖王主兵寶將，所往至處，無不降伏。

《大般涅槃經》25（北涼曇無讖譯）

首楞嚴三昧者，有五種名：(1)首楞嚴三昧，(2)般若波羅蜜，(3)金剛三昧，(4)師子吼三昧，

1.首楞

十地菩薩及佛有四種勝德，故名首楞。

(1)無怖畏：由得一切智故。

(2)無疑：於清淨眾生見自身無等故。

(3)堅實功德：恒在觀，無散亂故。

(4)有勝能：能破難破無明住地障故。

2.伽摩

具四德人於此定能得能行[11]，故稱伽摩。（伽摩即行）

3.破障得果

(1)破障

能破獨覺自愛習氣。此習氣即是無有生死[7]，障於大常。

以此定多行他利益事故。

(2)得果

由破此障，故得大常果。（此定為十地及如來地所修）

五、明差別

（等言通舉諸定）五百定名種種，皆是四定品類，悉為四定所攝。於小乘中乃至不聞其名，何況能修習，故言差別。

---

(5) 佛性。隨其所作，處處得名。

首楞者名一切畢竟，嚴者名堅。一切畢竟而得堅固，名首楞嚴。以是故言首楞嚴定名為佛性。

乙三　對治差別

對治差別者，由緣一切法為通境智慧，
如以楔出楔方便故，於本識中拔出一切粗重障故。

（釋）一、智境無分別

無分別智，緣一切有為無為等諸法真如，通為一境。

此智與境無復分別。

二、定對治煩惱

1.能對治：此定由無分別智緣真如境攝。

觀行人破煩惱，先用劣道，次用中道，後用勝道。

（如世間欲破木，先用細楔，後用麤楔。）

2.所對治：本識相續中，有煩惱業報三品染濁種子，說名習氣，能障
四德。

3.對治所得：由此定故，本識中一切麤重障（習氣）未滅令滅，已滅
令不生。

三、明差別

能對治、所對治及對治所得與二乘悉不同，故言差別。

乙四　隨用差別

隨用差別者，於現世久安住三摩提樂中，如意能於勝處受生。

㊣ 一、隨用

菩薩種種方便，治心令熟，猶如金師鍊金使真。

已熟治心說名隨用。

1.安住現法定樂

由此定故，菩薩若欲成熟佛法，緣一境如意能得久住。

未得令得，已得令滿，已滿令不退，於現在世有如此能。

2.能於勝處受生

（於未來世所受生處，能多行利益眾生事，及值佛出世得聞正法，名勝生處。）

由此定故，菩薩於勝生處得取住捨三，能隨意運用，無退無盡。

二、明差別

聲聞乘中無如此定，故言差別。

乙五　隨引差別

隨引差別者，能引無礙通慧於一切世界。

(釋) 一、無礙引（引發無礙）

菩薩有大事定，能引通慧，於一切事及一切處，悉無有礙。

於此事中勝通慧不能奪，所現事悉如心，惑不能障，業不能阻，故稱無礙引。此事但有體無用。（用指事差別，即所引之通慧。見〔乙六〕）

（註）

1.能引：謂定勢力，或隨人或隨境或隨修。

若利根人緣無為境，得入住出三種自在。

2.所引：謂定所成事（即通慧），如動地放光等。

二、明差別

但菩薩有此定，非二乘所修，故言差別。

乙六　由事差別（作業差別）

丙一　能引通慧（明成就他事）

由事差別者，

一、令動，二、放光，三、遍滿，四、顯示，五、轉變，六、往還，

七、促遠為近，八、轉麁為細，九、轉細為麁，十、令一切色皆入身中，

十一、似彼同類入大集中，十二、或顯或隱，十三、具八自在，

十四、伏障他神力，十五、或施他辯才，十六、及憶念，

十七、喜樂，十八、或放光明，

能引具相大通慧。

釋　一、明差別

由如此事，應知菩薩定與二乘定有差別。

二、何者為事？（通慧所作之事業）

1.令動：如意能動十方世界。

2.放光：如意能照十方世界。

3.遍滿：光明法音分身，如意能遍滿十方世界。

4.顯示：餘眾生承菩薩通慧，能見無量世界及諸佛菩薩，隨所應見如意皆覩。

5.轉變：四大等性互令改異。

6.往還：於一剎那中能往還無量世界。

此通慧自有三種，

(1)心疾通慧：如心所緣應念即至。

(2)將身通慧：猶如飛鳥。

(3)變異通慧：謂縮長為短。

7.促遠為近：使遠成近無復中間，此有三事：謂見、聞、及行。

8.轉麁為細：令無數世界細如隣虛（極微），入隣虛中隣虛如本。

9.變細為麁：令一隣虛苞無數世界，世界如本。

10.令一切色皆入身中：一切希有，有多種事，皆現身中。

11.似彼同類入大集中：如諸菩薩往忉利天，同彼形飾及以音聲，入大

集中教化度彼。

12.或顯或隱：能於無中現一現多為顯，能於有中無一.多相為隱。

13.具八自在：八數如前說[12]。又如佛世尊令魔王修行佛道，後得成佛等，亦名自在。

14.伏障他神力：由菩薩定力，令他通慧皆不成就。

15.施他辯才：若人欲問難辭情拙訥，菩薩能施其辯才。

16.憶念：若人邪見，令識宿命自驗因果。

17.喜樂：菩薩或入地獄，或生飢饉世，或在有疾處，如菩薩所受喜樂，令此眾生平等皆爾。或但與樂，或先與定，或正聞法時，令由此喜樂，經六十小劫謂如剎那頃。

18.放光明：為引他方菩薩皆來集會。

三、能引具相大通慧

如聲聞聖通慧，能作百一事；菩薩通慧所現之事，不可稱數。

丙二 能引正行（明菩薩自行）

能引一切難行正行，以能攝十種難修正行故。

釋 一、明差別

此定能引菩薩正行，非二乘所能行。

二、攝正行

此定能攝菩薩正行，此十種正行是定種類故。

---

12 1.《本論》二11，（記要）P. 69

八自在者：

(1) 於細最細（極小），(2) 於大最大（極大），(3) 遍至，(4) 隨意，(5) 無繫屬，(6) 變化，

(7) 常無變異，(8) 清淨無憂。

2.《涅槃經》23

大般涅槃有常樂我淨四德，其我德以自然為義，自在有八義，名曰八大自在我：

(1) 能示一身為多身，(2) 示一塵身滿大千界，(3) 大身輕舉遠到，(4) 現無量類常居一土，

(5) 諸根互用，(6) 得一切法如無法想，(7) 說一偈義經無量劫，(8) 身遍諸處猶如虛空。

丁一 廣明十種難行正行

一、自受難修

自受菩提善願故。

㊣ 一、依他發十願：此非難行，以未成立故。

二、不依他發願

　　1.為自身發願：此不為難。

　　2.為他發願：若無因緣但為他而自受善願，此則為難。（是故難修）

　　　菩薩自有三能：

　　　一、有智慧能了別方便，二、有慈悲能攝眾生，三、有正勤能成滿
　　　十願。

　　　此三難得，菩薩能得，由具此三能故，不依他而自能發願。

二、不可迴難修

由生死眾苦不令退轉故。

㊣ 無始生死八苦，及發心後當受長時八苦，不能違菩薩慈悲，迴避退轉菩薩
　菩提行，廣說如地持論，

　　是故難修。

三、不背難修

由眾生作惡，一向對彼故。

㊣ 眾生於生死中恒起惡行，菩薩不觀過失，為令解脫恒向彼行善，

　　是故難修。

四、現前難修

於有怨眾生現前，為行一切利益事故。

㊣ 若眾生對菩薩作極重惡，菩薩對彼以大恩德報之，

　　是故難修。

五、無染難修

菩薩生於世間，不為世法之所染故。

釋 菩薩由愛故入生死，入生死已，不為世間八法之所染污，愛而不染，

是故難修。

六、信樂難修

行於無底大乘，能信樂廣大甚深義故。（勝解難修）

釋 一、（行）無底大乘

無底有三義：1.教難思，2.道難行，3.果難得。

二、（信樂）廣大甚深義

威德圓滿故廣大，理微細故甚深。

1.威德：有三種，如意、清淨、無變異。

2.理：即三無性理，非下地境界。

是故難修。

七、通達難修

能通達人法二無我故。

釋 先於十解已通達人無我，今於初地又通達法無我。

此二空離有無性，若能通達則與此法同，

是故難修。

八、隨覺難修

諸佛如來甚深不了義經，能如理判故。

釋 如來所說正法不出了義及不了義。

一、不了義說：

1.為但有信根未有智根之眾生作不了義說，為成其信根故，如二乘
教。

2.欲伏憍慢眾生故作不了義說，廣說如十七地論。

二、了義說：為生聞思修慧故說了義經。

　　不了義經其語秘密，（皆須）能如理判，

　　是故難修。

九、不離不染難修

不捨生死，不為生死染污故。

釋　由慈悲故不捨生死，由般若故不被染污，於生死涅槃無著無住，

　　是故難修。

十、加行難修

諸佛如來於一切障解脫中住，不作功用，能行一切眾生利益事，乃至窮生死

後際樂修如此加行故。

釋　一、諸佛無盡之大行

　　　1.法身：已得無垢清淨，是故住於一切障解脫中。

　　　　（一切障謂三障四障三十障等）[13]

　　　2.應身：法身常住解脫中，窮生死後際，依法身起應身。

　　　　於一切正事自然恒流，不作功用。

13　一切障

　1. 三障：泛指惑、業、報障。

　2. 四障：泛指見、惑、業、報障；或指障法身四德之四種生死。

　3. 三十障：十善法中，一一各有三障而成三十障。（《中邊分別論》障品）

所障善法	大乘不共能作因障
（1）善根	無加行、非處加行、不如理行。
（2）菩提	不生善法、不起正思惟、資糧未圓滿。
（3）發菩提心、攝受善法及有情	闕種性、闕善友、心疲厭性。
（4）簡擇善惡之慧	闕正行、與鄙（愚癡）、惡（毀他）者同居。
（5）無亂（見道）	顛倒粗重（分別煩惱習氣）、煩惱業生中隨起一種、解脫慧未成熟。
（6）無障（修道）	本性粗重（俱生煩惱習氣）、懈怠、放逸。
（7）迴向（擴充心量）	心貪著諸有、資財、心下劣不向菩提。
（8）（聞深理難行）不怖畏	不信補特伽羅、於法無勝解、無思擇隨言而解。
（9）不慳（捨）	輕正法、重名聞利養、於有情無悲愍。
（10）自在	匱聞、少聞於法、雖聞不修勝定。

　菩薩行始自種植善根（含攝受等七種），終歸菩提（含自在）。

3.化身：依應身起化身，行一切眾生利益事，隨根性令下善種，乃至得解脫。

由具顯三身，故言諸佛如來。

二、樂修諸佛大行之加行

欲得為樂，起正勤為修，恆修恭敬修為加行。

乃至窮生死後際樂修如此加行故，

是故難修。

丁二　別辨隨覺難修

於隨覺難修，諸佛如來說不了義經，其義云何？

菩薩應隨理覺察。

 十難修中九義易解，故不重釋，第八難解，菩薩應隨（理）覺察（不了義經）故，須更示其相。

戊一　約六度釋

己一　約施度

如（施）經言：

一、云何1.菩薩不損一物不施一人？

或言2.菩薩善能行施無量無數，

於十方世界修布施行，相續生起。

明了義（表面字義）	秘密義（不了義）[14]
菩薩不損一物不施一人。	菩薩善能行施，無量無數，於十方世界修布施行，相續生起。 以菩薩捨自愛，攝一切眾生為自體故。 一、所施及施皆屬眾生 一切行道一切財物悉屬眾生故，財非己有，用者非他，彼物彼用豈關於我？ 若能如此運心，則是善能行施。 二、隨喜眾生行施 一切眾生行施，即菩薩行施，故菩薩起隨喜心，得無量施福。亦是不損一物，不施一人，名善能行施。

二、云何1.菩薩樂行布施？

或言2.菩薩不樂行一切施。

	明了義	秘密義
一、	菩薩不樂行隨至等八施[15]（以不具淨心施故）	菩薩樂行布施（以具淨心施故）
二、	菩薩不樂行施（不樂世間著三輪施故）	菩薩樂行布施（樂行不著三輪施故）
三、	菩薩不樂行施（不著行施故）（著名為樂）	菩薩樂行布施（菩薩著施因或著施果故）

三、云何1.菩薩行信施心？

或言2.菩薩不行諸佛如來信心。

明了義	秘密義
不信如來而行布施。（此言不由信他故行施，此信無根故不成信。）	菩薩行信施心。菩薩由自證（法性）自信故行施。（自詮施）（此信有根故成信）

四、云何1.菩薩（自）發行布施？

或言2.菩薩於布施中不策自身。

明了義	秘密義
菩薩不策自身而能布施。	菩薩（自）發行布施。菩薩以無有貪恪嫉妒等障，自性能行施。（任運常行施，非策自身方能行施）

14　翻依《本論》六10，（記要）P. 253

　　四依之翻依，即此所言之了義及不了義。

　　1. 明了義：指表面字義，2. 不了義：指其秘密義。

15　《俱舍論》18

　　八施者何？

　　1. 隨至施：宿舊師言，隨近已至方能施與；2. 怖畏施：見此財壞相現前寧施不失；3. 報恩施；4. 求報施；5. 習先施：習先人父祖家法而行惠施；6. 希天施；7. 要名施；8. 為莊嚴心、為資助心、為資瑜伽、為得上義（涅槃）而行惠施。

　　（1~7為有漏世間法；8為無漏世出世法，此為最勝。）

五、云何1.菩薩恒遊戲布施？

或言2.菩薩無布施時。

明了義	秘密義
菩薩無布施時。 （菩薩非時施時，不隨一物施）	菩薩恒遊戲布施。 （菩薩常行施故，無暫時施及不施時；一切施故無少所施。）

六、云何1.菩薩大能行施？

或言2.菩薩於施離娑羅（sāra）想。

明了義	秘密義
菩薩於施離娑羅（貞實）想。 娑羅sāra有二義： 一、貞實，二、散亂。	菩薩大能行施。 一、菩薩離欲三界後行施，名為大施。 （具縛凡夫行施，百千萬倍所不能及。） 二、由離娑羅（散亂）想，施定不相妨，故得大名。 （若施定相妨，不名大施）

七、云何1.菩薩於施清淨？

或言2.菩薩欝波提（utpāda）貪悋。

明了義	秘密義
菩薩欝波提（生起）貪悋。 欝波提utpāda有二義： 一、生起，二、拔根棄背。	菩薩於施清淨。 由菩薩能斷身見滅貪悋故，於施清淨。 菩薩欝波提（拔根棄背）貪悋，則與清淨施相符。 （拔根是除身見，身見是貪悋根本。棄背是除貪悋體。）

八、云何1.菩薩能住於施？

或言2.菩薩不住究竟後際。

明了義	秘密義
菩薩不住究竟後際。 究竟後際有二義： 一、指施之最後分 若不住施最後分，豈得言能住於施？ （施有初中後，以最後分為究竟後際） 二、指無餘涅槃 若聲聞住無餘涅槃不更起心，無利益眾生事，則不能住施。 （有餘涅槃名究竟，無餘涅槃名究竟後際）	菩薩能住於施。 菩薩依大悲，不同聲聞住無餘涅槃故，恒起六度無有窮盡。 （若依此義則與能住施相符）

九、云何1.菩薩於施自在？

或言2.菩薩於施不得自在。

釋

明了義	秘密義
菩薩於施不得自在。 菩薩昔在凡夫地中，見修二惑無道對治，欲起便起，故言自在。若施障自在，則菩薩於施不得自在。	菩薩於施自在。 菩薩入聖位，由道對治故，於惑（施障）不得自在，則施能得自在。

十、云何1.菩薩於施無盡？

或言2.菩薩不住無盡中。

釋

明了義	秘密義
菩薩不住無盡中。 無餘涅槃名為無盡。 菩薩不同聲聞入無盡中。	菩薩於施無盡。 菩薩不入無餘涅槃，而行利益他事，是故菩薩於施無盡。

　　己二　例餘度

如施經，於戒乃至般若，如理應知。

釋 如施經說施有不了義語，說餘度亦有不了義語，皆須如理分判。

戊二　約十惡釋

復有經言：

一、殺生

云何1.菩薩行殺生？

或言2.菩薩有命眾生斷其相續。

明了義	秘密義
菩薩行殺生。	菩薩說三乘道，令眾生斷惑業及六道相續，說名殺生。 眾生若有命則知有業，有業則知有惑，由具此三，故六道四生相續不斷。 菩薩隨眾生根性，為說三乘聖道，令彼修行斷此三法，得無餘涅槃果。此不相續即是斷命，故名殺生。

二、非與取

云何1.菩薩奪非他所與？

或言2.菩薩自奪非他所與眾生。

明了義	秘密義
菩薩奪非他所與。	菩薩自所奪者為非他所與之眾生。 菩薩以大悲，攝一切眾生為自眷屬，令離生死嶮難。此所奪者，非彼父母及人主等所與，故名奪非他所與。

三、邪婬

云何1.菩薩行邪婬？

或言2.菩薩於欲塵起邪意等。

明了義	秘密義
菩薩行邪婬。	菩薩於欲塵起邪意等。 菩薩三業與婬欲相反。 一、意知其虛妄不實，為眾惡本， 二、口亦作如此說， 三、身不行其事，亦是相反。 雖是相反，但於欲塵仍起邪（虛妄不實）意口身業，故名行邪婬。

四、妄語

云何1.菩薩能說妄語？

或言2.菩薩是妄，能說為妄。

明了義	秘密義
菩薩能說妄語。	菩薩是妄，能說為妄。 一切法皆是虛妄。 菩薩如虛妄而說，故名能說妄語。

五、兩舌

云何1.菩薩行兩舌？

或言2.菩薩恒住最極空寂處。

釋

明了義	秘密義
菩薩行兩舌。	菩薩恒住最極空寂處。 兩舌令彼此不和。 菩薩思空說空，令自他不見此彼，何況和合？故名行兩舌。

六、波留師（惡口）

云何1.菩薩能住波留師（pāruṣya）？

或言2.菩薩住所知彼岸？

釋

明了義	秘密義
菩薩能住波留師（惡口）。 波留師pāruṣya有二義： 一、惡口，二、彼岸住。	菩薩住波留師（住所知彼岸）。 住惡口人不為他所親近，菩薩住所知彼岸（即三無性理），亦不為眾生所親近。 （三無性理非凡夫二乘所行處，故波留師為惡口義。菩薩之波留師為彼岸住義。）

七、不相應語（綺語）

云何1.菩薩能說不相應語？

或言2.菩薩能分破諸法，隨類解釋。

明了義	秘密義
菩薩能說不相應語。	菩薩能分破諸法，隨類解釋。 菩薩能分破諸法，謂根塵識皆無所有，此無所有非定是無，亦非定有，有無悉不可得故，名能說不相應語。

八、阿毘持訶婁（貪欲）

云何1. 菩薩行阿毘持訶婁（abhidhyā）？

或言2. 菩薩數數令自身得無上諸定。

明了義	秘密義
菩薩行阿毘持訶婁（貪欲）。 阿毘持訶婁abhidhyā有二義： 一、貪欲，二、數數得定。	菩薩行阿毘持訶婁（數數令自身得無上諸定）。 一、若阿毘持訶婁是貪欲，則指菩薩恒樂令自身得最勝定，故名行貪欲。 （行貪欲者必愛樂外塵） 二、若阿毘持訶婁是數數得定，則亦指菩薩數數令自身得無上諸定。

九、瞋恚

云何1. 菩薩起憎害心？

或言2. 菩薩於自他心地能害諸惑。

明了義	秘密義
菩薩起憎害心。	菩薩於自他心地能害諸惑。 瞋恚以憎害為相。菩薩作意欲斷自他一切煩惱故，名起憎害心。

十、邪見

云何1. 菩薩起邪見？

或言2. 菩薩一切處遍行邪性，如理觀察。

明了義	秘密義
菩薩起邪見。	菩薩於一切處遍行之邪性，能如理觀察。見其是邪故名起邪見。
	一、大乘以有分別為邪性
	分別性遍行於依他性，即是邪性。
	若離分別，名人法空真性。
	二、小乘以身見為邪性
	此身見能生諸惑。
	若離身見一切邪執皆不得起，得人空真性。

戊三　約甚深佛法釋

復有經言：佛法甚深。

何者甚深？此論中自廣分別。

釋 初明六度，次顯十惡。

　　此下明道及道果，故言甚深。

一、法身常住

一切佛法常住為性，由法身常住故。

釋 諸佛法身常住。

　　一切佛法皆依法身，以法身為上首故，法身常住為一切佛法性。

二、諸障盡斷

一切佛法皆斷為性，由一切障皆斷盡故。

釋 一一佛法悉無惑障及智障故，障斷盡為一切佛法性。

　　現在煩惱滅為斷（即盡智），未來煩惱不生為盡（即無生智）。

三、化身生起

一切佛法生起為性，由化身恒生起故。

釋 由慈悲本願，生起化身相續無盡故，化身生起為一切佛法性。

四、能得對治

一切佛法能得為性，能得共對治眾生八萬四千煩惱行故。

㊐ 一切佛法以無所得為性，但亦有能得義。

以由三無性，不可定說有無故，雖以無得為性，亦有能得義。

若離佛法，一、不能得了別所對治惑，二、不能得安立能對治道故。

五、貪瞋痴凡夫性

一切佛法有欲為性，有欲眾生愛攝令成自體故。

一切佛法有瞋為性，一切佛法有痴為性，一切佛法凡夫法為性。

㊐ 此有二義：

一、菩薩攝一切有欲眾生為自體，一切佛法皆依自體故。

二、菩薩以大悲攝一切眾生，依大悲生福德智慧行故。

（大悲為愛，愛即是欲）

瞋痴及凡夫法亦爾。

六、無染真如為體

一切佛法無染著為性，成就真如，一切障不能染故。

㊐ 道後真如斷一切障，盡是無垢清淨故名成就。

一切障所不能染，一切佛法以此真如為體性故。

七、世法不可染

一切佛法不可染著，諸佛出現於世，非世法所能染故。

㊐ （前明真如境，此明真如智。）

諸佛菩薩以真如智為體，即是應身。

此真如智

一、是唯識真如所顯；

二、非根塵分別所起；

三、非八種世法及世法所起欲瞋等惑所能染著。

以是彼等之對治故。

（修得無分別智成就，名諸佛出現於世。）

是故說佛法甚深。

此結前意，示（此理）難思、（此行）難行、（此果）難得，具此三義故佛法甚深。

丙三　引發四種業

一、為修行波羅蜜，二、為成熟眾生，三、為清淨佛土，四、為引攝一切佛法故，
菩薩三摩提業差別應知。

㊝ 此中明菩薩三摩提，不別說事差別，但由事差別通說業差別。

諸菩薩修定有總有別（總有此四，別有五百），此四是諸定通業。

何以故？

諸菩薩修得定已，

一、依此定修行十度；

二、依此定成熟眾生（依此定起通慧，引眾生令入正定位）；

三、依此定力清淨佛土（由心自在，如意能成金寶等淨土故）；

四、依此定得現在安樂住，能引攝成熟一切佛法。

故此四事是一切定通差別業，應如此知。

〔附註一〕三摩跋提等

1.《瑜伽》11《解深密經疏》8

三摩呬多地samāhita

(1)唯此等名等引地，非於欲界心一境性。

由此定等無悔歡喜安樂所引，欲界不爾。（然非欲界中，於法全無審正觀察）

此亦名善心一境性。

①善心：以是無悔、歡喜、安樂之所引故。（而欲界亦有心一境性，但非唯善。）

②心一境性：心一境性雖通定、散位，但此等引唯是定。

（三摩呬多地者，謂勝定地，離沉掉等，平等能引、或引平等、或是平等所引發故，名等引地。此通目一切有心無心諸定，皆能平等引功德故。）

(2)此地中略有四種

①靜慮dhyāha

謂四靜慮。（從離生有尋有伺靜慮、從定生無尋無伺靜慮、離喜靜慮、捨念清淨靜慮）

②解脫aṣṭau vimokṣaḥ

謂八解脫。（依八種定力捨卻對色及無色之貪）

（有（外）色觀（內）諸色解脫、內無色想觀外諸色解脫、（內外）淨解脫身作證具足住解脫、空無邊處解脫、識無邊處解脫、無所有處解脫、非想非非想處解脫、想受滅身作證具足住解脫。）

（澄神審慮，專思寂想，鎮靜念慮。通有心無心二定，唯色界。）

③等持（三摩地samādhi）

謂三三摩地（空、無願、無相）；有尋有伺、無尋唯伺、無尋無伺；大、小、無量；一分修、具分修；喜俱行、樂俱行、捨俱行；四修定；五聖智三摩地；聖五支三摩地；有因有具聖正三摩地；金剛喻三摩地；有學、無學、非學非無學等三摩地。

（能修此定離沉浮故，心則端直，安住一境不動，即心之平等攝持。又名正心行處、正定、正意、調直定。此目心數中等持一法，通攝一切有心位中心一境性，通定散位。然諸經論就勝但說空無願無相名三摩地。）

④等至（三摩缽底samāpatti）（三摩跋提）

謂五現見三摩缽底（觀內身種種不淨、觀白骨識於中行、觀白骨識於中行住今世後世、觀白骨識於中行不住今世但住後世、觀白骨識於中行不住今世後世（婆沙40、瑜伽12））

八勝處三摩缽底、十遍處三摩缽底、四無色三摩缽底、無想三摩缽底、滅盡定等三摩缽底。

（謂彼寂靜至極處故名等至。能修此定，正受現前，大發光明慶快殊勝，處染不染無有退轉，已至身心平等安和狀態，為三摩地之進境。此通目一切有心無心諸定位中所有定體。諸經論中，就勝唯說五現見等相應諸定，名為等至。不通散位。）

2.《大毘婆沙》162

等持：以一物為體；為一剎那。（有不定心相應等持，但為等持非等至）

等至：以五蘊為體；為相續。（無想等至、滅盡等至，此二無心定為等至，非等持。）

3.《俱舍論光記》6

三摩地：通定散；唯有心位；通善惡無記三性。

三摩缽底：唯在定；通有心無心。

（三摩跋提與三摩提所指不同，但本論此段與後述之四三摩提所述，則似乎不分。）

國家圖書館出版品預行編目資料

攝大乘論世親釋記要/李森田記要. -- 初版. -- 臺北市：蘭臺
出版社, 2021.10
　　面；　　公分. --（佛教研究叢書；12）
　ISBN 978-986-06430-3-9(全套：平裝)

1.瑜伽部

222.13　　　　　　　　　　　　　　　　110007831

佛教研究叢書12

攝大乘論世親釋記要（上）

作　　者：李森田 記要
總　　編：張加君
主　　編：沈彥伶
　　　　　盧瑞容
美　　編：沈彥伶
封面設計：陳勁宏
出　　版：蘭臺出版社
地　　址：台北市中正區重慶南路1段121號8樓之14
電　　話：(02)2331-1675或(02)2331-1691
傳　　真：(02)2382-6225
E—MAIL：books5w@gmail.com或books5w@yahoo.com.tw
網路書店：http://5w.com.tw/
　　　　　https://www.pcstore.com.tw/yesbooks/
　　　　　https://shopee.tw/books5w
　　　　　博客來網路書店、博客思網路書店
　　　　　三民書局、金石堂書店
經　　銷：聯合發行股份有限公司
電　　話：(02) 2917-8022　　傳　真：(02) 2915-7212
劃撥戶名：蘭臺出版社　帳號：18995335
香港代理：香港聯合零售有限公司
電　　話：(852)2150-2100　　傳　真：(852)2356-0735
出版日期：2021年10月 初版
定　　價：新臺幣1800元整（平裝，套書不零售）
ISBN：978-986-06430-3-9